北京大学经济学教材系列 | 核心课程系列

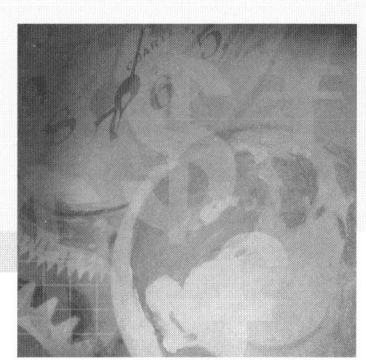

4th Edition
INTERNATIONAL FINANCE

国际金融教程

（第四版）

吕随启　王曙光　宋芳秀　编著

图书在版编目(CIP)数据

国际金融教程 / 吕随启，王曙光，宋芳秀编著. 4 版. -- 北京：北京大学出版社，2025. 7. -- (北京大学经济学教材系列). -- ISBN 978-7-301-36436-9

Ⅰ．F831

中国国家版本馆 CIP 数据核字第 2025A84Y85 号

书　　　名	国际金融教程(第四版)
	GUOJI JINRONG JIAOCHENG（DI-SI BAN）
著作责任者	吕随启　王曙光　宋芳秀　编著
责 任 编 辑	高　源
标 准 书 号	ISBN 978-7-301-36436-9
出 版 发 行	北京大学出版社
地　　　址	北京市海淀区成府路 205 号　100871
网　　　址	http://www.pup.cn
微信公众号	北京大学经管书苑（pupembook）
电 子 邮 箱	编辑部 em@pup.cn　总编室 zpup@pup.cn
电　　　话	邮购部 010-62752015　发行部 010-62750672　编辑部 010-62752926
印 刷 者	北京圣夫亚美印刷有限公司
经 销 者	新华书店
	787 毫米×1092 毫米　16 开本　22 印张　551 千字
	1995 年 5 月第 1 版　2007 年 7 月第 2 版
	2013 年 9 月第 3 版
	2025 年 7 月第 4 版　2025 年 7 月第 1 次印刷
定　　　价	68.00 元

未经许可，不得以任何方式复制或抄袭本书之部分或全部内容。

版权所有，侵权必究

举报电话：010-62752024　电子邮箱：fd@pup.cn

图书如有印装质量问题，请与出版部联系，电话：010-62756370

总　序

当今世界正经历百年未有之大变局，新一轮科技革命和产业变革深入发展，国际力量对比深刻调整，各种经济活动和经济现象不是趋于简单化，而是变得越来越复杂，越来越具有嬗变性和多样性。面对党的二十大擘画的新时代新征程宏伟蓝图使命，如何对更纷繁、更复杂、更多彩的经济现象在理论上进行更透彻的理解和把握，科学地解释、有效地解决经济活动过程中已经存在的和即将面对的一系列问题，不断回答中国之问、世界之问、人民之问、时代之问，是现在和未来的各类经济工作者需要高度关注的重要课题。

北京大学经济学院作为教育部确定的"国家经济学基础人才培养基地""全国人才培养模式创新实验区""基础学科拔尖学生培养计划2.0基地"以及北京大学经济学"教材研究与建设基地"，一直致力于不断全面提升教学和科研水平，不断吸引和培养世界一流的学生，不断地推出具有重大学术价值的科研成果，以创建世界一流的经济学院。而创建世界一流的经济学院，一个必要条件就是培养世界一流的经济学人才。我们的目标是让学生能够得到系统的、科学的、严格的专业训练，深入地掌握经济学学习和研究的基本方法、基本原理和最新动态，为他们能够科学地解释和有效地解决他们即将面对的现实经济问题奠定基础。

基于这种认识，北京大学经济学院在近年来深入总结了人才培养各个方面的经验教训，在全面考察和深入研究国内外著名经济院系本科生、硕士研究生、博士研究生的培养方案以及学科建设和课程设置经验的基础上，对本院学生的培养方案和课程设置等进行了全方位改革，并组织编撰了"北京大学经济学教材系列"。

编撰本系列教材的基本宗旨是：

第一，学科发展的国际经验与中国实际的有机结合。在教学的实践中我们深刻地认识到，任何一本国际顶尖的教材，都存在一个与中国经济实践有机结合的问题。某些基本原理和方法可能具有国际普适性，但对原理和方法的把握则必须与本土的经济活动相联系，必须把抽象的原理与本土鲜活的、丰富多彩的经济现象相联系。我们力争在该系列教材中，充分吸收国际范围内同类教材所承载的理论体系和方法论体系，在此基础上，切实运用中国案例进行解读，使其成为能够解释和解决学生遇到的经济现象和经济问题的知识。

第二，"成熟"的理论、方法与最新研究成果的有机结合。教科书的内容必须是"成熟"或"相对成熟"的理论和方法，即具有一定"公认度"的理论和方法，不能是"一家之言"，否则就不是教材，而是"专著"。从一定意义上说，教材是"成熟"或"相对成熟"的理论和方法的"汇编"，所以，相对"滞后"于经济发展实际和理论研究的现状是教材的一个特点。然而，经济活动过程及其相关现象是不断变化的，经济理论的研究也在时刻发生着变化,我们不仅要告诉学生那些已经成熟的东西,而且要培养学生把握学术发展最新动态的能力。因此,在系统介绍已有的理论体系和方法论基础的同时,本系列教材还向学生介绍了相关理论及其方法的创新点。

第三,"国际规范"与"中国特点"在写作范式上的有机结合。经济学在中国发展的"规范化""国际化""现代化"与"本土化"关系的处理,是多年来学术界讨论学科发展的一个焦点问题。本系列教材不可能对这一问题做出确定性的回答,但是在写作范式上,却争取做好这种结合。基本理论和方法的阐述坚持"规范化""国际化""现代化",而语言的表述则坚守"本土化",以适应本土师生的阅读习惯和文本解读方式。

为深入贯彻落实习近平总书记关于教育的重要论述、全国教育大会精神以及中共中央办公厅、国务院办公厅《关于深化新时代学校思想政治理论课改革创新的若干意见》,做好教材育人工作,我们按照国家教材委员会《全国大中小学教材建设规划(2019—2022年)》《习近平新时代中国特色社会主义思想进课程教材指南》《关于做好党的二十大精神进教材工作的通知》和教育部《普通高等学校教材管理办法》《高等学校课程思政建设指导纲要》等文件精神,将课程思政内容尤其是党的二十大精神融入教材,以坚持正确导向,强化价值引领,落实立德树人根本任务,立足中国实践,形成具有中国特色的教材体系。

本系列教材的作者均是我院主讲同门课程的教师,各教材也是他们在多年教案的基础上修订而成的。自2004年本系列教材推出以来至本次全面改版之前,共出版教材27本,其中有6本教材入选国家级规划教材("九五"至"十二五"),9本教材获选北京市精品教材及立项,多部教材成为该领域的经典,取得了良好的教学与学术影响,成为本科教材中的力作。

为了更好地适应新时期的教学需要以及教材发展要求,我们持续对本系列教材进行改版更新,并吸收近年来的优秀教材进入系列,以飨读者。当然,我们也深刻地认识到,教材建设是一个长期的动态过程,已出版教材总是会存在不够成熟的地方,总是会存在这样那样的缺陷。本系列教材出版以来,已有超过三分之一的教材至少改版了一次。我们也真诚地期待能继续听到专家和读者的意见,以期使其不断地得到充实和完善。

十分感谢北京大学出版社的真诚合作和相关人员付出的艰辛劳动。感谢经济学院历届的学生们,你们为经济学院的教学工作做出了特有的贡献。

将本系列教材真诚地献给使用它们的老师和学生们!

北京大学经济学院教材编委会

前　言

综观当今世界,在过去三四十年中,货币、银行、有价证券、金融市场等无疑已经成为经济学中发展最快的领域。金融市场迅速发展并且越来越一体化,新型金融机构和新型金融工具(包括衍生工具)不断涌现,银行和非银行金融机构之间的界线日益模糊,它们提供金融服务的理念和方式不断翻新,令人眼花缭乱、目不暇接。从经济政策角度而言,货币政策的实施始终是经济政策的一个中心环节,金融市场的监督与管理常常成为令当局颇费踌躇的问题之一。尤其是近年来,衍生金融工具交易(金融期货、金融期权、掉期交易等)的飞速发展使金融业在迅速创新的过程中产生了一系列新问题。在1994年墨西哥金融危机、1995年巴林银行破产倒闭、1996年住友商社巨额亏损、1997年亚洲金融危机、2007年全球次贷危机、2008年雷曼兄弟不复存在、2009年欧债危机、2023年银行业动荡等事件发生以后,面对国际金融市场的日益动荡和迅速一体化,货币政策在国际范围内的协调、各国在金融市场监管上的合作,已经成为亟待研究的新课题。可以预料,在未来较长的岁月里,金融业仍将是发展最快的领域之一。

面对这样一个日新月异的领域,我们完全有必要也不得不关注其发展。为此,我们必须学习和掌握有关国际金融的基础知识,深入理解国际金融的基础理论,了解国际金融市场运作的基本原理和制度背景以及当今发生的一系列热点问题。除此之外,我们之所以要学习国际金融,主要有以下一些理由：

首先,理解大量金融信息的基本含义,进而解释各种金融现象。通过电视、广播、报纸、杂志、网络,我们经常会接触到大量让人眼花缭乱的金融信息,然而对其背后隐藏的真实意义却常常一知半解。例如,中央电视台《经济半小时》节目每天都报道汇率行情以及国际股票市场行情,《金融时报》《经济日报》《参考消息》等报纸每天都会登载有关汇率波动、金融危机、银行破产等各种各样的金融信息。这些事件从表面上看似乎与金融体系没有多大关系,其实对我国经济金融会产生巨大影响。只有掌握国际金融的基本原理,才能正确理解和解释这些金融信息与金融现象的真正内涵。

其次,国际金融基础知识、国际金融市场的基本原理与人们的日常生活密切相关。除了在物物交易占主导地位的原始社会,现代经济交易往往是实物经济与金融经济的统一。一方面是实物商品所有权的让渡与转移,另一方面同时发生着货币商品的反方向运动,二者是缺一不可的。货币、银行、金融市场的存在大大提高了经济交易的效率,从而改善了人们的福利水平和生活质量。当实物经济由封闭经济发展为开放经济进而导致国际贸易的发展时,金融经济也就突破了国界的限制,发展为国际金融。在当今社会,生活中人们常常发现,外国货币的价格波动会影响人民币的购买力,从而会影响我们每个人的财富规模；外国银行的破产会导致我国金融体系的不稳定；外国股票市场的波动会直接或间接地影响我国股票市场的走势；墨西哥比索危机、东南亚金融风暴常常使我国人心惶惶。各种国际金融信息和国际金融事件充斥新闻媒体,使我们不能再熟视无睹。

可以毫不夸张地说,学习国际金融的基本原理,也是人们优化投资决策、提高生活质量的需要。

再次,中央银行、外汇指定银行、进出口企业、国际性投资银行以及国际金融市场涉及我们经济生活中大量的资金流入与流出,这些资金的运动对内会影响企业生产商品和服务的成本和利润,影响企业的股票价格或市场价值,直至整个国家的经济状况;对外则会影响其他国家的经济福利水平和政局稳定。而且,正是由于这些资金的频繁流动,使资金在国际范围内得以优化重组,使国际金融市场越来越一体化。要更好地吸引和利用有限的资金,提高资金的使用效率,要更有效地介入、参与国际金融市场的竞争,除了必须具备丰富的金融工作经验,还必须掌握扎实的国际金融理论知识。就此而言,学习国际金融的基本原理也是完全必要的。

最后,除了上述这些理由,就个人的动机而言,许多人学习国际金融可能是出于职业上的考虑。如前所述,金融业是目前成长较快、回报丰厚的一个行业,因此它也为人们提供了大量的就业机会。实际上,金融市场正是服务市场的一个重要组成部分。国际金融为那些希望从事银行、保险、信托、证券、投资、金融租赁等方面工作的人提供了必要的理论基础。其他一些人可能是出于学术上的考虑,即通过学习国际金融这门课程,为学习其他金融类课程奠定坚实的专业基础,进而研究、解决一些常见的或比较高深的金融问题。

在现代经济社会中,对于自己拥有的财富,人们往往试图通过获取投资回报使其不断增值。过去,由于可供选择的投资工具较少,小投资人一般只能选择利率相对较低的银行存款来保有其金融财富。如今,即使作为只拥有少量储蓄的中小投资人也面临着国库券、企业债券、保值储蓄、股票以及期货等一系列新选择。将来随着我国金融业的飞速发展及其金融改革开放的进一步深化,资本管制和外汇管制日趋放松,深港通、沪港通使资本由原来的单向流入变成了双向流动,我们每个人在投资组合中还可以选择购买美国IBM公司的债券、瑞士联合银行的股票、德国西门子公司的可转换债券等外币资产。面对日新月异并越来越一体化的国际金融市场和各种新型金融工具,投资人现在必须在预期回报、风险水平和流动性等因素之间进行权衡,并根据这些因素的变化对资产组合进行调整,再也不能像过去那样只要持有一本银行存折即可高枕无忧。

毋庸置疑,国际金融的发展以及国际金融市场的一体化确实为广大投资者提供了更多可选择的投资工具和投资机会,然而也带来了一系列新问题:(1)许多金融法规已经不能适应国际金融业的飞速发展,管制当局对金融体系监管的难度加大了。(2)与巨额的国际游资伴生的过度投机行为,尤其是衍生金融工具交易导致了一系列金融惨案的发生,这些事件不仅严重损害了广大投资人的公共利益,而且妨碍了金融体系的健康发展。(3)国际金融市场的一体化程度大大提高,使各个市场之间的时空间隔越来越小,各类金融工具之间的区别越来越模糊不清,金融交易的成本大大降低,资金的区域内流动与跨国交叉流动更加方便、更加容易、更加快捷,金融市场的流动性大大提高了。(4)高度一体化的金融市场使金融监管不再仅仅是某一个国家的事情,地区性金融事件往往会造成整个国际金融体系的动荡,从而对金融监管的国际协调提出了更高的要求。因此,各国必须在金融监管方面加强协调,以应对金融创新提出的新挑战。

在外汇市场上,汇率的上下波动往往是非常显著、频繁而且变幻莫测的。在各种传播媒体上，有关汇率大幅波动的消息已经屡见不鲜，这种波动都会直接或间接地对社会公众、企业、政府当局的行为产生深远的影响。对于社会公众而言，汇率水平的变动既会影响其外币资产的价值，同时也会影响进口外国商品的本币价格，进而影响消费者的消费意愿和消费支出规模。如果在计算综合物价指数的一篮子商品和服务中包含进口商品，那么物价指数水平也会受到影响。例如，在1993年年初，1美元大约相当于10元人民币，价值10美元的美国商品在中国要卖100元人民币。而在2023年7月20日，1美元大约只相当于7.17元人民币，购买同样一件价值10美元的进口商品，我国消费者只需支付71.7元人民币。可见，本币价格上涨（或外币价格下跌）会使外国商品相对比较便宜，同样数量的本币可以买到更多数量的进口商品，在这种情况下，消费者对外国商品和服务的需求将会相对增加，而对本国商品和服务的需求则会相对减少。对于企业来讲，人民币汇率坚挺意味着我国商品在国际市场上比较昂贵，外国消费者会减少对中国商品的需求，转而购买其他相对便宜的商品。这样企业生产的产品在国际市场上的销售量下降了，企业被迫压缩生产规模，就业机会也会因此减少。与此同时，人民币汇率坚挺意味着企业进口原材料的成本下降，同样多的资金可以购买更多的进口原材料和半成品，不仅可以降低生产成本、改善企业的盈利能力，而且可以节省本国的资源。对于政府当局来说，汇率水平的变动会影响其外汇储备或外币资产的价值，同时汇率波动导致的企业进口数量与出口数量的增减，会影响我国外汇储备的绝对数量。一种货币汇率水平的大幅跌落，往往会给一个国家的金融体系带来巨大影响甚至是灾难性的后果，墨西哥金融危机、东南亚金融风暴就是最典型的例证。

既然外汇市场与汇率问题如此重要，那么，外汇市场的结构如何？汇率水平在外汇市场上是如何发挥作用的？汇率水平的变动对一个国家的货币供给会产生什么影响？中央银行如何干预外汇市场？学习国际金融基础知识和国际金融市场的有关原理是理解上述问题的基础。

2007年以来，伴随着发源于美国、最终席卷全球的金融危机的跌宕起伏以及欧债危机的愈演愈烈，全球经济和金融市场都受到了深远影响。全球经济一体化程度的提高使国际经济链条相互依存、相互影响、唇亡齿寒的联系更加紧密。这使我们学习国际金融课程的必要性进一步上升。

总之，国际金融是一门非常重要的学科，它不仅与人们的日常生活密切相关，影响人们的财富规模、投资行为和消费行为，而且会影响企业的市场价值、生产行为和销售行为，同时也会影响一个国家的财富总量、政局稳定和政策效应。通过学习国际金融的有关知识，我们可以更透彻地理解各种经济金融现象，从而更好地安排个人的投资、消费行为，最大限度地增进个人的经济福利。

从国际金融的课程体系来看，国外大学一般并不单独开设国际金融课程，而是分散在其他一些课程之中。有关国际金融的基础知识通常在货币银行学中介绍；有关国际金融的理论问题一般分布在国际经济学、开放经济下的宏观经济学、汇率经济学等课程中；而有关国际金融的实务问题则往往在商学院和管理学院开设的证券投资、跨国公司金融、国际银行业、项目评估等课程中附带提及；此外，在国际货币与金融、货币经济学等课程中也涉及部分国际金融的内容。因此，国内大学开设的国际金融课程实际上是国外许多课程的一个杂烩性的综合。国内的国际金融教材通常将国际金融理论、国际金融实务和国际货币体系放在一起讲述,对国际金融所涉及的各个方面都给予概括性的介绍,客观上增加了这门课的讲述难度。为此,我们对本教材的结构和内容进行了重新安排和调整。

第一篇介绍国际金融的基础知识,包括汇率基础和国际收支。为了反映国际金融市场的新进展,我们加入了与经济全球化背景下的外汇市场有关的内容。第二篇讲述国际金融理论,包括国际收支调节理论和汇率决定理论以及开放经济条件下的宏观经济政策。为了与国外的教材接轨、加强教材的理论性,我们增加了与汇率决定理论有关的新内容。第三篇讲述国际金融实务,包括各种外汇交易的原理及其运用。为了反映国际金融市场的最新进展,我们增加了利率互换与货币互换的内容。第四篇是国际金融体系,包括国际货币制度、国际金融市场、国际资本流动、国际银行业与国际金融机构等。最后,我们列出了参考书目,为那些有兴趣在课外学习国际金融的同学提供一些线索。为了使同学们更好地使用本书,我们在每一章的开始给出了本章的内容概要与学习目标,同时在每一章的末尾给出了本章术语、本章总结以及思考练习题。

在教材修订过程中,我们主要做了以下工作:(1) 鉴于欧元问世以后马克、荷兰盾、法国法郎等货币不复存在的事实,我们把原书中许多案例涉及的货币都进行了调整;(2) 鉴于人民币汇率改革、国际货币制度演变,对实际有效汇率指数等数据进行了更新;(3) 鉴于2007年下半年以来,国际金融市场经历了新型金融危机的冲击和跌宕起伏的动荡,国际金融监管空间出现了一系列新变化,我们增加了美国次贷危机、欧债危机、国际金融监管以及巴塞尔协议的新进展等内容。

此次,按照有关部门对于教材修订的具体要求,结合国际金融这门课程的特点,我们还做了以下几个方面的工作:(1) 紧紧围绕"培养什么人、怎样培养人、为谁培养人"的核心目标,把国际金融教材作为这一根本问题的核心载体,聚焦为党育人、为国育才、为民族复兴育人才,切实提高政治站位。(2) 坚持全面、准确、深入理解党的二十大精神的内涵。努力把与党的二十大精神有关的内容全面写进国际金融教材;对党的二十大精神要深刻领悟、理解到位,更好地把握、传达具体内容,以便更好地为学生和读者所接受。(3) 整体把握、全面系统,同时突出重点、抓住关键。一是把各个着力点的精神内涵研究透,有的放矢;二是结合国际金融这门课的学科特点,有机融入,流畅自然;三是处理好政治性与专业性的平衡。强调政治站位是至关重要的前提,这是不容含糊的大方向,突出教材的专业性是必须遵守的原则。(4) 党的二十大精神进教材、进课堂、进头脑,本质上是要落实好立德树人的根本任务,为中华民族伟大复兴的中国梦服务。这三个方面的关系是,进教材是关键基础,进课堂是具体应用,进头脑是最终目的。通过认真学习、消化吸收、升华提高进教材,通过灵活运用教学方式、丰富教学内容、增加案例教学、理论联系实际进课堂,如果前面两个环节工作到位,就可以顺理成章、水到渠成,通过讲述和学习国际金融知识,为国家培养专业人才,努力引导学生们成为堪当民族复兴重任的"复兴栋梁、强国先锋"。(5) 努力把政治站位提升到专业水准,用国际金融专业知识讲好中国故事。要将党的二十大重要精神融入新修订的教材中,运用到课堂教学中,在新教材、新内容、新方式、新媒体、新题目的融合上下功夫。党的二十大报告提出了许多宏大命题,如何从学科的角度、专业的语言,融入进去并准确传达出来,是值得深入研究认真思考的问题。具体到《国际金融教程》,我们努力做了一些有益的尝试。比如,关于党的二十大报告中提出的强国富民之路，本教材通过中国在国际金融市场上的外汇交易份额不断上升、在国际金融体系中的地位从弱变强、中国外汇储备从匮乏到富足等内容来体现；党的二十大报告中关于"不可逆转的历史进程"问题的相关论述，本教材融入了中国金融体制改革、人民币汇率制度的演变、国际货币制度的演变、从单纯强调内部均衡向兼顾内外部均衡转变等内容；党的二十大报告中关于"实现中华民族伟大复兴"的内容，本教材加入了人民币国际化程度提高、人民币进入国际货币基金组织（IMF）发行的特别提款权（SDRs）货币篮子而且占比逐渐提升、国际货币制度改革、数字货币与去美元化等内容。

（6）在国际金融具体的教学实践中，我们已经做过一些尝试。比如设置一些与时俱进能够体现党的二十大精神的讨论题，通过课堂讨论进行拓展、引导，并以专栏的形式予以体现。与此同时，我们结合国际金融市场的最新进展补充了一些新内容，而且提出了一些比较新的视角。此外，我们更新了案例的数据资料，所有的案例都是用的最新的汇率数据；增加了思考与练习的比例，丰富了作业题的内容，为同学巩固所学内容提供了必要的条件。

《国际金融教程》是北京大学经济学院学科建设的成果之一，是我们多年来教学、科研的体会和心得之总结。金融系李庆云教授、何小锋教授和胡坚教授在专业上给予了细心指导；施建淮、陈仪老师提供了多年从事国际金融课程的教学实际经验；经济学院尤其是金融系其他同事提供了许多建设性意见；经济学院领导们为本教材的修订提供了大力支持和必要的帮助；北京大学出版社经管事业部郝小楠女士、兰慧女士等人为本书的修订出版付出了辛勤的汗水。在此一并谢过。作为本教材修订的具体负责人，王曙光、宋芳秀、吕随启三位老师一直从事国际金融课程的教学工作，对于这本教材的内容和体系设计具有一定的经验。尽管如此，毫不夸张地说，本教材实际上凝聚了许多同仁共同努力的心血，是集体智慧的结晶。

此外，我们也吸取了国外知名大学、国内兄弟院校在国际金融学科建设方面的宝贵经验，参考了许多已有教材的长处，在此一并致谢。尽管我们尽了最大的努力，然而，由于专业水平有限、经验不足、时间仓促等因素的限制，本教材肯定仍然存在许许多多的缺点和不足。在此我们诚恳地欢迎大家批评指正并先行致谢！

吕随启　王曙光　宋芳秀
2025 年 5 月于未名湖畔

目 录

第一篇 国际金融基础

第一章 全球化背景下的外汇市场与汇率制度 ………………………………（3）
- 第一节 全球化开放经济与外汇市场 …………………………………（3）
- 第二节 外汇的内涵与分类 ……………………………………………（4）
- 第三节 外汇市场的特征和参与者 ……………………………………（7）
- 第四节 汇率的内涵与标价方法 ………………………………………（8）
- 第五节 汇率的种类 ……………………………………………………（10）
- 第六节 即期汇率、远期汇率与掉期率 ………………………………（15）
- 第七节 基本汇率和套算汇率 …………………………………………（16）
- 第八节 汇率差异与外汇市场中的套汇行为 …………………………（18）
- 第九节 汇率制度的历史演变 …………………………………………（19）
- 第十节 固定汇率制度和浮动汇率制度的争论 ………………………（21）
- 第十一节 外汇市场的管制：利与弊 …………………………………（25）
- 本章术语 …………………………………………………………………（34）
- 本章总结 …………………………………………………………………（34）
- 思考和练习 ………………………………………………………………（34）

第二章 汇率决定基础及其影响因素 …………………………………………（36）
- 第一节 信息、汇率反应及其本质 ……………………………………（36）
- 第二节 即期汇率决定的简单模型 ……………………………………（38）
- 第三节 远期交易的动机类型与远期汇率决定机制 …………………（40）
- 第四节 金本位制度下的汇率决定机制 ………………………………（43）
- 第五节 纸币本位下影响汇率的因素 …………………………………（44）
- 本章术语 …………………………………………………………………（49）
- 本章总结 …………………………………………………………………（49）
- 思考和练习 ………………………………………………………………（49）

第三章 国际收支及其平衡表 …………………………………………………（50）
- 第一节 国际收支概述 …………………………………………………（50）
- 第二节 国际收支平衡表及其构成 ……………………………………（53）

第三节　国际收支平衡表的记录规则与方法 …………………………………… (58)
　　第四节　国际收支盈余与赤字 …………………………………………………… (62)
　　第五节　国际收支的局部差额分析方法 ………………………………………… (63)
　　第六节　国际收支的平衡与失衡 ………………………………………………… (70)
　　第七节　国际收支和国民账户 …………………………………………………… (72)
　　第八节　国际收支失衡对国民经济的影响 ……………………………………… (75)
　　第九节　国际收支失衡的自动调节机制和自觉调节机制 ……………………… (76)
　　本章术语 …………………………………………………………………………… (78)
　　本章总结 …………………………………………………………………………… (78)
　　思考和练习 ………………………………………………………………………… (79)

第二篇　国际金融理论

第四章　国际收支调节理论 ………………………………………………………… (83)
　　第一节　引言 ……………………………………………………………………… (83)
　　第二节　国际收支调节的价格分析法 …………………………………………… (84)
　　第三节　国际收支调节的收入分析法 …………………………………………… (88)
　　第四节　国际收支调节的吸收分析法 …………………………………………… (91)
　　第五节　国际收支调节的货币分析法 …………………………………………… (93)
　　本章术语 …………………………………………………………………………… (96)
　　本章总结 …………………………………………………………………………… (96)
　　思考和练习 ………………………………………………………………………… (97)

第五章　汇率决定理论一：购买力平价理论 ……………………………………… (98)
　　第一节　概论 ……………………………………………………………………… (98)
　　第二节　国际平价条件及其意义 ………………………………………………… (99)
　　第三节　购买力平价理论与一价定律 ……………………………………………(101)
　　第四节　绝对购买力平价和相对购买力平价 ……………………………………(102)
　　第五节　购买力平价理论的扩展表述 ……………………………………………(105)
　　第六节　对购买力平价的经验验证及其解释 ……………………………………(106)
　　第七节　结论 ………………………………………………………………………(112)
　　本章术语 ……………………………………………………………………………(114)
　　本章总结 ……………………………………………………………………………(114)
　　思考和练习 …………………………………………………………………………(114)

第六章　汇率决定理论二：利率平价理论 …………………………………………(115)
　　第一节　长期中和短期中影响汇率的因素 ………………………………………(115)
　　第二节　远期交易、套利与抛补套利 ……………………………………………(116)
　　第三节　利率平价的推导 …………………………………………………………(118)
　　第四节　利率平价、掉期交易与套利机会 ………………………………………(120)

第五节　以预期回报率推导的利率平价 …………………………………………（121）
　　第六节　外汇市场的均衡 …………………………………………………………（123）
　　第七节　预期回报率曲线的位移和汇率的变动 …………………………………（124）
　　第八节　利率变动和货币增长变动对汇率的影响 ………………………………（125）
　　第九节　结论 ………………………………………………………………………（127）
　　本章术语 ……………………………………………………………………………（130）
　　本章总结 ……………………………………………………………………………（130）
　　思考和练习 …………………………………………………………………………（130）

第七章　汇率决定理论三：汇率决定的货币主义模型 …………………………………（132）
　　第一节　引言 ………………………………………………………………………（132）
　　第二节　货币主义模型的共同假定和不同假定 …………………………………（133）
　　第三节　弹性价格货币模型 ………………………………………………………（134）
　　第四节　多恩布什粘性价格货币模型：基本思想 ………………………………（135）
　　第五节　对多恩布什模型的进一步规范解释 ……………………………………（137）
　　第六节　粘性价格货币模型的另一种解释：预期回报率曲线 …………………（141）
　　第七节　弗兰克尔的实际利率差异模型 …………………………………………（143）
　　第八节　结论 ………………………………………………………………………（145）
　　本章术语 ……………………………………………………………………………（146）
　　本章总结 ……………………………………………………………………………（146）
　　思考和练习 …………………………………………………………………………（146）

第八章　汇率决定理论四：资产组合均衡模型 …………………………………………（147）
　　第一节　引言 ………………………………………………………………………（147）
　　第二节　资产组合均衡模型 ………………………………………………………（148）
　　第三节　各种资产市场曲线和模型的均衡 ………………………………………（150）
　　第四节　外汇操作、公开市场操作和冲销性外汇操作 …………………………（152）
　　第五节　资产组合模型的长期动态变化 …………………………………………（155）
　　第六节　风险预期变化和财政扩张的效应 ………………………………………（156）
　　第七节　结论 ………………………………………………………………………（158）
　　本章术语 ……………………………………………………………………………（159）
　　本章总结 ……………………………………………………………………………（159）
　　思考和练习 …………………………………………………………………………（159）

第九章　开放经济条件下的宏观经济政策 ………………………………………………（160）
　　第一节　内部均衡、外部均衡与政策工具 ………………………………………（160）
　　第二节　斯旺图形、丁伯根法则和米德冲突 ……………………………………（161）
　　第三节　开放经济中 IS、LM、BP 曲线的推导 …………………………………（163）
　　第四节　IS-LM-BP 模型的均衡和影响因素 ……………………………………（168）
　　第五节　固定汇率和浮动汇率下的内部均衡和外部均衡 ………………………（170）

第六节　资本完全流动下的汇率制度选择 …………………………………………… (173)
　　第七节　蒙代尔搭配原则 ……………………………………………………………… (175)
　　第八节　蒙代尔-弗莱明模型的局限性和意义 ………………………………………… (176)
　　本章术语 ………………………………………………………………………………… (178)
　　本章总结 ………………………………………………………………………………… (178)
　　思考和练习 ……………………………………………………………………………… (178)

第三篇　国际金融实务

第十章　主要外汇交易及其基本原理 …………………………………………………… (181)
　　第一节　外汇交易基础 ………………………………………………………………… (181)
　　第二节　外汇交易的基本种类 ………………………………………………………… (185)
　　第三节　外汇风险及其管理 …………………………………………………………… (191)
　　本章术语 ………………………………………………………………………………… (199)
　　本章总结 ………………………………………………………………………………… (199)
　　思考和练习 ……………………………………………………………………………… (200)

第十一章　外汇期货与期权交易 ………………………………………………………… (201)
　　第一节　外汇期货交易 ………………………………………………………………… (201)
　　第二节　外汇期权交易 ………………………………………………………………… (208)
　　本章术语 ………………………………………………………………………………… (215)
　　本章总结 ………………………………………………………………………………… (215)
　　思考和练习 ……………………………………………………………………………… (215)

第十二章　互换交易的原理及其应用 …………………………………………………… (216)
　　第一节　互换交易的定义及其历史渊源 ……………………………………………… (216)
　　第二节　利率互换的原理及其应用 …………………………………………………… (218)
　　第三节　货币互换的原理及其应用 …………………………………………………… (222)
　　第四节　互换交易的报价与市场惯例 ………………………………………………… (226)
　　第五节　互换交易的风险评估 ………………………………………………………… (228)
　　第六节　互换交易合约的流动性 ……………………………………………………… (231)
　　本章术语 ………………………………………………………………………………… (233)
　　本章总结 ………………………………………………………………………………… (234)
　　思考和练习 ……………………………………………………………………………… (235)

第四篇　国际金融制度与国际金融市场

第十三章　国际货币制度及其演变 ……………………………………………………… (239)
　　第一节　国际货币制度概述 …………………………………………………………… (239)
　　第二节　国际金本位制度 ……………………………………………………………… (241)

第三节　布雷顿森林体系 ……………………………………………………………（245）
　　第四节　牙买加体系 ……………………………………………………………………（252）
　　本章术语 …………………………………………………………………………………（257）
　　本章总结 …………………………………………………………………………………（257）
　　思考和练习 ………………………………………………………………………………（257）

第十四章　欧洲货币体系与欧洲货币联盟 ……………………………………………（258）
　　第一节　货币一体化 ……………………………………………………………………（258）
　　第二节　欧洲货币体系 …………………………………………………………………（260）
　　第三节　欧洲货币联盟 …………………………………………………………………（263）
　　第四节　欧债危机 ………………………………………………………………………（267）
　　本章术语 …………………………………………………………………………………（270）
　　本章总结 …………………………………………………………………………………（270）
　　思考和练习 ………………………………………………………………………………（271）

第十五章　国际金融市场 ……………………………………………………………………（272）
　　第一节　国际金融市场概述 ……………………………………………………………（272）
　　第二节　国际货币市场 …………………………………………………………………（279）
　　第三节　国际资本市场 …………………………………………………………………（284）
　　第四节　欧洲货币市场 …………………………………………………………………（292）
　　本章术语 …………………………………………………………………………………（299）
　　本章总结 …………………………………………………………………………………（299）
　　思考和练习 ………………………………………………………………………………（300）

第十六章　国际银行业与国际金融机构 …………………………………………………（301）
　　第一节　国际银行业 ……………………………………………………………………（301）
　　第二节　国际金融机构 …………………………………………………………………（306）
　　本章术语 …………………………………………………………………………………（313）
　　本章总结 …………………………………………………………………………………（314）
　　思考和练习 ………………………………………………………………………………（314）

第十七章　国际资本流动 ……………………………………………………………………（315）
　　第一节　国际资本流动概述 ……………………………………………………………（315）
　　第二节　债务危机 ………………………………………………………………………（319）
　　第三节　东南亚金融危机 ………………………………………………………………（324）
　　第四节　美国次贷危机 …………………………………………………………………（327）
　　本章术语 …………………………………………………………………………………（332）
　　本章总结 …………………………………………………………………………………（332）
　　思考和练习 ………………………………………………………………………………（332）

参考书目 ……………………………………………………………………………………（333）

第一篇 国际金融基础

International Finance

第一章　全球化背景下的外汇市场与汇率制度

本章概要

外汇市场是全球规模最大的市场,各个国家之间的贸易金融关系引起市场上不同货币之间的相互交换。在这一章中,我们将了解外汇的含义、特征和种类,学习汇率的标价方法、套算汇率的计算方法和远期汇率的表示方法;并对汇率制度的分类和演变、外汇市场的管制等相关内容进行介绍。

学习目标

1. 了解外汇的基本特征和种类。
2. 掌握汇率的标价方法和套算汇率的计算方法。
3. 学会如何通过掉期率来表示远期汇率。

第一节　全球化开放经济与外汇市场

近年来,"逆全球化"的迹象日益明显,甚至呈现出甚嚣尘上之势。一是自由贸易理念边缘化,贸易保护主义愈演愈烈;二是全球经济陷入持续低迷,风险和不确定性不断上升;三是西方发达国家民粹主义抬头,本国利益优先日趋极端化;四是地缘政治格局分化使国际合作的意愿减弱,国际合作的深度已经今非昔比。尽管如此,虽然人们对于全球化的经济、政治乃至文化影响并没有形成一个统一的观点,但不管过去还是现在,"全球化"仍然是我们这个时代最流行、使用频率最高的词汇之一。在国际金融领域,全球化的深刻影响显而易见,全球的货币市场和资本市场空前紧密地联结为一个整体,每一个开放的经济体都难以摆脱其他经济的影响。全球化所带来的生产要素的高速流动既为整个世界经济注入了巨大活力,从而提高了商品服务贸易和资本流动的效率,同时也带来了很多负面影响。20世纪后期以来,频繁爆发的金融危机和金融动荡,给全球金融体系和经济增长带来了一系列破坏性的灾难后果。

全球化使得各个相互封闭的经济体逐渐走向开放。一个开放经济体与一个封闭经济体之间存在重要的差别,而其中最显著的一个差别是,封闭经济体中的交易是在本国居民之间进行的,所以只涉及本国货币;而开放经济体中,本国居民要同外国居民进行交易,所以通常会涉及不同国家的货币。例如,一个瑞士进口商一般要用日元对日本出口商进行支付,用英镑对英国出口商进行支付,用美元对美国出口商进行支付。因此,这个瑞士进口商必须在外汇市场上买入上述货币。外汇市场并不一定指某个具体实在的场所,而是指不同货币进行买卖交易的媒介或手段。也就是说,外汇市场是场外交易市场,并没有一个让交易者聚集而交换货币的有形地点。外汇市场中的交易者在全世界各主要商业银行的办公室里,借助计算机终端、电话、电传以及其他信息渠道进行交流。

外汇市场是世界上规模最大的市场。根据国际清算银行的统计,全球外汇市场的日均交易额2022年10月超过7.5万亿美元,2019年这一数据为6.6万亿美元。大部分交易集中在美元、日元、英镑、欧元等世界主要交易货币和结算货币上。值得强调的是,尽管美元依然占据全球外汇交易的主导地位,但是人民币的市场份额在迅速上升,成为份额增长最快的货币之一。根据环球银行金融电信协会(Society for Worldwide Interbank Financial Telecommunication, SWIFT)的统计,2025年2月,人民币在全球跨境贸易金额中排名第四,占比4.33%,仅次于美元(49%)、英镑(6.89%)和日元(3.68%)。中国有关部门有序推进人民币国际化的努力正在取得积极成效。

在外汇市场中,主要参与者按照交易动机的不同扮演着不同的角色。其中,进口商为获得以外币标价的商品,要在外汇市场中购买外汇;出口商在外汇市场中出售出口所得的外汇;投资组合的管理者通过购买或出售外币资产获取外币红利或利息;中央银行为了维护本国货币的稳定而进行外汇干预;外币经纪人通过撮合买卖指令而赚取利润;商业银行为满足自己或客户的需要而借入多种货币,交易者通过连续的同业交易而创造了外汇市场。自然,外汇市场中还活跃着对外汇市场价格特别敏感的外汇投机者。

我们已经谈到外汇市场的场外市场特点。那么,一项外汇市场交易是如何达成的?假定一个位于纽约的银行的外汇交易员与一个位于伦敦的银行的外汇交易员进行美元与英镑的交易。交易员通过电话达成一个交易价格。然后,每个交易员将把该笔交易额输入银行的计算机或其他记录系统。至于货币转移的具体机制,交易员并不关心,一项交易最多用几秒钟的时间。此后,这两家银行会互相提供关于交易具体细节的确认信息,还会处理交易员合约的结算问题。纽约的银行将把其在纽约某银行的美元存款划转给伦敦的银行,而伦敦的银行将把其在伦敦某银行的英镑存款划转给纽约的银行。这种货币的转移通常通过电子信息交换来完成。随着电子信息技术的高速发展,外汇市场中使用的交易方式、结算方式越来越便捷高效,全球外汇市场也越来越紧密地结合为一个市场。

第二节　外汇的内涵与分类

外汇市场中买卖的是外汇。什么是外汇?外汇具有哪些特征?这是本节要讨论的问题。世界上大多数国家都有自己的货币,中国的货币是人民币,美国的货币是美元,日本的货币是日元,俄罗斯的货币是卢布。1999年在欧洲诞生了各主权国家共同使用的超国家的统一货币——欧元。各国货币在国际贸易、国际结算、国际储备以及国际资本流动中的地位、规模不同。实际上,外汇市场中的大部分交易主要集中在少数几种货币,一些主要发达国家的货币在国际货币体系中占据重要地位,成为全世界流通的货币。

一、外汇的内涵

1. 从不同角度对外汇的定义

任何对外经济交往都离不开外汇,各个国家之间的贸易关系引起不同货币之间的相互交换。外汇(Foreign Exchange)一词有名词和动词两层含义。从名词来理解,外汇指以外国货币表示的并且可以用于国际结算的信用票据、支付凭证、有价证券以及外币现钞。作为一种有效的对外支付手段,一种具有融通性质的债权,外汇是为适应国际商品流通和服务交换的需要而发展起来的。可以说正是贸易的国际主义和货币的国家主义之间的共存产生了外汇交易。从动词来理解,外汇相当于"国际汇兑"。其中,"汇"指货币资金在地域之间的移动,"兑"指将一个国家的货币兑换成另一个国家的货币。国际汇兑通常与国际债权债务的清偿以及对外投资紧密地联系在一起。

根据 IMF 的定义,所谓外汇是"货币行政当局(中央银行、货币管理机构、外汇平准基金组织及财政部)以银行存款、财政部债券、长短期政府债券等形式所保有的在国际收支失衡时可以使用的债权"。作为一个帮助稳定外汇汇率及处理国际收支问题的国际金融机构,IMF 是从国家信用和银行信用的角度来给外汇下定义的,没有考虑风险较大的商业信用;并且将一国居民所持有的外币债权排斥于外汇概念之外。这一定义只适用于一国官方所持有的外汇储备,与我们平时所说的外汇具有不同的内涵。

根据 2008 年颁布的《中华人民共和国外汇管理条例》的规定,在我国,外汇是指以外币表示的可以用作国际清偿的支付手段和资产,主要包括:① 外币现钞,包括纸币、铸币;② 外币支付凭证或者支付工具,包括票据、银行存款凭证、银行卡等;③ 外币有价证券,包括债券、股票等;④ 特别提款权;⑤ 其他外汇资产。显而易见,这一定义将外汇等同于外币资产。

2. 外汇的基本特点

任何货币自身都具有以一定的购买力表示的价值。因此,外汇相当于对外国商品(包括技术)和服务的一种要求权。一般而言,外汇必须具备以下三个基本特征:① 外汇是以外币计值的金融资产,如美元在美国以外的其他国家是外汇,但在美国则不是;日元在日本以外的其他国家是外汇,但在日本则不是。② 外汇的偿还必须有可靠的物质保证,并且能为各国所普遍承认和接受。一国货币能够普遍地作为外汇被其他国家接受,意味着该国具有相当规模的生产能力和出口能力,或者拥有其他国家所缺乏的丰富资源。因此,该国货币在物质偿还上有充分保证。人民币在国际货币体系中的地位上升与中国综合国力增强、可兑付能力上升密切相关。③ 外汇必须具有充分的可兑换性(Convertibility)。作为外汇的货币必须能够自由地兑换成其他国家的货币或购买其他信用工具以进行多边支付。由于各个国家的货币制度不同,外汇管理制度各异,一般而言,一个国家的货币不能直接在另一个国家自由流通。为了清偿由对外经济交易而产生的国际债权、债务关系,为了在国与国之间进行某种形式的单方面转移(如经济援助、无偿捐赠和侨民汇款等),一种货币必须能够不受限制地按照一定比例兑换成其他国家的货币及其他形式的支付手段,才能被其他国家普遍接受为外汇。一国货币的充分可兑换性,取决于该国进出口能力的大小以及进出口贸易的自由程度。

二、外汇的分类

1. 货币的分类

根据各国货币在可兑换性程度上存在的差异,IMF 对世界各国货币大体作如下分类:

（1）可兑换货币（Convertible Currency），指对国际收支中的经常账户（Current Account，包括有形贸易、无形贸易和单方面转移）收支不施加任何限制，不采取差别性多重汇率，在另一个会员国的要求下随时换回对方在经常账户往来中积累起来的本国货币。根据 IMF 公布的资料，目前有 50 多种货币属于可兑换货币，包括美元、欧元、英镑、澳元、日元、加元、新加坡元、新西兰元、墨西哥比索、俄罗斯卢布等。全球已经有 50 多个国家接纳了《国际货币基金协定》中有关货币自由兑换的要求。在这些国家中，外汇管制基本上很少保留或者已经完全取消。

（2）有限制的可兑换货币（Restricted Convertible Currency），对本国居民从事经常账户往来的支付，仍然施加某些限制，对非居民原则上不施加限制；但对资本与金融账户的交易一般仍然施加管制。根据 IMF 的统计，目前有 20—30 种货币属于该类货币。

（3）不可兑换的货币（Non-convertible Currency），实行计划经济的社会主义国家和绝大多数发展中国家，对贸易收支、非贸易收支和资本项目的收支一般都实施严格的外汇管制。根据 IMF 的统计，目前有 90 余种货币属于该类货币。

2. 外汇的种类

根据不同的区分标准，外汇可以划分为不同的种类。

首先，根据来源或用途，外汇可以分为贸易外汇和非贸易外汇。贸易外汇指通过出口贸易而取得的外汇以及用于购买进口商品的外汇；与此相反，非贸易外汇包括服务、旅游、侨汇、捐赠及援助外汇以及属于资本流动性质的外汇等。

其次，根据对货币兑换是否施加限制，外汇可以分为自由外汇和记账外汇。自由外汇指不用经过货币发行国的批准，就可以随时自由兑换成其他国家的货币，用以向对方或第三国办理支付的外国货币；记账外汇又称双边外汇、协定外汇或清算外汇，指必须经过货币发行国的批准，否则不能自由兑换成其他国家的货币或对第三国进行支付的外汇。记账外汇只是在双边的基础上才具有外汇意义，它是在有关国家之间签订的贸易支付（或清算）协定的安排下，在双方国家中央银行互立专门账户进行清算。一般是在年度终了时，双方银行对进出口贸易及有关费用进行账面轧抵，结出差额。发生的差额或者转入下一年度的贸易项目下去平衡，或者采用预先商定的自由外汇进行支付清偿。

再次，根据交易的交割期限，外汇可以分为即期外汇和远期外汇。所谓交割（Settlement or Delivery），指外汇买卖中货币的实际收付或银行存款账户上金额的实际划转。按照这一分类标准，即期外汇指外汇买卖成交后，在两个营业日内办理交割的外汇；而远期外汇则是外汇买卖合约签订时，预约在将来某一个日期办理交割的外汇。

最后，根据与一国国际收支状况的关系，外汇可以分为硬通货与软货币。如果一国国际收支持续出现顺差，外汇供给不断增加，外汇储备相应增加，本国货币对外国货币的比价随之提高，本币的国际地位日益增强，则成为国际市场上的硬通货（Hard Currency）。反之，如果一国国际收支持续出现逆差，外汇供给不断减少，外汇储备相应减少，本国货币对外国货币的比价随之降低，本币的国际地位日益削弱，则成为国际市场上的软货币（Soft Currency）。

第三节 外汇市场的特征和参与者

一、外汇市场的特征

由于全球外汇市场的分布在经度上具有均匀的特点,因此全世界的外汇交易市场几乎都是 24 小时不间断的。当一个交易中心关闭时,另一个交易中心可能正在进行交易,所以你永远不必担心在某个时刻难以找到交易中心进行交易。交易时间在全世界范围内是相互重叠的。当东京是下午 3 点时,中国香港地区是下午 2 点。当中国香港地区是下午 3 点时,新加坡是下午 1 点。当新加坡是下午 3 点时,巴林是正午。当巴林是下午 3 点时,法兰克福和苏黎世是中午,而伦敦是上午 11 点。当伦敦是下午 3 点时,纽约是上午 10 点。当纽约是下午 3 点时,洛杉矶是正午。当洛杉矶是下午 3 点时,悉尼是第二天的上午 9 点。

外汇市场在地点上具有高度集中性。全球最重要的外汇交易中心分别设立在伦敦、纽约、东京、新加坡和法兰克福。纽约、伦敦、东京这三个市场,几乎聚集了 60% 的外汇交易。据 SWIFT 于 2025 年 3 月 20 日公布的数据,全球外汇市场日均交易量突破 8.5 万亿美元。其中最活跃的当属伦敦外汇交易中心,占全球交易额的 36.7%;美国纽约华尔街位居次席,所占份额约为 18%;东京居第三位,所占份额约为 6.2%。在主要货币所占的份额中,美元的全球支付份额为 48.95%,接近一半;欧元排在第二位,全球支付份额占比为 22.25%,不到美元的一半;英镑以 6.89% 的份额位居第三;人民币的支付份额达到了 4.33%,高居第四位;日元(3.68%)和加元(2.44%)分列第五位和第六位。纽约华尔街外汇交易中心的交易时间为纽约当地时间的上午 8 点至下午 5 点;伦敦外汇交易中心的交易时间为格林威治时间的上午 8 点至下午 4 点半;东京外汇交易中心的主要交易时间为东京时间的上午 9 点至下午 3 点。外汇交易中心最忙碌的时间是纽约时间上午 8 点开盘以后的早些时候。这时,伦敦和纽约的银行同时营业并进行交易。但交易员的工作时间未必局限于银行的交易时间,高级交易员可以全天跟踪外汇行情和新闻发展,并相应地调整外汇交易头寸。

二、外汇市场的参与者

外汇市场的主要参与者包括顾客、商业银行、外汇经纪人、中央银行。它们之间的关系如图 1.1 所示。

第一类参与者是顾客,主要是指企业、国际投资者、投机者、跨国公司和其他由于业务原因而需要外汇的人。他们一般不直接买卖外汇,而是在商业银行进行买单或卖单。其中,投机者参与外汇交易不是出于对外汇的需求,而是为了获取投机利润。投机者在外汇市场上十分活跃,他们是外汇市场不可或缺的重要参与者。不同的投机者对某一货币汇率的走势会有不同的看法,因此人们通常把投机者划分为多头和空头。以英镑(即期汇率或远期汇率)为例,如果投机者预期英镑在将来会升值,那么他是看多英镑,并会"做多",也就是说,他会以较低的价格买入英镑,并期望将来以高价卖出;如果投机者预期英镑(即期汇率或远期汇率)在将来会贬值,那么他是看空英镑,并会"做空",也就是说,他会卖出英镑,并期望将来以较现在更低的价格买回。

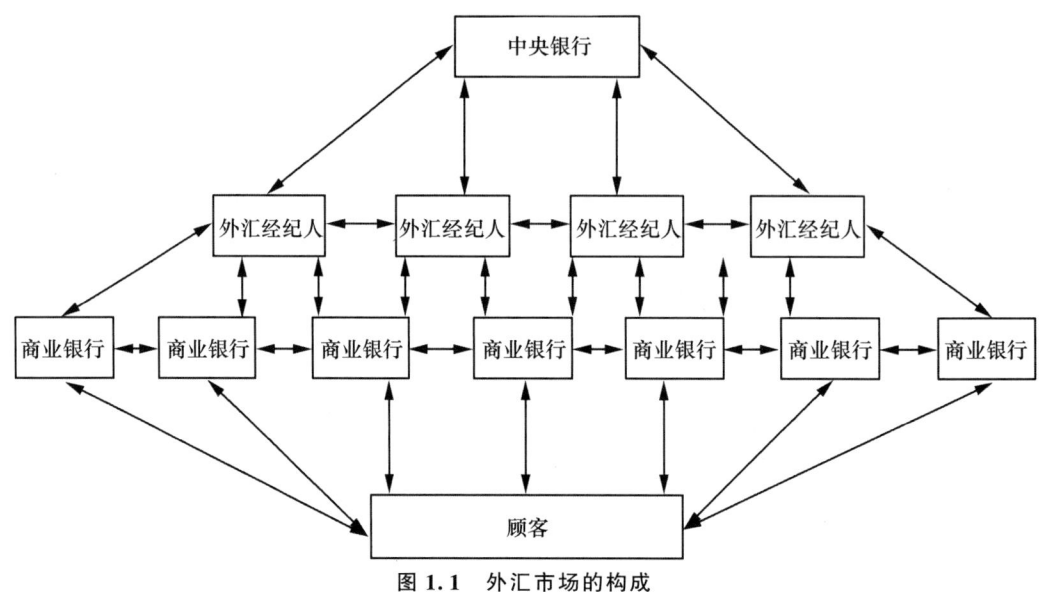

图 1.1　外汇市场的构成

第二类参与者是商业银行。它们为顾客执行买单或卖单,并且以自有账户买卖外汇,从而调整其资产和负债的币种结构。商业银行或者是直接同其他银行进行交易,或者是通过外汇经纪人进行交易。除了商业银行,其他金融机构也从事外汇买卖业务,它们可能是出于自身的目的,也可能是在金融相关交易中代表顾客的利益。

第三类参与者是外汇经纪人。通常情况下,银行之间不是直接进行交易,而是通过外汇经纪人买卖外汇来间接交易。间接交易同直接交易相比更具优势,由于外汇经纪人可以从很多银行那里收集大多数货币的买单和卖单,因此银行通过间接交易能够在很短的时间内,以很低的成本获得最为有利的报价。但是,银行通过经纪人进行交易,就需要向经纪人支付一笔经纪费用,而在直接交易中,这一费用不会发生。一般情况下,每一个金融中心都有一批经过授权的经纪人,这样,商业银行就可以通过他们来进行外汇的交易。但值得注意的是,经纪人自己不能参与交易,只能做交易的中介人。在外汇市场中,还有所谓的交易商,他们不但可以做交易的中介者,还可以自己参与交易。

第四类参与者是中央银行。中央银行在外汇市场中扮演重要角色。一国的货币当局通常会关注其货币外部价值的变化。20世纪后半叶,随着布雷顿森林体系的崩溃,主要的工业化国家都实行了浮动汇率制度,但中央银行仍然会在外汇市场上买卖本国货币,以干预汇率。在固定汇率制度下,货币当局有义务维持汇率的稳定,因此,在本币供不应求的情况下,货币当局卖出本币;而在本币供过于求的情况下,货币当局买入本币。在金融危机时期,为防止本币贬值,货币当局会大量投入外汇,迫使本币保持在稳定的状态。

第四节　汇率的内涵与标价方法

汇率(Exchange Rate)又称汇价,是一种货币用另一种货币表示的价格,是一国货币兑换成另一国货币的比率或比价。由于汇率在外汇市场上是不断波动的,因此又称外汇行市。在我国,人民币对外币的汇率通常在中国银行挂牌对外公布,因此,汇率又称牌价。

一、汇率的内涵

汇率之所以重要,首先是因为汇率将同一种商品的国内价格与国外价格联系起来。对于一个中国人来讲,美国商品的人民币价格是由两个因素的相互作用决定的:① 美国商品以美元计算的价格;② 美元对人民币的汇率。

例如,王先生想要购买一台美国 IBM 电脑,如果该品牌的电脑在美国市场的售价为 1 000 美元,而汇率是 1 美元＝6.60 元人民币,我们可以换算出,王先生需要支付人民币 6 600 元 (＝1 000 美元×6.60)。现在,假定王先生由于财力困扰而不得不推迟两个月购买,此时美元的汇率已经上升到 1 美元＝6.80 元人民币,尽管该电脑在美国市场上的价格仍然是 1 000 美元,但王先生却必须支付更多的人民币(6 800 元),即美元汇率上升使美国商品的人民币价格升高了。

与此同时,美元汇率上升却使中国商品在美国变得较为便宜。在汇率为 1 美元＝6.60 元人民币时,一台标价为 10 560 元人民币的海尔空调,美国消费者约翰先生需要花费 1 600 美元;如果美元对人民币汇率上升到 1 美元＝6.80 元人民币,那么约翰先生只需要花费 1 553 美元。即外汇汇率上升使本国商品以外币表示的价格降低了,因此美元升值使得中国商品在美国市场上更具竞争力。

相反,美元汇率下降将降低美国商品在中国的售价,同时提高中国商品在美国的售价。如果美元对人民币的汇率从 1∶6.60 下降到 1∶6.40,那么,王先生购买一台 IBM 电脑只需花费 6 400 元人民币,而约翰先生购买一台海尔空调的支出却高达 1 650 美元。

因此,在两国国内价格均保持不变的前提下,当一个国家的货币升值时,该国商品在国外就变得较为昂贵,而外国商品在该国则变得较为便宜;反之,当一国货币贬值时,该国商品在国外就变得较为便宜,而外国商品在该国则变得较为昂贵。

汇率实际上是把用一种货币单位表示的价格"翻译"成用另一种货币表示的价格,从而为比较进口商品和出口商品、贸易商品和非贸易商品的成本与价格提供了基础。

二、汇率的标价方法

在不同的汇率标价方式下,汇率的上升和下降含义不同。因此,弄清汇率的标价方法对于我们理解货币汇率的走势非常关键。按照汇率是以本国货币还是以外国货币作为折算标准,汇率的标价方式区分为直接标价法和间接标价法两种。

直接标价法(Direct Quotation),又称价格标价法(Price Quotation)或应付标价法(Giving Quotation),是将一定单位(1、100 或 10 000 个单位)的外国货币表示为一定数额的本国货币,汇率是单位外国货币以本国货币表示的价格。在直接标价法下,外国货币的数额保持不变,汇率的变动都以相对的本币数额的变动来表示。如果汇率上升,意味着需要比原来更多的本币才能兑换到 1 个单位的外币,那么说明外币升值(本币贬值);反之,如果汇率下降,意味着仅需要比原来更少的本币就能兑换到 1 个单位的外币,那么说明外币贬值(本币升值)。

间接标价法(Indirect Quotation),又称数量标价法(Quantity Quotation)或应收报价法

(Receiving Quotation),是将一定单位的本国货币表示为一定数额的外国货币,汇率是单位本国货币以外币表示的价格。在间接标价法下,本国货币的数额不变,汇率的升降都以外国货币数量的变化来表示。如果汇率上升,意味着1个单位的本国货币可以兑换到比原来更多数额的外币,那么说明外币贬值(本币升值)或外汇汇率下降(本币汇率上升);反之,如果汇率下降,意味着1个单位的本国货币只能兑换到比原来更少数额的外币,那么说明外币升值(本币贬值)或外汇汇率上升(本币汇率下降)。

目前,世界上大多数国家采用直接标价法,采用间接标价法的国家很少。历史上,英国一直使用间接标价法;美国原来采用直接标价法,后来伴随着美元取代英镑成为国际结算的主要货币,纽约外汇市场从1978年9月1日开始改用间接标价法,但美元对英镑、美元对欧元之间的汇率仍然采用直接标价法。英镑、欧元和澳元采用间接标价法,我国人民币汇率目前采用直接标价法。

很显然,以直接标价法和间接标价法表示的汇率之间存在倒数关系。例如,根据中国银行按直接标价法报出的汇率 \$1 = ¥6.8815,可推算出以间接标价法表示的汇率为 ¥1 = \$0.1453(1÷6.8815)。

由于外汇报价涉及两种货币的价格,因此汇率的变动实际上意味着两种货币的价格的同时变动。例如,×年×月×日在纽约市场上,新加坡新元的汇率从原来的 SGD1.3249/\$1 变成 SGD1.3229/\$1,这意味着1美元对新元价格从原来的1.3249新元下降到1.3229新元;同时也意味着1新元对美元价格从0.7548美元上升到0.7559美元。换言之,我们既可以说1美元对新元下跌了0.0020新元,也可以说1新元对美元上涨了0.0011美元。

第五节 汇率的种类

根据不同的分类标准,汇率可以划分为以下不同种类。

一、买入汇率、卖出汇率和现钞汇率

按银行买卖外汇的角度,汇率可以划分为买入汇率、卖出汇率和现钞汇率。

买入汇率(Buying Rate or Bid Price),也称买入价,是银行从同业或客户买入外汇时所使用的汇率;卖出汇率(Selling Rate or Offer Price),也称卖出价,是银行向同业或客户卖出外汇时所使用的汇率。由于买入汇率、卖出汇率分别适用于出口商、进口商与银行间的外汇交易,因此二者又常常被称为出口汇率、进口汇率。

值得强调的是,买入价和卖出价是从报价银行的角度出发的。银行买卖外汇的目的是追求利润,即通过贱买贵卖赚取买卖差价(Spread)。外汇买入价和卖出价的差额即银行买卖外汇的收益,收益率一般为1‰—5‰。在外汇市场上,买卖差价通常以"点"来表示,每一点为0.0001。能影响买卖差价的因素有很多:如金融中心或外汇市场的发达程度,越发达则差价越小;如货币汇率的易变性,该种货币的汇率越稳定,差价越小;如交易数量,该种货币交易量越大,差价越小;再如交易货币在国际经济中的地位或重要性,美元是众多货币中买卖差价最小的。

外汇市场上挂牌的外汇牌价通常采用双向报价(Two-way Price)的方式同时报出买

入价和卖出价。所报出的汇率尽管都是前一个数值较小,后一个数值较大,但是在不同的标价法下,其含义却不同。针对外汇汇率而言,采用直接标价法时,前一个数字是买入价,后一个数字是卖出价;采用间接标价法时,前一个数字是卖出价,后一个数字是买入价。

例如,假定×年×月×日,新加坡外汇市场上(采用直接标价法),美元的汇率是 $1 = SGD1.3235/1.3255,前一个数字 SGD1.3235/$1 是美元的买入价,即银行买入 1 美元花费 1.3235 新元;后一个数字 SGD1.3255/$1 是美元的卖出价,即银行卖出 1 美元获得 1.3255 新元。

同一天,假设纽约外汇市场上(采用间接标价法),澳元的汇率是 $1 = AD1.4817/1.4837,前一个数字 AD1.4817/$1 是澳元的卖出价,即银行卖出 1.4817 澳元获得 1 美元;后一个数字 AD1.4837/$1 是澳元的买入价,即银行买入 1.4837 澳元花费 1 美元。不论是在直接标价法下还是在间接标价法下,银行都是以低价买入外币,以高价卖出外币。

在具体的汇率套算和外汇交易中,很多人往往容易把买入价和卖出价颠倒。对此,有这样一种简单的判断方法,可以不必区分直接标价法还是间接标价法。例如,对于 $1=SGD1.3235/1.3255 这一汇率报价,按照前面所讲的原则,在直接标价法下,新元是本币,美元是外币,1.3235 和 1.3255 分别是美元的买入价和卖出价;在间接标价法下,美元是本币,新元是外币,1.3235 和 1.3255 分别是新元的卖出价和买入价。而美元的买入价(卖出价)就是新元的卖出价(买入价),两种标价法的内在本质其实是相同的。因此,我们可以这样判断:在任何一个汇率报价中,针对作为折算标准的货币而言,前一个较小的数值为买入价,后一个较大的数值为卖出价;而针对作为折算单位的另一种货币来讲,前一个较小的数值为卖出价,后一个较大的数值为买入价。

买入汇率和卖出汇率的算术平均数称为中间汇率(Medial Rate/Middle Rate),其计算公式为:中间汇率=(买入汇率+卖出汇率)/2。中间汇率通常在计算远期升、贴水率和套算汇率中使用,各国政府规定和公布的官方汇率以及经济理论著作或报道中出现的汇率一般也是中间汇率,因此,中间汇率不是在外汇买卖业务中使用的实际成本价。

现钞汇率(Bank Notes Rate)。由于外国货币一般不能在本国流通,只能将外国货币兑换成本国货币,才能购买本国的商品和服务,因此产生了买卖外币现钞的兑换率。尽管理论上买卖外币现钞的兑换率与外汇买入价和卖出价应该相同,但是,由于外币现钞只有运到发行国以后才能成为有效的支付手段,因此,银行在收兑外币现钞时,必须将运输、保险等费用考虑在内,给出一个较低的汇率,通常比外汇买入价低 2%—3%,而卖出外币现钞的汇率和外汇卖出价相同。

二、同业汇率和商人汇率

按买卖外汇的对象,汇率可以划分为同业汇率和商人汇率。

所谓同业汇率(Inter-bank Rate),是银行与银行之间买卖外汇时采用的汇率。而商人汇率(Merchant Rate),则是银行与客户之间买卖外汇时采用的汇率。一般而言,在正常情况下,银行同业间买卖外汇所采用的汇率买卖差价比银行与一般客户交易的买卖差价要小。

三、固定汇率和浮动汇率

按国际货币制度的演变,汇率可以划分为固定汇率和浮动汇率。

固定汇率(Fixed Rate)指一国货币同他国货币的汇率基本固定,汇率的波动仅限制在一定幅度之内。在金本位制度下,这种汇率可在黄金输送点的界限内波动;在布雷顿森林体系下,汇率可在铸币平价上下1%的幅度内波动。而浮动汇率(Floating Rate)则是一国货币当局不规定本国货币与他国货币的官方汇率,听任市场供求来决定。在外汇市场上,如果外币供给大于需求,则外币贬值(Floating Downward),本币升值;如果外币需求大于供给,则外币升值(Floating Upward),本币贬值。

四、电汇汇率、信汇汇率和票汇汇率

按银行的付汇方式可分为电汇汇率、信汇汇率和票汇汇率。

电汇汇率(Telegraphic Transfer Rate,T/T Rate),是经营外汇业务的本国银行在卖出外汇后,立即以电报委托其国外分支机构或代理机构付款给收款人时所使用的汇率。由于外汇市场上风险较大,汇率往往很不稳定,有时波动幅度很大,因此,在国际贸易合同中,进出口商为了避免外汇汇率波动可能带来的风险,往往会规定使用交收时间最短的电汇方式。银行同业之间买卖外汇或划拨资金通常也使用电汇汇率。由于电汇方式付款快,银行很难占用客户的资金头寸,而且国际电报费用较高,因此,电汇汇率通常高于其他汇率。目前,电汇汇率是外汇市场的基准汇率,是计算其他各种汇率的基础。

信汇汇率(Mail Transfer Rate,M/T Rate),是经营外汇业务的本国银行在卖出外汇后,开具付款委托书,用信函方式通过邮局通知国外分支机构或代理机构解付所使用的汇率。由于通过邮局邮寄付款委托书需要较长时间,银行在这段时间可以占用客户资金,因此,信汇汇率通常低于电汇汇率,二者之间的差额大小取决于邮寄天数和利率情况。信汇汇率主要用于中国香港地区和东南亚地区,其他地区采用较少。

票汇汇率(Demand Draft Rate,D/D Rate 或 Sight Bill Rate),指经营外汇业务的本国银行在卖出外汇后,开具一张由其国外分支机构或代理机构付款的汇票交给收款人,由其自带或寄往国外取款时所采用的汇率。在汇票从售出到付款这段时间间隔内,银行可以利用客户资金,因此票汇汇率也低于电汇汇率。此外,票汇又分为短期票汇和长期票汇两种,由于银行能够更长时间地占用客户资金,长期票汇汇率低于短期票汇汇率。

五、名义汇率、实际汇率和有效汇率

政策制定者和经济学家们经常分析汇率变化在经济和国际收支中的含义。汇率本身不能传递多少信息,因此经济学家们为了分析汇率变化的效应和含义,编制了名义汇率指数、实际汇率指数和有效汇率指数。注意,在这里,我们用间接标价法来表示汇率并编制名义汇率指数、实际汇率指数和有效汇率指数,这就意味着这些指数的上升代表本国货币的升值。

名义汇率是某一特定日期市场上的汇率,它指在外汇市场上1单位本币能够购买到的外币的数量。例如,假定本币为英镑,美元对英镑的汇率是$1.2642/£1,这就是名义

汇率报价。名义汇率指以一种货币表示的另一种货币的价格,这一定义不反映货币对商品或服务的购买力。名义汇率通常以指数的形式来表示。如果基期的汇率是 \$1.2642/£1,下一期的汇率是 \$1.3575/£1,那么英镑对美元的名义汇率指数便从 100 上升到 107.38。名义汇率的上升或下降并不必然意味着这一国家在国际市场上的竞争力发生了变化。要反映这一点,我们必须引入实际汇率指数。

实际汇率是名义汇率经国家间的相对价格调整之后的汇率。它通常以指数的形式表示,其代数表达式如下:

$$S_r = SP/P^*$$

其中,S_r 为实际汇率指数,S 为以指数形式表示的名义汇率(以外国货币表示的每单位本国货币的价格),P 为国内的价格水平指数,P^* 为以指数形式表示的外国物价水平。

表 1.1 列出的是虚构的英镑名义和实际汇率指数。从该表中,我们可以学习到名义汇率指数和实际汇率指数的编制方法,也可以清楚了解实际汇率变化的含义。在第一期中,实际汇率指数恰好为 100。美国居民购买价格为 100 英镑的一篮子英国商品,需要支付 200 美元,而英国居民购买定价为 100 美元的一篮子美国商品,只需要支付 50 英镑。从第一期到第二期,名义汇率没有发生变化,仍然为 \$2/£1;但是英国的价格指数升高,美国的价格指数保持不变。这实际上意味着英镑的贬值,对美国居民来说,英国的商品变得昂贵起来,同第一期一样的一篮子英国商品,在第二期的价格为 120 英镑,美国居民购买这些商品需要 240 美元。而英国居民购买同第一期一样的一篮子美国商品,仍然只需要 50 英镑。英国商品的竞争力下降,这可以从英镑实际汇率的上升中反映出来(英镑的实际汇率指数从 100 上升到 120)。而在第二期,英镑的名义汇率指数仍然为 100,显然,名义汇率指数不能反映竞争力的变化。

表 1.1 名义汇率指数和实际汇率指数的构成

时期	名义汇率	名义汇率指数	英国价格指数	美国价格指数	实际汇率指数
1	\$2.00	100	100	100	100
2	\$2.00	100	120	100	120
3	\$2.40	120	120	120	120
4	\$1.80	90	130	117	100
5	\$1.50	75	150	125	90

注:名义汇率指数乘以英国的价格指数后,再除以美国的价格指数,便得出实际汇率指数。

从第二期到第三期,英国的价格指数水平没有发生变化,美国的价格指数水平上升,但由于英镑的升值,英国并没有获得竞争优势。从第三期到第四期,英国的价格指数水平上升,美国的价格水平下降,但英国的竞争劣势被英镑的贬值抵消了,因为英镑贬值可以使英国获得竞争优势,这一点可以从实际汇率指数上反映出来。最后,从第四期到第五期,虽然英国的价格指数水平较美国的价格指数水平上升得快,从而使英国的商品更有竞争力;但英国的竞争优势被英镑的贬值抵消。英镑的名义汇率指数下降导致了其实际汇率的下降,这也可以从实际汇率指数的变化上反映出来。这个例子说明,实际汇率指数可以反映一国竞争力的变化。实际汇率指数和名义汇率指数的不同点在于,我们不可能每天都得到实际汇率指数的数据,因为编制实际汇率指数必须使用价格指数,而价格指数数据一般是每月公布一次。

有效汇率可以反映其货币对一篮子货币是升值还是贬值。世界上的大多数国家都不仅仅同一个国家有贸易往来关系,因此决策者关心的不是其货币对某一特定货币的汇率,而是其货币对贸易伙伴国的一篮子货币的汇率。为了说明有效汇率的计算方法,我们假设英国仅有两个贸易伙伴国:美国和加拿大,其中英美贸易额占英国总贸易额的30%,英加贸易额占英国总贸易额的70%。这就意味着,英镑对美元名义汇率指数的权重为0.3,英镑对加元名义汇率指数的权重为0.7。

表1.2列出了英镑有效汇率指数的计算方法,即计算英镑对美元和英镑对加元的名义汇率指数的加权平均数。

表 1.2　名义汇率指数和有效汇率指数的构成

时期	英镑对美元的名义汇率指数	英镑对加元的名义汇率指数	英镑的有效汇率指数
1	100	100	100
2	100	90	93
3	120	90	99
4	90	80	83
5	75	85	82

注:有效汇率指数是英镑对美元和英镑对加元的名义汇率指数的加权平均数,其中前者的权重为0.3,后者的权重为0.7。

表1.2反映了英镑有效汇率指数的变化,其中美元的权重为0.3,加元的权重为0.7。从第一期到第二期,英镑对美元的名义汇率指数保持不变,对加元的名义汇率指数下降了10%,由于加元的权重大于美元的权重,因此英镑的有效汇率指数在总体上贬值7%。第三期,英镑对美元的名义汇率指数上升,对加元的名义汇率指数保持不变,因而英镑的有效汇率指数上升,但其上升幅度较英镑对美元的名义汇率指数上升幅度小。第四期,英镑对美元的名义汇率指数和英镑对加元的名义汇率指数都下降,因此英镑的有效汇率指数下降。最后,在第五期,英镑对美元的名义汇率指数下降,对加元的名义汇率指数上升,而且下降的幅度比上升的幅度大一些,但英镑有效汇率指数下降的幅度很小,因为加元(上升)的权重比美元(下降)的权重大得多。

虽然我们每天都可以计算名义有效汇率,而且这个指标也可以很好地衡量几个月内一国竞争力的变化情况,但是它没有将价格变动因素考虑在内。为了更好地反映一国竞争力的变化,我们必须编制实际有效汇率指数。表1.3列出了一些国家的实际有效汇率指数,为了便于计算,我们使用消费者价格指数来推导表中的数字。

表 1.3　2009—2021年部分国家实际有效汇率指数

时间	美国	加拿大	日本	英国	德国	意大利	法国	中国
2005	100.0	100.0	100.0	100.0	100.0	100.0	100.0	100.0
2009	96.0	104.9	108.2	82.5	104.0	112.5	103.6	119.2
2010	91.5	117.5	109.8	88.4	102.7	111.3	104.3	118.7
2011	86.1	120.5	118.5	89.0	98.7	119.4	105.4	121.9
2012	89.6	118.9	119.7	92.5	96.7	119.8	104.8	128.8
2013年1月	89.5	118.8	105.1	90.5	98.5	121.0	107.2	128.9
2021年11月	104.1	94.0	68.0	82.9	93.5	92.0	92.0	155.6

资料来源:IMF《国际金融统计》。

注:表中数据增大表明某国货币实际有效汇率的升值。在计算上面的数据时使用的是批发价格指数。

第六节 即期汇率、远期汇率与掉期率

即期汇率(Spot Rate)又称现汇汇率,是买卖外汇双方成交后,在两个营业日内办理外汇交割时所采用的汇率。即期汇率的高低取决于即期外汇市场上交易货币的供求状况。从表面上看,即期外汇交易似乎是同时支付,没有风险,但是由于各国清算制度在技术上的问题,只能在一天后才知道是否已经支付,因此也承担一定信用风险。又由于亚洲、欧洲、美洲之间有6—8小时的时差,有时也会遇到营业结束的问题。

远期汇率(Forward Rate)又称期汇汇率,是买卖双方预先签订合约,约定在未来某一日期按照协议交割所使用的汇率。远期外汇买卖是一种预约性交易,是由于外汇购买者对外汇资金需要的时间不同,以及为了避免汇率变动的风险而产生的。远期汇率建立在即期汇率的基础上,反映即期汇率变化的趋势。一般说来,即期汇率与远期汇率是同方向变动的。

远期汇率与即期汇率之间的差额称为远期差价(Forward Margin)或掉期率(Swap Rate),通常以远期汇率高于或低于即期汇率的点数来报出期汇汇率。若外国货币趋于坚挺,其远期汇率大于即期汇率,差价称为"升水"(at Premium);若外国货币趋于疲软,其远期汇率小于即期汇率,差价称为"贴水"(at Discount);若外国货币的远期汇率与即期汇率相等,则称"平价"(at Par)。为了便于同汇率涉及的两国的利率差异作比较,远期升(贴)水通常换算成以百分比表示的年率:

$$远期升(贴)水年率(Percent\ Per\ Annum) = \frac{远期汇率 - 即期汇率}{即期汇率} \times \frac{12}{远期合约期限} \times 100\%$$

例如,假定英镑的即期汇率为 \$1.2645/£1,3个月期英镑的远期汇率为 \$1.2535/£1,则英镑3个月的升(贴)水年率为:

$$\frac{1.2535 - 1.2645}{1.2645} \times \frac{12}{3} \times 100\% = -3.48\%$$

显然,以英镑为外汇的话,其他货币对英镑的汇率均采用直接标价法,因此,上述计算结果表示英镑的年贴水率为3.48%。

在不同的汇率标价方式下,根据即期汇率和远期差价来计算远期汇率的方法是不同的。在直接标价法下,远期汇率等于即期汇率加上升水或减去贴水;在间接标价法下,远期汇率等于即期汇率减去升水或加上升水。下面我们举例说明远期汇率的计算。

(1)某日多伦多外汇市场(直接标价法)上现汇汇率为 \$1=C\$1.3354—1.3374,3个月远期升水为74—78点。那么,3个月期的远期汇率计算如下:

$$\begin{array}{r}\$1 = C\ \$1.3354—1.3374\\ +\quad\quad 0.0074—0.0078\\ \hline \$1 = C\ \$1.3428—1.3452\end{array}$$

(2)某日吉隆坡外汇市场(直接标价法)上现汇汇率为 \$1=SGD1.3249—1.3269,3个月远期贴水为238—233点。那么,3个月期的远期汇率计算如下:

$$\begin{array}{r}\$1 = SGD1.3249—1.3269\\ -\quad\quad 0.0238—0.0233\\ \hline \$1 = SGD1.3011—1.3036\end{array}$$

（3）某日纽约外汇市场（间接标价法）上现汇汇率为 $1 = CHF0.8912—0.8932，3个月期远期升水为 470—462 点。那么，3个月期的远期汇率计算如下：

$$\begin{array}{r} \$1 = CHF0.8912—0.8932 \\ -0.0470—0.0462 \\ \hline \$1 = CHF0.8442—0.8470 \end{array}$$

（4）某日伦敦外汇市场（间接标价法）上现汇汇率为 £1 = $1.2642—1.2662，3个月远期贴水为 50—60 点。那么，3个月期的远期汇率计算如下：

$$\begin{array}{r} £1 = \$1.2642—1.2662 \\ +0.0050—0.0060 \\ \hline £1 = \$1.2692—1.2722 \end{array}$$

在实际计算远期汇率时，可以不必考虑汇率的标价方式及升水还是贴水，仅根据升（贴）水的排列即可进行计算。具体如下：如果远期差价以小/大排列，则远期汇率等于即期汇率加上远期差价；如果远期差价以大/小排列，则远期汇率等于即期汇率减去远期差价。

当然，有时远期汇率的报价也采取直接报价（Outright Rate）的方式，即将远期汇率按不同的交割期限直接报出期汇的买入价和卖出价。直接报价方法通常适用于银行对一般顾客的报价，而以远期差价表示的报价方法则通常适用于银行同业间的报价。在日本和瑞士等少数国家，银行同业间进行的外汇交易，远期汇率的报价也采用直接报价方式。而英国、美国、德国、法国等国家都以报出远期差价的方式报出远期汇率。远期差价通常以点数来表示，在外汇市场上，每一"点"（Point）为万分之一，即 0.0001。一般而言，远期外汇的买卖差价要大于即期外汇的买卖差价。如某日新加坡元的即期汇率为 $1 = SGD1.3249/1.3269，3个月期远期汇率为 $1 = SGD1.3267/1.3297，即期外汇的买卖差价为 20 点，而远期外汇的买卖差价为 30 点。

第七节　基本汇率和套算汇率

一、基本汇率

基本汇率（Basic Rate），是一国货币对其关键货币的汇率。由于外国货币种类繁多，一国若要制定出本国货币与每一种外国货币之间的汇率是非常麻烦的。为了简化起见，各国一般都选定一种在本国对外经济交往中最为常用的重要货币作为关键货币，制定出本国货币与该关键货币之间的汇率，这一汇率即基本汇率。关键货币通常需要具备以下三个基本条件：① 是本国国际收支中使用最多的货币；② 是在该国外汇储备中占比最大的货币；③ 具有充分的可兑换性，能够被其他各个国家所普遍承认和接受。很多国家都选择美元作为关键货币，将本国货币与美元之间的汇率作为基本汇率。各国银行之间在报出汇率时，通常只报出基本汇率，至于其他外国货币与本国货币之间的汇率，则根据各国的基本汇率进行换算。

二、套算汇率

套算汇率（Cross Rate）又称交叉汇率，是在各国基本汇率的基础上换算出来的各种货币之间的汇率,或者是根据世界各主要外汇市场上公布的美元对各种其他货币的汇率换算出来的两种非美元货币之间的汇率。常见的汇率套算方法有以下几种:

1. 按中间汇率套算

例如,假定×年×月×日,某外汇市场上汇率报价为£1 = \$1.2607,\$1 = C\$1.3506。据此,我们可以套算出英镑与加元之间的汇率:

$$£1 = \$1.2607 = C\$1.3506/\$ \times \$1.2607 = C\$1.7027$$

2. 交叉相除法

这种方法适用于关键货币相同的汇率。例如,假定×年×月×日,某外汇市场上汇率报价为 \$1=SGD1.3255/1.3275,\$1 = J¥134.15/134.35。那么,我们可以使用交叉相除法计算日元和新元之间的汇率。

假如一家银行想要以日元换新元,即卖出日元买入新元,这家银行可以以美元为中间货币来套算日元与新元的汇率:卖出日元→买入美元→卖出美元→买入新元。从这一过程的头尾来看,就实现了卖出日元买入新元的交易目的。卖出 1 日元,可买得 1/134.15 美元,卖出 1/134.15 美元,可买得 1.3275/134.15 新元,即日元的卖出价或新元的买入价为:

$$1.3275 \div 134.15 = SGD0.00990/J¥1$$

或

$$134.15 \div 1.3275 = J¥101.05/SGD1$$

假如这家银行想要以新元换日元,即卖出新元买入日元,则可以通过下面的过程达到目的:卖出新元→买入美元→卖出美元→买入日元。1 新元可买入 1/1.3255 美元,卖出 1/1.3255 美元,可买得 134.35/1.3255 日元,因此新元的卖出价或日元的买入价为:

$$134.35 \div 1.3255 = J¥101.36/SGD1$$

或

$$1.3255 \div 134.35 = SGD0.00987/J¥1$$

综上所述,套算汇率可表示为:

$$SGD1 = J¥101.05/101.36$$

或

$$J¥1 = SGD0.00987/0.00990$$

总结套算规则,如表 1.4:

表 1.4 关键货币相同的汇率套算规则

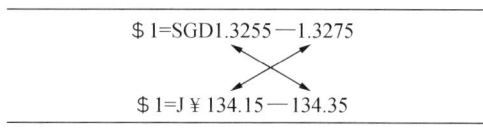

3. 同边相乘法

这种方法适用于关键货币不同的汇率。例如,假定×年×月×日,某外汇市场上汇率报价为 \$1=SGD1.3255/1.3275,£1 = \$1.2607/1.2617。那么,我们可以使用同边相乘法计算英镑和新元之间的汇率。

假如一银行想以新元买入英镑,它可以通过美元作为中间货币进行套算,过程如下:卖出新元→买入美元→卖出美元→买入英镑。1 新元可买入 1/1.3255 美元,卖出 1/1.3255 美元,可买入 1/(1.2607×1.3255) 英镑。因此英镑的买入价或新元的卖出价为:

$$1/(1.2607 \times 1.3255) = £\ 0.5984/SGD1$$

或
$$1.2607 \times 1.3255 = SGD1.6711/£\ 1$$

若这家银行想以英镑买入新元,则可卖出英镑→买入美元→卖出美元→买入新元。卖出1英镑,可买入1.2617美元,卖出1.2617美元,可买入(1.2617×1.3275)新元。因此,英镑的卖出价或新元的买入价为:

$$1.2617 \times 1.3275 = SGD1.6749/£\ 1$$

或
$$(1/1.2617) \times (1/1.3275) = £\ 0.5970/SGD1$$

综上所述,英镑与新元的汇率为:

$$£\ 1 = SGD1.6711/1.6749$$
$$SGD1 = £\ 0.5970/0.5984$$

总结套算规则,如表1.5:

表1.5 关键货币不同的汇率套算规则

$1 = SGD1.3255—1.3275

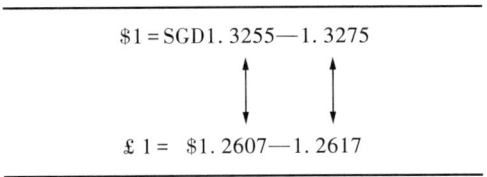

£1 = $1.2607—1.2617

第八节 汇率差异与外汇市场中的套汇行为

在外汇市场上,买卖双方之间保持着紧密的联系,这也意味着不同币种之间或不同金融中心之间可能存在瞬时的套汇机会。套汇是利用货币价格的差异来赚取无风险利润的行为。为了对这两种套汇行为做更好的说明,我们假定交易成本可以忽略,市场上只有单一的报价,也就是说,不存在买卖价差。

金融中心之间的套汇行为(Financial Center Arbitrage)——该类型套汇行为能够使纽约、伦敦和其他金融中心的汇率报价趋于一致。为什么会出现这样的结果呢?因为如果纽约关于英镑和美元汇率的报价是$1.26/£1,而伦敦的报价是$1.24/£1,那么银行就会在伦敦市场上买入英镑,并将英镑在纽约市场上卖出,这样银行就能在每英镑的买卖中赚取2美分的利润。在伦敦买入英镑的行为会导致当地市场上美元的贬值,而在纽约卖出英镑的行为会导致当地市场上美元的升值,这一过程的最终结果是两地的汇率报价趋于一致,比如说,都是$1.25/£1。

不同货币之间的套汇行为(Cross Currency Arbitrage)——为了弄清这种套汇行为的含义,我们假设美元对英镑的汇率是$1.2642/£1,而美元和澳元之间的汇率是AD1.3374/$1。不同货币之间的套汇行为意味着澳元和英镑之间的汇率是AD1.6907/£1。如果不是这样,比如说澳元和英镑之间的实际汇率是AD1.7025/£1,那么英国欲购买美元的交易商会先购买澳元,即用1英镑购买1.7025澳元,然后再用这1.7025澳元购买1.2730美元;而该交易商如果直接按照美元和英镑之间的报价进行交易,他就只能购买到1.2642美元。对澳元的购买会使澳元对英镑的汇率快速升值,并最终达到每英镑1.6907澳元的水平,这样英国交易商无论是先购买澳元再购买美元,还是直接购买美元,其结果都是一样的。

第九节 汇率制度的历史演变

汇率制度(Exchange Rate Regime/Exchange Rate System),又称汇率安排(Exchange Rate Arrangement),指一国货币当局对其货币汇率的变动所做的一系列安排或规定。汇率制度作为有关汇率的一种基本原则,通常具有普遍适用和相对稳定的特点。一种汇率制度应该包括以下几方面内容:第一,规定确定汇率的依据;第二,规定汇率波动的界限;第三,规定维持汇率应采取的措施;第四,规定汇率应怎样调整。

根据汇率波动的剧烈程度和频繁程度,可以把汇率制度分为两大类型:固定汇率制(Fixed Exchange Rate System)和浮动汇率制(Floating Exchange Rate System)。前者指汇率取决于铸币平价,汇率的波动幅度被限制在一定范围内;后者指汇率不受铸币平价限制,取决于外汇市场上的供求关系。从历史发展来看,从19世纪末(约1880年)至1973年,世界主要国家采取的主要是固定汇率制;1973年以后,则主要采用浮动汇率制。

一、固定汇率制

固定汇率制包括金本位制下的固定汇率制,也包括纸币流通条件下固定的汇率制度。二者之间的共同点主要是:① 各国都对本国货币规定了金平价,各国货币的汇率由它们的金平价对比得到。② 外汇汇率比较稳定,围绕中心汇率上下波动的汇率的幅度较小。二者之间的不同点在于:① 在金本位制度下,固定汇率是自动形成的。因为金本位制度规定了各国货币的法定含金量,金币可以自由兑换、自由铸造、自由流动,这使得汇率的波动幅度不会超过黄金输送点。而在纸币流通条件下,固定汇率制是人为规定的,是通过各国之间的协议达成的,各国货币当局通过虚设的金平价来确定汇率,通过外汇干预或国内经济政策等措施来维持汇率,使它在较小范围内波动。② 在金本位制度下,各国货币的法定含金量始终不变,从而使各国货币间的汇率能保持真正的稳定。而在纸币制度下,各国货币的金平价是可以变动的,IMF曾规定,当一国国际收支出现根本性不平衡时,金平价可以经核准而变更。从这一意义上说,金本位制度下的固定汇率是真正的固定汇率制度,而纸币制度下的固定汇率制度只可被称为"可调整钉住汇率制度"(Adjustable Pegging System)。

由于金平价是虚设的,可调整钉住汇率制度在一定条件下可以改变,容易引起破坏性的投机活动。例如,假定英镑与美元之间的汇率平价为£1 = \$2.00,波动幅度为±1%,即上限为£1 = \$2.02,下限为£1 = \$1.98。当英国的国际收支逆差已经使英镑汇率下浮至下限,而此时英国国际收支并无好转迹象,投机者会认为英镑贬值将不可避免,于是纷纷卖出英镑。如果真如投机者们所料,英镑贬值10%,汇率平价变为£1 = \$1.80,波动幅度仍为±1%,界限为£1 = \$1.782—1.818,投机者通过先卖后买英镑,大约可获利9% ($\approx (1.98-1.8)/1.98$)。即使最后英镑没有贬值,投机者的损失也是有限的。因为英国货币当局最多将汇率干预维持到原来的汇率上限,即£1 = \$2.02,那么损失仅为2%左右($\approx (2.02-1.98)/1.98$)。

在可调整钉住汇率制度下,由于汇率波动的幅度很小,贬值的幅度一般大于波动幅度,这就使得投机者可能获得的收益和损失是不对称的。这导致在一定情况(如国际收支逆差)下,投机者会沿着同一方向进行投机,最终可能迫使该货币果真沿着该方向贬值。这种单向投机的自我实现性对逆差国的外汇储备和经济政策都造成极大的压力,使本来不必进行的贬值不得不进行,加剧了汇率的不稳定性。

二、浮动汇率制

1973年2月以后,西方主要工业国纷纷实行浮动汇率制。在浮动汇率制下,一国不再规定金平价,不再规定本国货币与其他国家货币之间的汇率平价,当然也就无所谓规定汇率波动的幅度以及货币当局对汇率维持义务。但是,浮动汇率制并不意味着货币当局绝对不干预外汇市场上的供求关系,根据当局是否干预可以将浮动汇率制分为自由浮动(Free Floating)和管理浮动(Managed Floating)。自由浮动也称清洁浮动(Clean Floating),即指货币当局对外汇市场不加任何干预,完全听任外汇供求关系影响汇率的变动。管理浮动又称肮脏浮动(Dirty Floating),指货币当局对外汇市场进行干预,以使汇率朝着有利于本国利益的方向发展。目前世界上各主要工业国所实行的都是管理浮动,绝对的自由浮动只是理论上的模式而已。

管理浮动制从长期看可以反映各国经济实力的对比,在一定程度上避免了可调整钉住汇率制缺乏弹性的问题,从而避免了可能导致的破坏性的单向投机活动所带来的经济冲击。然而,管理浮动制下政府对外汇市场的干预有一定困难。首先,干预外汇市场的原则是什么?这是至今仍未圆满解答的问题。一般来说,有下列几种干预原则可供选择:① 逆风行事(Leaning Against the Wind)原则。即当市场上出现对外汇的超额需求,货币当局就动用外汇储备,增加外汇供给,缓和本币汇率下降趋势。反之,则吸收外汇,减少外汇供给,缓和本币汇率上升趋势。但这一原则遇到的困难是,货币当局对汇率的长期趋势了解有限,有可能造成人为失衡。但自1973年以来,各国对外汇市场的干预多遵循此项原则。② 规定汇率应达到的目标值。但是当干预规模较大时,货币当局有可能会修改或放弃目标。③ 制定客观指标(如在某一特定时间内对某一方向的干预净额)。即当干预达到此限度时,就停止干预。这容易使干预活动功亏一篑。而且,IMF对成员国汇率的监督有名无实,很难防止会员国以干预外汇市场为名损害其他国家利益,破坏国际金融秩序。

1978年生效的《国际货币基金组织协定第二次修正案》规定了IMF的监督责任,并规定了成员国干预汇率应遵循的原则,即:① 会员国应避免操纵汇率妨害对国际收支的调节或获取不正当利益。② 外汇市场出现短期的破坏性波动,各会员国应进行干预。③ 会员国在干预外汇市场时应考虑其他会员国的利益;等等。由于IMF对这些原则没有明确规定,对会员国的监督实际上是徒有虚名的。

三、爬行钉住汇率制度

爬行钉住汇率制度(Crawling Peg System)是当今一些发展中国家采用的独具特色的汇率制度。在该汇率制度下,政府当局经常按一定时间间隔以事先宣布的百分比对汇率平价作小幅的调整,直至达到均衡。例如,若某国需要对本国货币贬值6%,则将汇率平价从2.00变为2.12。在可调整钉住汇率制度下,汇率平价将在一夜之间发生变化,而在爬行钉住汇率制度下,该国货币当局则会将这一贬值分在三个月进行调整,每个月月末贬值2%。

实行爬行钉住汇率制度的国家,其货币当局有义务维持某一汇率平价或将汇率波动维持在一定范围内,维持的时间较短,往往只有一个月或几个月,这避免了在可调整钉住汇率制度下汇率偶然地、大幅地变动的情况。爬行钉住可分为消极爬行钉住和积极爬行钉住两种。实行消极爬行钉住,政府根据国内外通货膨胀率等指标进行事后调整;实行积极爬行钉住,政府根据本国的政策目标,对汇率平价进行经常的、小幅的调整,诱导汇率上升或下降。

由于爬行钉住汇率制度兼容了固定汇率和浮动汇率的特点,体现出某些优势。例如,当一国发生较严重的通货膨胀时,可使该国货币汇率基本保持不变,避免本国的出口受到严重冲击。另外汇率调节,尤其是积极爬行,加强了汇率对国际收支的调节力度。当然,爬行钉住汇率制度也有其自身缺陷,如汇率变化速度慢、幅度小,不足以解决经济中存在的问题。

四、汇率制度的现状

根据 IMF 的分类,汇率制度可分为三类:① 钉住汇率制度,包括钉住单一货币和钉住一篮子货币。钉住单一货币时,两种货币之间保持固定汇率,当被钉住的货币对其他货币的汇率发生变动时,则实行钉住汇率制度的国家的货币汇率也随之变动。当钉住一篮子货币时,首先要选定一系列国家的货币,并按一定比例将它们组成一种复合货币。当这些国家的货币对其他国家的货币汇率发生变化时,该国货币的汇率也会发生变化。当今被钉住的单一货币主要是美元,钉住的一篮子货币主要是特别提款权。② 有限灵活性汇率,包括对单一货币具有有限弹性和合作安排。欧元诞生以前由西欧各国组成的欧洲货币体系就是一种合作安排。③ 更灵活的汇率,包括根据一整套指标调整、其他管理浮动和独立浮动,大多数发达工业国和发展中大国以及新兴工业国实行的是这一类汇率制度。

第十节 固定汇率制度和浮动汇率制度的争论

在 1944 年召开的布雷顿森林会议上,西方主要工业国达成协议,决定实行钉住汇率制度,各国货币的汇率同美元汇率挂钩,并可在平价周围作小幅波动。1973 年,布雷顿森林体系崩溃,主要工业国都实行了浮动汇率制度,让市场决定汇率。我们将使用供求曲线来解释这两种汇率制度的区别。

一、浮动汇率制度

在浮动汇率制度下,货币当局不买卖本国的货币,不干预外汇市场。货币当局允许本国货币的价值根据货币的供需关系自由浮动,这一点可以通过图 1.2 说明。在图 1.2(a)中,英镑的汇率最初是由供给曲线(S)和需求曲线(D_1)的交点决定的。英国出口商品需求的增加使英镑的需求曲线从 D_1 移动到 D_2。而英镑需求的增加使英镑从 \$1.60/£1 升值到 \$1.80/£1。图 1.2(b)可以说明英镑供给增加(美国出口商品的需求增加,从而导致对美元的需求增加,英镑的供给会加大)的影响。英镑供给的增加使 S_1 向右移动至 S_2,结果英镑的汇率从 \$1.60/£1 下降到 \$1.40/£1。浮动汇率的实质是,货币的汇率会随供需关系的变化而变化。

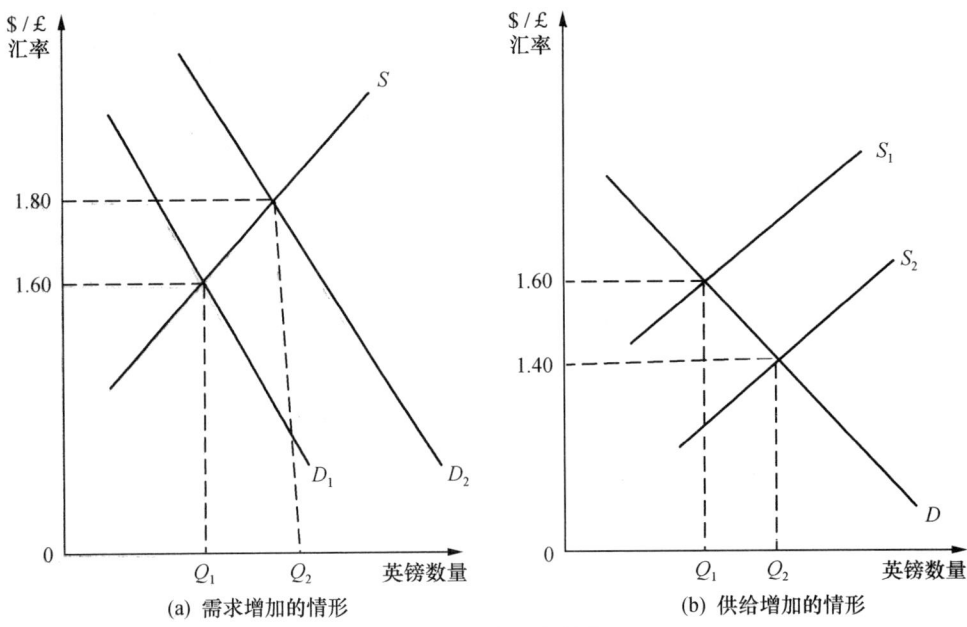

图 1.2 浮动汇率制度

二、固定汇率制度

在图 1.3(a)中,我们假定货币当局最初将汇率固定在需求曲线(D_1)和供给曲线(S_1)的交点所决定的水平上,即 \$1.60/£1。假设英镑需求的增加使需求曲线从 D_1 移动到 D_2,英镑汇率就有升值的压力。为了避免英镑升值,英格兰银行必须在外汇市场上卖出数量为 Q_1Q_2 的英镑来购买美元,这样,英镑的供给就会从 S_1 移动至 S_2。中央银行对外汇市场的干预消除了英镑的超额需求,从而使汇率保持在 \$1.60/£1。英格兰银行的干预使美元储备的数量增加,同时也增大了流通中的英镑数量。

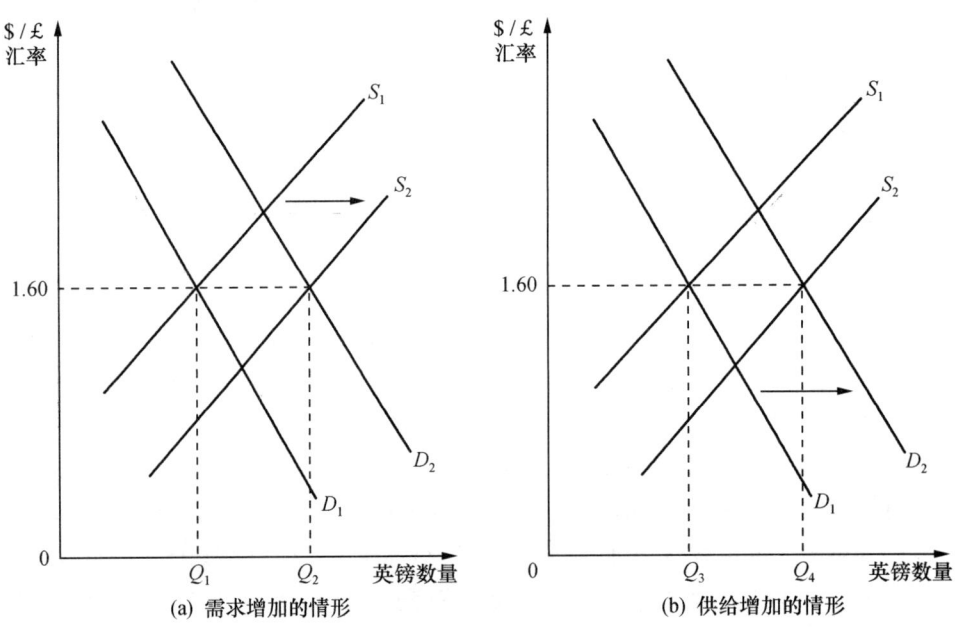

图 1.3 固定汇率制度

在图 1.3(b)中,货币当局最初仍将汇率固定在需求曲线(D_1)和供给曲线(S_1)的交点所决定的水平上,即 \$1.60/£1。由于美元需求的增加使英镑的供给加大,供给曲线便从 S_1 移动至 S_2。结果,在现行的汇率下,英镑出现了过度供给,从而有贬值的压力。为了避免英镑贬值,英格兰银行必须对外汇市场进行干预,即买进数量为 Q_3Q_4 的英镑,以维持英镑的初始汇率。中央银行的干预使供给曲线从 D_1 向右移动到 D_2,从而消除了英镑的超额供给,使汇率维持在 \$1.60/£1 的水平上。这导致英格兰银行的美元储备和流通中的英镑数量同时减少。

三、固定汇率制度和浮动汇率制度的争论

关于固定汇率制与浮动汇率制孰优孰劣,西方理论界一直争论不休。赞成固定汇率制度、反对浮动汇率制度的大有人在,赞成浮动汇率制度、反对固定汇率制度的人也不在少数。随着固定汇率制度与浮动汇率制度的相继实行,尤其是两者都暴露出其弊端之后,对固定汇率制度和浮动汇率制度的争论更是愈演愈烈。

1. 赞成浮动汇率制度的理由

首先,在浮动汇率制度下,国际收支平衡不需以牺牲国内经济为代价。在固定汇率制度下,当一国发生国际收支失衡时,为维持汇率稳定,政府当局会被迫采取紧缩性或扩张性的财政政策和货币政策,从而使国内经济失去平衡,产生失业或通货膨胀。但是,在浮动汇率制度下,这个问题不会出现。当一国发生国际收支失衡时,汇率会上下波动,从而消除失衡,使财政政策和货币政策免受影响,可专注于国内经济目标的实现。

其次,浮动汇率制度保证了一国货币政策的自主性。在固定汇率制度下,若一国企图采取扩张性的货币政策来实现其经济目标,但是扩张性的货币政策会带来国际收支赤字,使该国货币面临贬值的压力。为了维持稳定的汇率,该国货币当局就不得不在货币市场上抛售外币,回购本币,结果使初始的货币扩张半途而废,无法达到原来的目的。另有学者指出,在布雷顿森林体系下,各国货币政策都是由美国来制定的,全无自主性。当美国实行扩张性货币政策时,美元随着美国的国际收支赤字流入其他国家,使其他国家货币对美元的汇率有上浮的压力。为维持稳定汇率,世界各国须购进美元,出售本币,导致本国货币供给量的增加,这一货币供给量的增加并不是自愿的。然而,在浮动汇率制度下,由于一国无须维持汇率稳定,可听任汇率上下浮动,则不必通过在外汇市场上的干预而影响货币供给量了。

再次,浮动汇率制度可以避免通货膨胀的国际传递。在固定汇率制度下,国外发生通货膨胀,可通过以下途径传递到国内:① 根据一价定律,当汇率保持固定不变时,国外物价水平上涨直接影响国内物价水平的上涨。② 国外通货膨胀将带来本国的国际收支盈余,增加本国的外汇储备,从而使本国的货币供给量增加,间接引起国内通货膨胀。而在浮动汇率制度下,国外通货膨胀将通过本国货币汇率上浮得以抵消,不会带来国内通货膨胀。

复次,浮动汇率制度有利于提高资源配置效率。浮动汇率制度下的汇率根据外汇市场上外汇的供求关系而定,并随外汇的供求对比变动而变动,因此,最能体现经济的真实要求,实行浮动汇率制度,一国便不需竭力维护固定汇率,也就不需采取为维持国际收支平衡所执行的贸易管制,从而避免资源配置的扭曲,提高经济效率。

最后,浮动汇率制度促进了国际货币制度的稳定。如前所述,在固定汇率制度下,各国汇率一般保持稳定,但在迫不得已时,也会宣布法定贬值。在这种情况下,往往会造成单向投机,使得货币贬值得更快也更严重。而在浮动汇率制度下,各国的国际收支可自动恢复平衡,不至于出现累积性的国际收支盈余或赤字,从而避免了巨大的国际金融恐慌。

2. 反对浮动汇率制度的理由

首先,在浮动汇率制度下,汇率变得更加不稳定,给国际贸易和投资带来很大的不确定性,降低了世界范围内资源的配置效率。浮动汇率制度使出口商无法确定未来汇率的变化,增加了进入国际贸易市场、国际投资市场的成本,使进出口商和投资者倾向于固守国内市场。从贸易来看,虽然进出口商可利用远期汇率来避免风险,但这一措施不能消除所有风险。对投资来说,汇率变动也可能抵消资本收益,使投资受损。而汇率的频繁波动又不断改变着国际相对价格,从而对国际贸易、国际投资至关重要的价格信号产生影响。

其次,实行浮动汇率制度同样会引起外汇投机。尽管在浮动汇率制度下的外汇投机,不是在布雷顿森林体系下的单向投机,但当外汇市场上的供求关系导致货币汇率下降时,往往也会使人们产生该货币汇率会进一步下降的预期,这时就会有投机者"跳船"(Jumping Ship),该货币的价格必然下跌。反之,汇率上升时也会出现因投机而导致的"矫枉过正"。虽然在一个较长的时期内,货币汇率会由市场机制调节至均衡,但汇率在短期内的暴涨暴跌无疑会给国际经济带来不利影响。

最后,实行浮动汇率制度更加容易传递通货膨胀。在固定汇率制度下,政府推行膨胀性政策会导致国际收支赤字,形成贬值的压力。为维护汇率稳定,中央银行又不得不抛出国际储备,购进本币,这实际上是一个自我纠正的机制。然而,在浮动汇率制度下,各国政府不再受国际收支的"纪律约束",自我纠正机制不再起作用。一些具有膨胀倾向的政府就可大胆地让国内经济膨胀,让汇率去承担国际收支失衡的后果。若本国汇率下降,进口价格上升,货币当局仍采取迁就性的货币政策,国内物价水平就会进一步上涨。另外,在工资和物价水平呈下降刚性情况下,实行浮动汇率制度便产生"棘轮效应"(Ratchet Effect),即货币汇率上升的国家的物价水平下降的速度小于货币汇率下降的国家的物价水平上升的速度,结果导致世界通货膨胀率的加速。

既然浮动汇率制度和固定汇率制度各自都有优势和劣势,那么一国应该采用哪种汇率制度呢?这个决策应根据各国的具体情况而定。1978年生效的《国际货币基金组织协定第二次修正案》承认各会员国有权自由选择本国的汇率制度。关于汇率制度的选择,比较著名的理论主要有"经济论"和"依附论"。

"经济论"认为,影响汇率制度选择的主要是经济因素:比如一国经济的开放程度、经济规模、进出口的商品结构和地区结构,金融市场的发达程度和与国际金融市场的密切程度,以及国内通货膨胀率高低。如果一国的经济开放程度高[即一国进出口额占国内生产总值(GDP)比重大],经济规模小,或者进出口集中于某些产品或某几个国家,那么一般倾向于采取固定汇率制度或钉住汇率制。相反,经济开放程度低,经济规模大,进出口分散而且多样化,国内金融市场发达,与国际金融市场一体化程度高,资本流动性强,或者国内通货膨胀率与其他主要国家不同,一般倾向于采用浮动汇率制度。

"依附论"则认为,发展中国家汇率制度的选择取决于其对外经济、政治、军事等多方面因素。尤其是钉住汇率制,在选择钉住哪种货币时更需考虑该国对外经济、政治的集中程度和依附关系。从 IMF 的统计报告中可以看出这一论点的实际运行。当一国与美国经济政治关系密切,进出口商品中大多数是针对美国的,或需从美国获得大量捐赠援助时,往往会钉住美元。而当一国与英国经济政治关系密切,如是英国前殖民地附属国时,则往往钉住英镑。如果与数个国家经济政治都有较密切的关系,则可钉住由这些国家的货币组成的复合货币。

第十一节 外汇市场的管制:利与弊

外汇管制(Foreign Exchange Control/Foreign Exchange Restriction)是一个国家为防止资金的大量外流(或内流)、平衡国际收支、维持本币汇率、稳定国内经济,通过法律、法令或法规而对外汇买卖直接加以管制的政策措施。

从历史上来看,外汇管制主要是为了解决国际收支危机和货币信用危机。第一次世界大战前,国际上盛行金本位制度,一国从另一国获得的货币可以向任何第三国支付,国际上实行的是多边结算制度。第一次世界大战爆发后,世界主要发达国家都卷入战争,黄金禁运的实行剥夺了国际金本位制度赖以生存的基础,各国都实行纸币流通制度,为防止汇率的剧烈波动和资本外流,各国都实行了外汇管制。

战后一段时期,由于各国先后建立了金块本位制和金汇兑本位制,国际货币制度一度稳定,各国都取消了外汇管制。1929—1931 年的大危机期间,国际货币制度崩溃,各国信用制度瓦解,国际收支危机严重,导致许多国家之间矛盾尖锐,各国不得已又开始使用外汇管制手段。德国、日本、意大利等国际收支赤字严重、负债累累的国家实行全面集中的严格外汇管制;英国、美国和法国等债权国则组成货币集团,采取货币贬值和动用外汇平准基金的手段进行外汇管制。如美国建立了以美元为中心的美元集团(Dollar Bloc),英国建立了以英镑为主的英镑集团(Sterling Bloc),法国、比利时、荷兰、意大利、波兰和瑞士六国组成了"黄金集团"(Gold Bloc)。

第二次世界大战爆发后,参战国又一次实行全面严格的外汇管制。战后,遭受战争重创的西欧国家和发展中国家仍实行外汇管制,以恢复国际收支,增加黄金和外汇储备。随着西欧经济的复兴,国际收支的改善,到 1958 年,西欧各国都不同程度恢复了货币兑换,解除了贸易收支的管制。时至今日,在 IMF 的呼吁下,世界各国都在致力于取消外汇管制,但由于种种原因,大多数国家都或紧或松地实行着外汇管制。

一、外汇管制的基本内容

外汇管制是由政府授权中央银行或设立专门的外汇管制机构来执行的。例如,意大利专门设立了外汇管制机构——外汇管制局(The Bureau of Foreign Exchange Control);英国政府指定财政部为外汇政策的制定机关,英格兰银行代表财政部执行外汇管制的行政管理工作,并指定其他商业银行按规定办理一般正常的外汇收付业务;在日本,则由大藏省负责外汇管制工作。

各国外汇管制的法令和条例,都先要明确外汇管制的对象,包括人和物两部分。对人的管制,大多数国家依据户籍标准(Household Book Standard),即以居住时间为衡量依据,将人分为居民(Resident)和非居民(Non-Resident)。居民指在本国居住或营业超过一定时间(一般是一年)的自然人和法人;否则即为非居民。对于居民和非居民,有关国家的外汇管制法规定是不同的,一般对非居民的管制要宽松些,而对居民的管制要严格得多。对物的管制,一般包括管制外国钞票和铸币、外币表示的支付工具、有价证券的输出入、本国货币的输出入,以及贵金属(黄金、白银)等的输出入。

外汇管制主要是从数量管制和价格管制两方面入手的,数量管制就是对外汇交易的数量进行限制,通常采用进出口结汇制度、外汇配给制度、进口许可证制度以及对非贸易外汇收支和资本输出入管制。出口结汇制度指国家强制性规定出口商必须在一定时间内将其出口收汇按官方汇率结售给指定外汇银行,为了鼓励出口,有时也给企业一定数量的外汇留成,企业可自留使用或在自由市场上按市价出售。外汇配给指政府将它所持有的外汇按一定程序分配给外汇需求者。最常见的是进口商首先向外汇管理当局申请进口许可证,然后再由指定外汇银行按官方汇率向进口商出售许可证上规定的额度。对非贸易外汇收支的管制主要针对服务收支和转移收支。一般发达国家的管制较松,而发展中国家较严。对于资本输出入的管制,除了积极鼓励外资流入,还应采取各种方法防止资金外流,主要包括:冻结非居民存款账户,未经外汇管理部门批准,不得动用;限制本国银行和企业向国外提供贷款,对本国居民在国外的投资收益加征利息平衡税;等等。

外汇管制的另一种方式——价格管制主要是采用复汇率制度和本币定值过高的做法。复汇率制度指外汇当局根据不同的外汇交易规定不同的汇率。对需要鼓励的交易规定优惠的汇率,对需要限制的交易规定较高的汇率。如对出口规定较高的外汇价格,对国内急需的先进技术设备规定较低的外汇价格,而对奢侈品的进口则规定较高的外汇价格。

本币高估(Currency Overvaluation)是一个较为复杂的问题。它可能是由于解决国际收支结构性赤字而造成的,也有可能是由于外汇市场不完善、货币当局人为制定汇率所造成的,还可能是由于一国为鼓励进口先进机器设备、促进经济发展所致。但不论是哪种原因造成的本币高估,由于外汇需求被人为压抑,无法从正常的官方渠道获取外汇的需求者就会进入外汇黑市,从而形成一个较官方外汇汇率更高的价格,这在客观上也造成了复汇率。

一般说来,外汇管制主要是针对外汇短缺而实施的措施,但在少数国际收支长期顺差的西方发达国家,也有采取各种措施来限制外汇流入的。这主要是为了避免外汇大量流入使本币过分坚挺,而影响本国产品在国际市场上的竞争能力,以及为了防止国内经济过热。比如,20世纪70年代瑞士银行对非居民存款不但不付利息,反而倒收利息(Negative Interest);德国限制境内企业向国外借款,对银行吸收国外存款规定较高的存款准备金;日本在相当长的一段时间内禁止非居民购买本国的有价证券。

实行外汇管制在短期内可以对一国的国际收支失衡、汇率动荡等问题产生一定的改善作用,但人为的管制也有弊端,如国际收支危机的根本性原因仍无法因此而消除,汇率的人为高估会对国内经济的长期发展造成障碍,复汇率会引起外汇市场的混乱,等等。总之,随着国际经济的融合与发展,外汇管制的问题将进一步得到解决。

二、我国的外汇管理

根据习惯,我国的外汇管制被称为外汇管理。我国外汇管理的基本目标是建立独立自主的外汇管理制度,制定合理的外汇法规和政策,保持国际收支的基本平衡和汇率的基本稳定,使之有效地促进国民经济的稳定增长。我国外汇管理的基本方针是由国家外汇管理局统一管理外汇收支,由国家指定的外汇专业银行统一经营外汇业务,未经国家外汇管理局批准,任何机构不得经营外汇业务。我国的外汇管理也分对人的管理和对物的管理两个方面。"人"主要指居住在国境以内或以外的不同单位或个人;"物"主要指外汇及贵金属等。我国的外汇管理大致可分为以下几个阶段。

1. 1979年之前高度集中的外汇管理体制

1979年之前我国的外汇政策和外汇立法以国家垄断为基础,实行"集中管理,统一经营"的方针。集中管理指一切外汇收支由国家集中管理,表现为:一切外汇政策和外汇法规由国家统一制定和公布,人民币汇价由国家统一规定,外汇收支由国家统一制定和公布,外汇资金由国家统一管理和分配,举借外债和发行国际债券由国家统一管理。统一经营指国际结算、国际汇兑、外汇贷款、外汇买卖等一切外汇业务统一由国家指定的外汇专业银行经营,未经国家批准,任何机构不得经营外汇业务。

这一时期我国的外汇管理实行全面的计划管理,主要采用行政手段,依靠指令性计划和各项内部管理办法,属于高度集中、统一计划的外汇制度。外汇统收统支,一切外汇收入必须上缴国家,一切用汇需求都由国家按计划分配。人民币汇率作为计划核算标准,由国家规定,长期处于定值过高的状态。这一时期的外汇资金和外汇业务统一由中国银行经营,我国基本不向外国借款,也不吸收外国的直接投资。在这一时期,我国对经常账户实行了一系列改革措施,具体包括以下五个方面:① 建立了外汇的供汇和结汇制度;② 对外汇收支实行全面的指令性计划管理;③ 实行高度集中的贸易外汇管理;④ 加强非贸易外汇管理;⑤ 建立外汇指定银行管理制度。与此同时,人民币实行独立自主、机动灵活的汇价调整方法,主要依据出口成本制定汇率,属于典型的与计划经济体制相适应的汇率制度。

这种高度集中的外汇管理体制以计划和行政手段管理为主,是与当时我国宏观经济的计划管理体制和国家垄断的外贸体制相适应的,同时又与当时我国的国民经济状况和国际收支状况相适应。但是这种集中管理阻碍了经济主体创汇的积极性,不利于贸易和经济的发展,而行政管理手段也存在应变能力差、副作用大等缺陷,妨碍了中国在对外贸易、投资等方面的交流与合作。

2. 1979—1993年外汇管理体制的改革

1979年之后,为适应改革开放的需要,尤其是为适应对外贸易的发展,我国对外汇管理体制做了相应的改革,使之在宏观调控方面更能适应新的经济形势。1979年3月,国务院批准建立国家外汇管理总局,负责管理全国外汇。1982年8月,改称国家外汇管理局,归中国人民银行领导,1990年1月,国务院决定将国家外汇管理局升格为副部级国家局,由中国人民银行归口管理。

改革开放以来,随着引进外资的增加、国际贸易的扩大,外汇管理方面增加了许多新的内容,也带来了不少新问题。为解决这些问题,促进经济在新形势下的发展,1980年

12月,国务院颁布了《中华人民共和国外汇管理暂行条例》,此后又陆续颁布了三十多个施行细则,完善了我国外汇管理的法规和制度。

为了适应三资企业的发展、向广大企业提供激励机制,我国改革了外汇分配制度,实行外汇留成制。1979年8月,国务院决定实行贸易和非贸易外汇留成办法。规定部门、地方和企业把收入的外汇卖给国家,国家按照外汇金额和规定的留成比例分配给它们外汇额度。各单位可以凭外汇额度以人民币按国家外汇牌价从银行购买外汇。留成外汇可以用于进口,也可以拿到外汇调剂市场上出售。1979—1991年,我国分配给地方部门和企业的外汇留成总额约1 500亿美元,对鼓励出口、调动各方面创汇的积极性都起到重要作用。1991年,我国取消了外贸部门的出口补贴,外贸企业实行自负盈亏,相应地,外汇留成制也做出一些调整:把原来按地区、部门确定不同的留成比例改为按不同的商品大类确定不同的留成比例,扩大了外贸企业的留成份额,对一般商品来说,新的留成规定为:上缴中央50%,其中无偿上缴20%,按全国外汇调剂市场平均价有偿上缴30%;留成50%,其中地方政府留成10%,外贸企业留成40%。

1979年起,我国开始积极引进外资,对外商投资企业采取比较灵活的政策,主要包括准许外资企业保留和自行使用出口商品服务所获外汇,但需要外汇收支平衡;准许外资企业自行向国内外银行筹资外汇资金,事后向国家外汇管理局备案;准许外资企业通过外汇调剂市场买卖外汇;准许外方投资者汇出利润,调回资本。与此同时,我国也公布了对外借款担保办法,建立了对外借款的计划管理,对外借款和发行债券的窗口管理,借款审批制度和外债的监测登记制度,加强了对外债务的管理,使外债规模控制在国家承受的能力范围内。

从整个金融宏观调控角度看,这个时期的外汇管理也有不少新举措。1980年我国开办外汇调剂业务,对外汇进行市场调节。随着居民个人持有外汇数量激增,为鼓励居民调回外汇,1980年实行居民收入的外汇按比例留存;1985年,开办了居民外汇存款业务;1991年12月起,允许国内居民通过外汇调剂市场买卖外汇。

在建立外汇调剂市场的同时,我国开始完善多种金融并存的外汇金融体系,引进外资银行。1979年10月,我国陆续批准了一批经营外汇业务的信托投资公司、金融公司、财务公司和租赁公司。1986年开始允许国营专业银行业务交叉,批准专业银行总行及其分支行开办外汇业务。外资银行也于1979年开始进入我国。1979年,日本输出入银行在北京设立了第一家外资金融机构代表处。1980年,我国成立了深圳、珠海、汕头和厦门等经济特区,1982年,香港南洋商业银行率先在深圳设立了第一家外资银行。1990年,为推动上海浦东经济开发区的发展,国务院又允许外资银行在上海设立营业性分支机构。1992年,允许外资银行在广州、大连等7个沿海城市设立分支机构。1993年年底,外资银行营业性机构共有76家。这样,一个以国家外汇专业银行为主、多种金融机构并存的外汇金融体系已经形成。

3. 1994—2001年的外汇管理

1994年1月1日,我国外汇体制发生了进一步的变革,主要包括以下几个方面:

第一,人民币官方汇率和调剂汇率并轨,实行以市场供求为基础的、单一的、有管理的浮动汇率制度。并轨后,外汇市场的供求关系将是决定人民币汇率的主要因素。同时,建立银行间外汇交易市场,外汇指定银行是交易市场的主体,实行全国统一的计算机联网。银行间外汇市场设于上海,于1994年4月开始运行。主要功能是为各外汇银行提供相互调剂头寸和清算服务。

第二,实行银行结汇、售汇制,取消外汇留成和上缴制。所有中资企业、机关和社会团体的外汇收支都要按外汇银行挂牌汇率卖给外汇银行,作为投资汇入的外汇,境外发行债券、股票或借款获得的外汇,服务承包公司境外工程合同期间调入境内的工程往来款项,经批准具有特定用途的捐赠外汇,外国驻华使馆、国际组织及其他境外法人驻华机构的外汇收入,个人所有的外汇收入,境外法人或自然人可以在外汇指定银行开立现汇账户。新的售汇、结汇制度取消了以往经常账户正常用汇的计划审批制度,企业用汇的条件变松了。一般贸易用汇,只要有进口合同和境外金融机构的支付通知,就可以到外汇指定银行购汇。对实行配额、许可证和登记制的贸易进口,只要持相应的合同和凭证,就能办理购汇。对于非贸易项目的经营性支付,凭支付协议或合同和境外机构的支付通知购汇。

第三,取消外国货币在我国境内的计价、结算和流通。1994年1月1日起,取消任何形式的境内外币计价结算,境内禁止外币流通;禁止指定外汇银行以外的外汇买卖;停止发行外汇券,已发行流通的外汇券由发行银行逐步兑回。

第四,取消外汇收支的指令性计划。国家建立国际收支统计申报制度,加强外汇收支和国际收支平衡状况及变化趋势的分析、预测,运用经济手段、法律手段实现对外汇和国际收支的宏观调控。

4. 加入WTO之后中国外汇管理制度的改革

在加入WTO之后,我国外汇管理制度向着更加放松管制的方向发展和改革,结汇、售汇制度比以前更加宽松,这增加了企业用汇的自由度,也方便了居民用汇。现在,很多银行都可以开展外汇储蓄业务和外汇结算业务,而不是局限于指定的外汇银行;同时,政府的强制性结售汇制度也在逐步改善。预计随着我国外汇储备的逐渐充足、对外交易活动的逐步活跃,外汇管理将进一步自由化,这对于我国形成一个比较完善的外汇市场非常重要,而且也有助于我国将来实行汇率的完全自由浮动。汇率的自由浮动有赖于完善的外汇市场,这就要求我国的外汇管理进一步市场化和规范化,逐步取消那种在计划经济下的外汇管制制度。

5. 2005—2010年的人民币汇率

1994年人民币汇率并轨至2004年12月底,我国外汇汇率一直维持在1美元兑换8.30元人民币左右。2005年7月开始,随着中国经济实力的不断上升,人民币汇率机制改革开始启动。从此,形成从固定汇率制度转为以市场供求为基础、参考一篮子货币进行调节、有管理的浮动汇率制度。人民币币值从"对美元汇率"转为"对一篮子货币汇率"。中国人民银行每个工作日闭市后公布当日银行间外汇市场美元等交易货币对人民币汇率的收盘价,作为下一个工作日该货币对人民币交易的中间价格。每日银行间外汇市场美元对人民币的交易价格仍在中国人民银行公布的美元交易中间价上下3‰的幅度内波动,非美元货币对人民币的交易价在中国人民银行公布的该货币交易中间价上下一定幅度内波动。在这段时期,虽然次债危机发生以后,人民币汇率机制改革的步伐有所放慢,但是总的趋势是非常明晰的。

6. 2010年以后的人民币汇率

2010年6月19日,新汇改重新启动以后,人民币汇率弹性更加敏感,波幅扩大,市场化取向更加明显,尤其是"十二五"战略规划强调要减少对出口的依赖,强调国际收支的平衡,为此必须减顺差、压缩外汇储备规模,人民币汇率作为政策工具施展作用的空间将会逐步拓展。2013年5月,人民币汇率已经达到1美元对6.18元人民币左右。2015年8月11日,中国人民银行发布《关于完善人民币兑美元汇率中间价报价的声明》,史称"8·11汇改"。这一改革使人民币汇率市场化程度大幅提高,可以更加准确地反映外汇市场供求关系,人民币汇率开始逐步双向波动。自此以后,人民币汇率制度进入了一个新阶段,有管理的浮动汇率制度得以进一步巩固。

三、我国汇率制度存在的主要问题

我国现行的汇率制度,成功地保持了人民币汇率的稳定,增强了国内外对人民币汇率水平的信心,有力地促进了我国对外贸易的发展,增强了外国投资者在中国投资的信心。但以钉住美元为特色的汇率制度又存在严重的缺陷。主要表现在以下四个方面:

第一,汇率形成的市场机制没有真正发挥作用。强制的结售汇制属于强卖的性质,这种机制生成的汇率不是真正意义上的市场价格。同时,我国外汇市场交易主体过于集中,交易工具过于单一。目前我国外汇市场上的交易主体主要由国有商业银行、股份制银行、经批准的外资金融机构、少量资信较高的非银行金融机构和央行公开市场业务操作室构成。其中,中国人民银行是最大的买方,中国银行是最大的卖方。双方的交易额占市场总量的60%以上。交易主体的单一和交易的相对集中,使得外汇交易的市场色彩很淡。对于企业而言,相对固定的汇率无法培养企业的风险防范意识。目前的汇率还要考虑国有企业的换汇成本,以及照顾国有企业,这对国有企业增强汇率的风险意识是不利的。

第二,中国人民银行被动干预外汇市场,外汇管理与国际惯例格格不入。中国人民银行对外汇市场干预太多,外汇市场的出清成为中国人民银行干预下的人为平衡。政府对外汇交易市场进行控制依赖于较为严格的管制,主要手段是对经常性交易项目进行事后真实性审验和对资本交易项目进行事前审批。国际经验表明,在经常账户可自由兑换后,即使资本交易项目依然受到管制,只要汇率预期调整后国内外实际汇率仍然存在差异,借助经常账户实现非法的资本转移就是无法避免的。我国的实际情况也是如此。如果外汇监管当局仅在处理资本非法流入和流出问题上疲于奔命的话,随着经常账户的大幅增长,资本非法流动的规模也会迅速增加,外汇管理模式的有效性将受到挑战。

第三,汇率制度与宏观经济政策有一定的矛盾,影响政府解决国内问题的能力。钉住汇率制度在维持国际收支平衡和汇率稳定,与实现国内充分就业和物价稳定方面有一定的矛盾,会迫使政府在一定程度上牺牲内部均衡来换取外部均衡。外汇储备的变化已经在非常大的程度上影响了我国的货币供给,使得我国货币政策的稳定性和独立性受到伤害。实际上的固定汇率制度,给政府解决国内问题带来了麻烦。例如,我国一些城市房地产价格上升过快,就与国际热钱赌人民币短期内会升值有很大关系。

第四,现行的汇率制度可能助长投机。如果名义汇率与实际汇率有很大的差距,就会为国际热钱提供巨大的想象空间。2005年人民币汇率形成机制改革以后,在长达十年的时间里,国际投机资本大量进入中国。这些热钱虽然有助于缓解资本供给不足的矛盾,却也使中国经济产生了严重的过热压力。如何趋利避害成为让中国货币当局颇费踌躇的难题。

引人注目的是,近年来,伴随着中国综合国力的增强、人民币国际化进程加快、去美元化趋势强化以及数字货币和虚拟货币的发展,人民币作为一种主权货币,其独立性正在不断上升,对于美元的依赖正在逐步减少。

专栏 1.1

关于1997年金融危机后马来西亚恢复外汇管制的评论

在亚洲金融危机爆发之后,各国政府采取了不同的反危机政策,但从总体上来讲,这些政府反危机政策可以分为两类:一类是以韩国为代表的接受IMF的稳定化和经济紧缩方案,另一类则是以马来西亚为代表的实施严格的资本管制,尤其是对外国短期资本的管制。资本管制并不是发展中国家的特殊政策,在发达工业化国家经济发展的一定阶段,资本管制是其金融政策的重要组成部分。资本管制的历史可以追溯到20世纪30年代,在大量资本外逃和各国货币贬值的经济环境下,欧洲各国相继采取了资本管制措施,资本管制成为一种公认的经济与金融政策。资本项目可兑换的过程是非常漫长的,尽管IMF一直致力于重建一个更加开放的世界经济,但是资本的严格管制却维持了很长时间。欧洲从1958年才逐渐放松资本管制,逐步走向资本账户的可兑换,其中法国和意大利在20世纪80年代末才真正彻底抛弃资本管制政策,英国直到撒切尔政府时期才取消外汇管制,日本放松资本管制和实行资本账户开放则花费了更长时间。20世纪80年代后期以来,资本账户的开放成为美国金融政策的主要目标,美国开始逐步放开金融服务贸易和放松国内金融管制,资本在国内和国际的流动更加自由。与发达工业国家相比,新兴市场国家放开资本管制的步伐就要迅猛得多,尤其是在亚洲和拉美国家,资本项目的开放进程相当迅速。国际资本市场一体化背后的逻辑是与国际贸易一体化相类似的,经济学家和政府相信,抛弃资本管制、实现资本流动的自由,可以导致资源配置效率的提高;同时,对资本流动施加的限制往往为特权和腐败提供了温床,对资本流动进行政治性的干预或是基于特殊关系而引导资本流动,是资本使用效率低下的源泉之一。但是对于资本管制的效率问题,经济学文献却没有明确的结论,既没有迹象表明放开资本账户的国家经济增长得更快,也没有迹象表明相反的情形。资本管制的长期效果和短期效果都没有得到详细的考察。实际上,二者是有着巨大差异的。从长期来看,资本管制可能会影响资本配置的效率,导致金融体系多元化程度降低,从而可能导致经济增长率的下降;但是从短期效果来看,假如金融管制和资本管制是在金融危机进程中实施的,且是暂时的非预期的管制政策,则会起到阻止资本外逃、减轻对利率和汇率的压力、避免大规模破产以及金融体系出现更大恐慌和崩溃性结局的作用。作为一种暂时的反危机的替代性政策,危机中的资本管制就如同纽约股票交易所或者纳斯达克在股市严重动荡时暂时中断交易一样。马来西亚在亚洲金融危机之后采取了与IMF完全不同的资本管制政策,引起了学术界激烈的争论,其争论的焦点实质乃是金融危机期间国家干预主义政策和经济自由主义政策的利弊问题。

在爆发金融危机之前,马来西亚的基本经济状况是比较良好的,经济增长率较高,而短期外债在总债务中的比例较低。1993年年底,马来西亚货币林吉特贬值引发大规模投机性的资本流入,促使马来西亚政府在1994年1—2月对销售给外国人的短期证券实施限制,这些限制导致马来西亚的短期负债剧烈下降。根据统计数据,马来西亚1996年的短期外债与外汇储备的比值为42%,同期韩国和泰国的比值分别是284%和103%,也就是说马来西亚的短期外债远远低于外汇储备,这使得马来西亚似乎更不容易被外国贷款者所影响。同时,马来西亚的外债与商品服务出口的比例为41%,而同期的韩国和泰国分别为98%和132%。但是马来西亚是世界上股票市场资本化比率(Stock Market Capitalization Ratio)最高的国家,1996年股票市场价值占GDP的310%,而同期韩国为29%,泰国为54%,美国为116%。股票价格的上升导致国内贷款泡沫的出现,使得马来西亚在1997年成为中期国内债务与GDP的比例(170%)全世界最高的国家之一。马来西亚私人部门负债占GDP的比例(145%)高于泰国(142%),且是韩国(66%)的两倍以上;马来西亚M2占GDP的比例(100%)也高于韩国(46%)和泰国(79%)。这些数据都表明马来西亚的债务水平并不乐观,容易受到外来金融冲击的影响。为了应对货币危机,马来西亚政府最初也采取了传统的调整政策,提高利率水平以阻止林吉特的下跌,1997年12月又对政府支出进行了大幅削减(削减18%),这些政策都是由当时副总理安瓦尔·易卜拉欣(Anwar Ibrahim)实行的,他还宣称保持浮动汇率制度,承诺不实施资本管制。但是同时,当时总理马哈蒂尔·穆罕默德(Mahathir Mohamad)却用激烈的言辞抨击金融市场投机者,对金融市场发出了完全不同的信号。但是马来西亚经济并没有对传统的调整方案做出积极反应,由于存在高利率和资本外流,国内消费和投资剧烈下降,因而在1998年6月,马哈蒂尔总理委派达因·再努丁(Daim Zainuddin)来负责处理有关经济复苏的问题。马哈蒂尔总理和达因所采取的政策是通过降低利率和扩大国内信贷来刺激经济发展,但是国内利率下降导致境外市场对林吉特的投机活动更加猖狂,外国机构通过林吉特来购买美元,促使林吉特的处境更加危险。经济继续下滑,资本外逃也在加剧,国内投资和消费需求仍旧低迷,这就是马哈蒂尔在1998年9月实施资本管制的基本经济背景。

马来西亚资本管制的最初动机是制止对林吉特的投机活动,尤其是以新加坡市场为主的境外投机活动,这些境外市场以高利率来吸引林吉特存款。为了切断境外交易,马来西亚政府规定所有林吉特资产的出售都必须经过授权的国内中介机构来进行,这就使得境外交易变成非法交易,所有海外持有的林吉特资产都必须遣返回国进行交易。为了防止这些限制措施导致资本外流和林吉特的继续贬值,马来西亚政府实行为期一年的禁止外国投资撤回本国。在对资本流动进行管制的同时,马来西亚政府在1998年9月16日还降低了3个月期银行利率,试图以此来刺激国内总需求。1999年2月15日,马来西亚中央银行改变了对资本限制的规定,从直接的禁止转向渐进性的税收控制,并由对资本流入征收资本税转向征收利润税。马来西亚政府十分关注资本流入控制对于外国直接投资(Foreign Direct Investment, FDI)的影响,因为马来西亚经济发展极大地依赖于外国直接投资,因此马来西亚政府规定所有资本管制不能影响外国直接投资和经常账户交易,外国直接投资的利润和红利汇回本国是自由的、不受限制的,经常账户交易也不受限制。从下文所提供的政策措施清单来看,马来西亚政府的资本管制措施与IMF的反危机措施可以说正好背道而驰:IMF的对策是实行紧缩性政策,为此要削减政府支出和提高利率,而马来西亚政府的对策则是实行扩张性政策,为此降低利率水平刺激国内总需求;IMF 的对策是自由化,因此放松资本管制,允许资本自由流动,而马来西亚政府的对策却是加强资本管制,尤其是加强对投机性的短期资本流动的管制;IMF 的对策是实行自由浮动的汇率制度,而马来西亚政府则实行固定汇率制度,将林吉特对美元的汇率固定在一定水平上。但是同时我们看到,马来西亚的资本管制也并不是"一刀切"的,而是有所区分,政府对外国直接投资和经常账户交易并没有进行严格管制。

马来西亚资本管制政策一览

1998 年 9 月 1—2 日:

1. 马来西亚将汇率固定在 RM3.80/$1;
2. 非居民买卖林吉特远期须得到事先允许;
3. 所有林吉特资产的出售都必须经过授权的国内中介进行交易,该举措有效关闭了境外林吉特市场交易;
4. 非居民必须获得批准才能将外部账户持有的林吉特兑换为外币,但是在马来西亚国内购买林吉特资产以及外国直接投资者将投资销售利润汇回国内或进行兑换者除外;
5. 进出口结算必须以外汇进行,但是经常账户交易所需要的外汇兑换仍然自由进行,另外对从事马来西亚商品出口业务的非居民出口者,其进行贸易所必需的外汇兑换仍然自由进行;
6. 外部账户贷方仅限于外汇出售、林吉特金融工具、马来西亚证券或其他资产、工资、租金、利息、利润或红利;
7. 外部账户借方仅限于购买林吉特资产和存款的结算,支付在马来西亚国内的行政费用,支付在马来西亚国内的商品和服务费用等;
8. 在本国公民出国旅行期间,不得带出超过 10 000 林吉特,外国公民在离开马来西亚时不得带出超过 1 000 林吉特;
9. 1998 年 9 月 1 日之后,出售马来西亚证券的非居民必须持有林吉特收益超过 12 个月,才能被允许汇回国内;
10. 禁止对非居民联系银行和股票经纪公司进行国内信贷供给。

1999 年在资本管制方面的改变:

1. 2 月 15 日规定,原来对投资撤回的 1 年延期规定改为进行税收控制。所有在 1999 年 2 月 15 日以前进入马来西亚的资本在资本转移时适用下列税收条款:(A) 对在进入马来西亚之后 7 个月之内撤回者征收 30% 的税;(B) 对在进入马来西亚之后 7—9 个月撤回者征收 20% 的税;(C) 对在进入马来西亚之后 9—12 个月撤回者征收 10% 的税;(D) 对在进入马来西亚 1 年以上之后撤回者不征收任何税。
2. 对于在 1999 年 2 月 15 日以后进入马来西亚的资金,资本的进入和撤出是完全自由的,不征任何税收;但是假如在进入后一个月内撤出,则对利润征收 30% 的税;假如在进入一年后撤出,则征收 10% 的利润税。

资料来源:王曙光.金融自由化与经济发展[M].2 版.北京:北京大学出版社,2004。

本章术语

外汇 直接标价法 间接标价法 有效汇率 实际汇率 名义汇率 基本汇率 套算汇率 固定汇率制 浮动汇率制 外汇管制

本章总结

1. 外汇一词具有多种内涵,它相当于对外国商品(包括技术)和服务的一种要求权,必须具备三个基本特征。根据不同的标准,外汇可以区分为不同的种类。

2. 汇率又称汇价,是一种货币用另一种货币表示的价格,是一国货币兑换成另一国货币的比率或比价。按照汇率是以本国货币还是以外国货币作为折算标准,汇率的标价方式区分为直接标价法和间接标价法两种。汇率标价方法对于我们理解货币的走势非常关键。

3. 根据不同的标准,汇率可以区分为不同种类。其中需要重点掌握的是名义汇率指数、实际汇率指数和有效汇率指数,即期汇率和远期汇率,基本汇率和套算汇率以及相关的表示方法和计算方法。

4. 汇率制度,又称汇率安排,指一国货币当局对其货币汇率的变动所做的一系列安排或规定。根据汇率波动的剧烈程度和频繁程度,可以把汇率制度分为两大类型:固定汇率制和浮动汇率制。关于固定汇率制和浮动汇率制孰优孰劣,西方理论界一直争论不休。

5. 外汇管制是一个国家为防止资金的大量流入(或流出)、平衡国际收支、维持本币汇率、稳定国内经济,通过法律、法令或法规而对外汇买卖直接加以管制的政策措施。从历史上来看,外汇管制主要是为了解决国际收支危机和货币信用危机。

思考和练习

1. 如何理解外汇的概念?外汇的重要性体现在哪些方面?
2. 外汇具有哪些特征?可以分成哪些类型?
3. 什么是汇率?举例说明汇率变动的影响。
4. 什么是自有外汇?什么是记账外汇?
5. 举例说明汇率不同标价方法的内涵及其相互关系。
6. 如何理解实际汇率与有效汇率两个概念?
7. 如何通过基本汇率计算套算汇率?
8. 如何使用掉期率来表示远期汇率?
9. 某日某外汇市场上英镑的即期汇率为 1.2642 美元,6 个月远期汇率为 1.2842 美元,试计算英镑的远期升贴水年率。
10. 远期汇率的计算。(1)某日多伦多外汇市场上汇率报价如下:即期汇率 1 美元等于 1.3354/1.3374 加元,3 个月远期贴水 68/61 点。(2)某日伦敦外汇市场上汇率报价如下:即期汇率 1 英镑等于 1.2635/1.2655 美元,3 个月远期贴水 52/79 点。(3)某日纽约外汇市场上汇率报价如下:即期汇率 1 美元等于 1.4817/1.4837 澳元,3 个月远期升水 75/63 点。(4)某日新加坡外汇市场上汇率报价如下:即期汇率 1 美元等于 1.3255/1.3275 新加坡元,3 个月远期升水 110/130 点。

11. 某日纽约外汇市场上美元/英镑的即期汇率为 1.2642/1.2662，3 个月远期点数为 140/135，试计算英镑/美元 3 个月远期点数。

12. （1）某日某外汇市场上汇率报价如下：1 英镑等于 1.2635 美元，1 美元等于 1.3354 加元，那么 1 英镑等于多少加元？（2）某日某外汇市场上汇率报价如下：1 美元等于 1.3255/1.3275 新元，1 美元等于 1.3354/1.3374 加元，试计算新元与加元之间的套算汇率并说明其含义。（3）某日某外汇市场上汇率报价如下：1 美元等于 1.4817/1.4837 澳元，1 英镑等于 1.2645/1.2665 美元，试计算英镑与澳元之间的套算汇率并说明其含义。

13. 查阅资料，了解去美元化问题的背景、影响及趋势展望。

14. 回顾中国人民币汇率制度的改革进程，看一看还有哪些弊端和不足，你是否可以提出一些有益的对策建议？

15. 赞成固定汇率制度与浮动汇率制度的理由是什么？

第二章　　汇率决定基础及其影响因素

┃本章概要┃

　　1973年布雷顿森林体系解体后,在很多国家中,固定汇率制度被浮动汇率制度所取代。关于汇率决定的理论也出现了许多新进展。在学习汇率决定理论之前,我们首先学习一个简单的即期汇率决定模型;其次介绍远期交易的动机类型与远期汇率决定机制;最后分别阐述金本位制度下的汇率决定机制和纸币本位下影响汇率的因素。各国货币都代表着一定的价值量,这是外汇汇率决定的基础。在不同的货币制度下,各国货币的价值决定方式不同,汇率决定的基础也不同。影响汇率的因素有长短期之分。长期因素以购买力平价为基础,短期因素以利率平价为依据;长期因素决定了汇率的长期趋势,短期因素决定了汇率的短期波动。

┃学习目标┃

1. 了解即期汇率决定的简单模型。
2. 清楚远期交易的动机类型与远期汇率的决定机制。
3. 掌握金本位制度下的汇率决定机制。
4. 了解纸币本位下影响汇率的因素。

第一节　信息、汇率反应及其本质

　　作为典型的国际金融变量,汇率几乎是任何国际金融决策都要考虑的因素。对于许多国家而言,汇率是经济中至关重要的价格。汇率变动对于任何国家和地区尤其是开放经济体系的经济活动都具有举足轻重的影响。从学术角度来讲,许多经济学家认为,按照一整套结构性的宏观经济变量建立起来的各种汇率模型似乎无法解释短期汇率行为模式,汇率问题的复杂程度远远超出了人们的预期。从市场观点出发,市场派人士往往站在决策或交易立场,以实用主义的视角进行判断,认为汇率变动远不像学院派人士描述的那样高深莫测。学院派人士与市场派人士对于汇率变动各执一词,存在较大分歧。其实,汇率变动既没有学院派人士描述的那么复杂,也不像市场派人士认为的那样简单。尽管如此,汇率变动仍然有其内在的逻辑,只有构成完整逻辑闭环的描述和判断才有可能更加接近事情的真相。

　　现实生活中,在各类新闻媒体上都充斥了利率调整、货币政策变化、通货膨胀率变化、进出口与贸易状况变化等各类信息。这些新闻信息会对汇率产生什么影响?由于立场、动机、视角不同,人们常常充满困惑,得出的结论可能也会五花八门。① 新闻一:美联储进入加息周期,中国人民银行逆势降准降息。一种理解为,中国人民银行下调利率,人民币利率下降,通货膨胀率下降,出口增加,人民币可能走强;另一种理解可能是,以人民币计值的债券收益率降低,资本流出增加,人民币可能走弱。② 新闻二:为了刺激经济复苏,实现稳增长、稳就业的目标,中国人民银行增加基础货币的投放,为经济体系注入更多流动性。一种理解为,人民币供给增加,通货膨胀率预期会上升,人民币购买力下降,人民币会走弱;另一种理解则认为,预期中国人民银行将来会减少货币供给,提高利率,资本流入增加,人民币会走强。③ 新闻三:为了刺激经济尽快复苏,中国政府实施更加积极的扩张性财政政策,在财政收入受疫情影响大幅减少的前提下,财政支出与财政赤字大幅增加。一种理解为,预期政府会实行财政赤字货币化,货币因此可能会超发,人民币将会走弱;另一种理解则认为,预期中国政府为了弥补财政赤字或者增加融资规模会扩大借款并提高利率,资本流入增加,人民币会走强。④ 新闻四:作为全球制造业大国,中国贸易顺差持续增加。这要看贸易顺差持续增加的原因是什么,不能一概而论。如果原因在于出口增加或进口减少,而且是持续性的,那么需要较强的人民币来抑制出口、增加进口;如果原因在于私营部门减少投资,实际收益率会降低,外资流入减少,人民币会走强;如果原因在于紧缩性的财政政策,利率会降低,外国投资者认为这种政策的负面影响不可消除,那么低利率将使资本流出增加,人民币将会走弱。

面对同样一条新闻信息,人们往往会有截然不同甚至完全相反的理解或解读。其实,他们之间的分歧本质上受限于各自不同的立场、利益结构、知识水平和认知能力的差异,这会导致片面的断章取义或者为了自圆其说而诡辩的逻辑。新闻效应产生的影响往往有好有坏,人们对这种影响的理解千差万别。从好的一面来看,虽然表面相同的新闻能使汇率产生两种截然不同的反应,但汇率毕竟是客观的,因此汇率对于新闻效应的反应应该有内在的逻辑可循。与此同时,有些新闻貌似相同,实际可能有本质区别,汇率对看起来相似的经济事件会有截然不同的反应。就不好的方面而言,建立汇率模型相当复杂,预测汇率往往更加困难。事实上也是如此,许多对于金融市场驾轻就熟、游刃有余的分析师,谈论起汇率问题往往云里雾里、不着边际甚至漏洞百出、错得离谱。

不管面对什么样的金融信息,在分析汇率变动的反应时,值得注意或者需要强调之处都在于:① 已经披露的或者已经在预期之内的事件不会导致汇率反应的路径发生变化,只有预料之外的突发事件才会使汇率偏离预期变动的轨道;② 增加货币需求或者增加资本流入的因素能提高货币的价格,减少货币需求或者增加资本流出的因素能降低货币的价格;③ 经济新闻事件的"性质"及其发生的"背景"与汇率发生反应的"本质"密切相关。只有全面透彻地理解新闻事件的性质、背景、反应的本质,才能更好地制定针对该新闻事件的方案。具体而言,对于事件的"性质",我们需要区分突发事件是意料之中还是意料之外的变动,属于永久性的扰动还是短暂性的扰动,冲击是影响一个变量的绝对水平还是其变化率,扰动的性质是实际扰动还是名义扰动,冲击只是影响某个行业还是整个经济领域,是对薄弱信念的冲击还是对坚定信念的冲击,等等。对于事件发生的"背景",我们需要弄清楚,货币当局是否有针对目标的纪律约束?外国对本国货币和有价证券的需求是已经饱和还是持续增长?价格是黏性的还是可以自由而迅速地调整?冲击是由制度变化、政策调整、出口变化、公共储蓄变化还是其他因素引起的？即使看起来似乎相同的事件,如果发生的背景不同,汇率反应也是不同的。对于事件的性质以及发生的背景有了准确的把握,汇率反应的"本质"就比较容易判断。汇率反应的本质其实就是汇率向均衡调整的路径,这意味着汇率是很快转向下一个长期均衡处还是持续不变,汇率是否超出了下一个长期均衡处的值,并在初次调整后继续进行调整。

第二节 即期汇率决定的简单模型

1973 年布雷顿森林体系解体后,很多国家实行了浮动汇率制度。关于汇率决定的新理论层出不穷,这些模型我们将在以后的内容中详细介绍。在进入更为复杂的模型之前,我们先学习一个简单的汇率决定模型。这个模型尽管存在某些缺陷,但它是汇率决定理论的入门知识,有助于我们理解那些更为复杂的模型。这个模型的基本原理是,某一货币的汇率(价格)可以像其他价格一样,运用供求工具来进行分析。一国货币的汇率可以由外汇市场上供求曲线的交点来决定。

一、外汇需求

假定我们要讨论英镑的即期汇率决定机制。外汇市场参与者对英镑的需求是一种派生需求,也就是说,人们需要英镑并不是因为英镑本身有内在价值,而是因为英镑可以用于购买商品和服务。根据汇率的变化来绘制的表 2.1 举例说明了英镑需求曲线的推导。如果英镑对美元升值,比如说从 \$1.40/£1 升值到 \$2/£1,英国出口到美国的商品的价格就会上涨,这将导致英国出口商品的减少,从而降低对英镑的需求。因此图 2.1 中英镑的需求曲线向右下方倾斜。

在这个简单的模型中,英镑的需求取决于对英国出口商品的需求。如果某个因素增加了对英国出口商品的需求(通过表 2.1 的第四列反映出来),那么这个因素就会导致对英镑需求的增加,从而使英镑需求曲线向右移动。例如,美国国民收入的增加和美国居民对英国商品偏好程度的增大以及美国商品价格的上涨,都会使美国居民对英国商品的需求增加,从而增加对英镑的需求,使得英镑的需求曲线向右移动。

表 2.1 英镑的需求

英国出口商品的价格(£)	汇率($/£)	英国出口商品的价格($)	英国出口商品的数量	英镑的需求
10	1.40	14	1 400	14 000
10	1.50	15	1 200	12 000
10	1.60	16	1 000	10 000
10	1.70	17	900	9 000
10	1.80	18	800	8 000
10	1.90	19	700	7 000
10	2.00	20	600	6 000

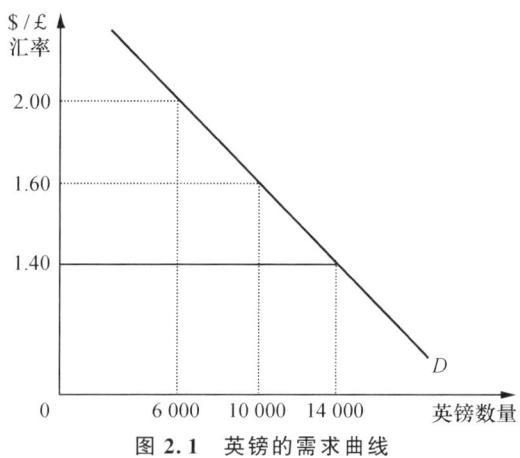

图 2.1　英镑的需求曲线

二、外汇供给

从本质上讲,英镑的供给就是英国对美元的需求。表 2.2 说明了英镑供给曲线的推导过程。如果英镑升值,美国的商品对英国居民来说就变得相对便宜。因此,英国居民对美国商品的需求增加,这导致了对美元需求的增加;而在外汇市场上,美元是用英镑来购买的,所以英镑的供给应该增加。由此我们可以得出结论:英镑的供给曲线是向右上方倾斜的(见图 2.2)。

表 2.2　英镑的供给

美国出口商品的价格($)	汇率($/£)	美国出口商品的价格(£)	美国出口商品的数量	美元需求	英镑的供给
20	1.40	14.29	600	12 000	8 571
20	1.50	13.33	700	14 000	9 333
20	1.60	12.50	800	16 000	10 000
20	1.70	11.76	950	19 000	11 176
20	1.80	11.11	1 100	22 000	12 222
20	1.90	10.53	1 225	24 500	12 895
20	2.00	10.00	1 350	27 000	13 500

英镑的供给曲线取决于英国居民对美国商品的需求。英国国民收入的增加,英国居民对美国商品偏好程度的增加,英国商品价格的上涨等因素都会使英镑的供给曲线向右移动。这些因素都会增加对美国商品和美元的需求,从而导致英镑供给的增加。

因为外汇市场上聚集了想要购买某种货币的交易者(代表需求)和希望卖出某种货币的交易者(代表供给),所以我们可以将问题简化处理,即某种货币的即期汇率是由该货币的供给曲线和需求曲线的交点决定的。

图 2.3 是以外汇市场上的供给和需求为基础,说明了美元对英镑汇率的决定机制。均衡汇率由供给曲线和需求曲线的交点决定,即 $1.60/£1。由此我们得出结论:当汇率可以自由浮动时,均衡汇率是由供给曲线和需求曲线的交点决定的。

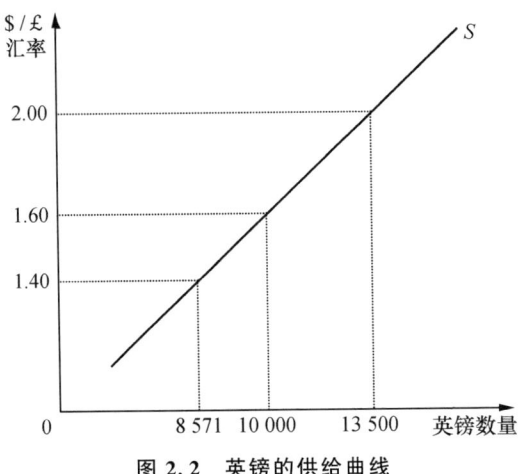

图 2.2 英镑的供给曲线

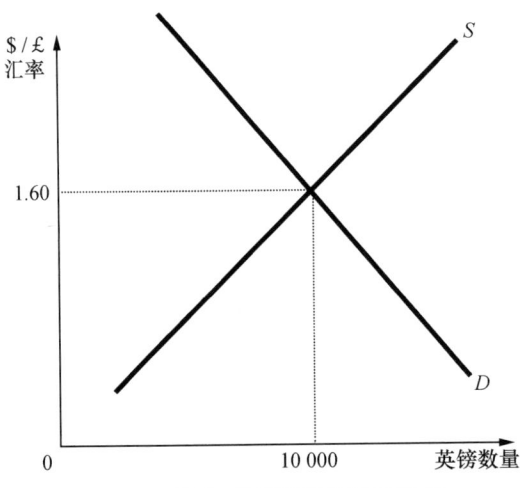

图 2.3 美元/英镑汇率的决定机制

第三节 远期交易的动机类型与远期汇率决定机制

在探讨了即期汇率决定的简单模型之后,我们再来探讨远期汇率的决定机制。在远期外汇市场上,买卖双方预先签订合约,约定在将来某一特定的时间按照协议进行外汇的实际交割。远期交易合约的本质是交易者期望锁定未来的交易价格,以便到期日按照已经锁定的汇率进行交割,从而避免外汇价格波动的风险。例如,某一英国的进口商要在 8 月底向美国的出口商支付 12 645 美元,他可能会在 6 月 1 日按照 \$1.2645/£1 的远期汇率购入 12 645 美元,并约定在同年的 8 月 31 日进行交割。他所购买的是一份 3 个月的远期合约。8 月 31 日,合约到期交割,此时他可以按照已经锁定的远期价格 \$1.2645/£1 进行交割,而不必理会英镑在即期市场上的价格。人们参与远期交易的动机各有不同。根据参与者参与外汇市场的动机,我们可以把它们划分为以下三种类型。

一、套期保值者

这一类经济人(通常是企业)参与外汇市场的目的是保护自身免受汇率波动的影响,即规避汇率风险。所谓的汇率风险,指因汇率的不利变动而引起损失的风险。下面我们举例说明企业为什么要进行远期交易。英国的进口商在一年之后,要向美国出口商支付 12 645 美元。假设即期汇率为 \$1.2685/£1,一年期的远期汇率为 \$1.2645/£1。进口商按照该远期汇率买入美元,可以确保只需支付 10 000 英镑。如果进口商不买进远期外汇,他就必须承担汇率波动的风险,因为一年后英镑的即期汇率可能低于 \$1.2645/£1。例如,假设一年后英镑的汇率为 \$1.2245/£1,进口商就必须支付 10 327 英镑(\$12 645/1.2245)。当然,一年后的即期汇率也有可能会向有利的方向变动。如果一年后英镑的汇率为 \$1.3325/£1,进口商就仅仅需要支付 9 490 英镑(\$12 645/1.3325),在这种情况下,一年之后购买即期外汇要比签订远期外汇合约更加有利。

但是,进口商通过签订远期外汇合约,可以锁定为进口商品而支付的英镑的数量,从而保护自身免受汇率波动的影响。这是一个典型的理性人的行为方式:他首要的目标,不是获得可能存在的潜在收益(当即期汇率向有利于他的方向变动时,他可能获得额外收益),而是要避免任何可能存在的潜在风险,因此他要将风险降到最低程度,从而运用远期交易锁定未来价格,达到套期保值的目的。

我们可能会产生这样的疑问:进口商为什么不按照 \$1.2685/£1 的汇率马上买入美元并持有到一年之后呢?原因可能是他现在没有购买美元所需要的资金,而且并不愿意借入英镑;但他知道自己在一年之后可以通过销售商品筹集到资金。也就是说,即使进口商目前没有英镑资金,他也可以通过签订远期合同,确保以某一特定的汇率购买到特定数量的美元。

实际上,套期保值者是通过匹配外汇资产和外汇负债来规避汇率风险的。在上面的例子中,进口商必须在一年之后支付进口商品价款 12 645 美元(负债),所以才购买了数量为 12 645 的远期美元(资产)。

二、套汇者

这一类经济人(通常为银行)的目标是通过利率差和远期升水(或贴水)来赚取无风险利润。若某种货币趋于升值,即远期汇率报价高于即期汇率,两种汇率的差价就被称为远期升水;反之,若某种货币的远期汇率报价低于即期汇率,两种汇率之间的差价就被称为远期贴水。

远期升水或贴水通常用即期汇率的百分比来表示:

$$远期贴水/升水 = [(F-S)/S] \times 100$$

其中,F 为远期汇率报价,S 为即期汇率报价。

套汇者的存在保证了抵补的利率平价公式始终是成立的。银行通常用该公式来计算远期外汇的报价:

$$F = [(r^* - r)S/(1+r)] + S$$

其中,F 是用间接标价法表示的一年期远期汇率报价,S 是用间接标价法表示的即期汇率,r 是一年期的国内利率,r^* 是一年期的国外利率。

在上面的公式中,如果要计算 3 个月期的远期汇率报价,就必须使用 3 个月期的利率,即用一年期利率除以 4;若要计算 6 个月期的远期汇率报价,就必须使用 6 个月期的利率,即用一年期利率除以 2。表 2.3 说明了实践中远期外汇报价的计算方法。

表 2.3　某年某月某日新元/美元的远期汇率和美国新加坡两国的利率

	新元/美元汇率	欧洲美元利率(%)	欧洲新元利率(%)
即期汇率	1.3245	—	—
1 个月期远期汇率	1.2416	7.46875	3.46875
3 个月期远期汇率	1.2336	7.56250	3.59375
6 个月期远期汇率	1.2241	7.56250	3.96875
12 个月期远期汇率	1.2022	7.56250	3.81250

注:美元对新元的即期汇率为 1 美元兑换 1.3245 新元。
1 个月期远期汇率的计算公式如下:
[(0.0346875−0.0746875)/12]×1.3245/[1+(0.0746875/12)]+1.3245 = 1.3201
3 个月期远期汇率的计算公式如下:
[(0.0359375−0.075625)/4]×1.3245/[1+(0.075625/4)]+1.3245 = 1.3116
6 个月期远期汇率的计算公式如下:
[(0.0396875−0.075625)/2]×1.3245/[1+(0.075625/2)]+1.3245 = 1.3016
12 个月期远期汇率的计算公式如下:
[(0.038125−0.075625)]×1.3245/(1+0.075625)+1.3245 = 1.2783

我们再举一个计算远期汇率的例子。假设一年期的美元利率是 5%,英镑利率为 8%,美元对英镑的即期汇率为 \$1.2645/£1,那么英镑的一年期远期汇率为:
$$F = [(0.05 - 0.08) \times 1.2645/1.08] + 1.26450 = \$1.2294/£1$$
因为:$(F-S)/S = [(1.2294-1.2645)/1.2645] \times 100 = -2.78$
由上可知,英镑的一年期远期汇率的年贴水率为 2.78%。

可是,为什么必须使用 CIP 来计算远期汇率呢?为了说明这一点,我们假设远期汇率和上面例子中得出的结果不同,为 \$1.3255/£1。投资者若拥有 100 美元,并赚取美元利率,一年之后他将拥有 105 美元。但是如果他按照 \$1.2645/£1 的即期汇率买入英镑,并按照 \$1.3255/£1 的远期汇率卖出英镑,他就可以把 79.08 英镑存入英国银行,赚取 8%的年利率,一年之后,他将拥有 85.41 英镑(£79.08×1.08)。然后他只要按照远期合约中规定的价格卖出外汇,就可以得到 113.21 美元。显然,美国投资者可以通过买入即期英镑并卖出远期英镑赚取利润。如果很多投资者都采取同样的行动,英镑的远期汇率就会下降,直至套汇机会消失。在即期汇率为 \$1.645/£1 的情况下,远期汇率必须为 \$1.2294/£1,才能保证一笔款项在美英两国赚取的收益相同(£85.41× \$1.2294/£1 = \$105)。这一远期汇率水平保证了市场上不存在无风险的套汇机会。

因为等式 $F = [(r^* -r)S/(1+r)]+S$ 的分子部分可近似为 1,所以该等式简化后,就得出了远期升水/贴水的近似表达式:
$$(F - S)/S \approx r^* - r$$

通过 CIP 的简化式可以看出,如果国内利率高于国外利率,本币远期就会贴水,贴水率等于国内外利率差;反之,若国内利率低于国外利率,本币远期就会升水,升水率也近似等于国内外利率差。在我们的例子中,美国的利率为 5%,英国的利率为 8%,由此我们得出英镑的年贴水率为3%,这近似等于用CIP等式计算所得出的数值2.78%。

三、投机者

此类经济人希望通过承担汇率风险来赚取利润。他们之所以参与远期外汇市场,是因为他们认为远期合同到期日时的即期汇率和远期汇率报价之间存在一定的差额。我们可以假设一年期的远期汇率报价为 \$1.2645/£1,但投机者认为一年后英镑的即期汇率将会是 \$1.2255/£1。在这种情况下,投机者会按照 \$1.2645/£1 的远期汇率卖出 1 000 英镑,并在一年后得到 1 264.5 美元,然后他再在即期市场上按照 \$1.2255/£1 的汇率将这一部分美元重新兑换成英镑。他最终将得到 1 031.82 英镑,其中利润为 31.82 英镑。当然,投机者所作的判断也可能是错误的,一年后的即期汇率可能会高于 \$1.2255/£1,比如说是 \$1.3245/£1,此时投机者的 1 264.50 美元只能兑换成 954.70 英镑,其损失为 45.30 英镑。投机者投机的结果取决于他的预期是否正确,当预期正确的时候,他将获得可观的投机收益;但是在预期错误的时候,他就会蒙受损失。一般的投机方向是,当预期贬值时,则卖出远期,买进即期;当预期升值时,则卖出即期,买进远期。

第四节 金本位制度下的汇率决定机制

金本位制度(Gold Standard System)是以黄金作为本位货币的货币制度,它包括金币本位制(Gold Coin Standard System)、金块本位制(Gold Bullion Standard System)和金汇兑本位制(Gold Exchange Standard System)。第一次世界大战前,国际上盛行的是金币本位制,它是典型的金本位制。英国于1816年率先实行金币本位制,德国、法国、俄国、日本相继步其后尘,美国于1900年颁布了金本位法案。

在金本位制度下,用一定重量和成色的黄金铸造的金币为法定通货;金币可以自由铸造和自由熔化;金币与流通中的银行券可以自由兑换;作为一种世界货币,金币在国际结算中可以跨国境自由流通。金币中所含有的一定成色和重量的黄金叫作含金量(Gold Content),两个实行金本位制度的国家的货币单位可根据货币各自的含金量多少来确定货币之间的比价,即汇率。两种货币的含金量的对比叫作铸币平价(Mint Par),它是决定两种货币汇率的基础。

如在实行金币本位制度时,英国规定 1 英镑的重量为 123.27447 格令(Grain),成色为 22 开金,即含金量 113.0016 格令(约 7.32238 克)纯金;美国规定 1 美元的重量为 25.8 格令,成色为 900‰,即含金量 23.22 格令(约 1.50463 克)纯金。根据两种货币的含金量对比,英镑与美元的铸币平价为:

$$113.0016 \div 23.22 = 4.8665$$

也就是说,1 英镑的含金量是 1 美元含金量的 4.8665 倍,因此 1 英镑=4.8665 美元。

尽管铸币平价是两种货币决定的基础,但是,外汇市场上的实际汇率水平仍然要受到当时外汇供求关系的影响。因此,随着外汇供求状况的变化,外汇汇率也会偏离铸币平价上下波动。当外汇供给大于需求时,外币汇率将下降,本币汇率将上升;当外汇供给小于需求时,外汇汇率将上升,本币汇率将下降。

在金本位制度下,汇率总是围绕铸币平价上下波动,并且受到黄金输送点(Gold

Transport Points)的制约。由于黄金可以自由流通,因此,当汇率对一国有利时,它就采用外汇进行国际结算;而当汇率对该国不利时,它就采用黄金进行支付。这样一种做法为什么会将汇率的波动局限在黄金输送点范围之内?

我们知道,在两国间输送黄金进行结算,通常需要支付包装费、运输费、保险费、检验费以及利息等。第一次世界大战前,在英国和美国之间运送黄金的各项费用以及利息,为所运送黄金价值的5‰—7‰,如果按6‰计算,在英美两国运送1英镑黄金的费用约为0.03美元。那么,4.8665±0.03就是英镑与美元两种货币的黄金输送点,外汇市场上英镑与美元的汇率就会在此范围内波动,既不会超过4.8965的上限,也不会低于4.8365的下限。

如果英镑对美元的汇率超过了4.8965(比如达到4.8985),对美国进口商而言,在外汇市场上兑换1英镑的成本为4.8985美元,而购买价值1英镑的黄金的成本为4.8665美元,输出黄金结算的单位成本为4.8665+0.03美元,显然,在这种情况下以美元兑换黄金并输出黄金结算更为合算;反过来,美国出口商这时却更愿意以英镑结算。外汇市场上对英镑需求的减少和供给的增加将促使英镑汇率下降到4.8965以下。

同样,如果英镑对美元的汇率低于4.8365(比如达到4.8335),对美国出口商而言,1英镑出口额只能兑换4.8335美元,而1英镑出口额可以兑换成价值4.8665美元的黄金,输入黄金结算的单位成本为4.8665-0.03美元,显然,在这种情况下以英镑兑换黄金并输入黄金结算更为合算;反过来,美国进口商这时却更愿意以英镑结算。外汇市场上对英镑供给的减少和需求的增加将促使英镑汇率上升到4.8365以上(见图2.4)。

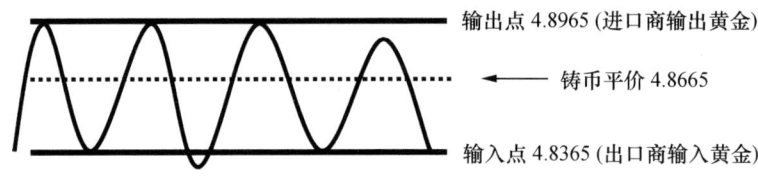

图2.4 金本位的运作方式

注:汇率围绕铸币平价上下波动,上限是黄金输出点,下限是黄金输入点。

综上所述,可知英镑与美元之间的汇率,4.8665+0.03的上限为美国向英国输出黄金的黄金输出点,4.8665-0.03的下限为美国从英国输入黄金的黄金输入点。由于国际上运送黄金的费用占所运送黄金价值的比例很小,因此,相对说来,在金币本位制度下,各国货币汇率的波动幅度很小,基本上是固定的。

第一次世界大战爆发后,交战国家的金本位制度纷纷瓦解。战后,除了美国,各国均实行了金块本位制度和金汇兑本位制度,金币不再自由流通,从而使金本位制度失去了稳定的基础。在1929—1933年发生的经济危机中,这种不完全的金本位制度也土崩瓦解,金本位制度彻底崩溃。

第五节 纸币本位下影响汇率的因素

一、纸币本位下汇率制度的变动

在金本位制度崩溃后,各国先后实行了纸币制度(Paper Money System)。在纸币制度下,各国发行纸币作为金属货币的代表,并且参照过去的做法,以法令规定纸币的含金量,被称为金平价(Par Value/Gold Parity)。因此,纸币制度下,两国纸币所规定的金平价的对比是汇率的决定基础。但是,纸币尽管规定了含金量,然而却都不能兑现黄金,因此,纸币的法定含金量往往形同虚设。

各国实行纸币流通后,经历了一个从浮动汇率制到固定汇率制再到浮动汇率制的过程,在这些制度下,汇率作为两国货币的比价,受到了外汇市场上两国货币的供求状况影响。在固定汇率制度下,各国货币当局为了维持汇率稳定,有义务对外汇市场进行干预,汇率水平受人为干预的影响而被限制在一个较小范围内窄幅波动;在浮动汇率制度下,尽管各国货币当局不再承担维持汇率的义务,外汇供求关系对汇率的影响更为明显。然而,为了本国经济利益,各国货币当局仍然不时对外汇市场进行干预。因此,在固定汇率制度下,货币当局对外汇市场的干预是出于汇率稳定的被动义务,而在浮动汇率制度下,货币当局对外汇市场的干预则是出于汇率稳定的客观要求。

二、纸币本位下影响汇率的因素

各国货币都代表着一定的价值量,这是外汇汇率决定的基础。在不同的货币制度下,各国货币的价值决定方式不同,汇率决定的基础也不同。影响汇率的因素有长短期之分。长期因素以购买力平价为基础,短期因素以利率平价为依据。长期因素决定了汇率的长期趋势,短期因素决定了汇率的短期波动。影响汇率水平的长期因素主要是宏观因素,短期因素则为微观因素。长期因素需作用于短期因素,通过改变市场交易行为进而影响汇率水平的变动。

根据购买力平价理论,相对价格水平、关税和配额、对本国和外国商品的偏好、生产能力、进出口相对需求是影响汇率的长期因素。推理的逻辑思路:任何使本国商品需求相对增加的因素都会导致本国货币升值;任何使本国商品需求相对减少的因素都会导致本国货币贬值。根据利率平价理论,本币利率、外币和汇率预期是影响汇率的短期因素。这些因素通过影响本币与外币存款的相对收益率,最终通过资本流入和流出影响汇率水平。长短期因素之间的内在逻辑联系在于,汇率的长期因素通过影响汇率预期,进而利用本币与外币的相对需求影响汇率水平。

汇率状况对一国国际收支的平衡与否有着至关重要的影响。一国国际收支的贷方项目构成一国的外汇供给,借方项目构成外汇需求,因此,国际收支盈余意味着外汇供给大于需求,外汇汇率下降而本币汇率上升;国际收支赤字则意味着外汇需求大于供给,外汇汇率上升而本币汇率下降。下一章我们将会讲到,一国国际收支分为经常账户、资本与金融账户两大部分。前者反映着一国商品服务市场与他国商品服务市场之间的关系,后者反映一国金融市场与他国金融市场之间的关系。因此,任何能够影响国内外商品服务市场和金融市场的因素都会影响汇率的变动。总的来看,影响汇率的主要因素可以归纳为以下几个方面。假定其他因素不变,我们分析每个因素变化对汇率的影响。

1. 相对价格水平(通货膨胀率)

如果外国价格水平 P^* 不变,本国价格水平 P 上升,那么会减少对本国商品的需求,进而减少对本国货币的需求。持有的本国货币能够购买到的商品和服务的数量减少,这相当于本币存款的预期收益率下降,本币相对于外币贬值。反之,如果本国价格水平 P

不变,外国价格水平 P^* 上升,这会减少对外国商品的需求,进而减少对外国货币的需求。持有的外国货币能够购买到的商品和服务的数量减少,相当于外币存款的预期收益率下降,本币相对于外币升值。因此,从长期来看,一国物价水平相对上升会导致本国货币贬值,一国物价水平相对下降会导致本国货币升值。

在纸币制度下,两国货币的汇率仍取决于它们各自所代表的价值量的大小。物价水平是一国货币价值在商品上的体现,因此物价越高就意味着一单位货币的价值越少。所以通常认为一国通货膨胀率超过另一国通货膨胀率,该国货币的汇率就要下跌;反之则上升。当然现实并不一定与理论完全一致。如 1980 年和 1981 年,美国的通货膨胀率(13.5%和 10.4%)大大高于日本(8.0%和 4.3%),但美元对日元的汇率却在上升。这并不能说明通货膨胀差异已不再是影响汇率变动的重要因素。一般认为,通货膨胀率的差异是决定汇率走势的长期因素,在国内外市场紧密联系的情况下,一国物价水平上涨,将导致其出口商品在国际市场上竞争能力的削弱以及其进口商品在国内市场上竞争能力的提高,带来出口的减少、进口的增加,使该国货币贬值。另外,物价的上涨会使实际利率下降,引起资本外流,影响资本项目收支,进一步影响人们对本币汇率贬值的预期。而一旦人们预期本币将产生贬值,会加速货币替换,将本币兑换为外币,使预期中的本币贬值变为现实。

2. 贸易壁垒

一国贸易壁垒主要体现在关税水平或者进口配额的变化上,这也是影响汇率水平的因素之一。本国关税税率提高或者进口配额减少,会减少对外国商品和服务的需求,增加对本国商品和服务的需求,相当于增加本国货币的需求,会使本国货币相对于外币升值。反之,本国关税税率降低或者进口配额增加,会增加对外国商品和服务的需求,减少对本国商品和服务的需求,相当于减少本国货币的需求,会使本国货币相对于外币贬值。因此,从长期来看,本国提高贸易壁垒会使本国货币升值,降低贸易壁垒会使本国货币贬值;外国提高贸易壁垒会使本国货币贬值,降低贸易壁垒会使本国货币升值。理解了这一影响因素的逻辑,就可以理解中美贸易摩擦这一长期因素对于人民币对美元汇率的影响。根据对中美贸易摩擦前景的预期,就可以把握这一因素在人民币对美元汇率走势中的脉络。

3. 对本国与外国商品和服务的相对偏好

对于本国与外国商品和服务的偏好会影响对本国与外国商品和服务的相对需求,进而通过影响对本币与外币的相对需求影响汇率水平。如果外国对本国商品和服务的偏好增强,对本国商品和服务的需求增加,出口增加,本币需求与外币供给增加,本币相对于外币升值;反之,如果本国对外国商品和服务的偏好增强,对外国商品和服务的需求增加,进口增加,外币需求与本币供给增加,本币相对于外币贬值。因此,从长期来看,外国对本国商品和服务的需求增加会使本国货币升值;本国对外国商品和服务的需求增加会使本国货币贬值。比如,若中国对苹果手机的偏好增强则支持人民币对美元贬值,若欧洲对中国新能源汽车的偏好增强则支持人民币对欧元升值。

4. 相对生产能力

一国生产能力的高低不仅会影响本国商品和服务的供给能力,而且会影响本国商品和服务的价格与出口竞争力,进而通过进出口影响汇率水平。如果本国生产能力相对上升,本国商品和服务的供给增加,价格下降,会增加对本国商品和服务的需求,进而增加对本国货币的需求,本币相对于外币升值;反之,如果外国生产能力相对上升,外国商品和服务的供给增加,价格下降,会增加对外国商品和服务的需求,进而增加对外国货币的需求,本币相对于外币贬值。因此,从长期来看,一国生产能力相对提高,本国货币会升值;一国生产能力相对下降,本国货币会贬值。按照这一逻辑,中国推进的去产能供给侧结构性改革对人民币汇率构成升值压力,而中国推进的"一带一路"倡议,则以供给创造需求的方式,有利于缓解人民币汇率面临的升值压力,维持人民币汇率的稳定。

5. 进出口相对需求

一国进出口需求的变化,会影响商品和服务的需求,进出口需求变化的背后逻辑是对一国货币需求的变化,进而也会影响汇率水平。如果本国商品和服务的出口需求增加,那么本国出口量会增加,对本国货币的需求也会相应增加,本币相对于外币升值。反之,如果外国商品和服务的进口需求增加,那么本国进口量会增加,对外国货币的需求也会相应增加,本币相对于外币贬值。因此,预期出口需求增加,本国货币会升值;预期进口需求增加,本国货币会贬值。例如,在中国钢铁产业迅速扩张时期,数量庞大的钢铁厂对南非、澳大利亚和巴西的铁矿石原材料进口持续增加,给人民币汇率带来的是贬值压力。而其他国家对中国生产的新能源汽车、锂电池、家电产品的需求增加,给人民币汇率带来的是升值压力。

6. 宏观经济政策差异

一个国家的宏观经济政策目标在于稳定物价、促进充分就业、促进经济增长和保持国际收支平衡。经济政策对上述问题都会产生一定的影响,必然会影响汇率的变动。如1980 年之后美元的持续升值,主要是受到美国"松"的财政政策和"紧"的货币政策的影响所致。如果一国为了刺激经济复苏实行扩张性的宏观经济政策,国民收入增加,进口能力上升导致进口量增加,会使外币需求增加,本币相对于外币贬值;反之,如果一国为了抑制通货膨胀实行紧缩性的宏观经济政策,国民收入减少,进口能力下降导致进口量减少,会使外币需求减少,本币相对于外币升值。

7. 经济增长率差异

国内外经济增长率的差异对一国货币的汇率有多方面的影响:首先,一国经济增长率较高意味着该国收入较高,由收入引致的进口较多,不利于本国国际收支。其次,一国经济增长率较高也意味着该国劳动生产率提高较快,产品成本降低较快,可改善本国出口商品在国际竞争中的地位,有利于增加出口,抑制进口。最后,一国经济增长率较高又意味着一国的投资利润率较高,可吸引国外资金流入,改善资本项目收支。一般说来,高经济增长率短期内由于贸易收支问题可能会不利于本币的汇率,但从长期而言,却是支持本币成为国际货币市场硬通货的有利因素。改革开放四十多年以来,中国经济一直保持快速增长,改革开放初期(短期)人民币汇率确实呈现贬值趋势。改革开放中后期(长期)人民币汇率则呈现出非常坚挺的走势。

8. 相对利率水平

按照利率平价的描述,一国利率水平衡量了本币资产收益率的高低。资本总是由收益率低的货币流向收益率高的货币。在国际资本市场日益融合的今天,利率是影响国际资本流动的重要因素。一国利率水平较高,会吸引资本流入;反之则引起资本流出。资本的流入和流出,影响着资本与金融账户的收支。在国际资本流动规模大大超过国际贸易额时,国际资本流动速度大大快于国际贸易的流动速度,利率差异对国际收支的影响更为加重要。如果本国利率相对于外国利率提高,那么本币与外币之间的利差扩大,本币存款收益率相对提高,资本流入增加,对本币的需求增加,本币相对于外币升值;反之,如果本国利率相对于外国利率降低,那么本币与外币之间的利差缩小,本币存款收益率相对降低,资本流出增加,对外币的需求增加,本币相对于外币贬值。

1979—1988 年美国、日本汇率的变化与其实际利率水平的变化有密切关系。1979 年起美国的名义利率大幅上升,至 1981 年美国的实际利率超过了日本。实际利率远高于其他西方国家,导致资本大量流入美国,使美元升值。这从另一个角度解释了为什么在通货膨胀率较高的时候,美元仍然能够升值。2022 年,美国的通货膨胀率虽然处于高位,然而美联储进入加息周期连续提高利率,使美国资本流入大幅增加,也使美元指数维持高位震荡。

9. 预期因素

人们的预期对汇率的变动发挥着关键的作用,无论是通货膨胀预期还是汇率预期,都会对汇率水平产生显著影响。通货膨胀预期是各类经济主体对于未来物价水平变化的预期,反映的是人们对于未来经济前景、宏观经济政策的有效性、政府治理能力的评价和展望。如果人们预期某国的通货膨胀率较高、实际利率水平较低,那么经常账户收支将产生逆差,人们预期该国货币将会贬值,该国货币将在外汇市场上被抛售,从而使该国货币真正贬值;反之该国货币则会升值。汇率预期是各类经济主体对于未来汇率水平变化的预期,反映的是人们对于金融体系的稳定与否、人民币信用背景强弱、货币当局稳定汇率的能力等因素的评价和展望。在直接标价法下,本币的预期贬值率用 $E(\dot{e})$ 表示,它构成外币存款收益率的一部分。如果本币预期贬值率上升,那么外币存款预期收益率上升,对外币的需求增加,本币相对于外币贬值。如果本币预期贬值率下降,那么外币存款预期收益率下降,对外币的需求减少,本币相对于外币升值。

当今国际金融市场上短期游资规模巨大,投机性极强,对世界各国的政治、经济、军事等领域的变动极为敏感,一旦有风吹草动,便会大规模移动,给外汇市场带来巨大的冲击。而造成短期游资移动的一个重要因素就是人们的心理预期,这使汇率预测的难度进一步增加。

10. 中央银行的干预

如前所述,不论是在固定汇率制度下,还是在浮动汇率制度下,中央银行都会被动地或主动地干预外汇市场,稳定外汇汇率,以避免汇率波动对经济造成不利的影响,进而实现自己的政策目标。中央银行对外汇市场上外汇供求的影响虽然不能从根本上改变汇率,但在短期内确实可以影响汇率。固定汇率制度在战后被维持了 25 年之久,足以显示中央银行干预的成效。20 世纪 80 年代以来,西方主要国家在管理浮动汇率制度的基础上进行联合干预,更使得中央银行成为外汇市场上影响汇率的重要力量。

以上谈到的是纸币制度下影响外汇市场的主要因素。当然,影响汇率的因素还有许多,所有这些因素相互影响(相互抵消或相互促进),形成更加综合的作用。只有对各种因素进行全面考察,才能对汇率变动做出正确分析和客观判断。在后面的内容中,我们将介绍各种汇率决定模型,这些模型从价格(通货膨胀)、利率水平和资本流动等不同角度对汇率的决定进行了探讨。但是,由于汇率的影响因素太多,影响机制非常复杂,迄今为止,还没有一个模型可以完美地解释汇率的形成和波动。

本章术语

即期汇率　远期汇率　升水　贴水　金本位制度　黄金输送点　铸币平价　纸币制度　金平价　货币替换

本章总结

1. 由即期汇率决定的简单模型可知,某一货币的汇率(价格)可以像其他价格一样,运用供求工具来进行分析。一国货币的汇率可以由外汇市场上供求曲线的交点来决定。

2. 远期外汇的买卖双方预先签订合约,约定在将来某一特定的时间按照协议进行外汇的实际交割。远期交易合约的本质是交易者期望锁定未来的交易价格,以便到期按照已经锁定的汇率进行交割,从而避免外汇价格波动的风险。

3. 在金本位制度下,汇率总是围绕铸币平价上下波动,并且受到黄金输送点的制约,相对来说,在金本位制度下,各国货币汇率的波动幅度很小,基本上是固定的。

4. 任何能够影响国内外商品服务市场和金融市场的因素都会影响汇率的变动。影响汇率的主要因素有:相对价格水平(通货膨胀率)、贸易壁垒、对本国与外国商品和服务的相对偏好、相对生产能力、进出口相对需求、宏观经济政策差异、经济增长率差异、相对利率水平、预期因素和中央银行的干预。

思考和练习

1. 金本位制度下,汇率决定机制的基础是什么?汇率波动为什么会受到黄金输送点的制约?
2. 举例说明经济新闻的性质、背景与汇率本质的反应有什么关系?
3. 纸币制度下影响汇率的因素有哪些?
4. 描述固定汇率制的运行机制。
5. 说明即期汇率和远期汇率的决定机制。
6. 试述影响汇率的因素主要有哪些,它们对汇率的影响如何,尝试以这些因素去分析人民币汇率的走势。
7. 影响汇率的长期因素有哪些,它们对汇率的影响如何。
8. 影响汇率的短期因素有哪些,它们对汇率的影响如何。

第三章　国际收支及其平衡表

▍本章概要▍

国际收支是开放经济中的重要经济指标,它不仅是反映该国对外净资产、净负债变动和国际资本流动的重要指示器,而且会对汇率产生重大影响。在这一章中,我们先学习国际收支的概念、国际收支平衡表的构成,以及如何编制国际收支平衡表;然后试图在国民收入账户的框架下解释国际收支平衡表的经常账户,并说明政府支出和进出口的变化对国际收支的影响。

▍学习目标▍

1. 了解国际收支平衡表的构成、记账原则和记账方法。
2. 理解国际收支平衡表的局部差额分析法。
3. 理解国际收支的平衡、失衡和自动调节机制。

第一节　国际收支概述

一、国际收支的概念

作为开放经济中对决策者而言最为重要的一个经济指标,国际收支(Balance of Payment)是反映该国对外交易状况、净资产、净负债变动和国际资本流动的重要指示器。国际收支方面的数据会对汇率产生重要影响,决策者也会据此调整其经济政策。如果一国出现了国际收支赤字,政府就会提高利率或者减少公共支出以降低进口额;有些政府还会实行贸易保护主义来限制进口,或实行资本管制来维持汇率。因此,学会分析国际收支平衡或失衡的状况及其原因,并熟悉运用哪种经济政策手段来调节国际收支,是决策者必须掌握的基本知识。在研究改善国际收支的政策手段之前,我们必须先了解国际收支平衡表的构成以及国际收支盈余/赤字的含义。

作为开放经济条件下本国经济与外部世界经济往来的分析工具,国际收支的概念经历了一个由狭义向广义发展的过程。早在17世纪初,重商主义就盛行于整个欧洲,作为增加国民财富有效途径的贸易差额被视为国际收支。金本位制度解体以后,国际收支概念发展为外汇收支。第二次世界大战以后,国际收支突破了狭义概念的局限,广义的国际收支包含了一个国家在一定时期的全部涉外经济交易。

什么是国际收支? 简单地说,一国的国际收支指在一定时期内一国居民与其非居民之间的全部经济交易的系统记录。按照IMF在《国际收支手册》中的具体表述:"国际收支是某一时期的统计表,它表明:① 某一经济体同世界其他国家或地区之间的商品、服务以及收益方面的交易;② 该经济体所持有的货币黄金、特别提款权以及对世界其他国家或地区的债权、债务的所有权的变化和其他变化;③ 为平衡不能相互抵消的上述交易和变化的任何账目所需的无偿转让和对应项目。"

国际收支平衡表的报告期一般为一年。但平衡表中有些数据每月或每季度便公布一次。国际收支平衡表是一个国家最重要的统计报表之一。它不仅能够反映一个国家商品和服务进出口的数量,还能反映一国是贷出还是借入资金。另外,我们还可以从国际收支平衡表中看出货币当局(通常是中央银行)外汇储备的数量增减。在国际收支的概念里,有几个关键词需要我们特别注意,厘清这些概念的含义对于理解国际收支及其平衡表非常重要。第一个关键词是"居民和非居民"。从国际收支的角度看,居民和公民的概念并不完全相同。居民这一术语涵盖了个人、居民户、企业和公共权力机构。在国际收支概念中,对居民与非居民的界定所依据的是居民原则而非公民原则。一国居民指长期在该国从事生产和消费活动的单位(包括个人、企业、非营利团体和政府)。能够在国际收支平衡表中反映的交易,一定是报告国居民和非居民之间进行的交易。本国居民之间进行的交易不属于国际收支的内容,不能记录在国际收支平衡表内。第二个关键词是"一定时期"。要注意,国际收支是一个流量概念,记录的是一定时期内的交易,通常是一年,也可以是半年、一个季度或者一个月。这是国际收支与存量概念的国际借贷(Balance of International Indebtedness)区分开来的关键所在。后者也可以称为国际投资头寸,记录在某个特定时点上一个经济体的金融资产以及对世界其他经济体的债权债务存量的价值和构成。第三个关键词是"全部经济交易"。国际收支反映的内容是国际上所有的经济交易(Economic Transaction),即经济价值从一个经济单位向另一个经济单位的转移。在国际经济交易中,交易包括商品服务与商品服务的交易,即物物交换;商品服务与金融资产的交易,即商品服务的买卖;金融资产与金融资产的买卖以及无偿的单方面的商品服务或金融资产的转移。国际收支不局限于外汇收支,而且包括不涉及外汇收支的单方面的无偿援助、补偿贸易等交易。现行的国际收支记录基础已经从支付基础(On Payment Basis)转变为交易基础(On Transaction Basis)。

二、与国际收支有关的其他概念

除了国际收支的基本概念,还有其他一些重要的概念与国际收支有关,其中最重要的是交易类型以及居民单位的界定。为了更好地理解国际收支的内涵,我们必须对这些相关概念有更加深入的了解。

1. 交易及其类型

国际收支平衡表中的交易指来自不同经济体的居民与非居民之间的交易,它们大多数涉及货币支付,也有少数交易并不涉及支付行为,这是国际收支平衡表与对外收付记录的根本区别。国际收支中涉及的交易主要包括交换、转移、移居、其他根据推论而存在的交易以及债权和债务的再分类问题等五种类型。

交换。所谓交换,指一方向另一方提供一宗经济价值并从对方收到价值相等的一宗经济价值,分为实际资源(货物、服务与收入)和金融项目。通常交换各方来自不同经济体,是国际收支中最大量和最重要的交易。其中,提供金融项目可能不仅会导致现有债权债务关系的变更,而且会产生新的债权债务关系。

转移。与交换不同,所谓转移,指一方向另一方提供一些经济价值却未从对方收到具有相等价值的对应补偿物。转移按照性质分为经常转移和资本转移两类。

移居。所谓移居,指一个人把住所从一个经济体迁移到另一个经济体的行为,此时该移民拥有的资产的所有权也发生相应的变更。其中,可移动的有形资产转移到移居的新经济体,不可移动的资产变更为新经济体对原经济体的债权;移民对新经济体的债权债务不再作为对世界其他任何经济体的债权债务,对其他经济体的债权债务则转化为新经济体的对外债权债务。

其他根据推论而存在的交易。这种情形指在国际收支中,有时即使没有发生实际流动,也可以根据推论确定交易的存在。例如,直接投资收益的再投资通常记入直接投资,而不是记入投资收入。一国外子公司或分支机构的收益包括直接投资者应得收益。收益的再投资要记为直接投资的一部分,在金融项目的直接投资下再投资收益中应记入相反的抵消项目。

债权和债务的再分类问题。在国际收支平衡表中,金融项目的分类是为了反映债权人和债务人的交易动机。因此,金融项目必须根据交易动机的变化进行重新分类。具体而言,股权投资本来属于证券投资,因此产生的股利如果进行再投资,则转化为直接投资;本国常住者对外国人的债权转而置于该国政府的直接有效控制之下,也会产生非储备资产与储备资产之间的再分类问题;实际资源和金融项目的价值由于其他非交易原因发生变化,如计价的变化。有时相对于其计价的货币而言,某一项目通常的交易价格可能发生变动。有时相对于使用中的记账单位而言,计价使用的货币的汇率发生变化。

2. 居民单位的界定

划分居民与非居民之间的交易构成国际收支体系的基础。在一个国家的经济领土内具有一个经济利益中心的机构单位构成该国的一个居民单位。具体来讲,主要包括以下几个方面。

(1) 一个国家的经济领土。这是指一国政府所管辖的地理领土,包括太空、水域、国际水域下的大陆架、世界其他地方的飞地、海关控制下的自由区、离岸企业经营的保税仓库或广场等,不包括该国地理边界内外国政府或国际机构使用的领土飞地。其中,飞地指在本国地理边界之外,经所在国政府同意由本国政府拥有或租用的明确划分的区域,一般用于外交、军事、科学或其他目的,如大使馆、领事馆、军事基地、科学站、信息或移民办事处、援助机构等。

(2) 经济利益中心。一般而言,在一个国家的经济领土内拥有住所、生产场所或其他场所,并且无限期或长期从事或计划从事大规模的经济活动和交易,则有理由认为该机构单位在该国具有一个经济利益中心。期限一般在一年或一年以上,这一尺度只是一个指导原则,具体的时间长短选择具有一定的随意性。

(3) 机构单位。通常包括个人单位与非个人单位。一个经济体的众多部门由两大类主要机构单位所组成,一是家庭和组成家庭的个人,二是法定的实体和社会实体,如公司和准公司(如国外直接投资者的分支机构)、非营利机构和该经济体中的政府机构。
① 家庭及其成员。其中,一个家庭的成员把一个国家视为并作为长期居住的地方并在该国经济领土内维持一个或一系列住处,从而该家庭具有一个经济利益中心。这个家庭的

所有成员都是这个国家的居民;一个成员不在其家庭作为居民的国家中居住,则不作为该家庭的成员;一个居民家庭成员离开该经济领土并在一段时间后又回到家庭中,这个人仍然继续作为居民;如果一个人在外国连续工作、生活一年或一年以上,他可能不再被视为该居民家庭的成员,从而不再被视为该国的居民。② 企业。如果一个企业在一国经济领土上长期大规模从事物资或服务的生产,或者拥有土地或建筑物(生产场所),那么该企业被认为具一个经济利益中心并被视为该国的居民单位。③ 非营利机构和政府非营利机构。如果在一个国家维持的分支机构或办事处长达一年或一年以上,则在该国拥有一个经济利益中心,被视为活动所在国的居民单位。国际范围内进行慈善或救济活动时,如果它在某一国维持的分支机构或办事处的时间长达一年或一年以上,则被视为其活动所在国家的居民非营利机构。其中,各级政府机构包括所有部门、事业单位、机构、坐落在其他经济体内的大使馆、领事馆、军事设施和其他政府实体,一般属于所在国的居民单位,本国在其他经济体内的大使馆、领事馆、军事设施和其他政府实体属于本国的居民单位。不符合企业标准的国际组织是外国政府的一部分。④ 在 IMF 看来,从个人居民来说,移民属于其工作所在国家的居民,逗留时间在一年以上的留学生和旅游者也属于其所在国家的居民。如果一个旅游者在某国逗留的时间不到一年,他就是该国的非居民。而一个在国外留学多年的中国学生,就是中国的非居民,是所在国的居民。但是,官方外交使节和驻外军事人员则一律属于其所在国家的非居民。就非个人居民而言,企业属于其从事经济活动所在国的居民。例如,跨国公司可能是一个以上国家的居民。为了方便编制国际收支平衡表,我们将跨国公司的分公司作为其从事经济活动所在国的居民,尽管分公司的大部分股权可能由外国居民拥有。各级政府和非营利机构属于其所在国的居民;而不符合企业标准的联合国、世界银行、IMF 等国际性机构则属于任何国家的非居民。例如,尽管 IMF 坐落在华盛顿,但美国政府向基金缴纳的份额也会在国际收支平衡表中反映出来,因为此交易被看成是美国居民与非居民之间进行的交易。

第二节 国际收支平衡表及其构成

国际收支平衡表(Balance of Payment Statement)是把一国的国际收支按照一定的编制项目表示出来的报表。由于各类交易的重要性、资料来源的便利性和各国所需着重分析的问题都不尽相同,因此,各国国际收支平衡表的编制也有所不同。为了方便各国国际收支平衡表的编制、分析与比较,IMF 在其出版的《国际收支手册》中,对编制国际收支平衡表所采用的概念、准则、惯例、分类方法以及标准构成等都做了统一的规定或说明。

国际收支平衡表根据各国的不同需要而略微有所不同,但基本内容都相差不大。从国际收支平衡表的结构来看,IMF 把国际收支平衡表分为经常账户、资本与金融账户、储备资产变动。国际收支平衡表的标准构成大体如表 3.1 所示。

表 3.1　国际收支平衡表的标准构成

	贷方	借方

一、经常账户
 A. 货物和服务
  a. 货物
  b. 服务
   1. 运输
   2. 旅游
   3. 通信服务
   4. 建筑服务
   5. 保险服务
   6. 金融服务
   7. 计算机和信息服务
   8. 专有权利使用费和特许费
   9. 咨询
   10. 广告宣传
   11. 电影、音像
   12. 其他商业服务
   13. 别处未提及的政府服务
 B. 收益
  1. 雇员报酬
  2. 投资收益
   2.1 直接投资收益
   2.2 证券投资收益
   2.3 其他投资收益
 C. 经常转移
  1. 经常转移—各级政府
   1.1 债务豁免
   1.2 其他赠予
   1.3 其他转移
  2. 经常转移—其他部门
   2.1 债务豁免
   2.2 其他赠予
   2.3 工人汇款
   2.4 移居转移
   2.5 其他转移
二、资本与金融账户
 A. 资本账户
 B. 金融账户
  1. 直接投资
   1.1 我国在外直接投资
   1.2 外国在华直接投资
  2. 证券投资
  3. 其他投资

	贷方	借方
三、储备资产变动		
1. 货币性黄金		
2. 特别提款权		
3. 在基金组织的储备头寸		
4. 外汇储备差额		
5. 储备资产其他债权		

资料来源：中国国家外汇管理局。

一、经常账户

经常账户（Current Account）反映一国与他国之间实际资源的转移，与该国国民收入账户具有密切的联系。经常账户通常包括货物、服务、收益和经常转移四个项目，每个项目都应列出借方总额和贷方总额。

（1）货物（Goods）。货物是经常账户乃至整个国际收支平衡表中最重要的内容，它记录一国货物的进口和出口。其中进口记入借方，出口记入贷方，出口减去进口的差额被称为贸易差额（Trade Balance）。按照国际贸易业务惯例，对于每一笔进出口交易，出口以离岸价格（FOB）来计算，而进口以成本加保险费加运费价格（CIF）计算。为了在国际收支中统一进口与出口的估价，IMF建议进出口一律采用离岸价格来计算，运费和保险费则列入服务开支。另外，在黄金的国际交易中，只有非货币性黄金交易才列入这一项目。

（2）服务（Services）。此项记录服务的输入和输出，其中贷方记录服务的输出（即本国为外国提供的各种服务数额），借方记录服务的输入（即本国利用外国的各种服务数额）。这一项目下的交易内容比较繁杂，主要包括运输、旅游、通信、金融、保险、信息服务、专利转让等收支。

（3）收益（Income）。记录因生产要素在国际上的流动而引起的要素报酬收支，包括雇员报酬和投资收益两项。其中，雇员报酬记录劳工的输出和输入，贷方记录本国季节工人和边境工人受雇在国外短期工作所赚取的工资、薪金或其他报酬，借方记录本国雇用外国季节工人和边境工人所支付的工资、薪金和其他报酬。同样，投资收益记录资本收益的输出和输入，本国居民购买和持有国外资产而获取的利润、股利和利息列入投资收益的贷方，而非居民购买和持有本国资产支付的利润、股利和利息则列入投资收益的借方。

（4）经常转移（Current Transfers）。包括所有非资本转移的转移项目，具体来讲不包括固定资产所有权的转移、同固定资产收买或放弃相联系的或以其为条件的资金转移、债权人不索取任何回报而取消的债务。这是一个反映单方面的、不对等收支的特种项目，又称单方面转移（Unilateral Transfers）或无偿转移（Unrequited Transfers）。其中，贷方反映外国对本国的无偿转移，借方反映本国对外国的无偿转移。

按照授受对象的不同，无偿转移分为私人转移和政府转移。政府转移一般指政府间的债务豁免、经济或军事援助（Grant）、战争赔款和捐款等，而私人转移主要有汇款（Remittance）、年金（Pension）和赠予（Donation）等。其中，汇款主要是侨民汇款，包括"慈善"

性质的汇款、财产继承等;年金在国际收支中占比很小,常指本国从外国获取的或外国从本国获取的养老金、奖金等;赠予分私人赠予和政府赠予两大类,前者指教会、慈善机构、教育基金对外国的赠予,后者指无偿援助。

二、资本与金融账户

资本与金融账户(Capital and Financial Account)反映一国与他国之间金融资产的相互转移,与该国的国际债务余额(Balance of International Indebtedness)有着极其密切的关系。前者反映一国在两个时点之间对外资产和对外负债的增减变化,实际表明一国国际投资状况的变化;后者反映一国在某个特定时点上对外资产和对外负债的净差额,实际表明一国历年资本流动的结果。在资本与金融账户中,资本流出记入借方,反映本国对外资产(即本国居民对非居民所持有的求偿权)的增加或对外负债(即非居民对本国居民所持有的求偿权)的减少;资本流入记入贷方,反映本国对外资产的减少或对外负债的增加。资本与金融账户的各个项目通常按净额(借贷差额)来记入借方或贷方。

资本在国际上的流动形式是多种多样的。按资本的偿还期限分为长期资本和短期资本;按投资主体分为私人资本和官方资本;按资本类型分为直接投资、证券投资、储备和其他资本。按照传统惯例,我们通常把政府为稳定汇率及货币制度等导致的资本流动单独列入平衡项目;而对于其他资产的国际交易,则区分为长期资本和短期资本。在标准的国际收支平衡表中,IMF根据资本的类型对资本与金融账户作以下划分。

1. 资本账户

资本账户主要反映两类内容。一是资本转移,包括三种类型的转移:① 固定资产所有权的资产转移;② 与固定资产收买或放弃相联系或者以其为条件的资产转移;③ 债权人不索取任何回报而取消的债务。二是非生产、非金融资产的收买和放弃,主要指各种无形资产的交易。

2. 金融账户

金融账户通常包括直接投资、证券投资与其他投资三类。其中,① 直接投资(Direct Investment)。直接投资包括本国在外国的直接投资和外国在本国的直接投资。这个项目除了记录股份资本的投入和撤回的净额,也记录收益的再投资,甚至还包括直接投资者的其他资本流动。② 证券投资(Portfolio Investment)。证券投资指本国居民对外国有价证券以及外国居民对本国有价证券的购买和出售(包括资本的到期偿还)。其中有价证券指债券和不包括在直接投资内的股票。③ 其他投资。这是一个"剩余项目",记录那些不包括在直接投资、证券投资和储备等项目之内的一切资本交易,主要有贷款、货币、存款、短期票据等。

在国际收支平衡表中,资本项目通常包括长期资本和短期资本。其中,长期资本(Long-term Capital)是借贷期限在一年以上的资本,主要有直接投资(如在外国设立独资、合资企业)和证券投资(如购买外国政府的公债券或公司的债券、股票等)。短期资本(Short-term Capital)是借贷期限在一年以内的资本,主要是用于暂时周转的相互借贷、存款和购买一年内到期的汇票及证券等。短期资本的形式是多种多样的,国际上短期资本流动的原因也各不相同,有的是为了获得投机的收益,有的是为了规避风险。当今国际金融市场上短期资本流动的规模巨大,每年都以数千亿美元计,被称为热门的"游资"

(Hot Money)。

三、平衡项目

在 IMF 标准的国际收支平衡表中,储备资产属于金融账户的一部分。在许多国家编制国际收支平衡表的实践中,把官方储备资产等项目从金融账户中拿出来单列,和错误与遗漏项一起列入平衡项目(Balancing Account)。

(1) 错误与遗漏(Errors and Omissions)。该项是一个人为的项目,用来轧平国际收支平衡表中由于统计疏漏而引起的借贷差额。在国际收支平衡表各个项目的统计中,有些失误是无法避免的。因为:① 资料来源不统一,有些资料来自海关统计,有些资料则来自官方机构,比如货物出口的资料出自海关统计,而货款则出自银行统计。② 资料不完全。有些数字是无法统计到的,比如走私、资金外逃、私自携带现钞出入国境等。③ 资料本身有错漏,比如当事人为了逃税或保密,故意伪造、错报等。

国际收支平衡表体现借贷平衡的原则,经常账户、资本与金融账户相抵后所产生的净差额(即缺口 Gap),应该由官方储备的收(增)支(减)来平衡。然而,由于人为的错误,使得缺口数额与官方储备的变动数额并不相等,这一差额即由错误与遗漏项来反映。如果缺口数为顺差,且大于官方储备的净增加数,则记入错误与遗漏项的借方(以负数来冲抵);如果缺口数为逆差,且大于官方储备的净减少数,则记入错误与遗漏项的贷方(以正数来冲抵)。如果缺口数小于官方储备的净增加/减少数,则记入数字的正负号与上面相反。

(2) 官方储备(Official Reserve)。官方储备指一国国际收支出现顺差或逆差时(已由错误与遗漏项调整后的数字),该国货币当局(中央银行或外汇批准机构)所拥有的、随时可以利用并控制以达到一定目的的外部资产。储备资产主要包括货币性黄金、外汇(包括货币、存款和有价证券)、分配的特别提款权、在 IMF 的储备头寸、IMF 信贷的使用以及其他债权。储备资产的作用主要在于,为收支失衡提供直接融资、通过干预外汇市场影响汇率进而间接调整国际收支、维持对某种货币及其经济的信心以及作为一国对外借款的基础等。国际收支顺差表现为储备资产的增加,而国际收支逆差则表现为储备资产的减少。经常账户的净差额必须通过储备资产项目的变化(增加或减少)或其他金融账户的对外净借贷来平衡。官方储备资产账户的净数恰好与上面所有账户的净差额相等,但符号相反,因此被称为平衡项目。经过平衡项目调整之后,国际收支平衡表就成为一张名副其实的平衡表。官方储备中的一项是分配的特别提款权(Allocation of Special Drawing Rights, SDRs),它是 IMF 按其会员缴纳的份额分配给各个会员的一种记账单位,可以作为储备资产用于平衡国际收支逆差,也可以用于偿还 IMF 的贷款,特别提款权是一种特别的合成外汇。IMF 于 1970 年 1 月首次发行 SDRs,SDRs 创立初期,它的价值由含金量决定,1SDRs 等于 0.888671 克纯金,当时规定 35 SDRs 单位等于 1 盎司黄金,即与美元等值。1971 年 12 月 18 日,美元第一次贬值,而 SDRs 的含金量不变,因此 1 个 SDRs 就上升为 1.08571 美元。1973 年 2 月 12 日美元第二次贬值,特别提款权含金量仍然没有变化,1 个 SDRs 继续上升为 1.20635 美元。

1974 年 7 月 1 日,IMF 正式宣布 SDRs 与黄金脱钩,改用"一篮子"16 种货币作为定值标准:美元、德国马克、日元、英镑、法国法郎、加拿大元、意大利里拉、荷兰盾、比利时法郎、瑞典克朗、澳大利亚元、挪威克朗、丹麦克朗、西班牙比塞塔、南非兰特以及奥地利先令。1976年7月,IMF对"一篮子"中的货币做了调整,去掉丹麦克朗和南非兰特,代之以沙特阿拉伯里亚尔和伊朗里亚尔,对"一篮子"中的货币所占比重也作了适当调整。1980年9月18日,IMF宣布将组成"一篮子"的货币,简化为美元、德国马克、日元、法国法郎和英镑等5种,它们在SDRs中所占比重分别为42%、19%、13%、13%、13%。1986年1月,货币篮子中5种货币权重依次调整为42%、19%、15%、12%、12%,英镑和法郎的比重降低为12%,日元上升至15%。2000年,欧元取代德国马克和法国法郎,货币篮子就由美元、欧元、日元和英镑组成。值得强调的是,随着中国综合国力的增强,人民币国际化的步伐不断加快,人民币在国际货币体系中的地位和影响力迅速上升。2016年10月1日,人民币正式加入SDRs,新的SDRs货币篮子包含美元、欧元、人民币、日元和英镑5种,权重分别为41.73%、30.93%、10.92%、8.33%和8.09%。2022年5月11日,IMF执行董事会完成五年一次的SDRs定值审查,在新的"一篮子"货币中,上述5种货币的权重为43.38%(+1.65%)、29.31%(-1.62%)、12.28%(+1.36%)、7.59%(-0.74%)和7.44%(-0.65%)。人民币在SDRs货币篮子中的权重进一步上调到12.28%,这一调整已经于2022年8月1日正式生效。

从SDRs的价值变化来看,1981年,1SDRs = 0.54美元 + 0.46德国马克 + 1.02法国法郎 + 0.071英镑 + 34日元;1986年,1SDRs = 0.452美元 + 0.527德国马克 + 1.02法国法郎 + 0.0893英镑 + 33.4日元;1991年,1SDRs = 0.5720美元 + 0.453德国马克 + 0.8000法国法郎 + 0.0812英镑 + 31.8日元;2005年12月31日,1SDRs = 0.632美元 + 0.41欧元 + 18.4日元 + 0.0903英镑,1SDRs = USD1.436364;2017年5月19日,SDRs1 = USD1.3801;2022年,1SDRs = 0.58252美元 + 0.38671欧元 + 1.0934人民币 + 5.3260日元 + 0.07849英镑。如今,IMF每天计算并发布40余种货币与SDRs的比价。由于SDRs为一个加权平均值,因此一般比较稳定。

SDRs的总体分配必须与满足补充现有储备资产的长期全球需求的目标相一致,而且必须得到IMF成员的广泛支持。SDRs创立至2024年,IMF一共进行过四次普遍分配和一次特别分配,共计分配了6 607亿SDRs份额。第一次普遍分配为1970—1972年;第二次普遍分配为1979—1981年;第三次普遍分配为2009年,与此同时还完成了一次特别分配;2021年8月推出了历史上规模最大的分配计划,高达6 500亿美元(约合4 560亿特别提款权),为全球合力应对新冠疫情、遏制复苏分化加剧和促进经济复苏注入了新的动力。

第三节 国际收支平衡表的记录规则与方法

一、国际收支数据的收集、申报和编制

国际收支反映的是本国居民和非居民之间的所有交易,其中包括商品、服务和金融资产(股票、债券等)的买卖交易以及单向不对等的交易。国际收支平衡表的计值货币通常是报告国的本国货币。当然,报表的编制者很难收集到每一笔国际交易的数据,他们只能从海关、旅游局获得商品和服务交易方面的信息,从银行、养老基金、跨国公司和投资机构收集资本流动方面的数据。而政府同非居民的往来数据可以从地方及中央政府

机关获得。在获取数据之后,编制者用适当的分类技术对数据进行整理,然而由于数据的来源多种多样,因此得出的数据只是实际交易的大致反映。数据的整理工作是由政府统计机关完成的,在美国,承担这项工作的是商业部;在英国,承担这项工作的是贸易和工业部。

国际收支数据的编制方法很多,不同国家编制数据的方法有很大的不同。IMF 出版了《国际收支手册》,为国际收支平衡表的编制提供了统一的准则。IMF 定期公布所有成员的国际收支数据,以便成员之间进行比较。这些数据通常刊登在基金的公开出版物——《国际收支数据年报》和《国际金融数据》上。在中国,负责编制国际收支平衡表的机构是国家外汇管理局。很多发达国家,如美国和英国,每月都公布其进口额和出口额。但月度数据还要经过一定的调整,因此美英两国一般都公布两套数据:季节调整数据和未调整数据。其中,季节调整数据对国际收支数据进行了季节性的调整,以便更好地反映国际收支发展趋势。

二、国际收支的记录原则与记账规则

要正确编制国际收支平衡表,首先必须准确记录每一笔属于国际收支的交易项目。国际收支的记录必须按照一定的原则来进行,具体包括确定交易价格、选择计价货币与汇率、确定记录时间以及符合记账规则等几个环节。

1. 交易价格的确定

在国际收支平衡表中,无论是一般的商业性交易还是单方面转移和优惠的政府贷款等非商业性交易,都是按照市场价格计价的。一般而言,市场价格是在自愿基础上买方从卖方手中获取某件物品而支付的货币金额。如果市场价格不存在,则利用同等条件下形成的已知市场价格推算所需要的市场价格。对于不在市场上交易的金融项目,则将金融资产的面值视为市场价格。市场价格反映某种特定交易的价格,不等同于总体价格。市场价格不等同于自由市场价格,这意味着不能认为市场交易在纯粹的竞争市场环境下进行。交易双方当事人必须是独立的,它们之间不存在任何关联。

2. 计价货币与汇率

国际收支平衡表中记录的交易数据通常用各种不同的货币单位或价值尺度(美元、欧元、SDRs 等)来表示。一般而言,各国按照国内使用的记账单位编制统计报表,IMF 根据自己的需要,把各国的报表按照合适的汇率折算成最稳定的通用记账单位。各国须把它们折算成单一的记账单位以便汇总,同时需要一个标准的或通用的记账单位以便进行国际比较。所谓计价货币必须具有以下特征:一是在价值上要具有相对稳定性。二是要为大多数资料使用者熟悉。通常用编表国家的货币作为记账单位,IMF 把各国编制的报表折算为通用记账单位。三是除此之外,将交易货币折算成国际收支平衡表记账单位最为合适的汇率是交易日的市场汇率。如果市场汇率不存在,那么使用最短时期内的平均汇率。在多重汇率体系下,可采用单一汇率(加权平均值、适用于大多数对外交易的实际汇率)。

3. 记录的时间

每一笔具体交易的账目都要按同一时间记录,从而表明交易在同一时间发生。交易时间的确定按照权责发生制原则进行。所有权变更,债权和债务就会产生,要求交换的双方都要进行登记;所有权变更不明显,则根据惯例将交易双方入账的时间定为所有权变更时间。按照这一原则,在进出口业务中,对于出口货物,出口商把作为实际资产的货物从账上取消并在金融账目记入相应的变化;对于进口货物,进口商把作为实际资产的货物在账上登记下来并在其金融账目下记入相应的变化。双方入账的时间应该保持一致,实际中通常使用反映跨越国境或关税的货物实际运动的贸易数据作为货物实际占有和所有权变更的凭证。对于服务交易,在服务提供之时登记,通常与服务产生的日期相一致。服务费用提前支付或推后支付,届时应在适当的账户入账。利息收入要连续不断地入账,以确保资本的提供与资本的成本相一致。金融产品的交易以债权人和债务人分别在其账上记下债权和债务的时间为准。如果无法确定具体日期,就以债权人收到付款或其他金融债权的日期为准。

4. 记账规则

在国际收支平衡表中,会计主体是作为一个整体的国家,与之交易的是整个外部世界。国际收支平衡表按照借贷复式记账法记录和编制。根据"有借必有贷,借贷必相等"的记账规则,每一笔交易都要以相同金额同时记入借方和贷方。对于不能自动配对的单向交易,需要使用"无偿转移"和"对应项目"等特别项目来对冲。由于国际收支平衡表上的每一笔交易都会产生金额相同的一个借方记录和一个贷方记录,因此,从总体上来看,国际收支平衡表中的借方总额与贷方总额总是相等的。国际收支记账的基本规则非常简单,对于每一笔经济交易,凡是引起外汇流出的项目记入该项目的借方,凡是引起外汇流入的项目记入该项目的贷方。具体而言,本国的货物和服务进口、对外资产的增加和对外负债的减少记入借方;本国的货物和服务出口、对外资产的减少和对外负债的增加记入贷方;无偿转移和对应项目,如果需要它们冲抵的是借方项目时则记入贷方,如果需要它们冲抵的是贷方项目时则记入借方。从这一记账规则可以看出,影响记入借方还是贷方的只是货币流动的方向。凡是引起货币流入本国的交易项目或者使本国货币流出减少的交易项目都记入贷方;凡是引起货币流出本国的交易项目或者使本国货币流入减少的交易项目都记入借方。从外汇供求的角度来看,凡是引起外汇供给的经济交易都记入贷方,凡是引起外汇需求的经济交易则记入借方。其中,借方用"−"表示,反映实际资产进口、对外资产增加、对外负债减少;贷方用"+"表示,反映实际资产出口、对外资产减少、对外负债增加。只有弄清记账规则,才能准确记录每一笔国际经济交易,进而能正确理解和编制国际收支平衡表。

下面我们站在中国政府的立场上,给出一些具体的例子,说明一笔交易是如何记入国际收支平衡表借贷两方的。所有交易使用的都是国际收支平衡表复式记账原则的简化形式。由于每一笔交易都会同时记入借贷双方,因此借方总额与贷方总额总是相等的。这里值得强调的是,对于任何一笔经济交易的记录,都先要明确主交易项目,然后就可以很方便地确定对应项目。这样做是为了准确统计国际收支平衡表各个子项的差额,这些差额是根据主交易项目的性质来统计的,跟对应项目没有关系。

例 1 中国某公司从美国进口一批价值为 100 000 美元的货物。这笔交易使中国有货币支出,以货物进口的形式导致资本流出,因此记入货物项目的借方。同时这笔交易以对外资产减少的方式导致资本流入,记入短期资本项目的贷方。主交易项目是货物进口。

  借:货物   100 000 美元
    贷:短期资本   100 000 美元

  如果这笔交易以人民币表示,则表示中国对外负债的减少,记入借方;如果这笔交易以美元表示,则反映中国对外资产的增加,也记入借方。

  例 2 为了帮助甲国渡过金融危机,中国向该国提供了 100 万美元的 10 年期政府贷款,由此产生了甲国在中国银行账户的 100 万美元存款。中国长期资本流出,记入长期资本项的借方;新存款作为短期资本流入,记入短期资本项的贷方。主交易项目是长期资本。

  借:长期资本   100 万美元
    贷:短期资本   100 万美元

  例 3 上海某玩具厂向甲国出口 100 万美元的毛绒玩具,甲国用其在中国银行账户的存款支付这笔款项。玩具出口使我国在货物项下产生了 100 万美元进账,应该记入货物项的贷方;货款支付使我国对外短期债务下降,记入短期资本的借方。主交易项目是货物出口。

  借:短期资本   100 万美元
    贷:货物   100 万美元

  例 4 中国从乙国获得一笔为期 5 年的 1 000 万美元贷款,该贷款存入中国政府在乙国银行的账户。这笔贷款代表长期资本(期限在 1 年以上)的流入,故应记入贷方;将贷款以存款形式存入乙国某银行,代表中国对外资产的增加,可以看成是短期资本的流出,所以记入借方。主交易项目是长期资本。

  借:短期资本   1 000 万美元
    贷:长期资本   1 000 万美元

  例 5 一个美国游客到中国旅行,花掉了他在一家法国银行 5 000 美元的存款。在这笔交易中,中国产生了旅游收入,是货币的流入,故记入贷方(具体记入服务项目);中国在外国银行存款的增加意味着中国对外资产的增加,可视作资本由国内流出国外,故记入短期资本的借方。主交易项目是服务收入。

  借:短期资本   5 000 美元
    贷:服务   5 000 美元

  例 6 一对中国夫妇到新马泰旅游,花掉了他们 1 万美元的存款。旅游支出记入服务项目的借方;我国对外存款的减少可以视为短期资本流入,记入短期资本项目的贷方。主交易项目是服务支出。

  借:服务   10 000 美元
    贷:短期资本   10 000 美元

  例 7 一位美籍华人为中国的希望工程捐款 10 万美元。我国希望工程基金会的银行账户增加 10 万美元,可以视为对外资产的增加,记入短期资本的借方;因捐款属于单方面转移,记入经常转移的贷方。主交易项目是经常转移收入。

  借:短期资本   10 万美元
    贷:经常转移   10 万美元

例8 ×年×月×日,中国政府向丙国政府赠送价值 1 000 000 美元的粮食。粮食出口记为货物项目的贷方;由于粮食是赠送的,没有货币收入的流入,所以在单方面转移项目中记入借方进行冲抵。主交易项目是经常转移支出。

  借:经常转移   1 000 000 美元
  贷:货物   1 000 000 美元

例9 一个中国投资者购买价值为 100 万美元的美国国库券。并用他在花旗银行的美元存款进行支付。一方面,购买国库券这一行为以其他投资的形式导致 100 万美元的资本流出,借记金融账户下的其他投资子项;另一方面,中国在境外美元存款的减少可以视为对外资产的减少,相当于短期资本流入,贷记短期资本。主交易项目是金融账户下的其他投资。

  借:其他投资   100 万美元
  贷:短期资本   100 万美元

例10 美国向中国投资者支付了 1 000 万美元的利息、利润和红利,存入中国投资者在花旗银行的账户。一方面,中国投资者获得的利息、利润和红利以投资收益的形式导致资本流入,记入投资收益项目的贷方;另一方面,中国投资者在美国银行账户的存款增加,则以对外资产增加的方式导致资本流出,记入短期资本项目的借方。主交易项目是经常账户下的子项投资收益。

  借:短期资本   1 000 万美元
  贷:投资收益   1 000 万美元

第四节 国际收支盈余与赤字

  一笔交易总是以相同金额同时记入借贷双方,这种记账方法决定了国际收支平衡表中的借方总额总是等于贷方总额,因此国际收支平衡表才始终保持平衡,成为名副其实的平衡表。但是,这并不是说国际收支平衡表中每一个单独的项目都是平衡的。例如,经常账户可能出现盈余,与此同时,资本与金融账户则会出现赤字。在谈及国际收支盈余或赤字时,人们通常是指国际收支平衡表的各个组成项目存在盈余或赤字。

  人们通常将交易划分为自主性交易(线上项目)和调节性交易(线下项目)。自主性交易是指那些基于商业动机,为追求利润或其他利益而独立发生的交易;而调节性交易是指为弥补自主性交易的失衡而采取的交易。国际收支盈余被定义为自主性交易收入超过自主性交易支出的数额,而国际收支赤字被定义为自主性交易支出超过自主性交易收入的数额。

      自主性交易收入 > 自主性交易支出 = 国际收支盈余
      自主性交易支出 > 自主性交易收入 = 国际收支赤字

  问题在于,国际收支平衡表中的哪些项目应被划分为自主性交易,哪些项目应被划分为调节性交易?人们没有对自主性交易的划分方法达成一致意见,因此对国际收支盈余/赤字也存在不同的看法。划分两种交易的难点在于识别交易的动机。例如,国内利率相对较高所导致的资本流入,可以被划分为自主性交易;而如果资本流入的动机是为进口融资,那么该交易就被划分为调节性交易。由于我们难以划分某笔交易是自主性交易还是调节性交易,因此国际收支失衡的分析是相当复杂的。下面我们将介绍国际收支的局部差额分析方法,并说明该方法作为经济指标的重要性。

第五节 国际收支的局部差额分析方法

在分析国际收支是否平衡时,人们根据分析问题的不同可以采用不同的局部差额概念。我们通常所说的国际收支顺差或逆差是指贸易差额、经常账户差额、基本差额、官方结算差额、综合差额等局部差额。在没有特别标明的情况下,人们所讲的国际收支盈余或赤字,通常指的是 IMF 所倡导的综合差额盈余或赤字。国际收支局部差额的概念及其关系如表 3.2 所示:

表 3.2 国际收支局部差额概念及其相互关系

贸易差额 = 货物出口 - 货物进口
经常账户差额 = 贸易差额 + 无形收入 - 无形支出 + 无偿转移收入 - 无偿转移支出
基本差额 = 经常账户差额 + 长期资本流入 - 长期资本流出
官方结算差额 = 基本差额 + 私人短期资本流入 - 私人短期资本流出
综合差额 = 官方结算差额 + 官方借款 - 官方贷款
零 = 综合差额 - 储备增加(+ 储备减少)

注:"+"和"-"分别代表贷方项目和借方项目。

一、贸易差额

贸易差额指货物出口与货物进口之间的差额,由于货物的进出口是真实可见的,因此有时它特指有形贸易差额。出口货物得到的收入被记入国际收支平衡表的借方,而对进口货物的支付则被记入贷方。一国贸易差额为盈余,说明该国从货物出口中赚取的外汇多于为进口货物而支付的外汇。在市场经济国家,货物贸易差额常常被国内企业和工会作为证明保护国内市场、阻止外来竞争的重要指标。当一国贸易收支出现巨额赤字时,受进口竞争威胁的国内企业往往极力强调贸易赤字给经济带来的损害。贸易差额具有政治敏感性,因此它是被广泛引用的指标。

二、经常账户差额

经常账户差额包括货物、服务、收入和所有经常转移交易的差额,国际收支的目标常常以经常项目差额的预期完成情况来表示。经常账户差额是有形贸易差额和无形贸易差额之和。无形贸易差额指服务出口和服务进口之间的差额,这里的服务包括运输业、旅游业、保险业和银行业。另外,利息、红利和利润的收支也属于无形贸易的范畴,因为利息、红利和利润的收入代表了本国居民对海外公司股票和债券的投资所得,而它们的支付代表外国居民对本国投资所得的报酬。利息、红利和利润的收支是居民和非居民之间因提供或享受资本服务而获得或支付的报酬,它也像货物的进出口一样,赚取或耗费外汇。

细心的读者会注意到,无形贸易中还包括单方面转移这一项,这是一个反映单方面的、不对等的收支的特殊项目。单方面转移包括外籍工人向其家庭的汇款,基金对外国居民进行的支付及外国援助,它代表了收入在本国居民和外国居民之间的再分配。本国居民向非居民的支付可以看成是国内收入的减少,因此会被记入国际收支平衡表的借方,而本国居民从非居民那里得到的单方面转移收入可以看成是本国收入的增加,因此会被记入贷方。

经常账户差额反映了实际资源在一国与他国之间的转让净额,也就是一国外国财富净额的净变化。由于一国实际拥有多少可支配资源对经济发展具有举足轻重的作用,因此经常账户差额通常表示一国国际收支的目标。从国际收支平衡表的记录原则来看,经常账户差额与其线下的所有资本与金融账户差额应该达到平衡,所以经常账户差额又概括了一国的净债务人或债权人的地位。经常账户顺差表明该国是对世界其他国家的净债权人,经常账户逆差则表明该国是对世界其他国家的净债务人。因此,经常账户差额又被国际银行家视为向外国贷款估价的重要变量之一。

大多数发达国家每月公布一次有关贸易差额和经常账户差额的数据,因此这两种差额非常重要。其中经常账户差额涉及有形交易和无形交易,所以它又是二者之中更为重要的一种。经常账户差额之所以比较重要,就是因为经常账户盈余意味着一国从其他国家赚取的收入大于支出,所以它对其他国家的债权总量增加;而经常账户赤字则意味着一国对其他国家的债权总量减少。因此,在对开放经济进行分析时,一般应将经常账户分析包括在内。经常账户能够及时反映其他经济变量的变化,如实际汇率、本国和外国的经济增长率以及相对通货膨胀率的变化。

三、资本与金融账户差额

资本与金融账户反映的是一国与其他国家之间金融资本的转移。从外国借款、销售海外资产和外国对本国进行投资都会使资本流入国内。这些项目统称为资本流入,并被记入国际收支平衡表的贷方项目。实际上,资本流入意味着本国持有的外国资产的减少或本国对外国负债的增加。可是,为什么将资本流入记入资产负债表的贷方项目呢?这一点通常让初学者迷惑不解。我们可以这样理解:将从外国的借款看成是借据(IOU)的出口;外国居民的投资可以看成是本国股票和债券的出口,而海外资产的销售可视为将这些资产转让给外国人。反之,本国借给外国款项,购买海外资产,从外国居民手中购回本国的资产都会造成资本的流出。这些统称为资本流出的项目应该记入资本与金融账户的借方。资本流出意味着本国持有的外国资产的增加或本国对外国负债的减少。由于上述项目可以看成是从外国人手中购买IOU,或是购买外国的债券或股票,或是从外国人手中购买投资资产,因此它们应被记入国际收支平衡表的贷方。

按照投资主体的不同,资本与金融账户可划分为私人资本和官方资本;按照资本偿还期限的不同,资本与金融账户可划分为长期资本和短期资本。资本流入和资本流出的差额就是资本与金融账户差额。

四、基本差额

基本差额普遍被视为向一国当局提供了度量国际收支长期发展趋势的一个尺度。它把一些变化无常的交易(如短期资本流动、补偿性交易和官方储备等)剔除在外,仅包括经常账户交易和长期资本交易。原则上这一差额应该能够反映它的意图,但是名义上的长期资本和短期资本是否在实际中就是长期的和短期的,是不确定的。比如,长期资本尤其是证券有可能在短期内就被转让出去,短期资本也可以不断延期,基于基本差额的这一局限性,经常账户往往被视为衡量一国国际收支长期状况更好的标准。

基本差额为经常账户差额和长期资本流动净额之和。20世纪50—60年代,大多数国家实行的是固定汇率制度,由于基本差额将国际收支平衡表中较稳定的因素全部包括在内,因此人们认为这一指标非常重要。有的经济学家认为,基本差额的重大变化必定反映了国际收支方向的重大变化。国际收支平衡表中有些缺乏稳定性的因素,如短期资本流动和官方储备的变化,被看作是线下项目。

基本差额赤字的增加通常意味着经济状况的恶化,但基本差额为赤字并不总是坏事。例如,一国的经常账户存在赤字,与此同时,大量的长期资本流出本国,这两方面的因素导致基本差额出现规模较大的赤字。但是流出的资本将来会产生利润、红利和利息收入,从而使经常账户出现盈余。反之,基本差额出现盈余也并不总是好事。例如,一国的经常账户出现赤字,但资本的净流入使得基本差额出现盈余,这种情况有两种可能的解释:一种解释是,这个国家在长期中有借债的能力,而外国贷款人会将可变因素考虑在内,从这个角度看,人们并不用担心这个国家的赤字;另一种解释是,长期借款会引起利息、利润和红利的支付,这将加大经常账户的赤字,所以人们对此必须给予关注。

正像前面已经提到的,在对基本差额进行分析时,首先应该划分短期资本流动和长期资本流动。人们通常将期限大于等于一年的贷款划分为长期贷款。但是,很多长期资本都可以很容易地转化为短期资本。例如,英国投资者购买了五年期的美国国债,英国会将此作为长期资本流出,而美国会将此作为长期资本流入。但在国债到期之前,英国投资者可以将其卖给美国投资者。同样,很多期限在12个月以内的短期项目,在到期之后可以自动展期,从而变为长期项目。区分短期和长期资本流动的方法还存在一个问题,即人们在划分时的依据是交易中金融资产的最初到期日。因此,如果债券的期限为五年,而英国的投资者在债券发行四年半之后将其卖给了美国投资者,虽然债券离到期日仅有6个月,但此交易仍然会被划分为长期资本流动。

五、官方结算差额

官方结算差额意味着一国官方为弥补收支不平衡而采用的手段。官方短期的借贷与储备的作用相似,都可以弥补国际收支差额,可缓冲国际收支平衡对官方储备的压力。

在经常账户、资本与金融账户失衡时,货币当局会采取一定的平衡措施,而官方结算差额记录的就是官方的平衡交易。经常账户、资本与金融账户是由独立的家庭、企业、中央政府和地方政府发起的,所以被视为自主性项目。如果一国的经常账户和资本与金融账户之和为负值,那么该国的国际收支就出现了赤字,货币当局就必须动用外汇储备,或从外国货币当局、IMF借款来弥补赤字。

这里应该注意的一点是,如果一国的货币是其他国家的外汇储备资产,那么即使它的经常账户和资本与金融账户为赤字,它也无须动用外汇储备或从IMF借款,就可以维持本币的汇率。在该国的货币出现超额供给时,其他国家会用本币购买该国货币,并将其作为外汇储备。例如,由于美元是最主要的储备货币,因此,虽然美国的经常账户和资本与金融账户都是赤字,但其他国家对美元和美国国库券的购买为美国的赤字提供了融资,换言之,美国增加的负债构成了外国货币当局的外汇储备资产。从这一意义来说,官方结算差额记录的是"构成外国货币当局外汇储备的负债的变化"。

在分析官方结算差额时,还要考虑一国实行的是固定汇率制度还是浮动汇率制度。如果汇率是自由浮动的,官方结算差额就为零。在浮动汇率制度下,货币当局不用买卖本币,外汇储备的数量不会发生变化。如果本币的供给大于需求,本币就会贬值;如果本币的供给小于需求,本币就会升值。但在固定汇率制度下,官方结算差额却非常重要,因为它反映了本币汇率变化的压力。如果固定汇率制度国家的官方结算差额为赤字,就意味着本币的供给超过了需求,为了防止本币贬值,货币当局必须用外汇储备来购买本国货币。

在固定汇率制度下,货币当局可以采用其他手段来维持本币的汇率,如资本管制措施和利率政策,但官方结算差额没有反映这一点。此外,外国居民可能迅速地将本国的流动性债权转换为其他货币,从而对本币和官方外汇储备造成冲击,官方结算差额也忽略了这一点。

1973年之后,主要工业化国家的汇率制度由固定汇率制度转变为浮动汇率制度,但仍有不少国家将其货币钉住美元,因此官方结算差额还是非常重要。事实上,只要工业化国家仍然对外汇市场进行干预,以影响本币的币值,官方结算差额就会发挥作用,外汇交易商会关注官方外汇储备的变化,以了解货币当局对外汇市场的干预程度。

经常账户差额、资本与金融账户差额和统计差异之和就是官方结算差额。这一差额非常重要,因为它反映了一国官方外汇储备的增加额,或反映了该国偿还官方借款的数额。中央银行的外汇储备通常由外资产构成——其中主要是美国国库券(美国货币当局主要持有德国和日本的国库券)。中央银行可以用这些外汇储备来购买本币,以防止本币贬值。官方结算赤字必须由官方动用外汇储备或向外国中央银行、IMF借款来弥补(在账户中用"+"表示);而官方结算盈余意味着官方外汇储备的增加或官方借款的偿还(由于这一过程中有资金流出,所以用"-"记录)。

在记录国际收支统计数据时,官方外汇储备增加用"-"表示,而外汇储备减少用"+"表示,这种记录方法有时会使人迷惑不解。我们可以这样来考虑这一问题:当本国货币处于强势时,货币当局购入外汇,官方外汇储备增加,这意味着国际收支平衡表的其他项目是盈余的,所以外汇储备的增加被记入借方(用"-"表示),以平衡国际收支;反之,当本币处于弱势时,货币当局购入本币以防止本币贬值,官方外汇储备减少,这意味着其他项目之和为赤字,所以外汇储备的减少被记入贷方(用"+"表示),以保持整个国际收支平衡表的平衡。

六、综合差额

综合差额是包括的项目最全面的局部差额。它反映的是为了平衡国际收支,一个国家需要动用多少官方外汇储备。在固定汇率制度下,一国货币当局有义务维持其货币的汇率,当国际收支出现失衡时,它必须动用官方外汇储备。在浮动汇率制度下,一国货币当局已没有义务维持货币的固定汇率,但通常一国仍会对外汇市场有所干预,以使汇率有利于本国经济发展。分析官方外汇储备变动的意义在于官方外汇储备是一国的货币基础("高能货币"),它直接影响着一国的货币供给量。目前看来,在没有特别说明的情况下,国际收支差额通常指的都是综合差额。

专栏3.1

中国外汇储备管理:超越"马赫卢普夫人衣橱定律"

与东亚国家和地区居民偏爱储蓄的传统和嗜好一样,东亚国家和地区的政府也似乎有着一致的积累外汇储备的政策倾向。日本、中国内地以及中国台湾地区和中国香港地区,其外汇储备的规模长期稳居世界前列。要追究一个国家持有外汇储备的动机,并不是一件容易的事。马赫卢普曾经发表一篇题为《国际储备的衣橱规律:储备的创造和资源》的文章,作者通过研究发现,外汇储备规模完全是金融当局含混不清的偏好所决定的,金融当局基本上希望每年扩大外汇储备规模,就像马赫卢普夫人每年想增添新衣服一样。尽管马赫卢普夫人的衣橱里已经充斥着足够式样和花色的衣服,但是她仍然会每年习惯性地增添新衣服,即使有些衣服根本没有穿着的机会。

政府当然不会都是酷爱无理性消费的马赫卢普夫人。一般而言,一国政府持有外汇储备不外乎三个基本理由:其一是交易动机,即政府希望通过持有外汇储备提高本国的国际清偿力;其二是预防动机,即政府持有一定的外汇储备,以便在汇率发生严重震荡并有可能对本国金融体系的稳健性产生严重影响的时刻对外汇市场进行干预;其三是发展动机,即政府希望持有外汇储备以购买对本国经济发展至关重要的战略性投入品,并利用外汇储备进行外汇市场操作,以使得本币汇率维持在一个有利于本国出口的水平上,从而刺激和维持经济的高速发展。

东亚各国和地区的政府在亚洲金融危机之后更是认识到了持有充足外汇储备的必要性。当外国资本出于投机的目的冲击本国货币时,拥有较大规模外汇储备的国家显得从容很多,所谓"手中有粮,心里不慌",外汇储备的充足对本国货币币值的稳定是一种潜在的心理屏障。在亚洲金融危机中,那些国际收支状况良好、经常账户和资本账户有较多盈余的国家,一般而言受金融危机冲击轻微;而那些经常账户赤字严重、外汇储备不足的国家,如菲律宾、马来西亚、泰国等,遭受金融危机冲击的消极后果要严重得多。亚洲金融危机之后,出于防范货币危机的考虑,中国政府一直致力于扩大外汇储备规模,因而在决策层和学术界也似乎达成了这样一个共识:外汇储备规模越大,人民币的汇率风险就越低,中国金融体系的稳健性就越有保障。1950年中华人民共和国成立之初,中国只有1.57亿美元的外汇储备,1979年改革开放之初,中国的外汇储备也只有8.40亿美元。1993年至2024年年底,30多年的时间里,我国外汇储备规模从211.99亿美元增加到32 024亿美元,增加了150倍。如果用2014年的峰值39 932亿美元衡量,这一数字比1993年增加了187倍,比1979年增加了4 753倍,比1950年增加了25 433倍。外汇储备规模的增长非常迅猛,即使在亚洲金融危机之后,其增长势头仍然是非常惊人的(见表3.3)。

表 3.3　1993 年至 2024 年年底中国外汇储备数量变化情况表　　（单位:亿美元）

年份	外汇储备	年份	外汇储备
1950	1.57	2008	19 460.30
1979	8.40	2009	23 991.52
1993	211.99	2010	28 473.38
1994	516.20	2011	31 811.48
1995	735.97	2012	33 115.89
1996	1 050.29	2013	38 213.15
1997	1 398.90	2014	39 932.00
1998	1 449.59	2015	33 303.62
1999	1 546.75	2016	30 105.17
2000	1 655.74	2017	31 399.49
2001	2 121.65	2018	30 727.12
2002	2 864.07	2019	31 079.24
2003	4 032.51	2020	32 165.20
2004	6 099.32	2021	32 502.00
2005	8 188.72	2022	31 277.00
2006	10 663.74	2023	32 380.00
2007	15 282.49	2024	32 024.00

资料来源:中国国家外汇管理局。

　　巨大的国际收支盈余以及由此带来的外汇储备迅猛增长,一方面诚然是中国经济增长基本面利好的标志,由出口高涨带来的经常账户顺差和大量外国资本流入所导致的资本与金融账户顺差,确实使得中国的经济增长在世界上一枝独秀;但另一方面,若仔细分析我国的巨额国际收支盈余的结构特征,冷静比较巨额外汇储备的收益和成本,我们就会发现,我国的国际收支态势和储备管理并非"到处莺歌燕舞"。特别是,当前国际上要求人民币升值的呼声很高,尽管我们看到,要求人民币升值的呼声有着明显的国际政治经济背景,但是我们必须承认,我国长期高额双顺差所导致的储备高企是国际上发出这种呼声的直接原因。所以,我们必须考虑三件事情:第一,我国的外汇储备是否处于适度规模? 第二,如果第一个问题的答案是否定的,那么我国外汇储备的适度规模应该是多少? 第三,与储备适度规模相联系的一个问题就是,我国在外汇储备管理体制上应该作何种适当调整?

　　经济学的看家本领是成本-收益分析,而在经济学的理念中,决定一项投资决策和资产选择的,除了成本因素,还有机会成本。一个投资者投资于项目 A 的机会成本,就是这个投资者所放弃的项目 B 可能带来的潜在收益。机会成本尽管不是会计成本,但也是一种"实际"的成本,是投资者进行投资决策的重要考量之一。从收益角度来看,拥有足够的外汇储备的收益是非常明显的,当国际收支赤字出现时,外汇储备作为缓冲存货,避免了紧缩性政策给国家带来的国民收入下降、失业增加的后果;同时,外汇储备是一国当局干预外汇市场和进行汇率调节的重要手段,而维持本国汇率的坚挺走势,也有利于增强外国投资者对于本国货币的信心。但是从成本的角度来看,持有外汇储备等于放弃了用这些外国资源增加投资、加快经济增长的机会,该成本表现为进口品的投资收益率。当然,当一国当局将外汇储备用于购买别国债券时,可以获得一定的利息收益。因此,持有外汇储备的成本就等于进口品的投资收益率减去持有外汇储备的资产收益率(即利息)。

对于一个发展中国家而言,外汇储备是一种非常稀缺的资产,发展中国家出于发展的要求,必然需要大量进口技术和设备,因此持有高额的外汇储备,使得自身不能动用这些外汇储备去购买急需的进口品,而这些进口品的投资收益率肯定是非常高的。中国是一个资本短缺的发展中国家,微观经济主体(包括企业和居民)有着巨大的外汇需求,但外汇储备规模过高导致微观主体的外汇需求往往被抑制。同时,我国作为一个发展中国家,在国际贸易中赚取外汇是相当艰难的(我们往往以大量成本低廉的劳动力投入和巨大的环境成本付出为代价换取外汇),在国际资本市场中吸引外国资本也是非常不易的(我们往往以大量对外国直接投资的优惠政策而实际造成对本国资本的歧视为代价引进外国资本),但是这些辛辛苦苦赚来的外汇并没有放在生产性用途上,而是大部分用于购买美国的国债,赚取低廉的利息收益。也就是说,我们是以非常高的代价赚取外汇和吸引外国投资,同时又以非常低的收益把这些宝贵的外汇借给美国,成为推动美国经济发展的有效力量。这对于我国来说是得不偿失的。因此,适当的外汇储备固然增强了当局干预外汇市场的能力并促进了本币的坚挺,但是外汇储备规模过高所导致的资源浪费也是不容忽视的。我国的外汇储备规模偏高,这一方面容易授人以人民币升值之口实,另一方面也不利于我国经济的长远发展与企业的成长。确定一国外汇储备适度规模是一件复杂的工作,需要综合考虑一国对外汇储备的交易需求、干预需求和发展需求。

政府应该明白的是,在外汇储备管理中不要成为无理性地往衣橱里增添衣服的马赫卢普夫人。出于缓解人民币升值压力的考虑,我国外汇储备政策应该适时地进行一些必要调整,这实际上已经成为决策层和学术界的共识。外汇储备管理体制的调整应当从以下几个方面着手:第一,改善外汇储备的币种结构和流动性结构,即一方面,在币种结构安排方面实现多元化布局,避免过分依赖某种货币所带来的汇率风险(如过分依赖美元,则在美元贬值时面临外汇储备缩水的风险);另一方面,改善我国外汇储备的流动性结构,使短期储备资产与长期储备资产能够合理匹配。第二,改变外汇储备的大部分用于美国国债的安排,将更多的外汇储备用于对我国未来经济增长和经济安全起关键作用的石油等战略性物资的储备(我国原油的自我供给能力较弱,到2008年中国石油自给率不到50%,因此石油战略储备对我国的经济发展和安全极为重要。目前这种自给率偏低的情况有了明显好转。2024年,中国的石油自给率已经达到80%以上,减少了对国际市场的依赖。)。第三,给予微观经济主体更大的使用外汇的自由。我国经常账户的开放实际上也是一种有限的开放,外汇管理当局给予居民的外汇使用额度是非常可怜的,与我国对外开放的潮流以及我国的国力极不相符;对企业用汇的过多限制实际上对我国企业的成长有着明显的消极影响,限制了它们在国际范围内按照成本收益原则配置资源的能力。第四,与给予企业更大用汇自由相应的是进行外汇制度改革,取消强制性的结售汇制度,削弱人为的外汇储备急速增加的态势。强制性的结售汇与市场交易的自愿性质背道而驰,循序渐进地改变这种"强买强卖"政策是我国外汇体制改革的题中应有之义。

自然,外汇储备管理制度的改革是与我国外贸和外资政策紧密联系在一起的,要将这些制度安排放在金融自由化的大框架内综合考量,协调推行。同时,外汇管理制度又是影响宏观经济的重要变量之一,尤其值得注意的是,外汇储备规模的增大意味着基础货币发放规模的扩张,对一国通货膨胀态势有相当大的影响。因此,外汇储备规模的控制又极有利于增强我国货币政策的有效性。

第六节　国际收支的平衡与失衡

由于国际收支平衡表采用复式记账方法,因此在原则上,只要统计资料完备而精确,国际收支应该总是平衡的,即各个局部差额会互相抵消。如经常账户差额可以由资本与金融账户差额来弥补;全部交易项目(包括经常账户和资本与金融账户)的差额可以动用官方储备来平衡。然而,只有这种形式上的平衡是不够的,在分析国际收支是否实现了真正的平衡时,还必须注意账面平衡与真实平衡、数额平衡与内容平衡、自主平衡与被动平衡是否一致。

一、国际收支的平衡

1. 账面平衡与真实平衡

国际收支中的贷借双方与资产负债不是对应的。在国际收支的记录中,引起外汇流入的交易记入贷方,引起外汇流出的交易记入借方。但在实际中,外汇的流入不一定是资产的增加,而外汇的流出也不一定是负债的增加。比如记入贷方的收入,是由于出售有价证券,向外国借款得到的收入,那么,这种贷方收入实际是资产的减少、负债的增加;又如借方项目中,如果是因为购买了外国有价证券或偿还了外国债务,那么这种借方项目实际是资产的增加、负债的减少。对一个国家而言,由于资产减少或负债增加而带来的收入,并不是真实的收入,账面上虽然是平衡的,实质上却是不平衡的。

2. 数额平衡与内容平衡

一国国际收支在数额上达到平衡只能说是实现了表面上的平衡,这种平衡是否为真正的平衡,还要分析一国经济交易的内容。如果输出的货物有利于本国经济的进一步发展以及改善本国的出口在世界经济交往中的地位,而输入的货物也有利于本国经济的发展,那么这种平衡才是内容上的平衡。如果进出口虽然达到平衡,但却不利于本国经济的发展,那么这种平衡只是数额上的平衡,内容上却是不平衡的。

3. 自主平衡与被动平衡

一般而言,按照交易的动机或目的,国际收支平衡表中所记录的经济交易可以分为自主性交易与补偿性交易两种类型。所谓自主性交易(Autonomous Transactions)是指那些基于商业动机,为追求利润或其他利益而独立发生的交易。这些交易所产生的货币收支并不一定能够完全相抵,由此产生的对外汇的超额供给或超额需求会引起外汇价格(即汇率)的变动。补偿性交易(Compensatory Transactions)是指一国货币当局为弥补自主性交易的不平衡而采取的调节性交易(Accommodating Transactions),是一种因其他交易(即自主性交易)而发生的融通性交易。只有当自主性交易达到平衡时,国际收支才算达到真正平衡。而经补偿性交易调节后达到的平衡只是被动的平衡,实质上是一种不平衡。

以上三种含义基本上是一致的,只是强调的重点有所不同,它们都指出了平衡表中可能隐藏着不平衡,实质的平衡与失衡还需深入分析。

二、国际收支的失衡

作为一国宏观经济的一个重要组成部分,国际收支失衡集中体现了国内外经济的震荡和冲击。国际收支失衡根据起因的不同,可以分为偶然性失衡、周期性失衡、收入性失衡、结构性失衡以及货币性失衡等五种。

(1) 偶然性失衡是指由于突发事件而造成的一国国际收支失衡。例如,由于气候的缘故一国粮食减产。如果该国是粮食出口国,则会带来粮食出口减少;如果该国是粮食进口国,则会带来粮食进口增加。同样,贸易对手国的这类突发事件也会带来该国的进出口变化,从而导致国际收支失衡。但这类失衡是暂时的,等到引起冲击的因素消失后,国际收支便会自动恢复到正常状态。

(2) 周期性失衡是指由于世界各国经济所处的阶段不同而导致的国际收支失衡。例如,在两国模型中,A 国处于繁荣阶段,B 国处于衰退阶段。在不考虑资本与金融账户的情况下,A 国的收入增加,使内支出增加,进口需求增加,导致国际收支逆差;而 B 国正相反,有顺差。由于各国经济都会经历繁荣和衰退的交替,具有周期性,两国的国际收支也会交替出现顺差和逆差。只要经济周期不太长,程度不太深,这种失衡就只是短期的、较轻微的。这一阶段过后,国际收支将自动趋于平衡。否则,一国采取国内财政政策与货币政策,并与贸易对手国合作,也能共同消除周期性失衡。

(3) 收入性失衡是指由于国民收入水平的变动而导致的国际收支失衡。一方面,经济周期的不同阶段会引起国民收入的增加和减少;另一方面,各国经济增长率的不同,也会导致国民收入的增加和减少,进而导致进出口水平的相对变化。例如,经济增长率相对较高的国家,其国民收入水平相对较高,进口相对多,国际收支会产生逆差;经济增长率相对较低的国家,其国民收入水平相对较低,进口相对少,国际收支会产生顺差。

(4) 结构性失衡是指由于一个国家经济结构失调(如产品供需结构失调和要素价格结构失调)而导致的国际收支失衡。如果本国产品的供需结构无法跟上国际市场上产品供需结构的变化,如不考虑资本与金融账户,本国的国际收支将发生长期的结构性失衡。例如,国际市场上对本国具有比较优势的货物需求减少,而本国无法开发出新的具有比较优势的产品用以出口;或者国际市场上本国需要进口的货物供给减少,价格上升,但本国却无法减少该货物的进口,这些都会导致结构性失衡的出现。

如果本国的生产要素价格无法正确反映该国资源的供需状况,则本国出口产品在国际市场上所具有的比较优势将逐渐削弱,及至丧失,最终会导致本国国际收支的逆差。例如,如果一国是劳动力资源丰富的国家,根据赫克歇尔-俄林原理,本国生产劳动密集型的产品具有比较优势,但是如果该国工资大幅上涨,并超过了劳动生产力提高的幅度,则该国将因劳动力不再是比较便宜的生产要素而丧失国际竞争能力,影响出口,最后可能导致进口大于出口,出现国际收支逆差。因此,为了避免结构性失衡,一国须使本国产品的供需结构能够跟上世界市场的结构性变化,并使本国生产要素价格能真实反映要素生产力的变动。

(5) 货币性失衡是指由于一个国家的价格、利率或汇率等货币性因素所导致的国际收支失衡。如果一个国家由于货币数量发行不当,或其他的因素而导致物价上涨,生产成本提高,而使出口减少,进口增加;或者由于其利率低于别国利率或其他原因,而引起资本外流增加,内流减少,都会使一国国际收支处于逆差状态。

在上述五种类型的国际收支失衡中,前四种主要与经常账户(尤其是贸易差额)有关,而和资本与金融账户关系不大;货币性失衡则主要与价格等货币性因素(尤其是资本与金融账户)关系密切。

第七节　国际收支和国民账户

国际收支能够对一个国家主要宏观经济变量构成哪些影响?这是我们在本节需要考察的。我们所要考察的经济是一个开放经济模型,即开放经济条件下国民收入核算和资金流量分析,我们尝试将国际收支置于整个经济体系中进行考察,这样我们就可以分析国际收支的各组成部分和国民经济宏观变量之间的关系。

一、开放经济条件下的国民收入核算

在一个封闭经济中,一国国民收入等于家庭部门、企业部门和政府部门的支出总额,也就是我们所熟悉的三部门核算国民收入的方法:

$$Y = C + I + G$$

即

国民收入 = 消费支出 + 投资支出 + 政府支出(购买)

然而,在开放经济条件下,三部门分析法应该被修正。因为国内部门(包括居民、企业和政府)的支出不仅花费在本国的货物和服务上,而且也花费在外国的货物和服务上,用于外国货物和服务的进口;同时本国产品不仅出售给本国居民,而且也出售给外国居民。因而,总支出的构成就发生变化,由三部门的($C+I+G$)支出总额再加上对外国的净出口。

开放条件下的国民收入核算:

$$Y = C + I + G + (X - M)$$

其中,$(X-M)$为净出口。

即

总需求 = 国内总需求$(C + I + G)$ + 国外总需求$(X - M)$

二、开放条件下的简单资金流量分析

下面我们用一个简化的资金流量表来分析国际收支对国民账户的影响,从中我们可以看出国际收支各个变量与宏观经济变量的关系。一个经济体系的资金流量表将经济中所有部门在一段时间里的资金来源和资金运用汇总在一起,通过揭示各部门之间的资金往来关系来反映它们之间的经济交易状况。在一个封闭的经济体中,整个经济体可以划分为四个部门:私人部门(包括家庭和企业)、政府部门、银行部门和中央银行部门。这四个部门在货物服务市场、货币市场和证券市场上或者作为供给者,或者作为需求者,相互发生经济交易,其中货币又包括货币基数(基础货币)和银行存款。在我们的开放经济模型中,除了上述的四个部门,国内居民与非居民还发生着经济交易,这样就有五个部门:私人部门(p)、政府(g)、银行(b)、中央银行(c)、非居民(f),括号内的英文字母是其

代号。同时,我们假定有六个市场:货物服务、本国货币基数(H)、本国银行存款(D)、本国证券(N)、外国货币(R)、外国证券(F),括号内的英文字母是其代号。表 3.4 就是一个简化的开放条件下的资金流量表。

表 3.4 开放条件下的简化资金流量表

市场 \ 部门	私人部门 (p)	政府 (g)	银行 (b)	中央银行 (c)	非居民 (f)	合计
货物服务	$I-S$	$G-T$	—	—	$X-M$	0
本国货币基数	ΔH_p	—	ΔH_b	ΔH^c	—	0
本国银行存款	ΔD_p	—	ΔD^b	—	ΔD_f	0
本国证券	ΔN_p	ΔN^g	ΔN_b	ΔN_c	ΔN_f	0
外国货币	—	—	ΔR_b	ΔR_c	ΔR^f	0
外国证券	ΔF_p	ΔF_g	ΔF_b	ΔF_c	ΔF^f	0
合计	0	0	0	0	0	0

我们先解释一下表 3.4 中变量的表示方法。首先,每个部门在各个市场上的经济交易以超额需求量或净需求量(需求与供给之差)来表示,超额需求量可以为正,也可以为负。某个市场的需求部门的超额需求量为负,表示该部门减少了对这个市场的需求;而超额需求量为正,则表示该部门增加了对这个市场的需求。某个市场的供给部门的超额需求量为负,表示该部门增加了对这个市场的供给;而超额需求量为正,则表示该部门减少了对这个市场的供给。同时,我们注意到各种金融资产持有量变动额之后都有一个上标和下标,其中上标表示发行部门(供给部门),下标表示持有部门(需求部门)。Δ 表示各种金融资产的变化量。我们要注意各个变量正负号的含义。比如说,ΔD^b 表示银行部门的存款发行额,若它小于零,则表示银行存款供给量上升;若它大于零,则表示银行存款供给量下降。而 ΔD_p 和 ΔD_f 则表示私人部门和非居民持有的本国银行存款的变动额,若它们大于零,表示银行存款持有量上升;若它们小于零,则表示银行存款持有量下降。

从表 3.4 我们可以发现,在五个部门和六个市场的各个变量的合计总额都为零,这就意味着:第一,对于某个部门来说,它对于所有市场的超额需求总和必然为零,这是因为预算约束决定着其资金支出必须与资金收入保持一致;第二,对于某个市场来说,所有部门对它的超额需求量总和也必定为零,这是因为它的事后需求必须是与事后供给相等的。这样,所有横向和纵向的变量就总共形成 11 个等式,这 11 个等式显示出国民经济各个变量与国际收支变量之间的关系。其中横向的 6 个公式是:

(1) $(I-S)+(G-T)+(X-M)=0$

这个关系式是现代国际收支分析的基础之一,它可以简单地由上面所写的开放条件下的国民收入恒等式推导出来。其中 $(I-S)$ 为私人部门对货物服务的超额需求,$(G-T)$ 为政府对货物服务的超额需求,而 $(X-M)$ 为非居民对货物服务的超额需求,也就是经常账户差额(其实是简化的经常账户差额,实际是贸易账户差额)。这个公式表明:第一,如果一国国内储蓄小于投资,而且存在政府赤字,那么经常账户收支就必然出现赤字;或者说,国内经济发展所需要的投资,不一定要通过压缩财政赤字,而可以通过从外国获得额外的资源来予以支撑。第二,外债的偿还,即用经常账户盈余来弥补资本账户赤字,最终需要国内经济的紧缩,即削减政府支出和投资,增加税收和储蓄。

(2) $\Delta H_p + \Delta H_b + \Delta H^c = 0$

该式中 H 表示货币基数或高能货币,由中央银行(c)发行,由私人部门(p)和银行(b)持有。该式为中央银行公开市场操作(Open Market Operation,OMO)的理论基础。中央银行通过增减货币基数来控制商业银行的存款数量,从而控制货币供给量。这个原理在货币银行学课程中已经有比较详细的介绍。

(3) $\Delta D_p + \Delta D^b + \Delta D_f = 0$

该式中 D 表示本国银行存款,由银行发行,由私人部门和非居民所持有。ΔD_f 为非居民持有的银行存款,与下面我们将要讨论的 ΔR_b 构成外汇业务、国际结算业务和国际资金借贷业务的基础,这些业务的每一笔支出都表现为这两个变量的变动。

(4) $\Delta N_p + \Delta N^g + \Delta N_b + \Delta N_c + \Delta N_f = 0$

该式中 N 表示本国证券。当然,我们在这个简化的资金流量表中对本国证券这个变量作了简化的处理,即假定私人部门发行的证券全部由私人部门内部持有,由此各个部门所持有的本国证券全部由政府发行。N_f 为非居民所持有的本国证券,与上面的 D_f 共同构成了本国的对外负债,其交易净额用 $(D_f + N_f)$ 来表示。

(5) $\Delta R_b + \Delta R_c + \Delta R^f = 0$

该式中 R 表示外国货币,由非居民发行,由银行和中央银行所持有。当然在这个简化的资金流量表中,我们假定私人部门(包括家庭和企业)不持有外国货币。其中中央银行持有的外国货币(R_c)和外国证券(F_c)构成了外汇储备。

(6) $\Delta F_p + \Delta F_g + \Delta F_b + \Delta F_c + \Delta F^f = 0$

该式中 F 表示外国债券,由非居民发行,由私人部门、政府、银行和中央银行所持有。$(R^f + F^f)$ 表示本国的对外资产。

以上是横向的6个公式。纵向也有5个公式:

(7) $(I-S) + \Delta H_p + \Delta D_p + \Delta N_p + \Delta F_p = 0$

该式表示私人部门的预算约束。该式表明,私人部门储蓄超过投资的部分可以用来增加私人部门货币基数、银行存款、本国证券和外国证券的持有量。同理,投资超过储蓄的部分可以通过减少私人部门货币基数、银行存款、本国证券和外国证券的持有量来融通。值得注意的是,以上资产存量的变动并不要求所有资产同时进行增减,实际上一些资产增加的同时另外一些资产可能会减少。

(8) $(G-T) + \Delta N^g + \Delta F_g = 0$

该式表示政府的预算约束。它表明政府预算赤字可以通过发行证券,也可以通过减少政府持有的外国资产来弥补。

(9) $\Delta H_b + \Delta D^b + \Delta N_b + \Delta R_b + \Delta F_b = 0$

该式表示银行资产负债的变动。D^b 表示银行负债,分别运用于存款准备金、本国证券购买(包括贷款发放)以及外币资产。

(10) $\Delta H^c + \Delta N_c + \Delta R_c + \Delta F_c = 0$

该式表示中央银行的资产负债。该式表明,中央银行的货币控制,既可以通过上面所说的公开市场操作,即通过买卖本国证券来进行,也可以通过买卖外币资产来进行,即外汇交易操作(Foreign Exchange Operation,FXO)。中央银行在外汇市场上买进或卖出外汇,引起外汇储备资产的增加或减少,从而引起货币基数的增加或减少。如果中央银行不愿意增减储备资产影响货币基数和货币供给,它可以通过冲销政策(Sterilization Policy)来进行,即以本国证券持有量(N_c)的变动来抵消储备资产(R_c+F_c)的变动,从而使本国的货币基数保持不变。

(11) $(X-M)+\Delta D_f+\Delta N_f+\Delta R^f+\Delta F^f=0$

该式就是一国的国际收支平衡公式,其中$(X-M)$为经常账户差额,$(\Delta D_f+\Delta N_f)$为本国对外负债的变动,而$(\Delta R^f+\Delta F^f)$为本国对外资产的变动。本国的净对外资产(Net Foreign Assets)等于本国对外资产减去本国对外负债,净对外资产的变动构成本国的净对外投资。该式表明,经常账户差额等于本国的净对外投资。经常账户赤字可以通过对外负债的增加或者对外资产的减少来融通,反映为净对外资产的减少;经常账户盈余可以通过对外资产的增加或者对外负债的减少来融通,反映为净对外资产的增加。

我们将(5)式和(6)式代入(11)式:

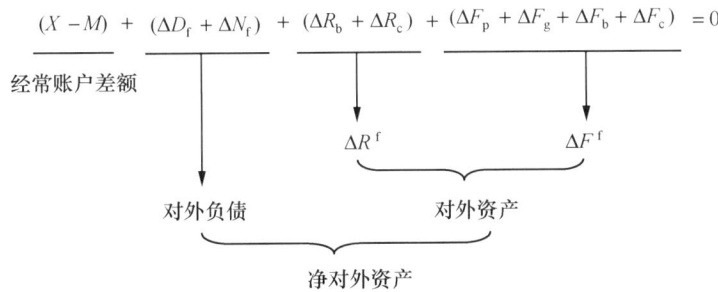

第八节 国际收支失衡对国民经济的影响

一个国家的宏观经济有四大目标,即充分就业、物价稳定、经济增长、国际收支平衡。前三个目标是关于内部均衡的,而最后一个目标是关于外部均衡的。但必须注意的是,这四个宏观经济目标并不是没有矛盾的,在宏观经济调节中,往往会出现这样一种情况,即当政策制定者试图用一系列的政策达到其中一个或几个目标时,却损害了另一个或几个目标的实现。比如,当我们要为实现充分就业而采取扩张性的财政政策或货币政策时,在提高就业的情况下,有可能引起通货膨胀,因此物价稳定的目标受到损害;同样,经济增长的目标与物价稳定的目标很多时候也是矛盾的。再举一个例子,在本国经济不断增长、国民收入不断增加的情况下,如果这样的增长使得进口支出不断上升,则会影响国际收支平衡目标的实现;同时,为了使本国的国际收支达到平衡,改变国际收支赤字的局面,一国往往要采取紧缩性货币政策和紧缩性财政政策,这尽管有利于控制通货膨胀,但经济增长和充分就业目标的实现就会遭到阻碍。所以,一个政策制定者就要在这样的困境中学会权衡,学会把握当前政策中的重点,而舍弃比较不重要的政策目标。

在前面的内容中,我们已经知道这样一个简单的道理:在一个国家的国际收支中,严重的盈余和严重的赤字都是不好的。也就是说,不论出现逆差或者顺差,只要达到一定的规模,都需要进行调节。

我们先分析严重赤字的影响。首先,在严重赤字状况下,本国面临本币贬值的压力,若不愿贬值,就要用官方外汇储备来弥补,因而导致本国官方外汇储备减少。而官方外汇储备减少使得货币供给量减少,本国出现通货紧缩,从而导致经济增长下降;同时,官方外汇储备减少,导致本国对外融资的实力下降,国家偿债信用下降。其次,如果一个国家出现长期的严重赤字,会使得本国居民对外国净需求不断增加,从而本国总需求和国民收入下降,导致失业增加。最后,严重赤字尤其是资本账户下的赤字表明本国资本流入小于资本流出,因而导致本国资金紧张,从而使本国利率上升,国内投资需求下降,导致总需求和本国国民收入下降。所以严重的赤字对本国经济的消极影响是非常大的。

我们再来分析严重盈余的影响。一般而言,发展中国家需要更多的外汇储备,以便应对国际金融危机的挑战,同时增强自己的对外融资实力和偿债信用。因此,一般而言,发展中国家对国际收支盈余有一种内在的需求。但是盈余过多也需警惕。首先,盈余过多导致外汇储备过多,这就意味着本国的货币供给量过快增长,因此通货膨胀压力增大;其次,严重盈余导致外汇储备过多,导致资本的生产性用途减少,长期而言,影响本国的未来经济增长;再次,一国盈余过多,会导致贸易伙伴国出现赤字,从而容易导致贸易纠纷和国际经济关系紧张;最后,盈余过多,出口过度,会使得用于国内经济的资源紧缺,影响本国经济增长。实际上,本国的制造品的出口意味着本国的各种资源的出口,这些资源包括本国经济增长必需的水资源、矿产资源、各种不可再生的能源,甚至包括清洁的空气。

因此,我们在前面就提出,国际收支盈余不是"韩信将兵,多多益善"。保持适度的国际收支盈余是很好的,但是要控制规模,同时要优化外汇储备的结构。在下面关于国际收支调节的讨论中,我们只讨论国际收支失衡中的一种情况,即国际收支赤字的调节,而不讨论盈余的调节。我们假定赤字的调节对一般发展中国家更加重要和紧迫,因为在发展中国家中,像中国这样拥有巨额外汇储备的国家很少,不具有代表性。

第九节　国际收支失衡的自动调节机制和自觉调节机制

一、自动调节机制

所谓国际收支的自动调节,是指通过市场机制的自发作用所实现的对国际收支的调节。我们分别介绍金本位和纸币本位下的自动调节机制。

1. 金本位制度下的自动调节机制

在金本位制度下,国际收支的自动调节机制是通过"价格与铸币流动机制"(Price-Specie Flow Mechanism)实现的。如果一个国家国际收支发生逆差,该国对外汇的需求增加,外币升值,那么该国势必会直接输送黄金来清偿国际债务。由于黄金外流,国内黄金存量减少,货币发行量、存款及银行信用将趋于收缩。从而,本国货币供给量减少,国内价格下降,本国产品的国际竞争力上升,导致出口增加、进口减少,国际收支改善,慢慢恢复均衡。如果一个国家的国际收支出现顺差,则可通过上述机制的相反作用使之恢复均衡。即当出现盈余,导致黄金流入,本国货币供给量增加,国内价格上升,本国产品的国际竞争力下降,从而出口下降、进口增加,盈余下降,最后恢复均衡。

2. 纸币本位固定汇率制度下的自动调节机制

在纸币本位固定汇率制度下,国际收支的自动调节作用机制是通过外汇储备变化来实现的,外汇储备的变化引起国内货币供给量变化,从而出现利率效应、收入效应、价格效应三种效应。

(1) 利率效应:当本国出现严重赤字时,外汇储备减少,从而本国的货币供给量减少,利率提高,这导致本国资本流入增加,资本流出减少,从而资本账户出现盈余,使国际收支慢慢恢复均衡。

(2) 收入效应:当本国出现严重赤字时,外汇储备减少,从而本国的货币供给量减少,利率提高,国内投资需求下降,从而导致本国国民收入下降,对外国的进口需求下降,从而使得经常账户的逆差下降,国际收支恢复均衡。

(3) 价格效应:当本国出现严重赤字时,外汇储备减少,从而本国的货币供给量减少,国内价格下降,从而提高本国产品的对外竞争力,因而本国出口增加、进口减少,国际收支改善进而恢复均衡。

3. 纸币本位浮动汇率制度下的自动调节机制

在纸币本位浮动汇率制度下,当一国出现严重赤字时,不需要本国进行外汇储备的操作,而是通过汇率的自动变化来调节。当出现赤字时,本国的外汇需求增加,从而导致外币升值、本币贬值,因而本国出口增加、进口下降,最后赤字降低,国际收支恢复均衡。

二、自觉调节机制

除了国际收支的自动调节,还有国际收支的自觉调节。所谓国际收支的自觉调节,是指政府自觉地采取各种政策措施对国际收支进行调节。这些可供调节的政策一般分为以下几种:

1. 外汇缓冲政策

外汇缓冲政策,是一种动用官方储备或临时向外国借入短期资金,来抵消外汇市场的超额供给或需求,解决一次性、季节性或短期性的国际收支失衡的政策措施。由于这种政策措施是以外汇作为缓冲体,因此被称为外汇缓冲政策。在这种政策下,当一国发生国际收支失衡时,由中央银行在外汇市场上买卖外汇,调节外汇的供求。运用外汇缓冲政策的关键是货币当局应该搞清楚国际收支失衡的性质,如果是短期的失衡,则可以动用本国的外汇储备或者进行短期借款;如果是长期的根本性的失衡,则不能仅动用外汇缓冲政策来解决。在资本出现大规模外逃时,这种政策难以奏效。因此,外汇缓冲政策仅仅是一种暂时性政策,不能解决长期的逆差问题。

2. 保护贸易政策

保护贸易政策,是政府在本国国际收支出现结构性失衡的状况下,所采取的一种"奖出限入"的政策,也叫"贸易管制政策"。这种直接管制的政策,在新的国际贸易组织框架下,是不被鼓励的。这些直接管制政策包括数量性的管制和价格性的管制两种。数量性的管制包括进口配额、进口许可证和外汇管制,主要针对外国进口品进行管制,或对外汇交易的数量进行管制。价格性的管制包括进口关税、出口补贴、出口退税、出口信贷优惠,主要是通过各种措施,影响本国出口品和外国进口品的价格,对出口进行鼓励,对进口进行限制。不管是价格性的管制还是数量性的管制,我们都将其称为"选择性控制"(Selective Controls),因为通过这些政策,政府可以有选择性地控制某个产业、某个行业或者某个产品的贸易状况,可以通过这种政策对本国国际收支的结构性失衡进行调整。而通常通过贬值政策调节国际收支,被称为"全面性控制"(General Controls),因为一旦贬值,所有的产业和产品都将受到影响。

3. 紧缩性财政政策

政府也可以通过财政政策来调节本国的国际收支,主要包括增减财政开支和税率的调节。当一国出现国际收支逆差时,政府可以采取紧缩性的财政政策,缩减公共开支,提高税率水平,使经济紧缩,迫使物价下降,从而有利于本国的出口而不利于进口,借以调节本国的逆差。但是紧缩性的财政政策对国内经济增长有损害,使经济紧缩。可见,当实行财政政策时,内部均衡目标和外部均衡目标是有矛盾的,外部均衡的实现以牺牲内部均衡为代价。因此,在实行紧缩性财政政策来调节国际收支时,应该同时采取相应的金融政策,避免产生负面效果。

4. 货币政策

货币政策调节国际收支,主要是通过调节利率政策、调节汇率政策来实现国际收支均衡。所谓调节利率政策,主要是通过提高或降低银行存款利率和贴现率的方式吸收或限制短期资本的流入,调节国际收支的失衡。所谓调节汇率政策,则是以货币的法定升值或贬值的方式,提高或降低本国货币的对外汇率,借以影响进出口货物的价格和进出口量,从而达到国际收支的均衡。但是贬值政策的实施需要注意几个问题:第一,贬值是有条件的,就是要符合进出口需求弹性的马歇尔-勒纳条件;第二,贬值是有时滞的,即在J曲线效应中所表达的,贬值之后必须经过一段时间的传导,贬值的效果才会逐步显现;第三,贬值要看本国资源的紧张程度,如果本国资源紧张,贬值之后出口的增加会加剧本国资源的紧张程度,从而使本国产品成本提高,价格上升,抵消贬值的效果;第四,贬值会引起本国物价上涨,社会面临通货膨胀的压力;第五,贬值还容易引起国际关系紧张,国际矛盾激化。

以上政策都对国际收支均衡有不同程度的影响。但是,这些政策的局限性也是非常明显的。外汇缓冲政策的效果非常有限,贸易保护政策很容易引起贸易伙伴国的报复行为,紧缩性财政政策容易和国内目标相抵触,贬值政策则需要很多条件,而且易引起国际关系紧张。在实施这些政策时,政策制定者需要特别谨慎,避免发生消极后果,同时要注意各种政策之间的有效配合。

本章术语 》》

国际收支平衡表　自主性交易　补偿性交易　赤字　盈余　自动调节机制　自觉调节机制

本章总结 》》

1. 本章介绍了国际收支的概念,国际收支平衡表的构成、记录方法和平衡表的局部均衡分析方法。从这一章的分析中可以看出,国际收支失衡的定义有若干种,而且没有一种定义是大家一致认可的。国际收支失衡的定义取决于一国所采用的汇率制度和研究目的。每种定义都包含特定的信息,而这些信息集中到一起,就可以反映开放经济的宏观运行状况。

2. 在分析国际收支数据时,首先要有长期观念。如果将来经常账户会出现盈余,现在的赤字就不是坏事。因此,有人主张对一国进口货物的结构进行分析。其次,在分析经常账户差额时,还要注意一国对其他国家是净债务国还是净债权国。如果这个国家本来是一个净债权国,暂时性的国际收支赤字就不会造成什么问题。再次,在分析一国的经常账户头寸时,要着重分析赤字或盈余的成因,以采取相应的调整措施。最后,在分析国际收支数据时,要分析该国经济是否存在某些问题,或是否将会产生某些问题。不管我们采用国际收支失衡的哪一种定义,它都只能从某一个角度来说明经济状况。如果一国存在经常账户赤字,又经历着高通货膨胀和低速经济增长,那么该国的赤字很让人担心;而如果赤字伴随着低通货膨胀和高速经济增长,那么赤字不是什么大问题。

3. 分析国际收支问题时,要联系一个国家的货币地位、产业结构、通货膨胀、政府支出规模、经济增长以及汇率等宏观经济变量,具体问题具体分析,这样才能得出比较客观的结论,从而找到比较恰当的国际收支调节方法。

思考和练习

1. 如何理解国际收支的概念?国际收支与国际借贷有什么区别?
2. 举例说明国际收支平衡表的记账原则和记账方法。
3. 国际收支平衡表为什么在总体上借贷双方总是相等的?既然借贷总额是相等的,为什么又会出现国际收支顺差、逆差?
4. 如果国际收支账面平衡,你对该国国际收支状况会有什么深入思考?
5. 如果两国国际收支交替出现顺差和逆差,你认为可能是什么原因?如果决定干预,应该采取怎样的手段?
6. 结合国际收支平衡表的局部差额分析法对我国的国际收支平衡表进行分析说明。
7. 如果本国收支出现结构性失衡,你认为单纯的外汇干预是否会奏效?为什么?如果你是政策的制定者,你会如何行事?
8. 分析金本位制度下、纸币本位固定汇率制度下、纸币本位浮动汇率制度下国际收支的自动调节机制。
9. 假定某一时期A国居民与非居民之间发生下列经济交易:(1)消费品进口20;(2)消费品出口18;(3)资本品进口16;(4)资本品出口14;(5)向非居民的转移支付12;(6)收到红利10;(7)向非居民支付利息8;(8)居民从外国借款6;(9)非居民偿还债务4;(10)居民出售股份给非居民2。试问:(1)贸易差额是多少?(2)经常项目差额是多少?(3)资本与金融项目差额是多少?(4)国际收支平衡状况如何?(5)国际收支状况对A国中央银行的资产负债表有什么影响?(6)A国的国际资产净头寸的变动如何?
10. 假定某一时期中国居民与非居民之间发生下列经济交易:(1)向美国出口一批服装价值20万美元;(2)向刚果民主共和国捐赠一批大米价值15万美元;(3)一位中国游客到欧洲短期旅游,共花费旅游开支2万美元;(4)向美国政府借款100万美元;(5)购买美国政府发行的国库券3万美元;(6)从德国进口一批机器设备价值5万美元;(7)雇用一位外国专家,支付工资2万美元;(8)收到利息4万美元;(9)收到外国汇款1万美元;(10)向外国派出劳工,对方共支付工资8万美元;(11)在纽约金融市场发行200万美元的债券;(12)向朝鲜政府提供贷款320万美元。试问:(1)贸易差额是多少?(2)经常项目差额是多少?(3)资本与金融项目差额是多少?(4)国际收支平衡状况如何?(5)国际收支状况对中国人民银行的资产负债表有什么影响?(6)中国的国际资产净头寸的变动如何?

11. 假设E国的货币需求固定为4 000亿瓦瓦。目前E国的基础货币为1 000亿瓦瓦,货币乘数为常数5。E国中央银行将本币瓦瓦的价值盯住可自由兑换的外币班科。E国中央银行有外汇市场干预和国内公开市场操作两种政策工具可供选择。(1)如果E国中央银行不采取任何国内公开市场业务,那么在经济均衡条件下,中央银行如何实施外汇市场干预? a. 卖出价值为200亿瓦瓦的班科;b. 买入价值为200亿瓦瓦的班科;c. 卖出价值为1 000亿班科的瓦瓦;d. 买入价值为1 000亿瓦瓦的班科;e. 卖出价值为1 000亿瓦瓦的班科;(2)如果E国的中央银行既想维持盯住汇率,又想避免任何外汇储备的损失,那么在经济均衡条件下,E国中央银行应当如何实施公开市场操作? a. 卖出价值为200亿瓦瓦的政府证券;b. 买入价值为200亿瓦瓦的政府证券;c. 卖出价值为1 000亿瓦瓦的政府证券;d. 买入价值为1 000亿瓦瓦的政府证券;e. 卖出价值为1 000亿班科的政府证券。

第二篇 国际金融理论

International Finance

第四章　国际收支调节理论

■本章概要■

　　当今,国内外经济影响日益密切,各国在国际收支不平衡时,都会采取一些调节措施。经济学对于国际收支调节的分析由来已久,1752 年大卫·休谟最早提出了"价格-铸币流动机制",此后,经济学家们在不同的历史背景下先后提出了弹性分析、乘数分析、吸收分析以及货币分析等一系列理论方法。这些理论从不同的角度对国际收支失衡的调节进行了深入分析,使人们对一国国际收支失衡的原因和调整的认识更加深刻,为货币当局调节国际收支失衡提供了重要的理论依据。

■学习目标■

1. 理解"价格-铸币流动机制"的调节路径。
2. 熟练推导马歇尔-勒纳条件并理解它所适用的前提。
3. 理解贬值的 J 曲线效应,并能用它来解释现实情况。
4. 掌握价格分析、收入分析、吸收分析以及货币分析的理论框架及分析思路,深入理解其中的经济含义。

第一节　引　言

　　在国内外经济相互影响的情况下,一国国际收支不稳定,势必影响本国经济。如果一国贸易收支长期出现赤字,就意味着对外国产品的需求增加,本国失业将会增加,国民收入减少,国际竞争能力下降;如果赤字是由资本流出大于资本流入所致,则会造成本国资金供求紧张,利率水平上升,进而导致国内经济衰退。同样,如果一国国际收支持续出现巨额顺差,也会给本国经济带来不良影响,它不仅会使本国的国际储备增加,物价水平上升,通货膨胀加剧,而且容易引起本国与贸易对手国之间的摩擦,影响国际经济关系。

　　正是出于上述原因,各国在其国际收支出现不平衡时,都会采取一些调节措施。西方经济学者对国际收支调节的分析,按照历史顺序可以分为弹性分析、乘数分析、吸收分析以及货币分析。最早可以追溯到 1752 年大卫·休谟的"价格-铸币流动机制"。与当时古典经济学派所倡导的"自由放任"思潮相一致,"价格-铸币流动机制"认为国际收支会随着黄金在一国的流入和流出而自动恢复平衡,政府无须采取任何干预手段。在此后相当长的时期内,这种观念在国际收支调节理论的研究中一直占据支配地位。直到 20 世纪 30 年代末,国际金本位制度崩溃,新的国际金融格局驱使经济学家们对国际收支理论进行全新的探索,英国著名经济学家马歇尔提出了供求弹性局部均衡分析,经过勒纳和琼·罗宾逊(Joan Robinson)的进一步发展,形成了完整的国际收支"弹性分析法"。第二次世界大战以后,凯恩斯主义统治了整个经济学界,它将乘数原理应用于国际收支领域,提出了"收入分析法"。同时,西德尼·亚历山大(Sidney Alexander)也运用了凯恩斯学派的观点,提出了国际收支的"吸收分析法"。随着货币主义在经济学界的崛起,国际收支的"货币分析法"随之产生。这些理论从不同角度对国际收支失衡的调节进行了深入分析,为一国货币当局调节国际收支失衡提供了重要的理论依据,下面我们将逐一加以介绍。

第二节 国际收支调节的价格分析法

价格分析法的基本内涵来自古典学派的"价格-铸币流动机制",希望通过贸易国之间产品相对价格的改变来调整国际收支。其基本假设是经济处于充分就业状态,即国民收入不变而价格可变。所运用的基本政策工具包括财政政策、货币政策与汇率政策。价格分析法不考虑国际上的资本流动,将货物(服务)贸易收支等同于国际收支。

一、固定汇率制度下的国际收支调节——绝对价格调节

在汇率固定不变的前提下,一个国家可以通过改变国内绝对价格水平,进而改变与外国产品的相对价格,从而改变进出口。

在金本位制度盛行的时代,根据休谟提出的"价格-铸币流动机制",该机制反映出国际收支是自动调节的。其逻辑如下:如果一国国际收支出现逆差→该国黄金流出↑→货币供给量↓→价格水平↓→该国产品的国际竞争能力↑→外国产品的国际竞争能力↓→出口↑或者进口↓→国际收支赤字↓→国际收支逐步恢复平衡。反之,如果一国国际收支出现顺差→该国黄金流入↑→货币供给量↑→价格水平↑→该国产品的国际竞争能力↓→外国产品的国际竞争能力↑→出口↓或者进口↑→国际收支盈余↓→国际收支逐步恢复平衡。

在纸币制度下,当一国发生国际收支逆差时,若本国要维持汇率不变,在不增加货币供给的情况下,该国货币当局抛售外币,购回本币,从而使国内货币供给量自动减少。根据货币数量论,国内物价会随之降低,本国货物价格相对于外国货物价格降低,从而使出口增加,进口减少,国际收支改善。或者,当一国发生国际收支逆差时,该国货币当局可采用紧缩性货币政策和财政政策,降低国内物价水平,从而改善国际收支。

二、浮动汇率制度下的国际收支调节——相对价格调节或弹性分析法

1. 马歇尔-勒纳条件

弹性分析法(Elasticity Approach)研究的是在收入不变的条件下,汇率在国际收支调整中发挥的作用。其基本假定是:经济处于充分就业状态,即收入不变而价格可变;进出口的供给弹性趋于无穷大;不考虑国际资本流动,国际收支等同于贸易收支。其基本内容是:汇率通过国内外产品之间、本国生产的贸易品与非贸易品之间的相对价格变动而变动,来影响一国进出口的供给和需求,进而影响国际收支状况。

以汇率变动调节国际收支的基本内涵在于:通过调节国内外产品的相对价格来影响一国进出口,进而对国际收支进行调节。由于汇率的高低决定着本国产品与外国产品之间的相对价格,因此,如果用 P_m 代表以外币表示的进口产品价格,那么折算成本币,该产

品价格应为 eP_m；如果用 P_x 代表以外币表示的出口产品价格，那么折算成本币，该产品价格应为 eP_x。相对价格的变动不仅会影响本国消费者对来自外国的进口品的需求，而且也会影响外国消费者对来自本国的出口品的需求，从而通过改变进出口额的相对状况对一国国际收支施加影响。

如果汇率以直接标价法（即一单位外币折合多少数量的本币）来表示，那么汇率上升表明本币贬值和外币升值。汇率高低决定着本国产品与外国产品之间的相对价格或贸易条件（Terms of Trade）：

$$\pi = \frac{p}{ep^*} \text{ 或 } \pi = \frac{\frac{1}{e}p}{p^*}$$

其中，π——贸易条件；

p——本国产品价格或出口品价格（以本币表示）；

p^*——外国产品价格或进口品价格（以外币表示）；

e——以直接标价法表示的汇率。

贸易条件是以同种货币表示的出口价格指数与进口价格指数之比，表明一单位出口品所能换回的进口品数额。π 值上升表示本国贸易条件改善，π 值下降表示本国贸易条件恶化。在本国产品价格与外国产品价格保持不变的情况下，汇率的贬值会使本国贸易条件恶化，使本国产品在外国市场变得相对便宜，使外国产品在本国市场变得相对昂贵，从而增加本国产品的需求，减少外国产品的需求。如果两国产品供给弹性都趋于无穷大，那么出口本币价格和进口外币价格保持不变。这样，贬值导致的出口外币价格的下降和进口本币价格的上升必然会影响进出口品的需求量，而由进口额和出口额综合形成的国际收支差额最终会改善还是恶化，就取决于价格变化对进出口需求量的影响程度，即需求的价格弹性。

如果以本国货币来记录国际收支，X、M 分别表示出口量和进口量，那么一国国际收支差额（CA）可以表示为：

$$CA = Xp - ep^*M$$

为了简化分析，我们假定价格保持不变，即出口品价格 $p=1$，进口品价格 $p^*=1$，并假定贬值前国际收支处于均衡状态（$X=eM$），那么有下列结果：

$$CA = X - eM$$

$$dCA = dX - edM - Mde$$

$$\frac{dCA}{de} = \frac{dX}{de} - \frac{edM}{de} - M$$

$$= \frac{eM}{X} \times \frac{dX}{de} - \frac{edM}{de} - M$$

$$= M\left(\frac{dX}{de} \times \frac{e}{X} - \frac{dM}{de} \times \frac{e}{M} - 1\right)$$

$$= M(e_x - e_m - 1)$$

其中，出口的需求汇率弹性 $e_x = \frac{dX}{de} \times \frac{e}{X}$；

进口的需求汇率弹性 $e_m = \dfrac{dM}{de} \times \dfrac{e}{M}$。

从上述公式可以看出,本币贬值($de>0$)能够使国际收支状况得以改善($dCA>0$)的必要条件是 $e_x - e_m - 1 > 0$,由于 $e_m < 0$,因此上式一般表述为 $|e_x| + |e_m| > 1$,这就是著名的马歇尔–勒纳条件(Marshall-Lerner Condition)。即当进出口的供给弹性都趋于无穷大时,只要一国的进出口需求弹性的绝对值之和大于1,本币贬值就会改善国际收支状况。

例如,如果本国的国际收支最初保持平衡,本国的进出口量均为20 000个单位,进出口的需求汇率弹性分别为0.5、0.3,假定本币贬值5%,那么,国际收支状况是会持续恶化还是得以改善?为什么?

根据已知条件,$X = 20\,000$,$M = 20\,000$,$|e_m| = 0.5$,$|e_x| = 0.3$,$de/e = 5\%$,代入上述公式,我们有:

$$dCA/de = M(|e_x| + |e_m| - 1)$$

$$dCA = M(|e_x| + |e_m| - 1)de$$

$$= \frac{X}{e}(|e_x| + |e_m| - 1)de \quad (\because X = eM)$$

$$= X(|e_x| + |e_m| - 1)de/e$$

$$= 20\,000(0.3 + 0.5 - 1) \times 5\%$$

$$= -200$$

因此,本币贬值以后,由于没有满足马歇尔–勒纳条件,国际收支状况会持续恶化。

2. 马歇尔–勒纳条件的进一步说明

(1)与贸易条件的关系。马歇尔–勒纳条件能使一国国际收支状况得到改善,其前提假设是进出口的供给弹性均为无穷大,即进口和出口的供给曲线为水平线。在这种情况下,本国货币贬值使出口外币价格下降,进口本币价格上升,贸易条件恶化。

如果进出口的供给弹性不是无穷大,则本国货币贬值不一定会使贸易条件恶化。原因在于出口供给受到供给能力的限制,本国出口品的供给量小于对出口品的需求量,会导致出口品的本币价格上升。在这种情况下,如果 η_x、η_m 分别代表出口供给弹性和进口供给弹性,那么,当 $\eta_x\eta_m > e_x e_m$ 时,本币贬值会使贸易条件恶化;当 $\eta_x\eta_m < e_x e_m$ 时,本币贬值会使贸易条件改善;而当 $\eta_x\eta_m = e_x e_m$ 时,本币贬值不会使贸易条件发生变化。

在进出口供给弹性不是无穷大的一般情况下,马歇尔–勒纳条件不再适用。本币贬值能否使国际收支状况得到改善,取决于进出口供给价格弹性和需求价格弹性能否满足毕肯戴克—罗宾逊—梅茨勒条件(Bickerdike-Robinson-Metzler Condition):

$$\frac{\eta_x\eta_m(e_x + e_m - 1) + e_x e_m(\eta_x + \eta_m - 1)}{(e_x + \eta_x)(e_m + \eta_m)} > 0$$

(2)与非贸易品的关系。一国生产的产品可以分为贸易品与非贸易品,贸易品又分为出口品与进口品两类。在充分就业和收入不变的假定条件下,本币贬值通过提高本国贸易品相对于非贸易品的价格,抑制本国居民对出口品的消费需求,并诱使生产资源从非贸易品部门向贸易品部门转移,进而增加贸易品的产量,使国际收支状况得到改善。然而,随着贸易品产量的增加,非贸易品产量的减少,同时贸易品的价格上升使本国居民对非贸易品的需求增加,非贸易品的相对价格逐渐回升,生产资源向贸易品部门的转移将会逐渐减少或停止。可见,在充分就业的假设下,贬值虽然在一定时期内可以刺激出口的增加,却无法从根本上解决国际收支赤字问题。

(3) 贬值的时滞问题——J曲线效应(J-curve Effect)。贬值能否立即引起进出口数量的变化,从而改善国际收支状况? 通常认为在短期内,贬值并不能立即引起贸易数量的变化,从进出口品相对价格的变动到贸易数量的增减需要一段时间,即存在时滞。在此期间内,贬值不仅不能改善国际收支状况,反而会使其状况恶化。这一现象被称为"J曲线效应",它描述了本币贬值后国际收支差额变化的时间轨迹,由于酷似字母J而得名。如图4.1所示,国际收支差额起初为负数(赤字),为此货币当局在 t_0 点实施本币贬值的汇率政策,此后贸易赤字在最终改善前仍然会继续恶化一段时间。

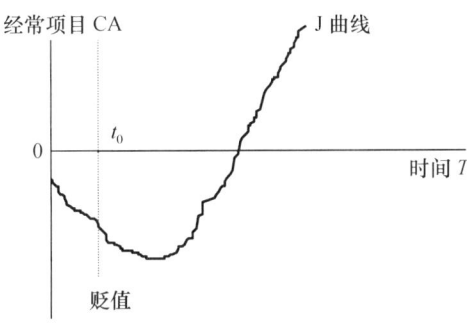

图 4.1 本币贬值与 J 曲线效应

根据经济学家斯蒂芬·马吉(Stephen Magee)的划分,本币贬值的效应可以分为以下三个阶段:

第一阶段为货币合同阶段(Currency-Contract Period)。在这一阶段,进出口合同是在本币贬值以前签订的,进出口数量和价格不会因为本币贬值而立即发生变化。这样国际收支差额的变化就取决于进出口合同中规定的计价货币。如果进出口都以本币计值,则本币贬值后的国际收支差额不会发生任何变化;如果进出口不全以本币计值,那么国际收支差额有可能改善也有可能恶化。而按照惯例,通常的状况如表4.1方框Ⅱ所示,进口以外币计价,出口以本币计值,这样本币贬值以后出口收入不变,进口支出增加,贸易逆差会进一步扩大。而在方框Ⅳ中,进出口都以外币支付,当本币贬值是为消除长期出现的贸易逆差而采取的措施时,在贸易合同阶段反而带来了贸易逆差的增加。以外币计值的进口为一国国际收支在货币合同阶段内出现J曲线现象提供了必要条件(见表4.1)。

表 4.1 货币合同阶段本币贬值对一国贸易收支的影响

出口合同所使用的货币	进口合同所使用的货币			
	本币		外币	
本币	Ⅰ	出口不变 进口不变 国际收支差额不变	Ⅱ	出口不变 进口增加 贸易逆差增加
外币	Ⅲ	出口增加 进口不变 国际收支差额改善	Ⅳ	出口增加 进口增加 初始盈余:贸易顺差增加 初始赤字:贸易逆差增加

第二阶段为传导阶段(Pass-Through Period)。这一阶段所要考察的是短期内货物价格的调整能力。由于本币贬值使该国的进口价格上升,进口量减少,出口价格降低,出口量增加,再加上国内外需求都富有弹性,使得国际收支状况得到改善。可是在短期内,本币贬值以后进出口的相对价格发生变化,而进出口供求状况对价格变动的反应却是相对滞后的,从而进出口量变化不大,贸易逆差减少的可能性较小,从而导致J曲线的产生。例如,在短期内,如果进口需求缺乏弹性,则买主对价格较高的进口货物做出的反应相对较小,使得贬值后的进口总额可能增加而不是减少。这种行为存在发生的可能性,因为寻找一种能替代价格较高的进口货物的产品需要时间。这种替代行为最终一定会出现,但在短期内,进口商可能仍然被迫继续大量购买这种价格上升的进口货物。同样,当外国对本国出口货物的需求缺乏弹性时,外国买方也不会在短期内增加购买量,从而降低了出口的价值,导致出口总额的减少。当然,将供求曲线描绘成完全无弹性的仅是为了便于分析问题,不能认为现实中数量在短期内对价格完全不做反应,但传导阶段说明了当数量反应可能很小时,短期货物价格的变化是如何影响国际收支的(见表4.2)。

表4.2 传导阶段本币贬值对一国贸易收支的影响

出口	进口	
	无弹性的供给	无弹性的需求
无弹性的供给	I 出口增加 进口不变 国际收支差额改善	II 出口不变 进口增加 初始盈余:贸易顺差增加 起初赤字:贸易逆差增加
无弹性的需求	III 出口不变 进口不变 国际收支差额不变	IV 出口不变 进口增加 贸易逆差增加

第三阶段是数量调整阶段(Quantity-Adjustment Period)。度过了传导阶段以后,进出口数量能够随着价格变动而进行调整,本币贬值对国际收支的正常效应开始发挥作用,贸易逆差逐渐得以改善。

弹性分析的缺陷在于:① 它假定经济处于充分就业状态,收入不变而价格可变,这与马歇尔-勒纳条件中出口供给弹性无穷大的假定是相互矛盾的。② 弹性分析只考虑了汇率通过相对价格变动所引起的替代效应,而忽视了收入效应对国际收支状况的影响。③ 弹性分析将国际收支等同于贸易收支,没有考虑本币贬值对资本与金融账户收支状况的影响。④ 弹性分析只是一种比较静态分析,而本币贬值以后,国际收支状况的调整是一个动态的过程。

第三节 国际收支调节的收入分析法

收入分析法又称收入论或乘数论(Multiplier Approach),其基本假设是:经济处于非充分就业状态,即价格固定不变而收入可变;不考虑国际资本流动,国际收支等同于贸易收支。其基本内容是:自主性支出的变动通过乘数效应引起国民收入的成倍变动,进而影响进口支出的变动,其影响程度取决于一国边际进口倾向和进口需求收入弹性的大小以及一国开放程度的高低。

一、小国开放经济的外贸乘数

开放经济乘数(Open Economy Multiplier)也称外贸乘数(Foreign Trade Multiplier),指在开放经济条件下,有效需求变动使国民收入成倍变动的倍数。所谓小国开放经济(Small Open Economy),指一国的经济规模足够小,其进出口活动不会对世界宏观经济总量产生影响,而且其进出口行为与世界市场的状况密切相关,即经济体系是开放的。

根据凯恩斯模型,开放经济条件下国民收入均衡恒等式如下:

$$Y = C + I + G + X - M \tag{4.1}$$

其中:消费 $C = C_0 + cY$　　投资 $I = I_0$　　政府支出 $G = G_0$

出口 $X = X_0$　　进口 $M = M_0 + mY$

出口 X_0 是外生变量,它是与本国国民收入无关的自发性出口数量,取决于外国国民的收入水平。进口 M 与本国国民收入水平呈正相关关系。M_0 是与本国国民收入无关的自发性进口,mY 是与本国收入成函数关系的引致性进口,边际进口倾向 $m = \mathrm{d}M/\mathrm{d}Y$。

将 C、I、G、X、M 的表达式代入国民收入均衡恒等式并进行整理,得

$$Y = C_0 + cY + I_0 + G_0 + X_0 - M_0 - mY \tag{4.2}$$

$$(1 - c + m)Y = C_0 + I_0 + G_0 + X_0 - M_0 \tag{4.3}$$

$$Y = \frac{1}{1 - c + m}(C_0 + I_0 + G_0 + X_0 - M_0) \tag{4.4}$$

将(4.4)式中的国民收入水平对构成有效需求的各个自主性开支求导,得

$$\frac{\partial Y}{\partial C_0} = \frac{\partial Y}{\partial I_0} = \frac{\partial Y}{\partial G_0} = \frac{\partial Y}{\partial X_0} = -\frac{\partial Y}{\partial M_0} = \frac{1}{1 - c + m} \tag{4.5}$$

这一结果中的 $1/(1-c+m)$ 即小国开放经济的外贸乘数或称开放经济乘数。显然,开放经济乘数小于封闭经济乘数 $1/(1-c)$。因为自发性进口变动的乘数 $\mathrm{d}Y/\mathrm{d}M_0 < 0$,进口使国内有效需求减少,从而使国民收入下降。

二、考虑外国反响的外贸乘数

现在我们放宽小国开放经济假设,假定分析对象是一个大国,即它的进出口必将对世界宏观经济总量产生不可忽视的影响。如果本国进出口必将使外国的国民收入发生改变,而外国的国民收入发生改变,又会使它的进口值发生变化,进而使本国的国民收入水平发生变化,那么,这就需要将外国反响(Foreign Repercussions)或回波效应(Feedback Effect)考虑进去。在此,我们假设一个两国模型,一国的进口是另一国的出口,任何一国的经济波动都将通过进出口的变动传递给另一个国家,两国的国民收入是同时决定的。如果用带星号的符号代表外国经济变量,那么有:

$$Y = C + I + G + X - M \tag{4.6}$$

$$Y = C^* + I^* + G^* + X^* - M^* \tag{4.7}$$

其中

$$X = X_0 = M^* = M_0^* + m^* Y^* \tag{4.8}$$

$$X^* = X_0^* = M = M_0 + mY \tag{4.9}$$

将(4.8)式及 C、I、G、X、M 的表达式代入(4.6)式并求解:

$$Y = \frac{1}{1-c+m}(C_0 + I_0 + G_0 + M_0^* + m^*Y^* - M_0) \quad (4.10)$$

同理可得：

$$Y^* = \frac{1}{1-c^*+m^*}(C_0^* + I_0^* + G_0^* + M_0 + mY - M_0^*) \quad (4.11)$$

将(4.11)式代入(4.10)式，可得本国与外国均衡的国民收入水平如下：

$$Y = \frac{(1-c^*+m^*)(C_0 + I_0 + G_0 + M_0^* - M_0) + m^*(C_0^* + I_0^* + G_0^* + M_0 - M_0^*)}{(1-c+m)(1-c^*+m^*) - mm^*} \quad (4.12)$$

$$Y^* = \frac{(1-c+m)(C_0^* + I_0^* + G_0^* + M_0 - M_0^*) + m(C_0 + I_0 + G_0 + M_0^* - M_0)}{(1-c+m)(1-c^*+m^*) - mm^*} \quad (4.13)$$

将(4.12)式中的 Y 对本国各个自发性有效需求求导，得出它们对本国国民收入的影响：

$$\frac{\partial Y}{\partial C_0} = \frac{\partial Y}{\partial I_0} = \frac{\partial Y}{\partial G_0} = \frac{1 + m^*/s^*}{s + m + m^*(s/s^*)} \quad (4.14)$$

$$\frac{\partial Y}{\partial X_0} = \frac{\partial Y}{\partial M_0^*} = \frac{1}{s + m + m^*(s/s^*)} \quad (4.15)$$

$$\frac{\partial Y}{\partial M_0} = -\frac{1}{s + m + m^*(s/s^*)} \quad (4.16)$$

其中 $s = 1-c, s^* = 1-c^*$。将(4.13)式中的 Y^* 对外国各个自发有效需求求导，则可得到它们对外国国民收入的影响。将以上乘数与无外国反响的开放经济乘数进行比较，可以得到(4.17)式和(4.18)式如下：

$$\frac{1 + m^*/s^*}{s + m + m^*(s/s^*)} > \frac{1}{s+m} \quad (4.17)$$

$$\frac{1}{s + m + m^*(s/s^*)} < \frac{1}{s+m} \quad (4.18)$$

从(4.17)、(4.18)两式可以看出，在有外国反响时，本国自发消费、自发投资、自发政府支出变动所产生的乘数效果较大，而本国自发性出口和自发性进口变动所产生的乘数效果较小。

三、收入的调整

收入分析法认为进口随着国民收入的变动而增减，因此国际收支差额必然受到国民收入变动的影响。不考虑国际资本流动，国际收支差额（B）等同于贸易收支：

$$B = X - (M_0 + mY)$$

$$B = X_0 - M_0 - \frac{m}{1-c+m}(C_0 + I_0 + G_0 + X_0 - M_0) \quad (4.19)$$

(4.19)式表明一国可以通过需求管理政策来调整国际收支。当一国国际收支出现赤字时，当局可以采取紧缩性的财政政策和货币政策，使国民收入减少，从而减少进口支出,改善国际收支状况;当一国国际收支出现盈余时,当局可以采取扩张性的财政政策与货币政策,使国民收入增加,从而增加进口支出,使国际收支盈余减少。由于本国边际进口倾向$\left(m=\dfrac{\mathrm{d}M}{\mathrm{d}Y}\right)$为进口需求收入弹性$\left(\dfrac{\mathrm{d}M}{\mathrm{d}Y}\cdot\dfrac{Y}{M}\right)$与开放程度$\left(\dfrac{M}{Y}\right)$之积,因此,这种通过收入变动来调整国际收支状况的效果,取决于本国边际进口倾向、进口需求收入弹性和开放程度,并与它们呈正相关。

$$\frac{\mathrm{d}B}{\mathrm{d}X_0}=-\frac{\mathrm{d}B}{\mathrm{d}M_0}=1-\frac{m}{1-c+m}=\frac{1-c}{1-c+m}$$

$$\frac{\mathrm{d}B}{\mathrm{d}C_0}=\frac{\mathrm{d}B}{\mathrm{d}I_0}=\frac{\mathrm{d}B}{\mathrm{d}G_0}=-\frac{m}{1-c+m}$$

出口和自主性进口的变动除了直接影响国际收支,还会通过国民收入的变化,使引致性进口发生变动,从而进一步影响国际收支状况。因此,一些西方学者把收入效应与弹性分析强调的替代效应结合起来,修正了马歇尔-勒纳条件。在小国开放经济假定下,哈伯格条件(Harberger Condition) $|e_x|+|e_m|>1+m$ 成立与否是本币贬值能改善国际收支的必要条件;在考虑外国反响的情况下,大国只有在条件 $e_x+e_m>1+m+m^*$ 成立时,即在进出口需求弹性的绝对值之和大于1加本国和外国的边际进口倾向的情况下,本币贬值才能有效地改善国际收支状况。

第四节 国际收支调节的吸收分析法

一、吸收分析法的基本内容

吸收分析法又称收入-吸收分析法或支出分析法(Expenditure Approach),是由西德尼·亚历山大(Sidney Alexander)于1952年在其发表的"贬值对贸易差额的影响"(Effects of a Devaluation on a Trade Balance)一文中首先提出的。它针对弹性分析的缺陷,主张采用收入水平和支出行为来分析本币贬值对贸易收支的影响。

吸收分析法的基本内涵来自凯恩斯主义的有效需求理论,以有效需求的变化来影响国民收入和支出行为,从而调整国际收支。其基本结构如下:

$$Y=C+I+G+X-M \tag{4.20}$$

如果定义总吸收 $A=C+I+G$,贸易差额 $B=X-M$,并把吸收与收入联系起来,那么国际收支等同于贸易收支:

$$Y=A+B \tag{4.21}$$

$$B=Y-A \tag{4.22}$$

$$A=A_0+cY \tag{4.23}$$

其中 Y、C、I、G、X、M、$c(=\mathrm{d}A/\mathrm{d}Y)$、$A_0$ 分别代表国民收入、消费支出、投资支出、政府支出、出口、进口、边际吸收倾向以及独立于收入之外的自主吸收。将(4.23)式代入(4.22)式,可以得到如下结果:

$$B=(1-c)Y-A_0 \tag{4.24}$$

$$\mathrm{d}B=(1-c)\mathrm{d}Y-\mathrm{d}A_0 \tag{4.25}$$

在亚历山大看来,国际收支盈余是吸收相对于收入不足的表现,而国际收支赤字则是吸收相对于收入过多的反映。因此,国际收支的改善可以通过下列几种方式实现:① 收入水平增加而吸收不变;② 收入水平不变而吸收减少;③ 收入水平增加同时吸收减少;④ 收入水平的增加大于吸收的增加;⑤ 收入水平的减少小于吸收的减少。本币贬值能否改善国际收支状况,取决于本币贬值能否使国民收入的变动相对于吸收水平而提高。本币贬值的效果表现在以下三个方面:① dY 表示本币贬值对收入的直接影响;② c 表示本币贬值通过收入变化对吸收的间接影响;③ dA_0 表示本币贬值对吸收的直接影响。

二、本币贬值对国民收入水平的影响

1. 闲置资源效应(Idle Resources Effect)

在本币贬值国存在尚未得到充分利用的闲置资源的情况下,本币贬值会使出口增加,进口减少,从而使该国的产出(即国民收入)成倍增加,这会使国际收支状况得以改善。另外,国民收入的增加会使本国消费支出和投资支出增加,进而总吸收水平上升,这会导致国际收支状况的恶化。最终贸易收支将会得以改善还是持续恶化,取决于边际吸收倾向 c。如果 $c<1$,那么吸收的增加小于国民收入的增加,$dB>0$,贸易状况得到改善。

2. 贸易条件效应(Terms of Trade Effect)

由于本币贬值以后,进出口数量不能立即进行调整,贸易状况将因贸易条件的恶化而持续恶化,实际国民收入将会下降。随着国民收入水平的减少,总吸收水平随之下降,贸易差额 $dB=dY-dA=dY-cdY=(1-c)dY$,如果 $c>1$,那么 $dB>0$,本币贬值的贸易条件效应会使国际收支状况得以改善。

三、本币贬值对吸收的直接影响

1. 实际现金余额效应(Real Cash Balance Effect)

如果货币供给不变,本币贬值会使该国物价上涨,那么人们持有的实际现金余额减少。为此,人们或者被迫减少对货物和服务的支出,消费水平下降,总吸收减少;或者将持有的金融资产变现,这会使资产价格下降,利率水平提高,消费和投资水平下降,总吸收减少。因此,实际现金余额效应会使贸易收支状况得以改善。

2. 收入再分配效应(Redistribution of Income Effect)

本币贬值会使物价上涨,而工资的调整却是相对滞后的。这样,物价上涨使收入由工资收入者(固定收入者)转向利润收入者(弹性收入者),在他们之间产生再分配效果。由于弹性收入者的边际消费倾向相对较低,这种再分配效应使总的实际消费支出减少,即吸收减少;如果弹性收入者将其收入用来增加投资,那么吸收增加。总吸收增加与否或贸易收支能否得以改善,取决于实际消费支出变动与投资支出变动的对比。

3. 货币幻觉效应(Money Illusion Effect)

本币贬值会使物价上涨,如果货币收入与价格同比例上涨,那么实际收入保持不变。在这种情况下,如果人们存在货币幻觉,那么会减少消费,总吸收水平随之下降,货币幻觉效应使贸易收支状况得以改善。

4. 其他直接效应(Miscellaneous Direct Absorption Effects)

(1)税收效应。本币贬值引起物价上涨,随着货币收入的上涨,人们将进入较高的

纳税等级,政府收入增加。由于政府的边际支出倾向通常小于私人的边际支出倾向,从而实际总支出减少,总吸收水平的下降会改善贸易收支。

(2)预期效应。在本币贬值引起物价上涨的情况下,如果人们预期物价将会持续上涨,就会增加现期消费支出,这会使总吸收增加,贸易收支状况恶化。

综上所述,一国贸易收支的改善一方面可通过提高实际国民收入进行,另一方面可通过降低国内吸收进行。所以,吸收分析法所倡导的政策也是从这两个方面入手的。如果是收入过低,则可采取扩张性的政策(包括本币贬值)来增加收入,只要收入的增加大于吸收的增加即可改善贸易收支。如果是因为国内吸收过多而引起的逆差,则可采取适当的政策来减少吸收。但实际中,由于收入与支出是相互影响的,即支出随收入的改变而改变,而收入又会因支出的改变而改变,二者互为因果,且有乘数关系。所以只能考虑最终的政策结果能否使收入的增加大于它所诱发的支出的增加,或者考虑最终能否使支出有效减少。如果这种结果可以实现,那么该政策便可以改善贸易收支。

吸收分析法的缺陷表现在以下几个方面:① 吸收分析法是建立在国民收入均衡恒等式基础之上的,对收入、吸收与贸易收支之间的因果关系及其相互影响分析不够;② 吸收分析法没有考虑本币贬值以后相对价格变动在国际收支调整中的作用;③ 吸收分析法没有考虑贸易伙伴国进出口对本国进出口、收入和价格的影响,这在讨论开放经济问题中是一个显而易见的缺陷;④ 吸收分析法同样没有考虑国际资本流动,而将国际收支等同于贸易收支。

第五节 国际收支调节的货币分析法

货币分析法是20世纪60年代末70年代初发展起来的一种较新的国际收支调节理论。它沿袭了货币学派的基本观点,将国际收支视为一种货币现象,实际上是封闭经济条件下的货币主义原理在开放经济中的引申。其代表人物是罗伯特·蒙代尔(Robert Mundell)、哈里·约翰逊(Harry Johnson)。

货币分析法对国际收支的研究不只局限于贸易差额,而是将经常账户和资本与金融账户结合起来,把国际资本流动考虑进来,侧重于分析国际收支的综合差额。其基本观点是:国际收支完全以货币失衡为基础,即是由人们希望持有的货币量与货币当局的货币供给量之间存在的差异造成的。如果货币需求大于货币供给,这部分超额货币需求就必须通过外国货币的流入来满足,从而国际收支出现盈余;如果货币需求小于货币供给,这部分超额货币供给就必须通过本国货币的流出来消除,从而国际收支出现赤字。货币分析法认为,如果货币供给保持不变,货币的超额需求会使国际收支产生失衡,并通过影响下一期的货币供给使货币供求实现平衡。如果不发生超额货币需求,那么国际收支将不会发生失衡。

一、货币需求

通常认为货币需求是价格水平与实际收入水平的增函数。如果 M^d、P、Y、k 分别代表货币需求、价格水平、实际国民收入、货币持有倾向(即收入中持有货币的比例),那么实际货币需求可以由剑桥方程式表示如下:

$$M^d = kPY \tag{4.26}$$

对(4.26)式取对数,然后对时间 t 求导,可以得到下列结果:

$$\ln M^d = \ln k + \ln P + \ln Y \tag{4.27}$$

$$\frac{1}{M^d}\frac{dM^d}{dt} = \frac{1}{k}\frac{dk}{dt} + \frac{1}{P}\frac{dP}{dt} + \frac{1}{Y}\frac{dY}{dt} \tag{4.28}$$

如果定义 $\hat{X} = \frac{1}{X}\frac{dX}{dt}$ 为 X 的变化率,那么(4.28)式可以表示为:

$$\hat{M}^d = \hat{k} + \hat{P} + \hat{Y} \tag{4.29}$$

由于 k 是由社会习俗、商业惯例等因素决定的,通常比较稳定,因此 $\hat{k}$ 可以看作零,即 $\hat{k}=0$。那么(4.29)式变为:

$$\hat{M}^d = \hat{P} + \hat{Y} \tag{4.30}$$

(4.30)式表明,货币需求的变动率等于价格水平变动率与实际国民收入变动率之和。根据货币分析法,在货币供给不变的情况下,价格水平和实际国民收入上升都会使货币需求上升,如果出现超额货币需求,那么国际收支状况将会得以改善。这与弹性分析法和收入分析法的观点是截然不同的。

二、货币供给

在封闭经济条件下,一国的货币量取决于该国的基础货币量与银行的准备金水平。在开放经济条件下,一国的货币量与其国际储备金额有着密切的关系。为了分析货币供给,我们给出中央银行和商业银行简化的 T—A 账户:

中央银行

资产(A)	负债(L)
黄金与外汇(F) 国内信用(D_c)	通货(C) 商业银行库存现金和准备金存款(C_b)

商业银行

资产(A)	负债(L)
库存现金和准备金存款(C_b) 国内信用(D_b)	可开列支票存款(D)

综合资产负债表

资产(A)	负债(L)
黄金与外汇(F) 国内信用($D_a = D_b + D_c$)	通货(C) 可开列支票存款(D)

其中,中央银行的国内信用指中央银行通过公开市场操作直接向政府、商业银行或社会公众买入政府债券而投放的强力货币;商业银行的国内信用指商业银行所持有的债券和放款债权;通货指社会公众手中持有的货币。如果货币供给量为 M_1,那么,根据上述 T—A 账户,我们可以得到下列等式:

$$F + D_c = C + C_b \tag{4.31}$$

$$C_b + D_b = D \tag{4.32}$$

$$F + D_a = C + D \tag{4.33}$$

$$M^s = C + D = F + D_a \tag{4.34}$$

$$\Delta M^s = \Delta F + \Delta D_a \tag{4.35}$$

(4.34)式表明货币供给量等于国内信用与国际储备(黄金与外汇)之和;(4.35)式表明货币供给的变动量等于国际储备变动量(国际收支差额)与国内信用变动量之和。将(4.35)式两边同时除以 M^s:

$$\frac{\Delta M^s}{M^s} = \frac{\Delta F}{M^s} + \frac{\Delta D_a}{M^s} \tag{4.36}$$

$$\frac{\Delta M^s}{M^s} = \frac{\Delta F}{F} \cdot \frac{F}{M^s} + \frac{\Delta D_a}{D_a} \cdot \frac{D_a}{M^s} \tag{4.37}$$

$$\Rightarrow \hat{M}^s = a\hat{F} + (1-a)\hat{D}_a \tag{4.38}$$

(4.37)式表明货币供给增长率等于国际储备增长率与国内信用增长率的加权平均,权数分别为 $\alpha = F/M^s$ 和 $(1-\alpha) = D_a/M^s$。根据货币分析法,本期国际储备或国内信用的增加会使货币供给量增加,产生超额货币供给,使下一期的国际收支状况恶化,这会影响国际储备的变动,从而使货币供给与货币需求重新恢复平衡。由于 $M^d = M^s$,根据(4.30)式与(4.38)式,可以得到:

$$\hat{P} + \hat{Y} = a\hat{F} + (1-a)\hat{D}_a \tag{4.39}$$

如果一价定律(The Law of One Price)成立,即 $P = eP^*$,那么有:

$$\ln P = \ln e + \ln P^*$$

$$\frac{1}{P}\frac{dP}{dt} = \frac{1}{e}\frac{de}{dt} + \frac{1}{P^*}\frac{dP^*}{dt}$$

$$\hat{P} = \hat{e} + \hat{P}^* \tag{4.40}$$

将(4.40)式代入(4.39)式,得到(4.41)式:

$$\hat{e} + \hat{P}^* + \hat{Y} = a\hat{F} + (1-a)\hat{D}_a \tag{4.41}$$

在不同的汇率制度下,(4.41)式有不同的表现方式。

在固定汇率制度下,一国货币当局必须将汇率维持在某个固定水平上,因此汇率变动率为零,即 $\hat{e} = 0$ 而 $\hat{F} \neq 0$,(4.41)式简化可以得到下式:

$$\hat{P}^* + \hat{Y} = a\hat{F} + (1-a)\hat{D}_a \tag{4.42}$$

$$\hat{F} = \frac{1}{a}\hat{P}^* + \frac{1}{a}\hat{Y} - \frac{1-a}{a}\hat{D}_a \tag{4.43}$$

(4.43)式表明,在价格与收入不变的情况下,国内信贷 D_a 的增长会导致国际储备 F 的减少。这意味着如果中央银行扩大信贷,那么实际货币余额会增加,增加支出,降低多余的现金余额。因此人们将增加对外国货物和外国金融资产的购买,从而国际收支出现逆差,国际储备流失。相反,如果中央银行紧缩信贷,那么会产生超额的货币需求,从而国际收支将出现顺差,国际储备增加。

在浮动汇率制度下,一国货币当局不必维持汇率的稳定,所以 $\hat{e} \neq 0$ 而 $\hat{F} = 0$,国际货币条件变化的调整通过汇率变化来完成。(4.41)式可以简化得到(4.44)式:

$$-\hat{e} = \hat{P}^* + \hat{Y} - (1-a)\hat{D}_a \tag{4.44}$$

如果 $\hat{P}^*$、$\hat{Y}$ 保持不变,国内信用的增加($\hat{D}_a>0$)意味着 $\hat{e}>0$,即本国货币贬值;如果国内信用保持不变,$\hat{P}^*$、$\hat{Y}$ 的变动与汇率 e 呈反方向变化,即当 $\hat{P}^*>0$、$\hat{Y}>0$ 时,货币需求增加,从而有 $\hat{e}<0$,即本国货币升值。

在管理浮动汇率制度下,汇率在理论上是浮动的,其水平由市场供求决定,然而货币当局为了追求某一合意的经济目标,不时对汇率进行干预,将汇率钉住在某一理想水平上,因此汇率具有固定汇率和浮动汇率制度的双重特点。r 与 F 都可变,这样,可调整的货币供求将影响汇率水平,而中央银行也允许国际储备发生变化,因此,中央银行可以使汇率适应自由市场的变化水平,也可以通过调整国际储备变动将汇率维持在某种水平上。

三、货币分析法的政策含义

货币分析法的政策含义主要体现在以下几个方面:首先,国际收支失衡本质上是一种货币现象。只要一国不是严重依赖于利用货币供给增长来为政府支出融资,那么一国就不会出现长期逆差。其次,国际收支失衡可以通过国内货币政策来纠正。国内信贷增长率的降低可以替代货币贬值,而且更为有效,因为贬值是通过降低一国货币对世界其他国家货币的价值来发挥作用的。再次,国内收入的增加会通过扩大货币需求而改善国际收支,但条件是收入的增加不被国内信贷的扩张所抵消。最后,如果一价定律成立,那么中央银行必须在汇率与本国价格水平之间做出政策选择。已知 $P=eP^*$,在固定汇率制度下,e 为常数,意味着国内价格 P 将对应于国外价格水平 P^*,即 $\hat{P}=\hat{P}^*$。这也就是通常所说的输入性通货膨胀的情况,即在维持汇率固定的情况下,如果国外价格水平 P^* 上升,则国内价格水平也会上升。在浮动汇率制度下,汇率可以自由变化,达到外汇市场出清所需要的均衡水平。中央银行可以选择让国内的通货膨胀不受他国影响。若国内通货膨胀低于国外的通货膨胀,那么本国货币将升值。因此,在国内通货膨胀率和汇率水平之间进行选择,该选择具有重要的经济意义和政治含义。

本章术语 》》

价格-铸币流动机制 马歇尔-勒纳条件 J曲线效应 外贸乘数
小国开放经济 货币幻觉效应

本章总结 》》

1. 价格分析法的基本内涵源于古典学派的"价格-铸币流动机制"。它假定经济处于充分就业状态,因此收入不变,但价格可变。在浮动汇率制下得出了结论:只有当马歇尔-勒纳条件得到满足时,本币贬值才会使本国国际收支状况得到改善。

2. J曲线效应论证了由于时滞的存在,本币贬值并不能立刻改善一国的国际收支状况。这也再次提醒政策制定者们慎用本币贬值的政策。

3. 国际收支调节的收入分析法打破了经济处于充分就业的假设,考虑在价格不变而收入可变的假设条件下进行国际收支调节,得出了在不同情况下的外贸乘数。而一些西方学者把收入效应与弹性分析的思路结合起来,对马歇尔-勒纳条件进行了修正。

4. 吸收分析法的基本内涵源于凯恩斯的有效需求理论。该理论认为国际收支盈余是因为吸收相对于收入不足,而国际赤字则是吸收相对于收入过多,由此得出了本币贬值能否改善国际收支状况取决于本币贬值能否使国民收入的变动相对于吸收水平而提高。

5. 货币分析法沿袭了货币学派的基本观点,将国际收支看成一种货币现象,将经常账户和资本与金融账户结合起来考虑,同时考虑国际资本流动。货币分析法认为国际收支完全以货币失衡为基础,即如果人们希望持有的货币量与货币当局的货币供给量存在差异,就会产生国际收支失衡。具体说来,如果货币需求大于货币供给,那么这部分超额需求必须通过外国货币的流入来满足,这会导致国际收支出现盈余,反之则会出现国际收支的赤字。

6. 从货币分析法的思路出发可得出一系列重要的经济结论:国际收支本质上只是一种货币现象;国际收支失衡可以通过国内货币政策来纠正;如果国内收入增加不被国内信贷的扩张所抵消,那么收入的增加就会扩大货币需求,改善国际收支状况;如果一价定律成立,那么中央银行必须在汇率与本国价格水平上做出政策选择。

思考和练习

1. 马歇尔-勒纳条件说明了什么?如果进出口供给弹性不再是无穷大,本币贬值能否使国际收支得到改善?

2. J曲线效应说明了什么?有什么现实意义?

3. 弹性分析法的缺陷是什么?

4. 什么是收入分析法中的需求管理政策?它如何影响本国的国民收入和国际收支?

5. 从吸收分析法的角度来看,要改善本国的国际收支可采取哪些办法?

6. 货币分析法有什么政策含义?

7. 结合本章中的理论思考人民币贬值或升值的利弊。

8. 如果本国的国际收支存在赤字,本国的进出口量均为10 000个单位,进出口的需求汇率弹性分别为0.6、0.7,假定本币贬值5%。那么,国际收支状况如何变化?为什么?

9. 假定小国开放经济模型如下:

$$Y = C + I + G + X - M$$
$$C = C_0 + cY \quad (c = \mathrm{d}C/\mathrm{d}Y)$$
$$I = I_0$$
$$G = G_0$$
$$X = X_0$$
$$M = M_0 + mY \quad (m = \mathrm{d}M/\mathrm{d}Y)$$

试推导小国开放经济乘数。如果$c = 0.6$,$m = 0.4$,$\Delta X_0 = 150$,$\Delta M_0 = 300$,$\Delta G_0 = 50$,那么,它们对国民收入和国际收支状况的净影响如何?

10. 如果边际吸收倾向为0.4,假定本币贬值以后收入水平增加10 000亿元,自主吸收增加5 000亿元,那么,贸易差额的净变动如何?

第五章　　汇率决定理论一：购买力平价理论

▮本章概要▮

　　汇率是最令经济学家感到困惑的经济变量之一，迄今为止已经有很多模型来解释汇率的形成机制和波动原理，但是仍然没有一种理论可以使现实中汇率波动的经验事实与理论预测完全一致。本章我们探讨购买力平价理论。

▮学习目标▮

1. 理解一价定律的含义。
2. 掌握绝对购买力平价和相对购买力平价的含义与计算。
3. 清楚购买力平价理论的优缺点。

第一节　概　　论

　　汇率决定理论所阐述的是，什么因素决定汇率的高低，又有哪些因素影响汇率的上下波动。汇率决定理论与国际收支理论一样，是国际金融理论的基础与核心。汇率决定理论是随着经济学理论的发展而发展的，是一国货币当局制定宏观经济政策的理论依据。同其他任何理论一样，汇率决定理论也是随着国际经济交易的不断发展而逐渐扩展的。因此，汇率决定理论在不同的经济时期，经历了不同的发展阶段，其中著名的汇率决定理论有国际借贷说、购买力平价说、汇兑心理说、国际收支说和资产市场说等。

　　国际借贷说（Theory of International Indebtedness）是由英国学者乔治·葛逊（George Goschen）于1861年提出的，该理论在第一次世界大战前颇为流行。当时处于金本位盛行的时期，因此该理论是解释汇率波动原因的学说。葛逊认为，汇率变动是由外汇的供给与需求引起的，而外汇的供需又是由国际借贷引起的。货物的进出口、资本的国际转移、利润的汇出入和捐赠的收付，以及旅游等收支都会引起国际借贷关系的变化。在国际借贷关系中，只有已进入支付阶段的借贷（即流动借贷），才会影响外汇的供需关系。当一国外汇收入多于支出时，汇率下降；反之，汇率上升。借贷平衡时，汇率便不发生变动。

　　第一次世界大战之后，金本位制度崩溃，各国大量发行货币，造成物价上涨，汇率也急剧波动。瑞典经济学家古斯塔夫·卡塞尔（Gustav Cassel）于1922年出版《1914年以后的货币与外汇理论》一书，提出了著名的购买力平价说（Theory of Purchasing Power Parity）。该理论认为两种货币的汇率取决于它们各自所代表的购买能力，汇率的变动也是由货币的购买能力产生了相对变化而导致的。

　　在卡塞尔之后，法国学者阿尔伯特·阿夫达里昂（Albert Aftalion）于1927年提出了汇兑心理说（Psychological Theory of Exchange），以此解释各国的统计资料中货币、物价和汇率变动存在不一致的现象。汇兑心理说认为人们之所以对外国货币有需求，是因为外汇除了能让人们购买外国货物，还能满足人们的其他欲望，如对外支付、国际投资、外汇投机和资本逃避等。这种欲望是使外国货币具有价值的基础。因此，两种货币的汇率也就取决于人们对这两种货币价值的主观评价，而外币价值的高低又是以人们主观评价中的边际效用的大小为转移的。外汇供给增加，其边际效用递减，汇率下降；反之，边际效用递增，汇率上升。汇兑心理说因阐述了主观心理因素对汇率的影响而被视作独树一帜的汇率理论。

随着国际贸易的发展和汇率剧烈波动，远期外汇业务也发展起来。1923年，凯恩斯首次系统提出了远期汇率决定的利率平价理论（Theory of Interest Parity），1931年，英国学者保罗·爱因齐格（Paul Einzig）出版了《远期外汇理论》一书，进一步阐述了远期差价与利率之间的关系。利率平价理论与20世纪远期交易的发展以及国际资本流动的加剧是密不可分的。

第二次世界大战后，各国实行固定汇率制度，对汇率的研究暂时没有重大发现。布雷顿森林体系解体后，各国普遍采取浮动汇率制度，汇率的波动又趋于剧烈，对世界经济和贸易产生了重大影响，于是对汇率的研究又一次蓬勃发展起来。首先是一些学者在国际借贷说的基础上，将凯恩斯的国际收支均衡分析应用到汇率决定理论中，提出了现代的国际收支说（Modern Balance of Payments Theory）。同时，由于20世纪70年代国际资本流动的迅速发展，西方学者提出了资产市场说（Asset Market Approach）。其中杰弗里·弗兰克尔（Jeffrey Frenkel）等提出了弹性价格货币论（Flexible-Price Monetary Approach），鲁迪格·多恩布什（Rudiger Dornbusch）提出了短期内的粘性价格货币论（Sticky-Price Monetary Approach），以及威廉·霍本·布兰森（William Hoban Branson）等提出了资产组合平衡理论（Portfolio-Balance Theory of Exchange Rate）。

本章我们首先探讨汇率理论中最早形成、最具代表性，同时也是应用最广泛的理论模型——购买力平价理论。对购买力平价模型的理解是学习国际金融的基础，就其理论本身而言，在汇率决定理论方面，它一直被视为一个令人满意的模型。以后的章节里我们要学习许多现代汇率理论，其中会提到长期汇率，那时也会用到购买力平价模型的知识。但是，自1973年各国普遍采用浮动汇率制度以来，这一理论在解释现实汇率行为方面出现了诸多不适用性。也就是说，购买力平价理论并不能对汇率的决定和波动给予充分的解释。我们将探讨购买力平价理论的主要缺陷，介绍对购买力平价理论的更为一般化的表述，并介绍巴拉萨-萨缪尔森模型。

第二节　国际平价条件及其意义

国际金融的研究以几个非常重要、适用性非常强的平价条件为基础。这些平价条件分别描述了本国与他国之间商品与服务市场、金融资产市场的均衡条件。它们把各个看似不同的市场价格或价格变动联系起来，从而构成汇率决定模型的基础。国际金融的平价条件主要包括购买力平价、利率平价、费雪效应、无偏差远期汇率、实际利率平价等五个平价条件。其中，第五个平价条件可以被视为隐含的假设。在其余四个平价条件中，只有前三个平价条件是相互独立的，第四个平价条件可以从其他三个平价条件中推导出来。平价条件考察的角度主要分为三个层面：首先，平价条件以完全资本市场假设为前提,即没有交易成本、没有税收、具有完全的确定性,这使我们能够推导出最纯粹、最基本的初步结论。完全资本市场假设是分析国际平价条件的起点,它可以简化分析,与其他更加现实的假设条件相比,提供了一个非常有用的参照基准。其次,以此为基础,我们进一步放松每一个关键假设,让假设条件逐渐变得更加接近现实,考察平价条件是否依然成立。最后,我们需要考察各种平价条件的经验数据,以便了解平价条件的意义和有效性。国际平价条件的经验数据非常重要,它是我们判断平价条件何时成立的依据。国际金融市场波动异常频繁,投资机会稍纵即逝。掌握与平价条件有关的经验数据,有助于我们敏锐地发现市场异常波动带来的投资机会,最大限度地优化投资决策或者有效化解市场风险。

平价条件是国际金融的基准或平衡价值。依据平价条件,我们可以更透彻地理解国际金融市场及其波动的内涵,从而更好地制定并优化市场战略。在具体的国际金融决策中,个人可以根据平价条件成立与否决定投资、融资无差异平衡点的位置,在本币与外币、本币资产与外币资产之间做出合适的选择,优化自己的行为。公司可以根据平价条件成立与否决定企业决策无差异平衡点的位置,在投融资决策中选择本币还是外币,在厂址选择中是选择本国还是外国,使用哪种方法衡量风险等,进而优化企业的战略选择。公共政策制定者依据各种平价条件成立与否,判断一国货币的汇率水平,一国资本市场是否有效发挥了作用,以及各种政策措施是否具有效力,等等,从而优化政策制定、实施以及战略选择。

如果一国货币的价值与购买力平价长期偏离,不仅在选择厂址时面临很大的汇率风险,而且这种货币头寸本身包括以这种货币计值的资产和负债都会面临巨大的汇率风险。一旦市场出现极端的异常波动,当事人就有可能因此承受巨额的资本损益。当平价条件成立时,两种可供选择的金融选择是无差异的,即持有本币与外币是无差异的,投资于本币资产与外币资产是无差异的,借入本币与外币是无差异的。当平价条件无效时,市场力量更看好其中的某一方,本币相对于外币而言,不是被严重高估就是被严重低估。此时无论是做多还是做空某种货币,只要方向正确,都存在巨大的获利空间。对于决策者而言,唯一需要关心的是实际情况偏离平价条件的方向和幅度。偏离的方向决定了战略选择是做多还是做空;偏离的幅度决定了套利空间的大小。偏离的幅度越大,决策者面临的机会越大,必须承担的风险越小。

面对平价条件或均衡条件成立与否,经济学与金融学的思维不尽相同。当平价条件成立时,从经济学角度来说,这意味着市场处于完美的均衡状态,是公共政策制定者和实施者追求的理想状态;从金融学的立场而言,这意味着市场处于盈亏平衡的临界点,没有任何赚取超额利润的套利空间和交易机会。平价条件的成立找到了一个决定交易方向的参照点,为将来做多还是做空的选择提供了充足的依据。当平价条件不成立时,从经济学角度来说,这意味着市场处于失衡状态,是公共政策制定者和实施者竭力避免的状态;从金融学的立场而言,这意味着市场已经打破了均衡状态,出现了赚取超额利润的套利机会,提供了一个决定交易方向的选择依据,为立即做多还是做空的交易选择提供了判断标准,这让市场参与者充满喜悦。从这个视角来看,平价条件的成立与否及其相互转化,实际上隐含了套利机会的存在与否、套利空间的大小、交易战略的方向选择以及公共政策制定者与微观经济主体之间的博弈。

第三节 购买力平价理论与一价定律

如前所述,汇率是一种货币用另一种货币表示的价格,是两种货币之间的比价。而价格变化取决于本币与外币之间的相对供求关系,因此外汇供求是汇率决定理论研究的核心与出发点。根据国际收支及其平衡表,外汇供求主要分为两类,一类与经常账户中描述的商品和服务的贸易有关,另一类则与资本与金融账户中描述的金融资产交易和所有权变动有关。购买力平价探讨了国际贸易与即期汇率之间的关系。这种关系是一种双向关系,汇率影响贸易水平,贸易水平也会影响汇率。

每一种货币都有一定的价值量,不同的货币代表了购买商品和服务的不同能力。货币的起源及其价值就在于货币具有购买力。购买力平价说认为,本国人之所以需要外国货币是因为用它可以购买外国的货物、服务和技术等;而外国人之所以需要本国货币,是因为外国人用它可以购买本国的货物、服务和技术等。因此,两国货币的交换实质上是两国货币所代表的购买力的交换,即汇率是两国货币在各自国家中所具有的购买力的对比。购买力平价理论实际上表述的就是这样一个简单的道理。

购买力平价理论最早是由瑞典经济学家古斯塔夫·卡塞尔于20世纪20年代提出的。购买力平价理论隐含着一个基本的假设,就是当货物按同一货币来计算价格时,由于套购的存在,会导致国际上货物价格趋于一致,也就是说,这一理论运用了一价定律。

所谓一价定律,是指在没有运输费用和其他贸易壁垒的自由竞争市场上,同种货物在不同的国家出售,按同一货币计算的价格应该是一样的。由于各国所采用的货币单位不同,同一商品以不同货币表示的价格经过均衡汇率的折算,最终是相等的。为了说明一价定律,我们假定一个月后在北京国家大剧院举办一场音乐会。为了扩大音乐会的规模,组织者在上海与北京同时卖票。两地的票价不同,分别是120元和200元。鉴于上海的音乐爱好者需要额外支付交通、食宿和其他费用,对于两地的音乐爱好者而言,这两个价格是无差异的。然而,对于两地的票贩子而言,不仅这两个价格是不同的,而且其中存在赚差价的机会。

表5.1 音乐会票价与倒票的利润

	票价		利润	备注
	北京	上海		
1	200	120	80	
2	190	130	60	
3	180	140	40	
4	170	150	20	
5	160	160	0	

在这个例子中,如果一个聪明的票贩子发现了其中的秘密,他可以设法从上海买票并在北京销售,套取两地之间的音乐会门票差价。如果其他票贩子看到倒票有利可图,也会陆续加入进来。票贩子的行为会使上海的票价不断提高,同时北京的票价不断降低,从而使两地的差价不断缩小,倒票的利润越来越少,直至无利可图。

与票贩子利用门票差价倒票的机制类似,一价定律是以货物被完全套购为基础的。

当经济中的行为主体利用国际上的价格差异来获取无风险利润时,便产生了套购行为(Commodity Arbitrage)。例如,一辆小汽车在英国价值 15 000 英镑,而同一型号的小汽车在美国价值 30 000 美元,那么依据一价定律,此时的汇率就应该是£15 000/$30 000,即£0.50/$1。假如现行汇率比这一汇率高,比如£0.60/$1,那么一个美国消费者会选择在英国购买小汽车,因为他只需拿出 25 000 美元,就可以换到 15 000 英镑,在英国刚好可以购买一辆小汽车,比其在美国购买一辆同一型号的汽车节省了 5 000 美元。根据一价定律,美国消费者会利用这种套购获利的可能性,开始买进英镑、卖出美元,这样一个过程会一直持续到英镑升值,汇率重新变为£0.50/$1 为止,在这一点,套购获利的可能性消失。相反,如果现行汇率是£0.4/$1,那么在英国购买一辆小汽车需要一个美国消费者支付 37 500(15 000÷0.4)美元,而在美国购买一辆小汽车却只需一个英国消费者支付 12 000(30 000×0.4)英镑,英镑的价值被高估了。因此,美国消费者不会在英国买车,但英国消费者却愿意在美国购买汽车(因为节省了 3 000 英镑),所以在外汇市场上英镑会不断贬值,直到购买力平价£0.50/$1 成立为止。

在套购获利过程中,既可能是两国小汽车的价格调整来适应汇率,也可能是汇率调整适应价格,更有可能是价格调整与汇率调整同时进行。值得强调的是,一价定律隐含了三个假设:第一,商品的交易不需要交易费用;第二,理性的市场上不存在贸易壁垒,即没有贸易禁令、关税、税收、配额限制和外汇管制以及资本管制等;第三,比较的是同一种商品,在品质上不存在任何差异。购买力平价的支持者们认为,汇率必须做出调整以保证仅适用于单个货物的一价定律也适用于国际上相同的一篮子货物。购买力平价说有两种形式:绝对购买力平价说和相对购买力平价说。前者解释在某一时点上汇率决定的基础,后者解释在某一段时间内汇率变动的原因。下面我们依次介绍这两种购买力平价。

第四节 绝对购买力平价和相对购买力平价

一、绝对购买力平价

按照绝对购买力平价,在某一时点上,两国货币之间的兑换比率取决于两国货币的购买力对比。如果在本国和外国同时选取相同的一篮子有代表性的货物,并对其价格水平进行比较,假如此时可以通过汇率转换,按照同一货币来计算货物价格,那么两国的价格水平应该是相等的。例如,现有一篮子货物在英国价值 100 英镑,而同样的一篮子货物在美国价值 200 美元,那么此时的英镑/美元汇率就应为£100/$200=£0.50/$1。假设一个选定的货物篮子中包括 n 种货物,本国价格指数为 P,外国价格指数为 P^*,它们都是 n 种货物价格的加权平均数:

$$P = \sum_{i=1}^{} W_i P_i, \quad P^* = \sum W_i^* P_i^*$$

如果货币的购买力指数用某一时点物价水平指数的倒数来衡量,那么绝对购买力平价说可以将汇率表示为:

$$E = \frac{1/P^*}{1/P}$$

经整理,绝对购买力平价的公式如下:
$$E = P/P^*$$

其中,E 代表以直接标价法表示的汇率,即一单位外国货币可以折算为多少单位的本国货币;P 代表本国的一般物价指数;P^* 代表外国的一般物价指数。根据绝对购买力平价说,相对于外国而言,本国价格水平的上升必然会导致本币对外币同比例的贬值。在我们已给出的例子中,如果在英国选取的货物篮子价值升至 160 英镑,而在美国相同的货物篮子价值仍维持在 200 美元,那么英镑将会贬值,汇率会变为 £0.80/$1。

绝对购买力平价公式暗含着一个重要假设,就是在自由贸易条件下,同一种货物在世界各地的价格是相同的,也就是符合一价定律。如果汇率不能使一价定律成立,那么国际上就会产生套购,即套购者根据贱买贵卖的原则,在低价国购买货物,运到高价国出售,以获取无风险的套购利润。例如,同一货物在英国价值 1 英镑,在美国价值 2 美元,则根据绝对购买力平价说£1 = $2。如果此时的汇率不是£1 = $2,而是£1 = $2.5,那么,人们就会发现套购货物是有利可图的,即从美国买入 1 单位货物,花费 2 美元;运至英国出售,收入 1 英镑,将英镑在外汇市场上卖出,则可得 2.5 美元,净赚 0.5 美元。套购商不断在美国买入货物,在英国卖出,会使货物的价格差异在两国产生变化;另外,套购商不断在外汇市场上卖出英镑,买入美元,又会使英镑贬值、美元升值,这些变化将一直持续到绝对购买力平价成立为止。

绝对购买力平价成立的必要条件是,如果一价定律对每种货物都成立,那么只要每种货物在国内外经济中所占权重相同,绝对购买力平价就是成立的。反而言之,只要两国的经济构成不同,即使一价定律对所有货物都成立,绝对购买力平价也不成立。绝对购买力平价的缺陷在于,一方面,绝对购买力平价要求两个国家的货物篮子完全相同,这意味着只有两个国家所有货物的权数相同时,绝对购买力平价才能成立;另一方面,每个国家通常只报告价格指数,而不报告以本国货币表示的绝对价格水平。如果价格指数没有任何单位,绝对购买力平价就不能成立。

二、相对购买力平价

即使是绝对购买力平价说的支持者一般也会承认,由于运输费用、信息不完全、关税的扭曲作用以及其他形式的保护主义等条件的限制,这一理论并不可能总是有效。但是,人们却认为即使存在上述限制条件,作为购买力平价的弱形式(Weaker Form)——相对购买力平价也同样成立。简单地说,相对购买力平价说认为两国间通货膨胀率差异的变化会引起汇率的调整,运用代数方法可以描述如下:
$$\%\Delta E = \%\Delta P - \%\Delta P^*$$

其中,$\%\Delta E$ 代表汇率变化的百分比,$\%\Delta P$ 代表本国的通货膨胀率,而 $\%\Delta P^*$ 代表外国的通货膨胀率。按照相对购买力平价的解释,汇率反映各国货币购买力的变化,汇率的变化与同一时期内两国物价水平的相对变动成比例。以公式表示如下:
$$E_1 = \frac{P_1/P_0}{P_1^*/P_0^*} \times E_0$$

其中:

E_1——当期汇率水平

E_0——基期汇率水平

P_1——当期 A 国物价指数

P_0——基期 A 国物价指数

P_1^*——当期 B 国物价指数

P_0^*——基期 B 国物价指数

续上例,假如一匹布的价格在英国由 1 英镑上涨到 2 英镑,而在美国由 2 美元上涨到 6 美元,那么英镑与美元之间的汇率就会由£1 = \$2,上升到£1 = \$3。

$$E_1 = \frac{6/2}{2/1} \times 2 = 3$$

相对购买力平价也可以用通货膨胀率的形式来表示。我们以 π 表示本国通货膨胀率,以 π^* 表示外国通货膨胀率,那么有:

$$P_1/P_0 = 1 + \pi, \quad P_1^*/P_0^* = 1 + \pi^*$$

相对购买力平价可以表示为下列形式:

$$\frac{E_1}{E_0} = \frac{1+\pi}{1+\pi^*} \quad \text{或者} \quad \frac{E_1 - E_0}{E_0} = \frac{\pi - \pi^*}{1 + \pi^*}$$

上式表明,外汇成比例地升值还是贬值取决于两国通货膨胀率的高低。可以看出,当 A 国发生通货膨胀时,A 国货币的国内购买力降低,若同时,B 国物价水平保持不变,或涨幅低于 A 国,则 A 国货币相对于 B 国货币就会贬值;反之,B 国物价水平涨幅比 A 国大,则 A 国货币相对于 B 国货币就会升值;若两国都发生通货膨胀且幅度相等,则汇率不变。

上述公式并不意味着价格和汇率之间存在因果关系或者相反的关系。价格和汇率都是由其他变量所决定的内生变量。例如,政策变化(作为外部冲击的一部分)可能引起国内价格和汇率水平的变化,人们在不同阶段认识到这些变化产生的影响,有时会认为"价格变化影响汇率变化",有时也会认为"汇率变化影响价格变化"。目前并没有形成一个明确的定论。有关因果关系的任何结论都是以对当时形势的判断为依据的。因此,购买力平价不是一种因果关系,而是一种均衡条件。在经济处于长期均衡状态时,它是一个必须满足的平价条件。如果购买力平价条件严重偏离,那么意味着市场之间存在套利机会;如果购买力平价有成立的趋势,那么意味着套利空间会逐渐缩小,套利机会即将消失。无论如何,购买力平价条件都是一个非常有用的工具。根据相对购买力平价说,如果英国的通货膨胀率是 10%,而美国的通货膨胀率为 4%,那么英镑对美元将会贬值 6%,在这种情况下,绝对购买力平价说却未必会成立。比如说,我们现在选定相同的一篮子货物,当这一篮子货物在英国价值 120 英镑、在美国价值 200 美元时,现行汇率却有可能是£0.50/\$1,这时绝对购买力平价理论便失效了(因为按绝对购买力平价计算,此时汇率应为£0.60/\$1)。又比如假设英国物价上涨 10%,原有货物篮子价格升至 132 英镑,而美国物价上涨 4%,原有货物篮子价格变为 208 美元,这时,相对购买力平价说会预测英镑对美元将贬值 6%,现行汇率由此变为£0.53/\$1(即使绝对购买力平价说认为汇率应是£0.635/\$1 =£132/\$208)。

第五节 购买力平价理论的扩展表述

以上我们讨论购买力平价理论时,有一个暗含的前提,即购买力平价适用于全部货物。实际上,这个前提是不符合现实的。因为购买力平价理论的前提条件是一价定律,而一价定律的基础是在两国之间自由贸易且忽略各种交易成本的情况下的货物套购。但是现实中,并不是所有的货物都参与货物套购,那些只在国内交易而不在国际上进行交易的货物和服务是不参与货物套购的,比如住房,比如一些服务(餐饮业、理发等),这些货物和服务都不能因汇率的变动而产生套购行为。因此,在探讨更为准确的购买力平价模型时,有必要将贸易品(参与货物套购)和非贸易品(不参与货物套购)区分开。区分贸易品与非贸易品的意义在于在一般条件下,购买力平价模型可能更适用于贸易品,而不是非贸易品。这是因为,贸易品的价格更倾向于由国际竞争决定,而非贸易品的价格则主要是由国内供求状况决定的。例如,如果一辆小汽车在英国价值 15 000 英镑,在美国价值 30 000 美元,套购行为会使得两国汇率保持在 £0.50/$1 的水平上。但是,假如一套住房在英国价值 150 000 英镑,在美国价值 80 000 美元,现行汇率是 £0.50/$1,此时,套购行为便难以发挥作用(除非英国人会大量移居美国,哄抬美国房价,并使英国房价下降)。同样,如果理一次发在英国需支付 10 英镑,在美国需支付 10 美元,现行汇率为 £0.50/$1,只有愚蠢的英国人才会为了理发专程去一次美国,虽然他可以节省 5 英镑,却不得不以更多的时间和旅费为代价。所以下面的模型就考虑到原有购买力平价的局限性,而将贸易品和非贸易品加以区分。

在考虑到总价格指数由贸易品和非贸易品两部分构成之后,我们考察一下这种区分对于购买力平价理论的重要性。我们假定这一模型适用于贸易品,因此可以将原来的购买力平价公式加以改写:

$$P_T = EP_{T^*} \tag{5.1}$$

在这一等式中,E 是汇率,即一单位外国货币可以折算为多少单位的本国货币,P_T 是贸易品在本国以本币计算的价格;P_{T^*} 是贸易品在外国以外币计算的价格。

本国总价格指数 P_I 由贸易品 P_T 和非贸易品 P_N 按本币计价来加权平均后得到。与此相同,外国总价格指数 P_{I^*} 也由贸易品 P_{T^*} 和非贸易品 P_{N^*} 按外币计价来加权平均后得到。从而得出:

$$P_I = \alpha P_N + (1 - \alpha) P_T \tag{5.2}$$

其中,α 代表非贸易品在国内价格指数中所占的比例。

$$P_{I^*} = \beta P_{N^*} + (1 - \beta) P_{T^*} \tag{5.3}$$

其中,β 代表非贸易品在外国价格指数中所占的比例。

将(5.2)式和(5.3)式相除,我们可以得到:

$$\frac{P_I}{P_{I^*}} = \frac{\alpha P_N + (1 - \alpha) P_T}{\beta P_{N^*} + (1 - \beta) P_{T^*}} \tag{5.4}$$

由于假定购买力平价模型适用于贸易品,P_T 与 EP_{T^*} 是相等的,假如我们用 P_T 去除(5.4)式的分子,用 EP_{T^*} 去除(5.4)式的分母,又可以得出:

$$\frac{P_I}{P_{I^*}} = \left[\frac{\alpha P_N/P_T + (1 - \alpha)}{\beta P_{N^*}/P_{T^*} + (1 - \beta)}\right] \times E \tag{5.5}$$

整理后便可以得到汇率 E 的求法：

$$E = \frac{P_I}{P_{I^*}} \left[\frac{\beta P_{N^*}/P_{T^*} + (1-\beta)}{\alpha P_N/P_T + (1-\alpha)} \right]$$

上述等式对简单的购买力平价等式进行了重要改进，这是因为，由于等式右边乘数项的存在，仅以总价格指数表示的购买力平价不一定成立。而且，该等式表明非贸易品与贸易品的相对价格将会影响汇率。如果非贸易品的本币价格相对于贸易品而言上升了，则必然会导致本币的升值，原因在于我们已假定购买力平价模型仅适用于贸易品。当总价格指数保持一定时，非贸易品相对价格的上升就意味着贸易品价格的下降，进而又引起了本币的升值，即汇率 E 下降（以保证购买力平价模型适用于贸易品），即使这时总价格指数并没有发生变化。相反，同样为了保证原有购买力平价等式 $P_T = EP_{T^*}$ 成立，在总价格指数一定时，贸易品价格的上升也会导致本币的贬值，即汇率 E 上升。

与原来简单的购买力平价理论相比，新的模型强调了贸易品与非贸易品的区分，这种区分对于购买力平价的经验验证具有重要意义。如果按照原有的总价格指数进行验证，则购买力平价与实际汇率水平可能有较大的差异，而将总物价水平区分为贸易品价格和非贸易品价格之后，购买力平价公式更为合理了，因而计算出来的汇率也更接近实际汇率。由贸易品和非贸易品之间相对价格变化所引起的汇率变动代表实际汇率的改变。而一个经济中生产贸易品和非贸易品的部门之间不同的劳动生产率以及不断变化的消费需求结构等，都是可以导致相对价格变化的因素。然而，有些学者也指出，尽管从理论上来说，用贸易品计算出来的购买力平价可以得到更好的检验结果，但是贸易品和非贸易品之间的界限是模糊不清的，同时，也存在能够将两者价格联系在一起的机制。例如，一些贸易品作为投入，进入了非贸易品的生产，反过来也是如此。

将贸易品和非贸易品区分开来，确实是一个巨大的进步。但在实践中，当我们对购买力平价进行经验检验时，还是常常会面临这样的困扰：购买力平价理论是适用于讨论贸易品，还是适用于讨论由贸易品与非贸易品价格共同构成的一般价格指数呢？如果假定这一理论只适用于讨论贸易品，那么在验证该理论时所选取的价格指数就必须仅由贸易品价格构成。相反，如果这一理论同时适用于讨论贸易品与非贸易品，那么我们就可以运用一般价格指数了。在实践中，采用贸易品来检验购买力平价理论的研究者一般都会选用批发或制造业价格指数，因为在批发或制造业中，贸易品占大多数。但假如检验同时涉及贸易品与非贸易品的话，那么通常就会采用由两类货物加权而得出的消费品价格指数。不过，不论采用哪一种价格指数，所有的研究者都面临着同一个问题，那就是人们一般认为，购买力平价模型只在两国选取了类似的货物篮子时适用，然而，一国的价格指数通常会对不同类型的货物赋予不同的权重。比如，假设我们考虑消费品价格指数，那么在不发达国家中，食物就会具有一个较高的权数，而在发达国家里食物的权数就比较低，消费品的权数会比较高。

第六节 对购买力平价的经验验证及其解释

很多证据表明，对购买力平价进行经验验证是非常困难的，而且常常会得到令人困惑的结果。一般而言，经验数据表明实际汇率与购买力平价预测的汇率存在一定程度的偏离。值得注意的是,尽管实际汇率经常偏离购买力平价预测的汇率,但从长期来看,实际汇率的确存在向购买力平价预测的汇率回归的趋势。这些证据表明,在长期汇率的决定方面,购买力平价可能是一个有用的方法。也就是说,从短期来看,购买力平价预测的汇率会受到很多因素的影响,从而与实际汇率产生较为明显的偏离;但是从长期来看,购买力平价预测的汇率却接近于实际汇率波动的情况。

所以,我们不能因为购买力平价在短期中存在不适用性而否定它。这也印证了经济学模型中经常出现的一个悖论:当经验验证与理论模型不相符时,并不能说明理论模型本身是错误的。这里面可能有两个原因:一个原因是可能存在其他因素的干扰,从而使经验验证的结果可能夹杂着其他因素的共同作用;另一个原因可能是该模型有着相当严格的假定条件,当适合于这些假定的环境出现时,检验结果就特别理想,而当不适合于这些假定的环境出现时,检验结果就可能有偏差。在购买力平价的检验中,在两个国家贸易关系很密切、地理上特别接近、贸易壁垒很少、接近自由贸易、交易成本非常低的情况下,购买力平价的检验结果就会比较理想。

经济学家们在研究购买力平价及其经验验证问题时,得到以下结论:

第一,雅各布·弗兰克尔(Jacob Frenkel)在对购买力平价理论进行研究时发现,购买力平价对于地理上彼此接近的国家效果较好,因为在这种情形中其贸易关联度较高。根据以往的数据,实际汇率结果与购买力平价预测的汇率之间最大的偏离就是英镑、德国马克和日元对美元的汇率偏离;而法国法郎对德国马克的汇率则与购买力平价预测的汇率比较接近。一方面,是因为法国和德国地理位置非常接近,因而减少了交易成本;另一方面,是因为它们同是欧盟的成员,所以它们之间并没有关税来阻碍和限制贸易。

第二,实际汇率与购买力平价预测的汇率有较大且较长时期的偏离,而且在一段时间中这种偏离经常发生逆转。

第三,经济学家们发现,汇率的波动要甚于相应国家的价格水平波动。这又与购买力平价假说相悖,因为购买力平价假说设想汇率与相关价格具有相同的波动性。

第四,从经验上来看,购买力平价的长期效果要比短期效果更好。某经济学家曾使用1974—1991年22个OECD(经济合作与发展组织)国家的数据,发现尽管现实结果与相关购买力平价有巨大的短期偏离,但是在3—6年的长期现实结果却与购买力平价并不矛盾。

第五,相对于非贸易品,购买力平价更适用于贸易品,这个结论已经被经济学家们的研究所证实。另外,一个显著的经验规律是,如果将非贸易品价格换算成一种货币的话,那么非贸易品在富裕国家比在贫穷国家更贵。巴拉萨-萨缪尔森模型解释了这种现象,有兴趣的读者可以参阅有关文献。

对于汇率为什么与购买力平价理论所得到的结果不一致,已经有很多种解释,我们现在来看一些主要的解释观点:

1. 统计口径

我们已经看到,购买力平价理论是建立在比较两国相同的货物篮子的理念之上。在这个方面,研究者所面临的一个重要问题是,在建构价格指数时,不同国家会对不同种类的货物与服务设立不同的权重。这就意味着,我们在验证购买力平价时,很难找到同样的标准进行比较。当我们验证发达国家和不发达国家之间的购买力平价时,这个因素就显得非常突出,因为这两个国家有着截然不同的消费模式。发展中国家居民的大部分收入花费在诸如食品与衣物等基本消费品上,而发达国家居民花费在基本消费品方面的收入只占很小的比例。

虽然大多数发达国家消费者的消费模式类似。但是,即使是在发达国家之间,也有一个问题,就是所消费的货物的品质不同。尽管德国和英国在汽车上所花费的收入比例几乎相同,但是德国更喜欢德国品牌,比如宝马,而英国人则更喜欢日本品牌。

专栏5.1

汉堡包标准(Hamburger Standard)

1986年9月,《经济学人》杂志首次发布了所谓的"巨无霸汉堡指数"(Big Mac Index)。"麦当劳标准"(McDonald Standard)建立在购买力平价的理念之上,计量购买力平价的价格指数仅仅基于麦当劳快餐店的巨无霸汉堡包的价格。世界各地制作一个汉堡包的成本并无差异,人们可以借助巨无霸汉堡包了解货币的价值。在美国销售的巨无霸汉堡包的价格被作为比较的基础。如果一国(地区)巨无霸汉堡包价格过高,就意味着该国(地区)货币被高估了;如果一国(地区)巨无霸汉堡包的价格比美国的价格低,则意味着该国(地区)货币被低估了。2013年4月,一个巨无霸汉堡包在美国的平均价格是4.20美元,在墨西哥是37.00比索;用墨西哥比索价格来除以美元价格,则得到购买力平价结果为1美元等于8.81比索,而实际的比索对美元的汇率是1美元等于13.68比索,这就意味着比索对美元的汇率被低估了。表5.2显示了用巨无霸汉堡包价格来衡量各国(地区)货币相对美元,其价值是否被低估或高估的情况。根据表5.2的结果,被低估最厉害的货币是印度卢比(在印度首都新德里,一个巨无霸汉堡包仅仅是1.62美元),卢比大约被低估了61.44%;其次是乌克兰的货币格里夫纳(在乌克兰首都基辅,一个巨无霸汉堡包的价格仅仅是2.11美元),格里夫纳大约被低估了49.63%;再次是港币,在中国香港地区,一个巨无霸汉堡包的价格仅仅是2.12美元,港元大约被低估了49.39%;下面依次是马来西亚的货币被低估了44.22%、中国内地的货币被低估了41.90%、南非的货币被低估了41.54%、泰国的货币被低估了41.47%、印度尼西亚的货币被低估了41.39%、中国台湾地区的货币被低估了40.40%。而被高估最厉害的是委内瑞拉的货币玻利瓦尔(在委内瑞拉,一个巨无霸汉堡包的价格是6.99美元),玻利瓦尔大约被高估了66.43%;其次是瑞士法郎(在瑞士,一个巨无霸汉堡包的价格是6.81美元),瑞士法郎大约被高估了62.41%;再次是挪威克朗(在挪威首都奥斯陆,一个巨无霸汉堡包要6.79美元),挪威克朗大约被高估了61.73%。

表5.2　2013年巨无霸汉堡包的价格与购买力平价

国家/(地区)	当地货币表示的巨无霸汉堡包价格	美元表示的巨无霸汉堡包价格	暗含的美元购买力平价*	实际美元汇率	当地货币被低估(-)或高估(+)%
美国	4.20	4.20	1.00	1.00	0.00
阿根廷	20.00	4.64	4.77	4.31	+10.47
澳大利亚	4.80	4.94	1.14	0.97	+17.61
比利时	3.70	4.69	0.88	0.79	+11.84

(续表)

国家/(地区)	当地货币表示的巨无霸汉堡包价格	美元表示的巨无霸汉堡包价格	暗含的美元购买力平价*	实际美元汇率	当地货币被低估(-)或高估(+)%
巴西	10.25	5.68	2.44	1.81	+35.30
英国	2.49	3.82	0.59**	0.65**	-8.91
加拿大	4.73	4.63	1.13	1.02	+10.38
智利	2 050.00	4.05	488.42	506.05	-3.48
中国内地	15.40	2.44	3.67	6.32	-41.90
哥伦比亚	8 400.00	4.54	2 001.32	1 852.15	+8.05
哥斯达黎加	2 050.00	4.02	488.42	509.54	-4.15
捷克	70.22	3.45	16.73	20.37	-17.85
丹麦	31.50	5.37	7.50	5.86	+28.04
埃及	15.50	2.57	3.69	6.04	-38.83
欧元区	3.49	4.43	0.83	0.79	+5.56
中国香港地区	16.50	2.12	3.93	7.77	-49.39
匈牙利	645.00	2.63	153.67	245.69	-37.45
印度	84.00	1.62	20.01	51.91	-61.44
印度尼西亚	22 534.00	2.46	5 368.79	9 160.00	-41.39
以色列	15.90	4.13	3.79	3.85	-1.57
日本	320.00	4.16	76.24	76.92	-0.88
拉脱维亚	1.65	3.00	0.39	0.55	-28.57
立陶宛	7.80	2.87	1.86	2.72	-31.72
马来西亚	7.35	2.34	1.75	3.14	-44.22
墨西哥	37.00	2.70	8.81	13.68	-35.58
新西兰	5.10	4.05	1.22	1.26	-3.56
挪威	41.00	6.79	9.77	6.04	+61.73
巴基斯坦	260.00	2.89	61.95	90.05	-31.21
秘鲁	10.00	3.71	2.38	2.69	-11.51
菲律宾	118.00	2.68	28.11	44.01	-36.11
波兰	9.10	2.58	2.17	3.52	-38.41
俄罗斯	81.00	2.55	19.30	31.77	-39.25
沙特阿拉伯	10.00	2.67	2.38	3.75	-36.47
新加坡	4.85	3.75	1.16	1.29	-10.62
南非	19.95	2.45	4.75	8.13	-41.54
韩国	3 700.00	3.19	881.54	1 158.75	-23.92
斯里兰卡	290.00	2.55	69.09	113.93	-39.35
瑞典	41.00	5.91	9.77	6.93	+40.88
瑞士	6.50	6.81	1.55	0.96	+62.41
中国台湾地区	75.00	2.50	17.87	29.98	-40.40
泰国	78.00	2.46	18.58	31.75	-41.47
土耳其	6.60	3.54	1.57	1.86	-15.59
阿联酋	12.00	3.27	2.86	3.67	-22.16
乌克兰	17.00	2.11	4.05	8.04	-49.63
乌拉圭	90.00	4.63	21.44	19.45	+10.25
委内瑞拉	30.00	6.99	7.15	4.29	+66.43
奥地利	3.09	3.92	0.74	0.79	-6.60

(续表)

国家/(地区)	当地货币表示的巨无霸汉堡包价格	美元表示的巨无霸汉堡包价格	暗含的美元购买力平价*	实际美元汇率	当地货币被低估(-)或高估(+)%
爱沙尼亚	2.04	2.59	0.49	0.79	-38.34
芬兰	3.75	4.76	0.89	0.79	+13.35
法国	3.60	4.57	0.86	0.79	+8.81
德国	3.53	4.48	0.84	0.79	+6.70
希腊	3.30	4.19	0.79	0.79	-0.25
爱尔兰	3.80	4.82	0.91	0.79	+14.86
意大利	3.50	4.44	0.83	0.79	+5.79
荷兰	3.25	4.12	0.77	0.79	-1.77
葡萄牙	2.90	3.68	0.69	0.79	-12.34
西班牙	3.50	4.44	0.83	0.79	+5.79

注：* PPP——当地价格除以美元的价格；** 每英镑的美元价格
资料来源：2013年《经济学家》杂志第408卷，第30期。

除了"巨无霸汉堡指数"，星巴克指数也是反映购买力平价的一个指标，常常用来衡量一种货币的价值。按照该指数的定义，每个国家货币的购买力可以用一杯拿铁咖啡的美元价格来反映，因此星巴克指数也被称"中杯拿铁指数"。如果一个国家的一杯拿铁咖啡的成本明显低于另一个国家，这意味着该国的货币价值被低估了。

当然，仅仅用一种货物来衡量一个国家的价格指数，其局限性是非常明显的，它很难反映一个国家价格水平的全貌，至少难以反映一国贸易品价格指数的全貌。因此，"巨无霸汉堡包指数"或者"中杯拿铁指数"只是一个参考数据而已，并不具有严格意义上的可比性和科学性，因此存在明显的局限性。这是读者必须注意的。

2. 交易成本和贸易障碍

当有关国家地理位置上相近而且贸易关联较高时，购买力平价较易成立，这种现象可以用交易成本和其他贸易障碍（比如关税）的存在来解释。如果一篮子货物在英国为100英镑，而在美国是200美元，则按照购买力平价，其比价应是0.50英镑/美元。如果交易成本是20英镑，那么汇率将处于0.40英镑/美元和0.60英镑/美元之间的任何一点。但是，由于交易成本和贸易壁垒并不随时间而发生剧烈变动，所以，交易成本和贸易障碍并不足以解释购买力平价表现欠佳。

3. 不完全竞争

购买力平价理论背后的一个观点是，存在足够的国际竞争，以阻止一个国家的价格与另一个国家的价格产生大的偏离。但是，从国际竞争来看，竞争程度有很大差异。这些差异意味着，跨国公司可以通过在不同国家设置不同价格来进行经营。实际上，在各国之间比在一国之内更有可能具备执行价格歧视的必要条件，这些条件是：不同消费者的支付意愿存在差异；具有阻止从低成本向高成本市场再销售的能力；拥有某种程度的垄断力量。

4. 资本与货物市场的不同

购买力平价建立在货物套购的基础之上，并未提及资本流动的作用。下面将会介绍到汇率超调理论,在这个理论模型中,假定在一个资本市场高度一体化而货物市场价格调整缓慢的世界中,汇率与购买力平价将有巨大的时期延长的偏离。其基本理念是,在短期内,不管是本国还是外国的货物价格都可以被视为是固定的,而汇率会对新的信息和经济政策的变动迅速做出调整。在这种情况下,汇率变动就意味着对购买力平价的偏离,而这种偏离是巨大的,且时期有所延长。

5. 生产率差异

一个经常被提及的显著的经验事实是:当我们将贸易品与非贸易品的类似货物篮子的价格转换成同一货币时,发达国家的总价格指数比贫穷国家的要高。换句话说,一美元在墨西哥比在美国可以购买更多的货物。而且,事实表明,贸易品价格不像非贸易品价格,它在国际上并没有什么不同。结果,发达国家总体较高的价格指数主要是因为非贸易品价格在发达国家比在发展中国家要高。在发展中国家非贸易品部门具有较低的价格主要是因为,与发达国家相比,其贸易品部门的劳动生产率相对较低。或者换句话说,发达国家具有较高的非贸易品价格主要是因为,与发展中国家相比,其贸易品部门的劳动生产率相对较高。

6. 完全资本市场假设的放松

如前所述,我们在分析价格与汇率之间的关系时,使用了完全资本市场假定条件,即不考虑交易成本、税收以及不确定性,由此得出了购买力平价的基本结论。购买力平价建立在套利过程促进平价成立的基础上,因此这种影响非常容易理解。现在我们需要关心的问题是,完全资本市场假定条件放松以后,购买力平价的结论是否仍然成立?这些因素的变化如何影响购买力平价的成立?首先,我们需要考虑交易成本变化的影响。只有价格偏离的绝对值大于套利交易所涉及的交易成本,利用价格偏离平价条件的套利才会发生。这一限制创造了一个没有套利活动的"中立地带"。交易成本在购买力平价线周围设定一个"中立地带",在这个区间内进行套利交易无利可图。存在交易成本不会对这种价格偏离购买力平价的情况产生正的或负的影响。交易成本虽然导致了价格对购买力平价的偏离,但是并不影响购买力平价结论的成立。其次,税收的作用类似于交易成本的影响。套利者利用价格偏离购买力平价的时机时,除了交易成本,还会遇到关税或税收问题。如果 t 代表以百分数表示的税率,关税因素使套利活动的可用资金减少到 $(1-t)$,这使值得套利的空间大大缩小。税收因素使"中立地带"继续扩大,在"中立地带"区间内,套利活动无利可图。最后,在套利交易中,不确定性同样是一个必须考虑的影响因素。如果不存在不确定性因素(无论是交易成本还是税收因素),由于所有参数都是已知的,计算投资者购买人民币或者外国商品的动机是非常直接和容易的。如果存在不确定性因素,计算结果就有可能出现一些失误和风险。假设某种商品的价格在本国与外国之间存在差异,$P^* \times E < P$。套利者希望在外国购买该商品,把它们运到本国销售。问题在于,该商品的本国价格、外国价格以及两种货币之间的汇率每时每刻都在发生变化。套利者无法确定能否以报出的价格进行交易,希望在本国现货市场上出售该商品的套利者面临价格在运输期间发生变动的风险。形成购买力平价的商品套利可能受到不确定性因素的限制,套利者需要更大的利润才能补偿承担的风险,这会加大以购买力平价汇率为中心的"中立地带"。因此,在交易成本、税收和不确定性因素中,放松任何一种假设,套利在获利之前都会使以购买力平价线为中心的"中立地带"进一步扩大。尽管如

此,值得强调的是,套利者作为理性的经济人,其交易行为已经把这些因素考虑在内,这些因素的变化会导致"中立地带"的扩大或缩小,然而并不影响购买力平价基本结论的成立。

第七节 结 论

本章我们讨论了购买力平价理论。这是所有汇率理论中最简单的理论,但它的影响却是最深远的。尽管它有很多理论缺陷,但是这个理论还是我们考察汇率决定的重要依据之一。传统上的绝对购买力平价和相对购买力平价忽视了非贸易品和贸易品的区分,从而对其自身的假设前提——一价定律构成了挑战。在购买力平价的拓展表述中,我们克服了这个缺陷,将贸易品价格指数和非贸易品价格指数分开,而不是笼统地采用总体物价指数。

但是经验检验仍然表明,以购买力平价预测的汇率,与实际汇率存在较大的偏离。对这种偏离的解释,可以考虑交易成本和贸易障碍、统计口径的差异、劳动生产率的差异等多种因素。购买力平价理论的缺陷在于,它仅仅考虑了货物流动,而没有包含资本流动。而现实是,全球资本流动的规模远远超过了货物流动的规模,这种资本流动必然对汇率产生深远的影响;购买力平价也没有考虑到利率对汇率的影响,实际上,利率的高低直接影响汇率的高低。

这些缺陷并不妨碍购买力平价成为一种有用的理论,从长期来看,购买力平价预测的汇率与实际汇率还是比较吻合的。当然,由于购买力平价的内在局限性,使得不同的人会使用不同的方法来计算购买力平价,从而得出不同的结论,这往往会成为国际经济关系紧张的原因之一。外国根据购买力平价计算的人民币汇率与实际的人民币汇率有着较大的偏离,从而对人民币施加升值的压力。下面的专栏可能会加深我们对购买力平价的认识。

专栏 5.2

汇率制度、购买力平价和人民币汇率形成机制的改革

我国汇率制度的变迁经历了几个阶段。第一阶段:在传统的计划经济体制下,我国的汇率制度基本是以官方汇率为主,摒除了外汇市场供求关系对汇率的自发调节,长期以来人民币币值被高估,这实际上是我国整个金融抑制体系的一个表现,试图以高估的币值降低本国的换汇成本,而由于当时我国对外贸易和各种国际经济活动的规模极低,因此被高估的币值对我国经济发展的影响是非常小的。改革开放之后,随着我国对外贸易的飞速发展和我国经济的对外依存度不断提高,被高估的币值对出口的消极影响逐渐显现,同时由于外汇市场的不断发展,使得外汇供求关系对汇率的影响也逐渐增强,僵硬的官方汇率显然不能适应这种变化了的新的经济和贸易状况,从而汇率形成机制的改革就势在必行。第二阶段:1985—1994年,人民币汇率经历了逐渐调整的一个过程,实际上就是逐渐贬值的过程,从而使官方汇率逐渐向市场化的汇率转化。值得注意的是1993—1994年这一阶段的汇率形成机制改革,这一改革是我国汇率史上里程碑式的事件。1994年1月1日,我国汇率机制由原有的以官方汇率为主的计划体制转向以市场供求为基

础、单一的、有管理的浮动汇率制。尽管我国还没有完全达到市场化的汇率机制,但是已经在强调市场供求的调节作用;尽管我国还执行着"有管理的汇率制度",也就是一种"肮脏浮动"制度,但是毕竟开始强调"浮动汇率",开始向市场化的道路迈出有意义的一步。1993年人民币对美元的汇率是1∶5.76,而1994年汇率机制调节之后人民币对美元的汇率是1∶8.7,贬值的幅度超过50%。第三阶段:1995年之后,我国的汇率基本保持了稳定,波动幅度极小,这与我国政府在1997年之后的不贬值承诺是有关系的。但是值得指出的是,我国尽管正在向市场化的汇率形成机制迈进,但是政府干预的痕迹还是非常明显,干预的力度也比较强;尽管表面上是一种浮动汇率制,但是基本上是钉住美元的,实际上是一种钉住美元的"爬行钉住制度"。

几次大规模贬值的效果如何呢?1981年以来,我国对人民币汇率先后进行过五次较大幅的贬值调整,从汇率调整对外贸进出口产生的效应来看,除1990年由于特殊国际政治因素而使调整效果有所削弱之外,其余四次汇率下调都产生了相当明显的贸易效应。其中有三次值得注意:1986年调整后,1987年出口增幅比1986年提高了14.34%,而进口增幅比1986年降低了0.84%;1989年汇率下调之后,1990年出口增幅比1989年提高了7.62%,进口增幅比1989年降低了16.79%;1994年汇率下调之后,出口增长幅度比1993年提高了23.0%,进口增幅则比1993年降低了17.79%。根据国际金融理论,只有符合所谓马歇尔-勒纳条件,一国的贬值政策才会带来预期的贸易改善效应。根据有关专家测算的结果,20世纪80年代到1996年,我国进口需求价格弹性为0.6847,出口需求价格弹性为0.4960,二者之和为1.1807,这说明我国进出口需求弹性基本达到马歇尔-勒纳条件所要求的贸易收支改善标准。可以说,我国从几次大规模货币贬值中获得的出口利益非常明显,而1997年承诺不贬值的代价也显而易见。

虽然人民币贬值的经济效应确实令人非常满意,但是毕竟贬值是一个"以邻为壑"的政策,一国货币贬值必然给贸易伙伴国造成较大的影响。美国、日本和欧盟各国与中国都有着密切的贸易关系,因此人民币币值的高低对这些国家的影响是巨大的,因此就不可避免地触及这样一个核心问题:人民币币值究竟被低估了没有?对于这个问题的回答尽管众说纷纭,但是大部分经济学家认为,人民币币值尽管在1997年之后一直保持着稳定的态势,但是由于人民币是钉住美元的,随着美元的贬值,人民币实际上是贬值的。2005年以后,人民币一直在不断升值,截至2025年3月24日,人民币对美元汇率已经达到7.2539。

从以上并不严格的讨论来看,人民币币值确实存在被低估的现象,但到底被低估多少,则是一个见仁见智的问题,我们很难得到一个准确的判断。随着我国国民经济对外开放程度的不断加强,我国居民和企业参与国际贸易和国际经济活动的深度和广度势必会逐渐增加,因此我国目前实行的官方干预色彩浓厚的汇率形成机制与这样的趋势是不相称的,汇率机制的市场化改革应该是大势所趋。汇率形成机制的市场化,应该是我国经济开放和金融自由化的有机组成部分,应该得到有计划的推行,即使不存在国际的压力,汇率的市场化也应该逐步实施。具体来说,汇率的市场化进程中必须伴随着以下政策目标的实现:

一是实现经常账户的自由化,就是逐步允许居民和企业在经常账户下的外汇自由兑换。

二是实现资本与金融账户的自由化,也就是允许外国直接投资和证券投资在我国实现完全自由兑换,给外国资本以更大的投资自由度。以往我国多鼓励直接投资,而对证券投资则是完全不开放的,这使得我国侥幸地躲过了亚洲金融危机的冲击。2003年我国开始实施合格的境外机构投资者(Qualified Foreign Institutional Investor,QFII)制度,允许合格的境外机构投资者进入我国证券市场投资,算是一种渐进的开放本国证券市场的替代性制度,将来时机成熟的时候QFII制度必将自动取消,而代之以完全开放的资本市场,彻底实现资本与金融账户的可自由兑换。

三是在汇率决定机制中逐步淡化政府的强制性干预,不再以官方的政策倾向影响汇率,而是更多地依靠市场机制来决定汇率。当然,世界上没有一个国家在汇率形成机制中是完全排除政府干预的,也就是说,完全的清洁浮动是不存在的,但扶植外汇市场、淡化政府干预,是所有市场化国家的共同趋向。

本章术语 》

绝对购买力平价　相对购买力平价　一价定律

本章总结 》

1. 购买力平价理论是所有汇率理论中最简单的理论,但它的影响却是最深远的。至今它还是我们考察汇率决定的重要依据之一。

2. 传统上的绝对购买力平价和相对购买力平价的不足之处在于,该理论忽视了非贸易品和贸易品的区分,从而对其自身的前提假设——一价定律构成了挑战。此外,购买力平价理论仅仅考虑了货物流动,没有考虑到资本流动和利率对汇率的影响。

思考和练习 》

1. 如何理解国际平价条件的意义及其内涵?国际平价条件成立与偏离意味着什么?

2. 一价定律和商品套购机制是如何发挥作用的?

3. 如果绝对购买力平价不成立,是否意味着相对购买力平价也不成立?为什么?

4. 购买力平价理论有什么缺陷?它能否真实反映一国的经济发展水平?

5. 西方发达国家的学者们根据购买力平价计算的结果,认为中国经济发展水平目前已经位居世界前列,并据此对中国以发展中国家的身份加入WTO的要求设置种种障碍。试根据购买力平价的缺陷谈谈你的看法。

6. 解释完全资本市场这一前提假定。为什么这些假设使得国际平价条件分析更加容易?

7. 定义并比较相对购买力平价和绝对购买力平价,各举一个例子说明。

8. 哪些验证可以证明购买力平价从长期来看是成立的?

9. 经验验证表明经常会出现偏离购买力平价的情况,这些偏离是否意味着给经理人员提供了获利的机会?对于财务经理来讲,这种偏离意味着有哪些风险和机会?

10. 假设某年1月1日的即期汇率水平为1英镑=1.5200美元,12月31日美国的消费物价指数预计从150上升到200,英国的消费物价指数预计从120上升到150。根据购买力平价,12月31日的即期汇率应该是多少?

第六章 汇率决定理论二:利率平价理论

▎本章概要▎

利率是影响资本流动的重要变量。当一个国家的利率水平相对于其他国家较高时,在短期中,就会出现外国资本的流入,从而引起本国货币的即期升值。也就是说,利率是影响汇率短期波动的重要因素。利率平价理论旨在揭示利率、即期汇率、远期汇率之间的密切关系。我们从完全资本市场假定入手,讨论平价条件的理论框架。然后放松假设条件并分析其影响,讨论可能会出现的持续偏离平价法则的现象。本章将推导利率平价理论,探讨预期回报率曲线的位移对汇率的影响,分析利率水平、货币供给变动等因素引起的汇率变动。

▎学习目标▎

1. 掌握利率平价公式的含义和推导过程。
2. 理解长期中和短期中影响汇率的因素。
3. 学会分析利率水平、货币供给变动等因素对汇率变动的影响。

第一节 长期中和短期中影响汇率的因素

影响汇率决定与汇率波动的长期因素和短期因素是不同的。我们在探讨购买力平价时,曾经得到这样的结论:购买力平价在长期中的检验效果要优于在短期中的检验效果。我们还可以得到这样的结论:任何导致本国产品相对于外国产品需求增加的因素,都会使本国货币升值,因为即使本国货币升值,本国产品仍会继续畅销。类似地,任何导致本国产品相对于外国产品需求减少的因素,都会使本国货币贬值,因为只有本币价值降低,本国产品才能继续畅销。从长期来看,有四个主要的因素影响着汇率的决定和波动:

(1) 相对价格水平。一国价格水平相对于外国价格水平的上升,将导致该国货币贬值;而一国相对价格水平的下降,将导致该国货币升值。

(2) 关税和限额。诸如关税(对进口货物征收的税)和限额(对可以进口的外国货物的数量限制)这些贸易壁垒,也会对汇率产生影响。关税和限额增加了对实施壁垒的国家货物的需求,因此导致该国货币在长期中趋于升值。

(3) 偏好(进口需求)。如果消费者对本国货物的相对偏好增加,那么会对本国货物需求增加,因此导致本国货币升值;如果消费者对外国货物的相对偏好增加,则对进口需求增加,外国货币趋于升值,本国货币趋于贬值。

(4) 生产率。如果一国的生产率高于其他国家的生产率,则该国的企业在降低本国货物相对外国货物价格的情况下仍能获利。结果,外国对本国货物的需求增加,本国货币趋于升值,因为即使本币升值,本国货物依然畅销。如果本国的生产率低于其他国家,则本国的货物价格变得相对昂贵,本国货币趋于贬值。因此,在长期中,如果一个国家的生产率较其他国家提高,则该国货币趋于升值。

长期中影响汇率的因素和汇率变动方向总结如表 6.1 所示:

表 6.1　长期中影响汇率的几个因素

因素	因素的变动	汇率的反应
国内相对价格水平	↑	↓
关税和限额	↑	↑
进口需求	↑	↓
出口需求	↑	↑
生产率	↑	↑

注:↓表示本币贬值,↑表示本币升值。本表只列示了各因素上升时的情形,各变量下降时对汇率的影响与"汇率的反应"栏中列示的方向相反。

我们以上总结了长期中影响汇率的各种主要因素。但是,我们还没有讨论短期中决定汇率波动的因素。理解汇率短期行为的关键,在于认同这样一个事实:实际上,汇率是用外币银行存款(用外国货币计值的存款)表示的本币银行存款(用本国货币计值的存款)的价格。因为汇率无非是一种资产用另一种资产表示的价格。

在分析汇率短期行为时,我们所注重的是在不同国家之间资本的流动和资产的替换。我们在探讨长期因素时,所关注的只是进出口需求的作用,但是在短期中,尽管影响汇率长期变动的因素仍然在发挥作用,但是这种作用与资本流动相比却微乎其微。在理解汇率的短期波动时,我们并不强调短期内购买进出口货物的数量,因为这些交易与任一时点上外汇的交易额相比是非常小的。例如,美国每年的外汇交易额是美国当年进出口总额的 25 倍。因此,在短期中,持有本币资产还是外币资产的决策在汇率决定中的作用比进出口需求更重要。

因此,探讨影响汇率的短期因素时,我们关注的是资本流动,这正是购买力平价理论没有讨论到的。而利率是影响资本流动的重要变量。当一个国家的利率水平相对于其他国家较高时,在短期中,就会出现外国资本的流入,从而引起本国货币的即期升值。也就是说,利率是影响汇率短期波动的重要因素。我们下面所介绍的利率平价理论,就注意到这一重要的事实,揭示了利率和汇率之间的密切关系。

第二节　远期交易、套利与抛补套利

资本永远是在追逐较高利润的过程中不断流动的。当各国利率存在差异时,投资者为获得较高的收益,愿意将资本投向利率较高的国家,这就是套利交易。套利者在利率较低的国家借入货币,而在利率较高的国家进行存款,可以获得一笔套利收益。

但是这里存在一个前提条件,这个投资者要获得稳定的套利收益,必须保证此时汇率没有不利于投资者的变动。因此,这一较高的投资收益率能否实现,不仅取决于利率,而且取决于该国货币的汇率。如果汇率对投资者不利的话,他就有可能不仅得不到较高的收益,还会遭受损失。如何在汇率发生波动的时候保证稳定的套利收益呢?这就要利用远期交易市场。在一般情况下,很少有投资者进行单纯的套利活动,而是将套利与远期交易结合起来,进行所谓的抛补套利活动。

具体来说,为避免这种汇率风险,投资者往往会在远期外汇市场上卖出高利率国家的货币。为什么要这样做呢?因为在即期市场上,由于套利行为的存在,投资者往往在低利率国家借入该国货币,然后在外汇市场上购买高利率国家的货币并投资,这样,低利率国家的货币在即期市场上就会贬值,而高利率国家的货币在即期市场上就会升值。为了避免高利率国家的货币未来发生贬值的风险,投资者就会卖出高利率国家的货币远期,而买入低利率国家的货币远期。投资者之所以要在远期市场上卖出高利率国家的货币,目的在于锁定一个较高的卖价,一旦高利率国家货币未来发生贬值,自己仍然可以以已经锁定的较高卖价卖出,从而避免汇率变动的风险。

在这个交易过程中,交易者并没有投入任何数量的货币或资本,假如他通过远期市场的交易,抵消了未来可能发生的汇率风险,从而使得他对外币存款投资的收益比他将偿还的负债要多,那么,他就可以轻松地获得无风险利润,而没有动用其本身的任何资本。总之,这个投资者就像掌握着一台货币机器,只要市场使其得到无风险利润,他就会不停地重复这个过程,不断地摇动这棵"摇钱树"(或货币机器)。

但不幸的是,其他的交易者也会有同样的想法。这种不断的交易将使交易价格(汇率)逐渐得到调整,直到无风险的利润不再存在。具体来说,这个过程是:投资者在高利率国家和低利率国家的货币转换会使高利率国家货币的汇率在即期外汇市场上升值,而在远期外汇市场上贴水;同时会使低利率国家货币的汇率在即期外汇市场上贬值,而在远期外汇市场上升水。这样,高利率国家货币出现远期贴水时,低利率国家货币出现远期升水,随着这一抛补套利活动的进一步进行,远期差价进一步扩大。当资本在两国间获得的收益率完全相等时,抛补套利活动就会停止,这时两国利率差异正好等于两国货币远期差价,达到了利率平价(见图 6.1)。

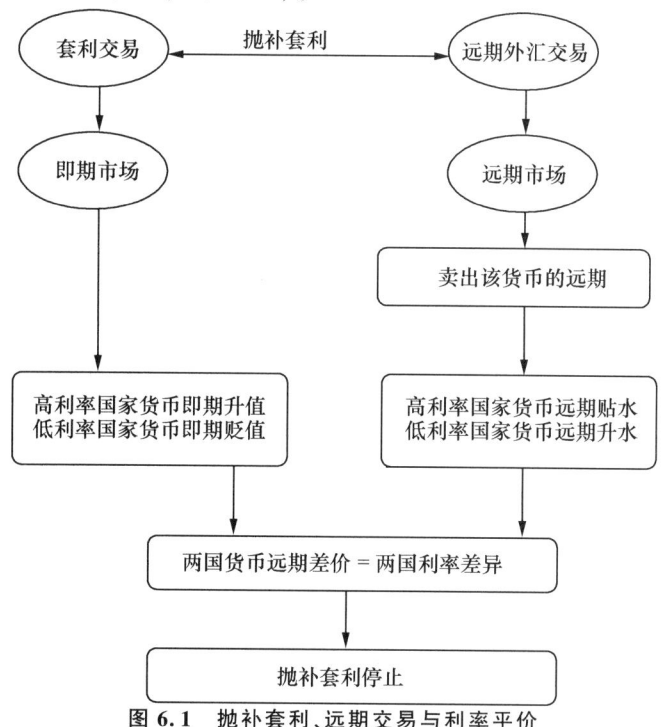

图 6.1 抛补套利、远期交易与利率平价

在这里,我们需要强调利率平价条件与购买力平价条件之间的关系。不同的平价条件描述了不同市场的均衡。如果购买力平价条件描述的是商品市场的套购行为和价格关系,那么利率平价条件和其他平价条件则描述的是外汇市场、国际货币市场、国际债券市场等金融资产市场之间的套利行为和价格关系。

第三节 利率平价的推导

为了推导利率平价,我们先看一个例子。假定一个美国人拥有 \$100 000 的闲置资金,英国市场利率为 10%,美国市场利率为 5%。英镑对美元的即期汇率为 £1 = \$2.00,12个月的远期汇率为 £1 = \$1.96。该投资者既可以在美国进行投资,也可以在英国进行投资,或者说他既可以直接存美元,也可以把美元兑换成英镑去进行投资。那么,该投资者的选择取决于投资收益的高低。

情形一:汇率保持不变

(1) 在美国(存美元)投资

$$\$100\ 000 \times (1 + 5\%) = \$105\ 000$$

(2) 在英国(存英镑)投资

$$£100\ 000/2.00 \times (1 + 10\%) = £55\ 000$$

换算成美元 55 000×2.00 = 110 000 > 105 000

结论:如果汇率保持不变,存英镑比存美元可以多赚 5 000 美元的利息,因此应该到英国去投资。

情形二:汇率波动

(1) 英镑升值到 £1 = \$2.10

£55 000×2.10 = \$115 500

(2) 英镑贬值到 £1 = \$1.80

£55 000×1.80 = \$99 000

结论:套利能否获利不仅取决于利率水平的高低,还要取决于汇率变动的方向是否有利。因此套利是有风险的。

情形三:套利与风险防范

在即期外汇市场上卖出美元买入英镑去投资,同时在远期外汇市场上卖出英镑买入美元,将投资收益兑换成美元。

12 个月的远期汇率 £1 = \$1.96

12 个月后使用远期外汇交易进行套期保值以后可获得 \$107 800(£55 000×1.96),无论汇率如何变动,总是可以多赚 \$2 800,收益的不确定性消失了。

因此,这种抵补套利的交易程序如下:

在即期市场上卖出美元,买入英镑,美元的即期汇率下跌,英镑的即期汇率上升;在远期市场上买入美元卖出英镑,美元的远期汇率上升,英镑的远期汇率下跌。对于美元来讲,汇率向 $F>E$ 发展,升水;对于英镑而言,汇率向 $F<E$ 发展,贴水。可见,在远期外汇市场上,利率高的货币是贴水,利率低的货币升水。升(贴)水率 = 两国货币之间的利率差(10% - 5% = 5%)。

我们把上述例子一般化。假定本国利率水平为 i，外国同期利率水平为 i^*，E 为即期汇率，F 为远期汇率，期限与利率期限相同，且 E、F 皆为直接标价法下的汇率，即 1 单位外币等于多少本币。投资者使用 1 单位本国货币在本国进行投资，到期可收入 $(1+i)$。若在外国投资，首先需要将 1 单位本币兑换成外币 $1/E$，投资到期将收回 $(1+i^*)/E$，这一投资本利和为外币单位，按原来约定的远期汇率可收回本币 $(1+i^*)F/E$。投资者将比较两国投资的收益，以确定投资方向。

如果 $(1+i)>(1+i^*)F/E$，即在本国的投资收益更大，资本将从外国转移至国内，则本币即期汇率将因购买而上涨，远期汇率将因出售而下跌；而外币汇率的变化正好相反。

如果 $(1+i)<(1+i^*)F/E$，即在外国的投资收益更大，资本将从国内转移至外国，则本币即期汇率将因出售而下跌，远期汇率将因购买而上涨；而外币汇率的变化正好相反。

最终，两国的投资收益将趋于相等，即

$$1 + i = (1 + i^*)F/E \tag{6.1}$$

整理得

$$\frac{1+i}{1+i^*} = \frac{F}{E} \tag{6.2}$$

从式中可以看出，若 $i>i^*$，则远期外汇出现升水；若 $i<i^*$，则远期外汇出现贴水。

将上式进一步整理，可得

$$\frac{i-i^*}{1+i^*} = \frac{F-E}{E} = \rho = 升贴水率 \tag{6.3}$$

$$i - i^* = (1 + i^*) \cdot \rho = \rho + \rho \cdot i^* \tag{6.4}$$

由于 $\rho \cdot i^*$ 很小，可以忽略不计，因此，(6.4) 式可以近似写成：

$$i - i^* \approx \rho = \frac{F-E}{E} \tag{6.5}$$

(6.5) 式被称为利率平价方程，它表明：如果国内利率高于外国利率，远期外汇将升水；反之则贴水，而且升（贴）水率等于两国利率的差异。

利用利率平价方程，可以预测远期汇率。例如，如果欧洲美元的年利率为 15%，欧洲英镑的年利率为 10%，当前即期汇率为 $E = \$2.00/£1$。在既定信息下，我们可以根据利率平价方程解出 12 个月的远期汇率：

$$0.15 - 0.10 = (F - 2.00)/2.00$$
$$F = 2.10$$

如果 12 个月的远期汇率不是 \$2.10/£1，而是 \$2.15/£1，套利者一定会按即期汇率买入英镑，进行投资，并按 \$2.15/£1 远期汇率卖出英镑，从中获利。当然这些活动会使即期汇率上升、远期汇率下降，从而使远期升水回到与利率差相等的水平。同时，利率也会变动。因为资金纷纷流向英镑资产，从而压低英镑利率；资金纷纷从美元资产流出，又会抬高美元利率。为了说明利率平价条件的内涵，我们再看两个例子。

例1 假定 3 个月的美元证券和英镑证券的年利率分别为 5.00% 和 8.00%，即期汇率为 1 英镑 = 1.4129 美元，3 个月的远期汇率为 1 英镑 = 1.4025 美元。购买价值 100 美元的 3 个月美元证券的收益：

$$100 \times (1+0.05/4) = 101.25 (美元)$$

购买价值 100 美元的 3 个月英镑证券，并通过市场操作抵消了汇率风险，其收益如下：

$$100×(1+0.08/4)(1.4025/1.4129)=101.25(美元)$$

两笔投资的最终收益基本上相同；英镑的远期贴水$(1.4025-1.4129)/1.4129=-0.74\%$，基本上等于美元与英镑的利差$(0.05/4-0.08/4)/(1+0.08/4)=-0.0074$。因此，如果利率平价有效，英镑处于远期贴水时，那么英国的利率将高于美国的利率水平。

例2 假定3个月美元证券和澳元证券的年利率分别为8.00%和5.00%，即期汇率为1澳元=0.6811美元，3个月远期汇率为1澳元=0.6861美元。购买价值100美元的3个月美元证券的收益为：

$$100×(1+0.08/4)=102(美元)$$

购买价值100美元的3个月澳元证券，并通过市场操作抵消了汇率风险，其收益如下：

$$100×(1+0.05/4)(0.6861/0.6811)=102(美元)$$

两笔投资的最终收益基本上相同；澳元的远期升水$(0.6861-0.6811)/0.6811=0.73\%$，基本上等于美元与澳元的利差$(0.08/4-0.05/4)/(1+0.05/4)=0.0076$。如果利率平价有效，澳元处于远期升水时，澳大利亚的利率将低于美国的利率水平。

现实中利率平价方程成立的情况如何呢？是不是任何偏离利率平价的因素都会带来套利活动从而消除这种偏离呢？

通过对现实资料的研究发现，小幅偏离利率平价的现象确实存在，但这不一定都是可被利用的套利机会。一个最明显的原因是市场上存在交易成本。在外汇市场上的每一笔交易都需要交易成本。因此，当市场上虽存在偏离利率平价的情况但偏离程度小于或等于这些交易成本时，不会出现套利活动，因为这时套利无利可图。另外，政府对资本的控制使人们不能自由买卖货币和证券，也就无法对市场上的收益差异做出正确的反应。各国的差别税收也是一个原因。因为，不同的税收会使同样的投资机会给不同国家的居民带来不同收益。仅根据税前收益来判断投资盈利的可能性，是会误入歧途的。此外，从觉察盈利机会到实际进行交易之间的时滞等都是导致现实中出现对利率平价偏离的原因。

第四节 利率平价、掉期交易与套利机会

银行经常进行即期和远期外汇的掉期交易。银行的掉期交易跟利率平价有哪种关系？我们可以从利率平价公式得到答案。掉期汇率是远期汇率和即期汇率的差额，所以在利率平价公式中掉期汇率$(F-E)$应满足以下形式（T是到期时间）：

$$F-E=E\{[1+i(T/360)]/[1+i^*(T/360)]-1\}$$
$$=E[(i-i^*)(T/360)]/[1+i^*(T/360)]$$

这个公式在实践中意味着什么呢？我们想象一家商业银行的情况。假设该银行派出一组交易员在即期市场和远期市场上做套利，而且，这种套利过程完全按照我们前面推导利率平价公式的方式进行。如果交易者正确地做了工作，很快将不再拥有套利机会，交易者也就没有任何作用了。同样，银行是否愿意报出不一致的价格，从而让其他银行套利呢？即使银行认为交易者找不到长期存在的套利机会，它也会担心其他银行会套

利,自己会成为其他银行套利的目标。第一家银行怎样才能确保这种事情不发生呢？

实际上,答案很简单:银行按照利率平价公式报出远期汇率,并通过利率平价计算掉期汇率。这几乎是所有银行共同的做法。我们看这样一个例子：

例 设即期汇率 $E = \$0.9625/AD$,一年期远期汇率 $F = \$0.9669/AD$,假设远期到期日为从即期起息日起 365 天以后,欧洲美元和欧洲澳元存款的利率分别是 $i = 11.25\%$ 和 $i^* = 10.75\%$。把国内借贷的收益与经过抵补的向国外贷款的收益相比较：

国内：$1 + i(T/360) = 1 + 0.1125(365/360) = \$1.1140625$

国外：$(1/E)[1 + i^*(T/360)]F = (1/0.9625)[1 + 0.1075(365/360)] \times 0.9669 = \$1.1140627$

交易者从国内每借入 1 美元,将偿还 1.1140625 美元,用这 1 美元去购买即期外汇,以国外利率存于国外银行,售出远期汇率将得到 1.1140627 美元。这两个数字非常接近,所以没有任何交易者会去赚取这点利差。在这个例子中,利率平价成立。事实上,在有些涉及买卖差价的实际例子中,交易两边相差的数字比这里略大,但仍没有套利的机会。

如何利用利率平价公式来判断套利机会是否存在并确定套利的方向呢？方法是,先利用利率平价公式计算出合成远期汇率,与实际的远期汇率相比较。如果实际远期汇率高于合成远期汇率,就卖出远期外汇,否则就买入远期外汇。请看下面的例子：

例 假设某银行同业交易员注意到以下市场价格：

即期汇率：$E = \$0.9625/AD$

远期汇率：$F = \$0.9825/AD$

$T = 360$ 天,美元利率水平 $i = 10\%$,澳元利率水平 $i^* = 8\%$

这存在套利的机会吗？一种迅速的检验方法是计算利率平价理论的正反两方面。因为 $T = 360$ 天,利率不必调整,交易者得到：

实际远期汇率：$F = \$0.9825/AD$

通过利率平价公式计算的合成远期汇率 $= E[(1+0.10)/(1+0.08)] = \$0.9803$

实际的远期汇率 $\$0.9825/AD$ 比根据利率平价公式计算的合成远期汇率 $\$0.9803/AD$ 大,根据"买低卖高"的原则,交易者将卖出远期,因为远期汇率相对于即期汇率和两个利率来说被高估了,即实际的远期汇率相对于合成远期汇率被高估了。如果交易者借入美元购买澳元,卖出澳元远期,那么他将以卖出远期终止。所以交易者将借入美元并进行银行间同业交易,一般的交易规模是 100 万美元,但以 1 美元为单位推导更为简单：交易者借入 1 美元,买入 $1/0.9625 = 1.0390$ 澳元,澳元一年期的利率为 8%,一年后他将获得 1.1221 澳元。届时,他售出 1.1221 澳元的远期,得到 $1.1221 \times 0.9825 = 1.1025$ 美元。他偿还 1 美元以及 0.1 美元的利息,并获得 0.0025 美元的利润。如果是 100 万美元的交易,则利润将是 2 500 美元。注意,这样大额的利润在银行间同业市场上是极少发生的。

第五节 以预期回报率推导的利率平价

资产需求理论认为,影响人们对本币存款和外币存款需求最重要的因素是两种资产之间相对的预期回报率。假定有美国和 F 国两个国家,假定美国人和 F 国人预期美元存款的预期回报率比外币存款更高,所以,人们对美元存款需求增加,从而相应地降低了对外币存款的需求。我们假定美元(本币)存款利率(以美元支付的预期回报率)为 $i^\$$,外币存款的利率(以外币支付的预期回报率)为 i^F。为了比较两种存款的预期回报率,投资者必须把上述回报率转换成他们使用的货币单位。

我们考察一个投资者是如何比较美元存款和外币存款的回报率。我们用 E_t 表示汇率(对于美元是间接标价法的即期汇率,即外币/美元),E^e_{t+1} 表示下一时期的预期汇率,我们可以将美元的预期升值率写成 $(E^e_{t+1}-E_t)/E_t$。用外币表示的美元存款的预期回报率 $\text{RET}^\$$ 可以写成美元存款利率加美元的预期升值率:

$$\text{用外币表示的 RET}^\$ = i^\$ + (E^e_{t+1} - E_t)/E_t$$

但是,对于外国人而言,用外币表示的外币存款的预期回报率 RET^F 就是 i^F。用外币表示的美元存款的相对预期回报率(即美元存款和外币存款预期回报率的差额)可以通过从上式中减去 i^F 得到:

$$\text{用外币表示的美元存款的相对 RET}^\$ = i^\$ - i^F + (E^e_{t+1} - E_t)/E_t$$

同样,我们知道用美元表示的外币存款的预期回报率 RET^F 为外币存款利率加外币的预期升值率(也就是减去美元的预期升值率):

$$\text{用美元表示的 RET}^F = i^F - (E^e_{t+1} - E_t)/E_t$$

对于美国人而言,用美元表示的美元存款预期回报率 $\text{RET}^\$$ 就是 $i^\$$。因此,用美元表示的美元存款的相对预期回报率为:

$$\text{用美元表示的美元存款的相对 RET}^\$ = i^\$ - [i^F - (E^e_{t+1} - E_t)/E_t]$$
$$= i^\$ - i^F + (E^e_{t+1} - E_t)/E_t$$

我们可以发现,不论美元存款的相对预期回报率是用外币表示还是用美元表示,二者都是一样的。因此,当美元存款的预期回报率上升时,大家的反应是一致的,都是希望增加美元存款而减少外币存款。

我们假定美元存款和外币存款是完全的替代品,即它们受到投资者同样的欢迎。当资本具有完全流动性且是完全的替代品时,如果美元存款的预期回报率高于外币存款,则投资者都希望持有美元存款;同样,如果外币存款的预期回报率高于美元存款,则投资者都希望持有外币存款。因此,如果人们愿意继续持有手里已经持有的美元存款和外币存款,则二者的预期回报率必然相等。也就是说,相对预期回报率必然等于零。这就揭示出一个重要的条件,即利率平价条件:

$$i^\$ = i^F - (E^e_{t+1} - E_t)/E_t$$

这个条件表明,本币(假定是美元)利率等于外币利率减去本币的预期升值率。同样也可以说,本币利率等于外币利率加上外币的预期升值率。如果本币利率高于外币利率,则意味着外币具有正的预期升值率。

实际上,利率平价条件表示美元存款和外币存款的预期回报率完全一样。我们在假定条件中已经说明,美元存款和外币存款是完全的替代品,因此利率平价条件也就是一个外汇市场的均衡条件。当利率平价公式成立时,本币存款和外币存款的预期回报率相等,投资者愿意继续持有手中已持有的本币存款和外币存款。这个利率平价公式是从预期回报率角度来推导的,其实与我们以前推出的利率平价完全一致。下面我们考察利率平价均衡条件是如何在汇率决定中发挥作用的。

第六节 外汇市场的均衡

一、外币存款和美元存款的预期回报率

我们已经知道,用美元表示的外币存款的预期回报率 RET^F 等于外币利率减去本币的预期升值率:$i^F-(E^e_{t+1}-E_t)/E_t$。在图 6.2 中,外币存款的预期回报率曲线是 RET^F,它向右上方倾斜,也就是说,随着汇率上升,美元升值,外币贬值,外币存款的预期回报率也上升。这是什么道理?这个看似不合理的结论其实很好理解。从直观上来看,在当期汇率上升时,由于预期下一期汇率不变,则随着美元的升值和外币的贬值,距离均衡汇率越来越近,美元预期升值的可能性减小,也就意味着外币贬值的可能性减小,因而当期汇率上升表示预期外币将大幅升值,提高了以美元表示的外币存款的预期回报率。

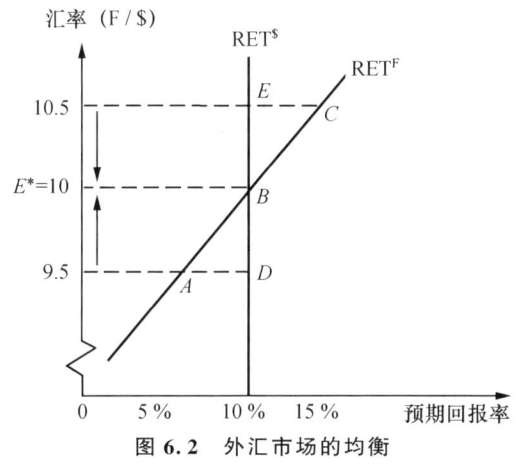

图 6.2 外汇市场的均衡

而对于美元存款的预期回报率而言,不管汇率处于什么水平,用美元表示的美元存款的预期回报率 $RET^\$$ 总是等于美元存款利率水平,因此美元的预期回报率曲线是垂直的直线。当外币存款的预期回报率曲线和美元存款的预期回报率曲线相交于 B 点时,外汇市场达到均衡。

二、模型的均衡

在均衡点上,美元存款的预期回报率与外币存款的预期回报率相等,即 $RET^\$=RET^F$,此时利率平价条件得到满足。

实际上,汇率总是向均衡汇率点趋近。为了理解这一点,我们假定汇率偏离均衡点,处于高于均衡点的水平。由于在市场上美元存款和外币存款是完全替代品,因而人们不愿意持有收益率较低的美元存款,而愿意持有收益率较高的外币存款,美元存款持有者将在外汇市场上卖出美元存款,买入外币存款。但是,由于美元存款的预期回报率低于外币存款的预期回报率,因而外币存款的持有者不愿意与美元存款持有者交易。结果,美元存款超额供给,这意味着美元存款相对于外币存款的价格必然下降,即汇率下跌(美元贬值,外币升值)。这种汇率下降的趋势一直持续到汇率均衡点才停止,此时美元与外

币的预期回报率相等。当汇率处于低于均衡点的水平时,变化的趋势也是一样的。此时,美元存款的预期回报率大于外币存款的预期回报率,没有人愿意持有外币存款,每个人都希望卖掉外币存款、买进美元存款,从而使得美元汇率抬高,即美元升值,外币贬值。随着汇率的不断上升,美元的预期升值率下降,而外币的预期升值率上升,因而提高了外币存款的预期回报率。当汇率上升达到均衡点时,外币存款的预期回报率与美元存款的预期回报率相等,模型就恢复了均衡状态。

第七节 预期回报率曲线的位移和汇率的变动

下面,我们先讨论影响外币存款预期回报率曲线位移的因素,再来讨论美元存款的情况。在例子中,我们仍然把美元假定为本币。

一、影响外币存款预期回报率曲线位移的因素

外币存款的预期回报率 RET^F 等于外币利率减去本币的预期升值率:$i^F-(E^e_{t+1}-E_t)/E_t$。当期汇率 E_t 的变动只是导致外币存款预期回报率沿着这条回报率曲线相应地变动,因此若想使该曲线发生位移,则必须通过外币存款利率 i^F 和未来预期汇率 E^e_{t+1} 来发挥作用。假定其他条件不变,我们来考察这两个因素的变动对外币存款预期回报率曲线产生的影响。① 外币存款利率 i^F 的变动。其他条件不变,如果外币存款的利率上升,则该存款的预期回报率也必然上升。从图 6.3 中可以看出,在给定的汇率水平上,外币存款利率的上升导致外币存款预期回报率从 RET^F_1 右移到 RET^F_2。这一位移的结果导致美元从 E_1 贬值到 E_2。我们也可以这样来理解位移引起的汇率变动。外币存款的利率上升导致外币存款的预期回报率上升,人们希望买入外币,卖出美元,从而导致美元贬值,外币升值。结论是,外币利率 i^F 上升导致 RET^F 线右移,本币贬值。② 未来预期汇率 E^e_{t+1} 的变动。任何导致未来预期汇率下降的因素,都会降低美元的预期升值率,并因此提高外币的预期升值率。结果,外币存款的预期回报率上升,外币存款的预期回报率曲线左移,汇率下降。相反,E^e_{t+1} 的上升提高了美元的预期升值率,降低了外币的预期回报率,外币的预期回报率曲线左移,汇率上升。结论是,未来预期汇率上升,则 RET^F 线左移,本币升值;未来预期汇率下跌,则 RET^F 线右移,本币贬值。

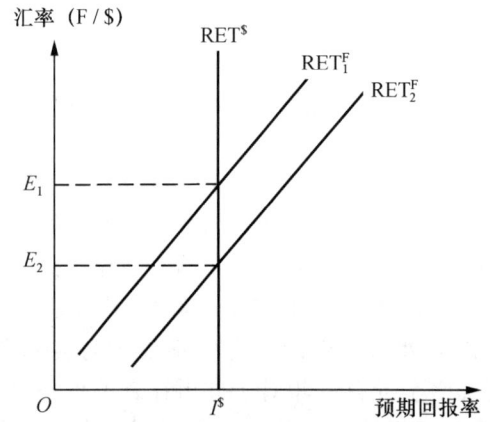

图 6.3 外币存款预期回报率曲线的位移对汇率的影响

我们在以前的内容中曾经分析过汇率的长期决定因素,这些分析表明,影响未来汇率预期的因素有相对价格水平、贸易壁垒、进口需求、出口需求以及相对生产能力。而购买力平价理论认为,在长期中,如果美国的价格水平相对于外国的价格水平一直较高,则美元必定会贬值。因此,美国的相对价格水平预期上升将会提高外币存款的预期回报率,使 RET^F 曲线右移并降低当期汇率。类似地,其他长期因素也会影响外币存款的预期回报率和当期汇率。简单说来,下列因素变动将提高外币存款的预期回报率,使 RET^F 右移并导致本币即美元贬值:① 美国价格水平相对于外国价格水平上升;② 相对于外国的关税和限额而言,美国的关税和限额预期下降;③ 美国进口需求预期上升;④ 外国对美国的出口需求预期下降;⑤ 相对于外国生产率而言,美国生产率预期下降。

二、影响本币存款预期回报率曲线位移的因素

本币存款的预期回报率就是本币存款的利率,因此利率是导致美元存款预期回报率曲线发生位移的唯一因素。在图 6.4 中,本币存款利率的上升提高了美元存款的预期回报率,导致美元的预期回报率曲线右移,从而导致在原来的均衡汇率上对美元存款拥有过度需求,因此对美元存款的购买导致美元升值。结论是,本币利率上升,使本币预期回报率曲线右移,本币升值;而本币利率下降导致本币预期回报率曲线左移,本币贬值。

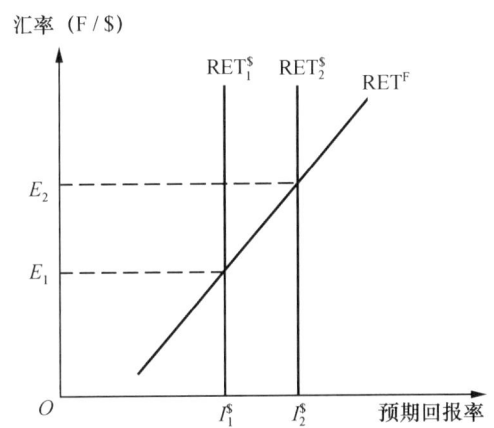

图 6.4 本币存款预期回报率曲线的位移对汇率的影响

第八节 利率变动和货币增长变动对汇率的影响

我们以上分析了汇率变动对外币利率和本币利率变动的反应,但这个分析是比较简略的分析,实际上,我们必须在利率的分析中严格区分名义利率和真实利率的变动,这样才能得到比较准确的结论。同时,我们还要分析货币增长变动对汇率的影响。

一、区分名义利率和实际利率之后利率变动对汇率的影响

我们似乎有这样一个似是而非的印象——本币利率提高会导致本币升值。这样的观点实际上是不准确的,因为名义利率等于实际利率加通货膨胀预期(即费雪方程式 $i = i_r + \pi_e$),我们必须区分名义利率和实际利率这两个不同的概念,从而分析哪种因素才是引

起汇率变动的因素,因为不同的因素对汇率的影响完全不同,如图 6.5 所示。

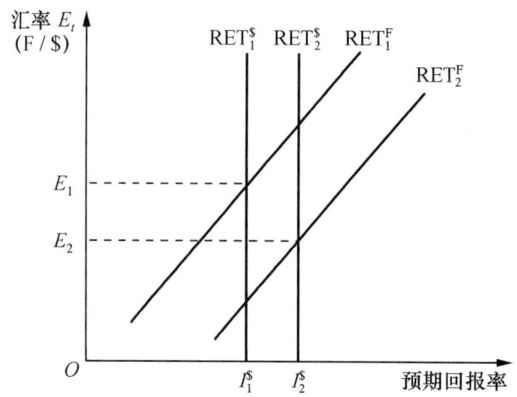

图 6.5 预期通货膨胀率上升导致国内名义利率上升对汇率的影响

第一种情况:本国实际利率上升导致名义利率上升,此时假定预期通货膨胀率不变。在这种情况下,因为预期通货膨胀率不变,所以美元的预期升值率不变,因而在任何给定的汇率水平上,外币存款的预期回报率不变。结果,RET^F 线不动,$RET^\$$ 线右移。这跟我们上面分析的其他因素不变而国内利率上升时引起的汇率变动相同,也就是说,当本国实际利率上升时,本币升值。

第二种情况:预期通货膨胀率上升而导致的名义利率上升。在这种情况下,汇率的变动与第一种情况不同。本国通货膨胀率上升导致美元预期升值率下降,同时外币的预期升值率上升,一般认为美元预期升值率下降幅度大于本国利率上升幅度(这一结论与经验结论一致)。结果,在任何给定的汇率上,外币存款的预期回报率上升,大于美元存款的预期回报率上升的幅度。因而,如图 6.5 所示,RET^F 线右移大于 $RET^\$$ 线右移的幅度,汇率下跌,美元贬值。结论是,当本国利率的上升是因为预期通货膨胀率上升时,本币贬值。

比较这两种情况,我们可以看到,我们必须区分名义利率和实际利率,看看名义利率的变动到底是什么原因造成的,这样才能准确地说明汇率的反应。

二、货币供给的变动对汇率的影响

当经济出现萧条时,为了刺激经济发展,政府将采取扩张性的货币政策,这导致货币供给水平的提高。货币供给水平的提高,将导致本国价格水平在长期内上升,从而导致未来本币预期贬值。就前面的例子来看,当美国货币供给水平提高时,美元未来汇率预期下降,结果在任何给定的现汇汇率水平上,美元升值预期的下降提高了外币存款的预期回报率,如图 6.6 所示,RET^F 曲线由 RET_1^F 右移到 RET_2^F。此外,短期内价格水平并不会立即上升,故较高的货币供给导致较高的真实货币供给 M/P。真实货币供给上升导致本币利率下降,从 $I_1^\$$ 降至 $I_2^\$$,降低了本币的预期回报率,使本币存款的预期回报率曲线左移,从 $RET_1^\$$ 左移到 $RET_2^\$$。汇率从 E_1 跌至 E_2。结论是,本国货币供给增加,则本币贬值。

但我们要注意的是,以上我们分析的是短期情况,即价格暂时没有什么变化。但在长期中,价格最终将发生变化,当价格在长期中伴随着货币供给的上升而上升时,真实货币供给将回到以前的水平,而随着真实货币供给水平恢复到以前的水平,本国利率水平将上升,又右移到原来的水平,结果导致本币升值,从 E_2 升到 E_3。这就是所谓的汇率超调理论,我们在以后的内容中将详细讲解。

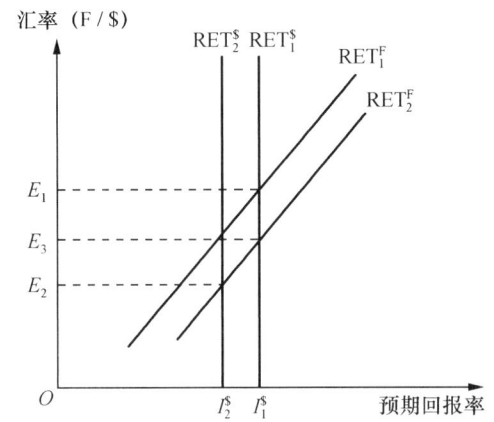

图 6.6　货币供给增加对汇率的影响:短期效果和长期效果

第九节　结　　论

本章我们分析了汇率决定的利率平价理论,这个理论在某种程度上弥补了购买力平价理论中忽视资本流动的缺陷,但是在利率平价理论中,也同样忽视了商品市场的存在。任何理论都是不完美的,因为它们分别从不同的角度来考虑问题。本章的重点之一是利率平价的推导,这个推导过程与抛补套利过程相联系。同时,我们也从另外一个角度分析和推导了利率平价,那就是预期回报率。我们用这个概念分析了外汇市场的均衡,探讨了预期回报率曲线的位移对汇率的影响,并分析了利率水平、货币供给变动等因素对汇率的影响。

这些因素可以总结为表 6.2:

表 6.2　各种因素对预期回报率曲线和汇率的影响

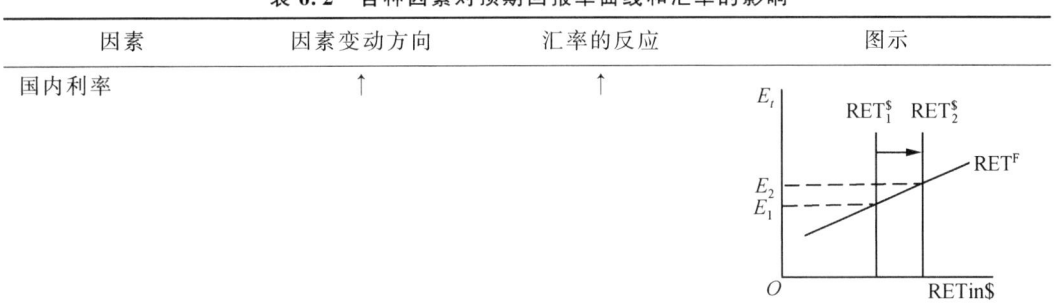

(续表)

因素	因素变动方向	汇率的反应	图示
外国利率	↑	↓	
预期国内价格水平	↑	↓	
预期关税和限额	↑	↑	
预期进口需求	↑	↓	
预期出口需求	↑	↑	
预期生产率	↑	↑	

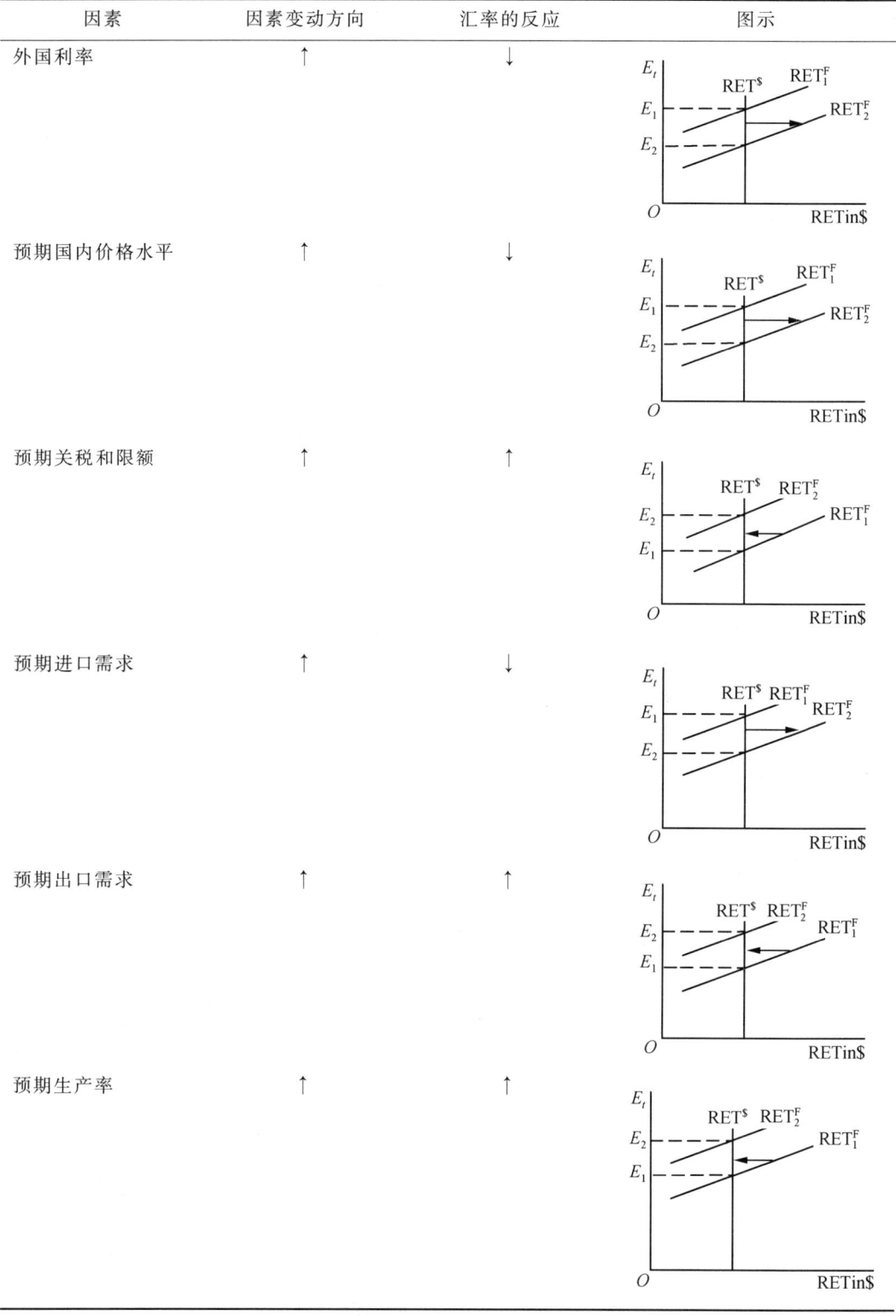

在利率平价理论中,利率平价条件的推导同样以完全资本市场假定为前提,即不考虑交易成本、税收和不确定性因素。利率平价建立在套利过程促进平价成立的基础上,这种影响非常容易理解。现在我们需要关心的问题是,放松完全资本市场假定,把交易成本、税收和不确定性等因素加进来之后,利率平价理论的结论是否仍然成立?这些因素的变化如何影响利率平价的成立?

首先,我们需要考虑交易成本变化的影响。只有资产价格偏离的绝对值大于套利交易所涉及的交易成本,利用资产价格偏离平价条件的套利才会发生。交易成本在利率平价线周围设定了一个"中立地带",在这个区间内进行套利交易无利可图。存在交易成本不会对资产价格偏离利率平价的情况产生正的或负的影响。交易成本虽然导致了资产价格对利率平价的偏离,但是并不影响利率平价理论的基本结论。值得强调的是,金融资产交易的成本远远低于商品市场的交易成本,因此,与偏离购买力平价条件导致的商品套利行为相比,偏离这些平价条件引发的金融套利行为会给当事人带来更大的好处。

其次,金融市场也有不利之处,金融交易经常受到各种严厉的资本管制、外汇管制和税收限制。这些壁垒的存在导致了平价条件的偏离,偏离的幅度恰恰可以衡量当事人克服或规避这些措施所能获得的好处。税收和管制的作用类似于交易成本的影响,它们的存在会使套利活动的可用资金减少,这使值得套利的空间大大缩小。这些因素使"中立地带"继续扩大,在"中立地带"区间内,套利活动无利可图。在税收因素中,还要考虑普通所得税与资本利得税的不同,不同国家的税收制度存在差异,这会使利率平价线的斜率发生变化,按照税前的利率平价线和税后的利率平价线得出的结论同样会出现差异。

最后,在套利交易中,不确定性同样是一个必须考虑的影响因素。金融交易面对许多风险和不确定性,它们的存在有可能导致利率平价条件的持续偏离。本币资产价格与外币资产价格、本国利率与外国利率、即期汇率与远期汇率每时每刻都在发生变化。套利者无法确定能否以报出的价格进行交易,套利者需要更大的利润才能补偿其承担的风险,这会扩大以利率平价线为中心的"中立地带"。

因此,在交易成本、税收和管制以及不确定性因素中,放松任何一种假设,套利在获利之前都会使以利率平价线为中心的"中立地带"进一步扩大。尽管如此,值得强调的是,套利者作为理性的经济人,其交易行为已经把这些因素考虑在内,这些因素的变化会导致"中立地带"的扩大或缩小,然而并不影响利率平价理论基本结论的成立。

平价条件成立意味着本国市场与外国市场处于均衡状态,在投资交易中,本币与外币、本币资产与外币资产、本币债权与外币债权之间的收益没有差异;在融资行为中,借入本币与外币、发行本币债券与外币债券的成本没有差异。利率平价偏离意味着市场之间的均衡被打破,在本币与外币之间、本币资产与外币资产之间存在套利空间,市场更看好其中的某一方,并据此选择做多或者做空的决策。在此过程中,弄清利率平价偏离的原因是非常必要的。如果是由税收因素引起的,当事人必须将自己所缴纳的税的实际税率与市场税率进行比较,以判断偏离利率平价条件是否有意义;如果偏离是由不确定性因素引起的,当事人必须将自己的风险厌恶程度与市场整体状态进行比较。如果当事人的风险厌恶程度较弱,偏离利率平价条件可以为自己创造盈利的机会;如果当事人的风险厌恶程度较强,偏离利率平价条件可以帮助自己达到通过套期保值规避风险的目的。

值得强调的是,交易成本、税收与管制、不确定性因素的变化会导致"中立地带"的扩大或缩小。在"中立地带"扩大的情形中,通常意味着经济形势不容乐观、管制日趋严厉、不确定性程度上升,原来值得套利的交易机会可能已经不再是机会;在"中立地带"缩小的情形中,通常意味着经济形势比较乐观、管制日趋放松、不确定性程度下降,原来不值得套利的交易机会可能已经变得有利可图。如何准确把握上述因素的变化及其对"中立地带"的影响以及由此带来的套利空间的变化,对套利者而言是一个巨大的挑战。

本章术语

利率平价理论　抛补套利　预期回报率曲线

本章总结

1. 本章的重点之一是利率平价的推导,这个推导过程与抛补套利过程相关;本章还用预期回报率这个概念推导了利率平价理论,分析了外汇市场的均衡,探讨了预期回报率曲线的位移对汇率的影响,并分析了利率水平、货币供给变动等因素对汇率变动的影响。

2. 汇率决定的利率平价理论在某种程度上弥补了购买力平价理论中忽视资本流动的缺陷,但利率平价理论忽视了商品市场的存在。

思考和练习

1. 抛补套利的含义。
2. 用预期回报率曲线分析利率变动对均衡汇率的影响。
3. 利率平价方程说明了什么?如何理解现实中对利率平价的偏离?
4. 依据国际收支说的观点,如果本国实行扩张的财政政策或货币政策,在国际金融市场上汇率将会发生什么变化?为什么?
5. 汇率超调为什么会发生?
6. 如果 i、i^* 分别代表本国与外国利率水平,E、F 分别代表以间接标价法表示的即期汇率与远期汇率,而且远期期限与利率期限相同;那么试推导利率平价条件并解释它为什么会成立。
7. 假定美国与瑞士的利率分别为 8%、4%,即期汇率为 1 美元等于 1.2179 瑞士法郎,试计算瑞士法郎三个月的远期汇率。
8. 描述抵补利率套利行为是如何加强利率平价的;描述每一笔交易对利率和汇率的影响。
9. 讨论交易成本对利率平价条件的影响。
10. 讨论税收对利率平价条件的影响。
11. 当利率平价条件成立时,选择哪种货币进行借贷都无关紧要。这种说法正确吗?请解释原因。
12. 有时会出现利率平价条件偏离的情况,这会给财务经理带来什么样的困难和机遇?

13. 放松完全资本市场假定对利率平价条件会产生什么影响？从成立到偏离再向成立回归的意义是什么？对套利行为有什么用处？

14. 假设美国和英国3个月的年利率分别为4%和8%，即期汇率为1英镑=1.5215美元，那么：(1) 计算英镑的远期升水(或贴水)年利率；(2) 如果利率平价成立，那么3个月的远期汇率应该是多少？

第七章 汇率决定理论三:汇率决定的货币主义模型

▍本章概要▍

汇率决定的货币主义模型认为汇率是一种货币的价格,它的波动能够由国家货币存量供求的变化来解释。货币主义者提出了许多模型,本章我们将重点考察弹性价格货币模型、粘性价格货币模型以及实际利率差异模型。这些模型虽然都属于货币主义模型,但它们在一些理论假定方面存在重要的区别。

▍学习目标▍

1. 掌握汇率决定的货币主义模型的含义和分析方法。
2. 了解三类模型在理论假定和结论方面的异同。

第一节 引 言

购买力平价理论是迄今为止仍被学者和政策制定者运用的基本汇率理论,但是该理论的局限性是非常明显的,而其中最大的局限性在于该模型只关注货物的流动,运用货物的套购机制来研究汇率的形成。我们知道,在当今世界,资本的国际流动不论在规模还是速度上都远远超过了货物流动。尤其是20世纪50年代以来,资本与货币市场迅速成长,意味着国际投资者有可能将巨额款项快速地由一种货币转换成另一种货币。事实的确如此,投机者们会以一种货币相对于另一种货币的预期回报为依据,在不同的货币之间转移他们的资金,于是在国际投资者决定购买或抛售某种货币的过程中对汇率变化的预期扮演了重要角色——假如人们预期一种货币会贬值,那么他们会倾向于将这种货币转换为他们预期升值的货币。在这样的国际背景下,购买力平价显然不能完全解释汇率的形成机制,因而我们需要新的、更为复杂的模型,这些模型必须包含资本流动这样一个至关重要的因素。

本章我们所分析的这些模型在解释汇率的形成与波动机制时,都强调了相对货币供给所扮演的重要角色。在这方面,货币主义者的出发点是一以贯之的:他们倾向于把任何经济现象都视为货币现象,从货币的角度解释这个世界的经济运作机制。汇率形成的货币主义模型正是以这样一种观察为出发点——汇率是一种货币的价格,这种价格由另一种货币来表示;同时,货币主义模型认为,汇率的波动能够由国家货币存量供求的变化来解释。货币主义者提出了许多模型,本章我们考察其中三个重要的模型:弹性价格货币模型、粘性价格货币模型以及实际利率差异模型。这些模型虽然都属于货币主义模型,但是在一些理论假定方面存在重要的区别,我们应该深入地了解这些模型在假定方面存在哪些共同之处,同时又存在哪些不同的地方,这样我们才能对不同模型的优劣进行评价。

第二节 货币主义模型的共同假定和不同假定

货币主义模型的一个共同的假定是资产的完全可替代,即国内资产和国外资产是完全可替代的。具体来说,货币主义模型有两个共同的假定:国内债券与国外债券有充分的流动性且风险相同。我们从未抵补的利率平价条件来理解这两个假定。

假定一个国际投资者面临着两种选择——投资于英国债券或美国债券,两种债券的风险和期限是相同的。假如投资者认为两种债券的风险一致,并且能够在两种资产之间实现迅速转换,那么债券间的唯一区别就在于它们的货币种类不同,以及两种货币所面临的利率可能不同。在决定购买哪一种资产时,比如英国债券或美国债券,国际投资者会考虑两个因素,即两国的相对利息率和他们对英镑与美元汇率的预期。

$$E_s = r_{uk} - r_{us}$$

其中,E_s 是英镑(定义为 1 美元可兑换的英镑数)的预期贬值率,r_{uk} 是英国债券的利率,r_{us} 是美国债券的利率。

上面的等式,我们称之为未抵补的利率平价条件(Uncovered Interest Rate Parity, UIP)。UIP 说明英镑对美元的预期贬值率等于英国与美国债券的利率差异。假如英国的年利率为 10%,而美国的年利率为 4%,那么平均而言,国际投资者会预期英镑平均每年贬值 6%。

假设英镑与美元的初始汇率为 £0.50/$1,在英国债券上投资 £1 000,年底时将为投资者带来 £100 的收益。又假定,他预期一年内英镑将贬值 6%,即汇率会变为 £0.53/$1。那么,投资者可以在 £0.50/$1 的汇率水平上购买价值 £1 000 的美元,即 $2 000,从而赚取美元 4% 的利息,这意味年底时投资者可以得到 $2 080,再以 £0.53/$1 的汇率兑换成英镑,即得到 £1 102.4。这说明投资于美国债券的预期回报是 £102.4(约有 10%),恰恰近似等于英国债券的预期回报。因此,未抵补的利率平价条件表明国内债券和国外债券的预期回报是相等的。

如果英镑的预期贬值率为 10%,那么依据未抵补的利率平价条件,英国的利率必须比美国的利率高出 10%,才能确保两国债券的预期回报相同。至关重要的是,未抵补利率平价条件的持续成立要求资本是自由流动的,从而投资者才能迅速地改变自己国际投资的构成。而且,投资者必须认为英国债券和美国债券具有相同的风险,否则,厌恶风险的投资者必然要求风险较高的资产具有较高的预期回报率。例如,当厌恶风险的英国投资者认为英国债券的风险大于美国债券时,他们会要求英国债券具有高于美国债券的预期回报率,于是,未抵补的利率平价条件不再成立。

当国内、国外债券同时具有资本流动性并且风险相等时,我们就说这两种资产是完全可替代的。国内债券与国外债券的完全可替代性意味着未抵补的利率平价条件有了持续成立的基础。货币主义者提出的模型具有的共同假定就是国内债券与国外债券是完全可替代的。

本章所要介绍的弹性价格货币模型、粘性价格货币模型以及实际利率差异模型之间的假定既有上述的共同点,也有着显著的差异。弹性价格货币模型认为,不论是从短期还是从长期来看,经济中所有的价格,包括工资、物价或汇率,都是完全具有向上或向下弹性的,同时,这一模型还引入了预期通货膨胀率这一影响因素。粘性价格货币模型则认为就短期而言,工资和物价是粘性的,只有汇率会随着经济政策的变化而变化;当模型扩展至中长期时,工资和物价才会随着经济政策和经济冲击而调整。在多恩布什模型中,并没有明确涉及预期通货膨胀率。而实际利率差异模型则是将弹性价格货币模型中的通货膨胀差异和多恩布什模型中的粘性价格结合起来了。下面我们分别来介绍这三个模型。

第三节 弹性价格货币模型

该模型假定购买力平价持续成立。该理论是对汇率理论的有益补充,因为它明确引入了相对货币存量,并将其作为相对价格的决定因素,而相对价格反过来又会决定汇率。

我们假定存在一个传统的货币需求函数,以此为出发点,表示如下:

$$m - p = \eta y - \sigma r \tag{7.1}$$

其中,m 是国内货币存量的对数,p 是国内价格水平的对数,y 是国内实际收入的对数,r 是国内的利率,η 和 σ 为收入和利率的反应因子。

(7.1)式说明持有实际货币余额的需求与实际的国内收入是正相关的(这归因于上升的交易需求),而与国内利率是负相关。

外国货币需求函数具有相似的模型,表示如下:

$$m^* - p^* = \eta y^* - \sigma r^* \tag{7.2}$$

其中,m^* 是外国名义货币存量的对数,p^* 是外国价格水平的对数,y^* 是外国实际收入的对数,r^* 代表外国的利率,η 和 σ 为收入和利率的反应因子。

假定购买力平价持续成立,表示成:

$$s = p - p^* \tag{7.3}$$

其中,s 是汇率(定义为每单位外币可以兑换的本币数)的对数。

货币主义模型有一个关键的假设,即本国债券与外国债券具有完全的可替代性。如果事实如此,那么未抵补的利率平价成立:

$$E_s = r - r^* \tag{7.4}$$

其中,E_s 是本币的预期贬值率。

(7.4)式表明,本币的预期贬值率等于本国债券与外国债券的利率差。

重新排列(7.2)式和(7.3)式,我们可以得到本国与外国价格水平的表达式:

$$p = m - \eta y + \sigma r \tag{7.5}$$

$$p^* = m^* - \eta y^* + \sigma r^* \tag{7.6}$$

然后,我们将(7.5)式和(7.6)式代入(7.3)式,可以得到:

$$s = (m - m^*) - \eta(y - y^*) + \sigma(r - r^*) \tag{7.7}$$

(7.7)式被人们称为汇率方程的简化形式。等式左侧的即期汇率(因变量)由列在等式右侧的各个变量(解释变量)决定。

1. 相对货币供给影响汇率

本国货币供给上升一定的比例,会造成本币以相同比例贬值,而外国货币供给上升一定的比例,则会带来本币以相同比例升值。其背后的原因在于,如果本国货币供给增加 10%,物价水平会立即随之上升 10%,因为购买力平价持续成立,那么这也就意味着本币贬值 10%。相反,外国货币供给增加 10%,则会引起外国物价水平上升 10%,而由于购买力平价成立,这便必然使本币升值 10%。

2. 相对国民收入水平影响汇率

假如国内收入增加,那么对货币的交易需求也会上升。这种货币需求的上升意味着如果货币存量和利率保持不变,就只能通过国内价格水平的下降来实现对实际货币余额需求的增加。物价降低之后必然要求本币升值以维持购买力平价。外国收入增加会引起外国物价水平下跌,因此为了满足购买力平价而导致本币贬值。

3. 相对利率影响汇率

国内利率的上升会引起本币贬值。原因是国内利率上升,会引起货币需求的下降,因而本币贬值。如果我们将名义利率分成两个部分:实际利率与预期通货膨胀率,那么就可以对这种影响做出其他解释,我们用 i 代表实际利率,p_e 代表预期的通货膨胀率,即 $r = i + p_e$。

类似地,外国的名义利率可以表示如下:$r^* = i^* + p_e^*$。

假设两国实际利率相同($i = i^*$)并保持不变,那么本国名义利率的上升必然引起本国预期通货膨胀率的升高。这种看涨的预期通货膨胀率会减少人们对货币的需求,同时增加对货物的消费,而这些反过来又促进了国内价格水平上升,于是为了满足购买力平价,需要本币贬值。

如果我们用预期通货膨胀率差异取代利率差异,就可以将(7.7)式改写为

$$s = (m - m^*) - \eta(y - y^*) + \sigma(p_e - p_e^*) \tag{7.8}$$

弹性价格货币模型成立的基础前提,即经济中的各种价格都具有充分的弹性,不同的债券是完全可替代的,影响汇率决定的是与货币供给相对的货币需求。在这样的情况下,具有高货币增长率的国家也将有较高的预期通货膨胀率,从而引起人们持有实际货币余额的需求减少,增加货物消费,国内价格水平上升,以及为了维持购买力平价而带来本币贬值。由于弹性价格货币模型以购买力平价为基础,那么它与经验事实的吻合程度较差也就不足为奇了。

尽管弹性价格货币模型存在一些缺点,并依赖购买力平价,但对于汇率理论而言,它仍是一个重要的补充,因为它引入了货币供给、预期通货膨胀率以及经济增长等因素来作为汇率变化的决定因素。

第四节 多恩布什粘性价格货币模型:基本思想

弹性价格货币模型的一个主要缺陷在于,它假设购买力平价总是成立,而且货物价格可以像汇率一样灵活地上下波动。实际上,正是价格的变化通过购买力平价条件的作用引发了汇率的改变。因此,这一模型在解释汇率与购买力平价的长期偏离方面是毫无作用的,因为它接受了浮动汇率的假设。1976 年,鲁迪格·多恩布什(Rudiger Dornbusch)提出了一个汇率的货币模型,用以解释汇率与购买力平价大幅的、长期的偏离。

多恩布什提出的模型被定义为粘性价格货币模型,他引入了汇率"超调"的概念。这一

模型隐含的基础是,商品市场的价格与劳动力市场的工资都是由粘性价格市场决定的,作为对各种冲击(比如货币供给的变化)的回应,这些价格只会缓慢地变化。价格与工资具有刚性。然而,汇率却是在一个"弹性价格"市场中被决定的,当面临新的情况与冲击时,它能迅速地上升或下降。在这样的条件下,汇率的变化并不能够与价格波动相吻合,因而汇率与购买力平价存在长期的、持续的偏离。多恩布什的超调模型是对汇率理论的巨大贡献,也是对汇率行为的重要阐释,鉴于此,我们首先来了解对该模型的一种简要的解释。

在多恩布什模型中,未抵补的利率平价条件是被假定持续成立的,也就是说,如果本国利率低于外国利率,那么为了弥补这种差异,本国货币需要有相同的预期升值率。这是因为在资本市场中存在预期回报率被完全套购的可能性。相反,随着国内经济政策的部分改变,货物价格的调整是缓慢的,由于公司的调价行为较慢,工资水平只能是周期性地、部分地改变,所以我们面临的是具有粘性的国内价格。

以美国为例,我们设想每个人都相信长期汇率由购买力平价决定;而且,初始时经济处于一种完全均衡的状态中,如果美国国内利率 r_{US}^1 等于国际利率,那么就不存在本币的预期升值或贬值。图7.1描述了这样一种情形。M_{US}^1 代表美国国内的货币存量,与之相应的是国内价格水平 P_{US}^1;假定澳大利亚为外国,给定了与购买力平价相应的外国价格水平,则此时的汇率为 $E_{\$/AD}^1$。现在我们假定在 t_1 时刻,当局扩大了货币供给,幅度为20%,货币存量由 M_{US}^1 升至 M_{US}^2。从长期来看,每个人都明白,本国货币供给增加20%将使本国价格水平上升20%,由 P_{US}^1 到 P_{US}^2,因此本币贬值20%,汇率由 $E_{\$/AD}^1$ 调至 $E_{\$/AD}^3$,以维持长期的购买力平价。然而,从短期来看,多恩布什模型告诉我们情况并非如此。

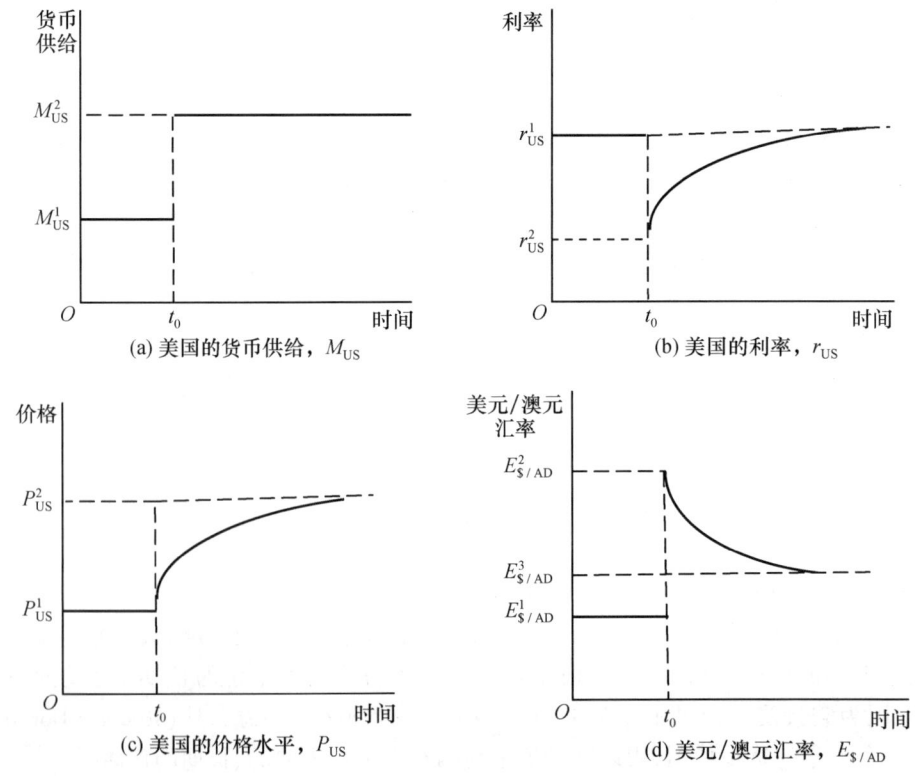

图7.1 多恩布什汇率超调模型的动态描述

就短期而言，由于国内的价格水平具有粘性，它们会停留在 P_{US}^1 的水平上。人们并未预期到的国内货币供给量增加，在 P_{US}^1 的价格水平上，出现了过度的货币供给，而只有当国内利率由 r_{US}^1 下降到 r_{US}^2 时，人们才会愿意持有这些超额供给的货币。由于此时的国内利率 r_{US}^2 低于国际利率，这就意味着投机者希望本币有升值的预期以弥补利率的差异。鉴于此，在 t_1 时刻，本币会出现跳跃式贬值，即汇率超调，由 $E_{\$/AD}^1$ 变为 $E_{\$/AD}^2$，超越了汇率长期均衡值，汇率不得不超调的原因在于，只有本币贬值幅度超过 20%，才可能出现本币升值的预期，从而作为对国内外利率存在差距的补偿。

在汇率与利率对货币存量的增加做出最初的回应之后，众多的因素开始发挥作用，推动着经济向长期均衡的方向靠拢。国内利率的下降与本币的贬值会导致对国内货物需求的增加。由于我们假设产出是一定的，因此对国内货物的超额需求会拉动本国价格水平 P_{US}^1 上升。而外国对国内货物需求的增加则会导致本币升值，汇率由 $E_{\$/AD}^2$ 趋近于 $E_{\$/AD}^3$（由此，预期的升值与实际的升值相一致了）。同时，国内价格水平的提高还会引起国内货币需求的增加以及国内利率的上升以维持货币市场的均衡。随着时间的推移，国内价格水平会由 P_{US}^1 上升至 P_{US}^2，增长幅度与货币供给相同；而与购买力平价的恢复相对应，本币升值，汇率由 $E_{\$/AD}^2$ 降至 $E_{\$/AD}^3$。而且，由于价格水平上升提高了货币需求，国内利率也将由 r_{US}^2 恢复至初始水平 r_{US}^1，于是再一次出现了这样的局面：人们既不会预期本币升值，也不会预期本币贬值。

第五节 对多恩布什模型的进一步规范解释

在所讨论的模型中，我们强调该经济是一个小国经济，其意义在于，该国面临着一个固定世界利率 r^*。本国持有货币的需求量是由一个传统的货币需求函数表达的：

$$m - p = \eta y - \sigma r \tag{7.9}$$

其中，m 是本国货币存量的对数，p 是本国价格水平的对数，y 是本国实际收入的对数，r 是本国利率的对数，η 和 σ 为收入和利率的反应因子。

我们假定本国债券与外国债券是完全可替代的，因此未抵补的利率平价成立，即

$$E_s = r - r^* \tag{7.10}$$

其中，E_s 是本币的预期贬值率。

粘性价格与弹性价格货币模型的主要差异在于，前者假定购买力平价只有在长期内才成立，而后者假定购买力平价总是成立。长期汇率由购买力平价决定的假设又推出：

$$\bar{s} = \bar{p} - \bar{p}^* \tag{7.11}$$

其中，$\bar{s}$ 是长期均衡汇率的对数，$\bar{p}$ 是本国长期价格水平的对数，$\bar{p}^*$ 是外国长期价格水平的对数。

既然该模型考虑了汇率与购买力平价的偏离，那么就有必要为汇率的预期变化率指定一个方程。多恩布什模型描述了一种回归式的汇率预期，表达式如下：

$$E_s = \theta(\bar{s} - s), \theta > 0 \tag{7.12}$$

(7.12)式说明本币的预期贬值率由两个因素决定：调整参数 θ 的速度以及当前汇率 s 与长期均衡汇率 $\bar{s}$ 之间的差距。如果即期汇率高于 $\bar{s}$，那么人们将预期本币升值（即 E_s

为负),而如果即期汇率低于 s,则人们会预期本币贬值(即 $E_{\dot{s}}$ 为正)。

我们现在推导对多恩布什模型而言两条至关重要的曲线:一条是商品市场均衡曲线,它是所有使商品总供给等于商品总需求的点的集合;另一条是货币市场均衡曲线,它是所有使货币供求相等的点的集合。

一、商品市场均衡曲线的推导

商品市场均衡曲线在价格-汇率平面坐标系(见图 7.2)中描述了商品供求相等。该模型假设通货膨胀率是由总需求与总供给之间差距决定的,即

$$\dot{p} = \pi(d - y) \tag{7.13}$$

其中,$\dot{p}$ 是本国的通货膨胀率,π 是价格调整的速度,d 是总需求的对数。同时假定,总需求是自发支出 β 的函数,与以对数形式表示的实际汇率 $(s-p+p^*)$ 呈正相关,与国内收入呈正相关,而与国内利率呈负相关。由此推出:

$$d = \beta + \alpha(s - p + p^*) + \Phi y - \lambda r \tag{7.14}$$

将(7.14)式代入(7.13)式,我们得到:

$$\dot{p} = \pi[\beta + \alpha(s - p + p^*) + (\Phi - 1)y - \lambda r] \tag{7.15}$$

在商品市场均衡曲线 GG 上,商品供给等于商品需求,这意味着通货膨胀率为零,即 $\dot{p}=0$。要找到商品市场曲线的斜率,我们必须将(7.9)式中得到的利率 r 的表达式代入(7.15)式,于是得出:

$$\dot{p} = \pi[\beta + \alpha(s - p + p^*) + (\Phi - 1)y - \lambda(p - m + \eta y)/\sigma] \tag{7.16}$$

那么,令(7.16)式等于零,我们就能够计算出价格—汇率平面直角坐标系中 GG 曲线的斜率。沿着 GG 曲线,总供求相等,通货膨胀率为零。GG 曲线的斜率表达式如下:

$$(dp/ds) \times \dot{p} = 0 = \alpha/(\alpha + \lambda/\sigma) \tag{7.17}$$

由(7.17)式我们可以看出,GG 曲线是从左至右向上倾斜的,如图 7.2 所示,斜率小于 1。

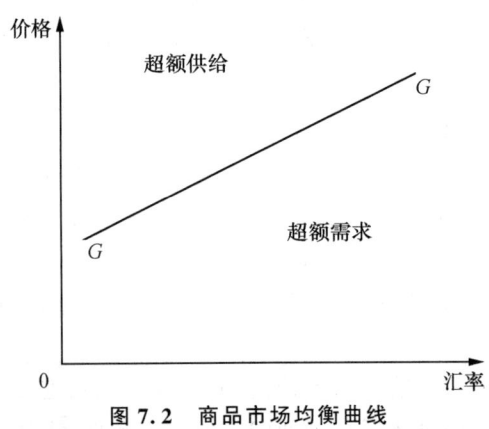

图 7.2 商品市场均衡曲线

GG 曲线向上倾斜的原因是,如果本币贬值、汇率上升,就会引起出口需求的增加,而这种需求的增加只能由国内价格水平的提高(以使贬值带来的竞争优势消失)来抵消。但是,价格水平的上升不会使货币需求增加,与之相伴随的是利率的提高,从而进一步抑

制需求。这意味着本币的贬值幅度必须超过价格水平的上升幅度,以保持总需求与总供给一致。

由于假设在任意给定的价格水平下,产出量都是固定的,而本币升值、汇率下降会减少总需求,因此在 GG 曲线的左边存在商品的过度供给。商品过度供给会使价格有下调的压力。相反,在 GG 曲线的右边,对任意给定的价格水平,都有本币贬值、汇率上升,因而引发对国内商品的过度需求,价格面临着上调的压力。

二、货币市场均衡曲线的推导

货币市场曲线描述了价格水平与汇率的许多不同的组合,但这些组合都是与货币市场的均衡(即货币供求的均衡)相一致的。要推导货币市场均衡曲线,我们先要变换货币需求函数(7.9)式,以求出国内利率 r 的表达式:

$$r = (-m + p + \eta y)/\sigma \tag{7.18}$$

然后,我们将 E_s 的表达式(7.10)式代入(7.12)式,并用(7.18)式替换掉 r,即可得到:

$$s = \bar{s} - (1/\sigma\theta)(-m + p + \eta y - \sigma r^*) \tag{7.19}$$

由此我们可以将货币市场均衡曲线的斜率表示为:

$$\mathrm{d}p/\mathrm{d}s = -\sigma\theta \tag{7.20}$$

因此,如图 7.3 所示,在价格-汇率平面坐标系中,MM 曲线有一个负的斜率。原因在于,对于一个给定的货币存量而言,价格水平的下降意味着有一个相对较高的实际货币存量,而只有当本国利率降低时,人们才会愿意持有较高的实际货币余额。那么为了补偿本币的持有者,利率的下降必然要求本币有升值的预期。又因为已假定汇率的预期是回归性的,所以只有在本币贬值、汇率上升时,才会出现对本币升值的预期。因此,在货币市场均衡曲线中,随着价格水平的下降,汇率上升(意味着本币在贬值,因此本币有升值的预期,从而弥补了本币持有者因利率下降而带来的损失)。

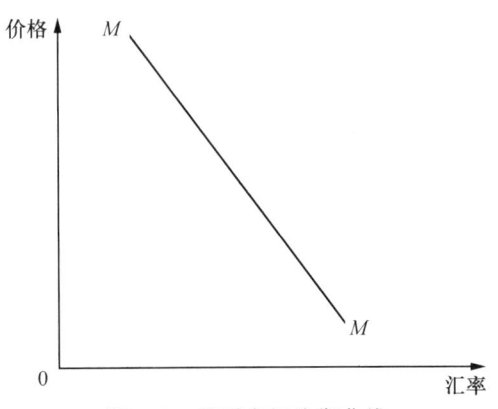

图 7.3 货币市场均衡曲线

如图 7.4 所示,当商品市场与货币市场同时满足均衡时,并且汇率处在其购买力平价的水平上时,该模型便达到了均衡。

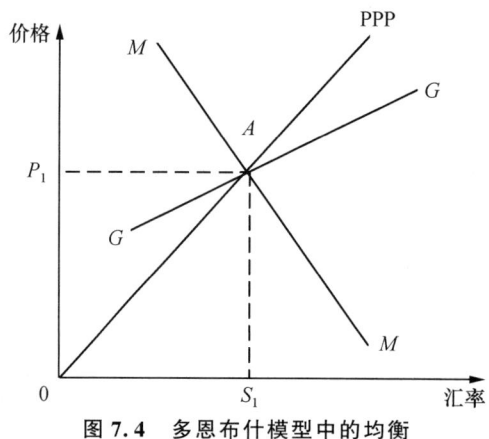

图 7.4 多恩布什模型中的均衡

购买力平价线是从原点出发的一条射线,说明如果国内价格水平上升 $x\%$,那么为了维持购买力平价,本币必须贬值 $x\%$。而正如我们所看到的那样,GG 曲线的陡峭程度小于购买力平价线,因此当价格水平上升 x 个百分点时,则要求与之相伴随的本币贬值幅度大于 $x\%$。MM 曲线代表了货币市场均衡曲线,由于假定货币市场处于持续的均衡当中,因此经济总是处于 MM 曲线上的某一点。当满足汇率不偏离于购买力平价、总供给等于总需求、货币市场均衡三个条件时,经济就处于完全的均衡当中,当三条曲线在 A 点相交时就会出现这样的情形。在多恩布什模型中,一种经济冲击(比如国内货币供给的增加)会对汇率产生什么影响呢?

三、货币供给扩张与汇率超调

图 7.5 说明了在多恩布什模型的框架下,货币供给增加 x 个百分点所能产生的影响。

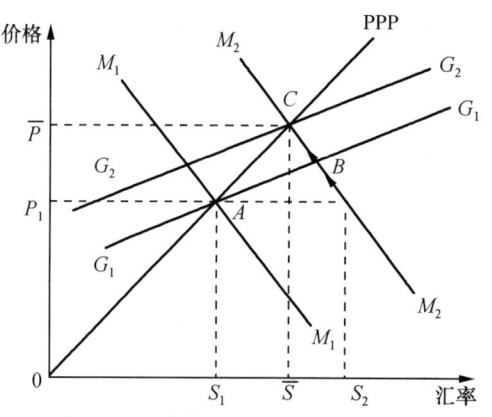

图 7.5 汇率超调和均衡的恢复过程

最初,经济处于完全的均衡状态中,此时 G_1G_1 曲线与 M_1M_1 曲线相交于 A 点。我们现在假定当局增加货币供给,增加幅度为 $x\%$。在研究这种货币供给扩张的短期影响之前,值得思考的是其长期影响将是什么。我们知道,从长期来看,国内价格水平将与货币存量同比上升,于是我们得到了长期价格水平 $\overline{P}$(比 P_1 高出 $x\%$)。就长期而言,购买力平价成立,那么本国价格水平上升 $x\%$ 就必然要求本币贬值 $x\%$,由此得到新的汇率 $\overline{S}$。考虑了这些因素之后,我们现在来考察货币扩张的短期影响。

从短期来看,货币供给增加 $x\%$ 将导致 M_1M_1 曲线向右移至 M_2M_2,我们知道,M_2M_2 曲线必将通过长期均衡价格 $\bar{P}$ 与长期汇率 $\bar{S}$ 的结合点 C。多恩布什模型的主要特点是,短期内本国价格是具有粘性的,同时,依据未抵补利率平价条件,货币市场处于持续的均衡当中,在图 7.5 中,这将意味着经济总是位于新的货币市场均衡曲线 M_2M_2 上。由于最初国内价格不会发生变化,价格水平仍停留在 P_1 上,与之相协调的是汇率的改变——由 S_1 调至 S_2,其中 S_2 位于货币市场均衡曲线 M_2M_2 上。短期均衡汇率 S_2 超过了长期均衡汇率 $\bar{S}$,这一事实被称为汇率超调。

短期内汇率越过了长期均衡值的原因在于:假设国内价格水平在短期内固定,那么货币供给扩张创造出了过多的实际货币余额,而由于产出一定,人们只有在利率降低时才愿意持有这些余额。根据未抵补的利率平价条件,国内利率的下降意味着国际投资者要求本币具有升值的预期,从而弥补利率的下降。而只有当本币在短期内的贬值超出了长期内所要求的贬值幅度,才可能出现对本币的升值预期。这一情形在图 7.5 中有所显示:汇率超调,由 S_1 调至 S_2,超过了长期均衡值 $\bar{S}$,于是人们会预期本币升值,汇率由 S_2 变动至 $\bar{S}$。

当汇率有了短期内的跳跃,调整到 M_2M_2 曲线上的 B 点之后,各种力量开始产生影响,推动经济沿着 M_2M_2 曲线逐步由 B 点向长期均衡点 C 靠拢,其间,本币升值,汇率将由 S_2 变为长期均衡值 $\bar{S}$,价格水平也将由 P_1 升至其长期均衡值 $\bar{P}$。在这一调整过程中,有两个因素发挥了作用:其一,降低的国内利率将刺激消费。其二,本币相对于购买力平价被低估将意味着与外国商品相比,国内商品变得更便宜,这将在世界总需求中引起对于国内产品的一种替代,多恩布什将其定义为"套购效应"。在这两个因素促使下,产品市场均衡曲线由 G_1G_1 移至 G_2G_2,同时拉动国内价格水平上涨,本币升值,直至达到 C 点的长期均衡。在这一转变过程中,价格水平的上升减少了实际货币余额,进而提高了本国利率,这会一直持续到价格达到 $\bar{P}$ 的水平,此时,初始利率恢复,也不再对汇率变动有预期。

第六节 粘性价格货币模型的另一种解释:预期回报率曲线

以上对汇率超调模型进行了规范解释。汇率超调模型隐含的基础是,商品市场的价格和劳动力市场的工资都是粘性的,对各种冲击的回应是缓慢的,而非即时的。价格与工资具有拒下刚性。而汇率却是在一个弹性价格市场中被确定的,当面临新冲击时,汇率可以迅速地升值或贬值,这导致汇率的变动与价格的波动产生偏离。这就解释了为什么汇率与购买力平价在短期内会有巨大的、持久的偏离。下面运用预期回报率曲线来分析粘性价格货币模型中汇率的超调以及均衡的恢复过程。读者会发现,这样的解释可能更加简明而易于接受。

我们假定,开始时经济中的所有变量均处于长期水平,而且当经济对货币供给变动调整时产出保持不变。如图 7.6(a)所示,横轴为以美元表示的收益率,上方纵轴为汇率,用 \$/AD 来表示,也就是说,当汇率上升时,美元贬值,澳元升值。我们在图中画出了两条预期回报率曲线,一条是向右下方倾斜的澳元预期回报率曲线,一条是垂直的美元预期回报率曲线。在图的下方,横轴仍然是以美元表示的收益率,也就是美元的利率水平,而纵轴是美国的实际货币总量,随着货币供给量的不断上升,利率下降。我们假定美国的价格水平最初处于 P_{US}^1,名义货币供给从 M_{US}^1 增加到 M_{US}^2。在粘性价格货币模型中,我们假定价格在短期内是具有拒下刚性的(也就是具有粘性的),因此名义货币供给的增加使得实际货币供给在短期内从 M_{US}^1/P_{US}^1 调整到 M_{US}^2/P_{US}^1,这样就使利率水平从 $R_\$^1$(点 1)降至 $R_\$^2$(点 2)。利率的下降使得美元存款的预期回报率下降,从而使得美元的预期回报率曲线向左移动。由于货币供给的增加是永久性的,人们便会预计所有商品(包括外币)的美元价格都会上涨,从而使得外币存款的预期美元收益提高。于是,外币存款的预期回报率曲线会向右上方移动。美元相对于外币贬值,使汇率从 E_1(点 1′)移到 E_2(点 2′)。我们要注意,如果美元/外币的预期汇率保持不变(也就是说,货币供给的增加是暂时性的而不是永久性的),美元的贬值将不会这么大,在预期汇率保持不变时,新的短期均衡点将是在点 3′而不是在点 2′处。正是因为货币的永久性增加,才使得预期汇率发生变化,从而外币存款的预期美元收益发生变化,导致汇率的变动比暂时性货币增加的情况下要大。

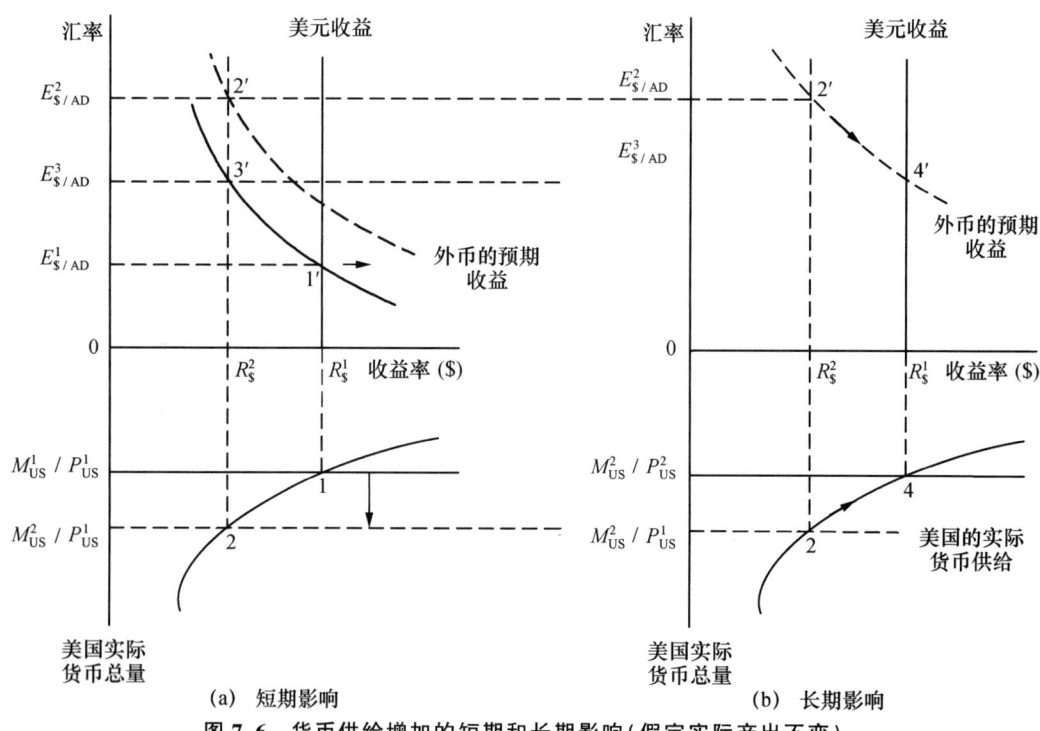

(a) 短期影响 (b) 长期影响
图 7.6 货币供给增加的短期和长期影响(假定实际产出不变)

我们来看长期中的均衡调整情况。图 7.6(b) 揭示了价格水平上升和经济向长期均衡调整过程中利率和汇率的变动情况。价格水平从最初给定的 P_{US}^1 开始上升(长期中价格开始调整),最终达到 P_{US}^2,而价格的上升使得实际货币供给发生变化,由 M_{US}^2/P_{US}^1 调整到 M_{US}^2/P_{US}^2,而这个实际货币供给水平与原来的 M_{US}^1/P_{US}^1 是相等的,也就是说,实际货币供给又回到了原来的水平。由于产出是既定的,而实际货币供给回到原来水平,因此长期均衡利率必须等于 $R_\$^1$（点 4）。因此，当价格从 P_{US}^1 上升到 P_{US}^2 时，利率即从 $R_\$^2$（点 2）上升到 $R_\$^1$（点 4）。

利率的变动使美元收益率曲线右移到原来的位置，从而对汇率产生影响，在这个调整的过程中，澳元贬值，美元升值。如果在这一过程中对汇率的预期不再变动，外汇市场就会沿着向下倾斜的澳元存款的预期回报率曲线向长期均衡状态移动，其运动路径与在价格逐渐上升过程中美元利率曲线右移的运动轨迹是一致的。长期均衡汇率是 E_3（点 $4'$），比在点 $1'$ 上的最初均衡水平要高，但比短期中的变动水平点 $2'$ 要低。图 7.1 描述的货币供给、利率水平、价格水平和汇率四个变量的变动趋势，与这里描述的完全相同，表现出货币供给永久性增加后各经济变量变动的时间路径。

当货币供给增加后，汇率的最初贬值幅度（从 E_1 到 E_2）要大于汇率的长期贬值（从 E_1 到 E_3）。当汇率对于货币波动的即时反应超过了长期反应时，我们称之为汇率超调。汇率超调是一种重要的现象，因为它有助于解释为什么汇率的日常波动可以如此大。汇率超调的解释来自利率平价条件，它是短期价格水平刚性的直接后果。如果假定货币供给增加之后，价格水平能够进行即时调整，从而迅速调整到长期水平并使得实际货币供给并不增加，则美元利率就不会下降。因此，在这种情况下，就没有必要以汇率超调来维持外汇市场的均衡。这是粘性价格模型或汇率超调模型的核心思想。

第七节　弗兰克尔的实际利率差异模型

相对于汇率的弹性价格货币模型而言，多恩布什粘性价格货币模型是一大进步，但与前者不同，多恩布什模型并没有明确地考虑预期通货膨胀的问题。在综合弹性价格货币模型中的预期通货膨胀因素与粘性价格模型的内在视角，弗兰克尔发展了一个综合的汇率货币模型，该模型包含了弹性价格与粘性价格货币模型，并将其作为两个特例。

与其他的货币主义模型一样，我们先给出一个传统的货币需求函数：

$$m - p = \eta y - \sigma r \tag{7.21}$$

其中，m 是本国货币存量的对数，p 是本国价格水平的对数，y 是本国实际收入的对数，r 是本国利率的对数。

假设外国也具有类似的关系式：

$$m^* - p^* = \eta y^* - \sigma r^* \tag{7.22}$$

为了简单起见，我们还假定各国的弹性系数（η 和 σ）是相同的。综合(7.21)式与(7.22)式，得到：

$$m - m^* = (p - p^*) + \eta(y - y^*) - \sigma(r - r^*) \tag{7.23}$$

与其他的货币主义模型相同，该理论假设本国与外国的债券是完全可替代的，因而未抵补的利率平价条件成立：

$$E_s = r - r^* \tag{7.24}$$

其中，E_s 代表本币的预期贬值率。

与多恩布什模型相同，我们假设本币的预期贬值率与长期均衡汇率和即期汇率之间的差距呈正相关，同时，还假定它是预期国内外长期通货膨胀差异的函数，由此得出：

$$E_s = \theta(\bar{s} - s) + p_e - p_e^* \tag{7.25}$$

其中，θ 表示趋近于均衡的调整的速度，p_e 是预期国内长期通货膨胀率，p_e^* 是预期外国长期通货膨胀率。(7.25)式表明，从短期来看，人们会预期 s 表示的即期汇率将以速度 θ 趋向于其长期均衡值 $\bar{s}$。而从长期来看，由于 $s=\bar{s}$，本币的预期贬值率将等于通过相对购买力平价条件推算出的本国与外国通货膨胀率的差异。

综合(7.24)式与(7.25)式，可以得到：

$$s - \bar{s} = -[(r - p_e) - (r^* - p_e^*)]/\theta \tag{7.26}$$

(7.26)式说明，即期汇率与长期均衡汇率之间的差距与括号中列出的实际利率差异是成比例的。这样一来，假如外国债券的预期实际利率高于本国债券的预期实际利率，随着资本由本国债券流向外国债券，就必然出现本币的实际贬值，贬值会一直持续到国内外的利率趋于一致。

通过引入长期购买力平价，长期均衡汇率 $\bar{s}$ 可以用对数形式表示为两国长期价格水平之间的差异：

$$\bar{s} = \bar{p} - \bar{p}^* \tag{7.27}$$

就长期而言，预期的实际利率是相等的，因而任何长期名义利率的差异都可以由两国稳定状态下通货膨胀率之间的差异来解释：

$$r - r^* = p_e - p_e^* \tag{7.28}$$

将(7.28)式与(7.27)式代入(7.23)式，我们可以得到一个长期稳定状态下均衡汇率的表达式：

$$s = (m - m^*) - \eta(y - y^*) + \sigma(p_e - p_e^*) \tag{7.29}$$

这说明：长期均衡汇率是由两国的相对货币供给 $(m-m^*)$ 以及由 $-\eta(y-y^*)+\sigma(p_e-p_e^*)$ 来表示的相对货币需求决定的。读者可能注意到，(7.29)式所涉及的长期汇率的表达式与弹性价格货币模型中涉及的短期汇率的表达式[见(7.8)式]是相同的。但是，由于短期内存在粘性价格，弗兰克尔模型中短期价格的表达则是有区别的。现在我们继续研究在弗兰克尔模型中如何求解短期汇率。

在弗兰克尔模型中，商品市场的调整速度与短期汇率的决定有关，因此在求解短期汇率时必须考虑(7.25)式。综合(7.29)式与(7.25)式，并进行重新排列，我们可以得到以下短期汇率表达式：

$$s = (m - m^*) - \eta(y - y^*) + \sigma(p_e - p_e^*) - [(r - p_e) - (r^* - p_e^*)]/\theta \tag{7.30}$$

如果实际利率失衡，那么实际汇率必然偏离其长期均衡值，弗兰克尔模型使这一事实清晰可见。假如本国实际利率低于外国实际利率，那么本国的实际汇率相对于其长期均衡值而言被低估了(是指币值被低估，而汇率高于 s)，因而作为补偿，必将出现对本币升值的预期。

完全的弹性价格货币主义学派认为，所有的市场都能够立即出清，因而(7.30)式中调整参数 θ 的速度是无穷大的，所以短期汇率的表达式可以用(7.8)式表示。而在(7.30)式所表述的实际利率模型中，我们假设商品市场与劳动力市场的价格在面临冲击时调整较为缓慢，因此调整参数 θ 的速度是有限的。这样一来，理性预期对外国市场是成立的，而对本国市场并不成立。在这样的情况下，货币扩张将导致与外国实际利率相比,本国实际利率下降,而价格水平最初不会发生变化,因此人们会预期价格上涨。依据(7.30)式,其结果是,短期汇率超调,超过了其长期均衡值,本币贬值的幅度大于货币存量增加的幅度,因此出现了本币未来升值的预期,从而弥补了本国债券实际收益率较低造成的损失。

第八节 结 论

以上我们介绍了三种货币主义模型,这些模型都有一个共同的理论倾向,即认为货币政策是影响汇率的唯一可预测的有效方式。而且,由于假定国内外债券具有完全的可替代性,那么公开市场操作(Open Market Operation)与外汇市场操作(Foreign Exchange Market Operation)的效果就没有任何区别。扩张性的公开市场操作是购买国内的财政部债券,而扩张性的外汇市场操作则是购买外国债券。就货币模型而言,如果两种操作使货币供给增加的幅度相同,那么它们会对汇率产生相同的影响。真正对汇率产生作用的是相对于货币需求的货币供给,而与货币存量变化的根源无关。因此,当局不可能推行冲销性外汇市场操作来影响汇率。冲销性外汇市场操作是指将本国债券替换成外国债券,从而使货币供给相对于货币需求保持不变。在汇率决定的货币模型的框架下,由于两种资产具有完全的可替代性,并且货币供给未曾改变,因此冲销性外汇市场操作就无法对汇率施加影响。

在弹性价格货币模型中,尽管各国当局可以通过货币政策沿着可预见的方向影响名义汇率,却不能同样影响实际汇率。假如货币供给一次性增加 $x\%$,那么会引起本币一次性贬值 $x\%$,同时,国内价格水平与工资上涨 $x\%$。这是货币政策对实际经济完全中性的一个例子,货币政策仅能够影响名义变量,而非实际变量。

在粘性价格货币模型的框架下,给定实际产出量不变的条件,各国当局就可以利用本国市场的一定的调整速度在短期内影响实际汇率。比如,如果国内货币存量出现了意料之外的增加,由于我们知道本国价格在短期内具有粘性,因而实际汇率会贬值(指本币贬值)。

粘性价格货币模型是汇率理论的一大进步。这一模型的主要创新之处在于,它突出强调了资本市场(而不是商品市场套购),并以此作为短期汇率的主要决定因素。商品市场套购只有在中长期才被视为与汇率的决定有关,而在短期汇率的决定中,投资者们欲平衡其国际证券组合预期回报率的愿望才是关键的决定力量。汇率波动与国际价格的波动以及国际货币存量的变化密切相关,而且,该模型将这种波动视为理性的外汇市场的产物,外汇市场依据基本的经济状况,而不是偏离这些要素,通过购买力平价推导出了汇率。多恩布什模型将这种偏离解释为理性投机的结果,而不是来自非理性的行为。多恩布什模型的关键之处在于,它有助于解释为什么可观察到的汇率通常要比人们提出的决定性因素(比如货币供给)更为易变。既然初始时,作为对货币供给增加 $x\%$ 的回应,汇率在短期的贬值幅度就已超过 x 个百分点,那么此后的汇率将比国内货币政策更为灵活多变。

所有货币主义模型都认为货币政策是最有效的管理汇率的方式。从长期来看,各国当局应该放弃任何影响干预实际汇率的企图,因为实际汇率是由实际的而非货币因素决定的。就长期而言,各国政府应该引导汇率管理以稳定国内的价格水平。这能否稳定名义汇率取决于外国价格水平的稳定性,因此也取决于外国的货币政策。各国当局不应该力图通过货币政策来稳定名义汇率,因为假如外国当局没有推行稳定的货币政策,就有可能扰乱国内的价格水平。所有货币主义模型还有一个共同的特征:能对汇率产生影响的是本国与外国的货币供给。汇率是两国货币的相对价格,因此是一种货币现象。另外,货币主义模型都建立在购买力平价的基础之上。弹性价格模型假定购买力平价成立,并且保证价格水平会随着货币供求的变化迅速调整,于是汇率的及时调节可以维持购买力平价。实际收入与预期通货膨胀率的改变会引起汇率的变化,因为它们能够影响货币需求。在粘性价格货币模型中,尽管购买力平价在长期内成立,但商品市场与货币市场并不对称的调整速度足以导致短期内与购买力平价的偏离。

但货币主义模型也有明显的缺陷。它弥补了购买力平价模型忽略资本流动的缺陷,但却同时遗漏了经常账户这一显而易见的影响汇率的因素。而且,国内外债券被视为具有完全的可替代性,这个假定也是不现实的。货币主义模型将国内外债券视为具有相同的风险,因此风险在汇率的决定中没有发挥任何作用。下一章我们要学习汇率决定的资产组合均衡模型,该模型对货币模型的这些缺陷进行了有益的修正。

本章术语 》》

弹性价格货币模型　粘性价格货币模型　实际利率差异模型　汇率超调

本章总结 》》

1. 本章介绍了三种货币主义模型,这些模型都认为货币政策是影响汇率的唯一可预测的有效方式,公开市场操作与外汇市场操作的效果没有任何区别。

2. 在弹性价格货币模型中,尽管各国当局可以通过货币政策沿着可预见的方向影响名义汇率,却不能同样地影响实际汇率。粘性价格货币模型中,给定实际产出量不变的条件,各国当局就可以利用本国市场一定的调整速度在短期内影响实际汇率。粘性价格货币模型的主要创新之处在于,它突出强调了资本市场(而不是商品市场套购),并以此作为短期汇率的主要决定因素。

3. 货币主义模型弥补了购买力平价模型忽略资本流动的缺陷,但却遗漏了经常账户这一显而易见的影响汇率的因素。而且,国内外债券还被视为具有完全的可替代性,这个假定也是不现实的。

思考和练习 》》

1. 比较汇率的弹性价格货币模型与粘性价格货币模型的异同。
2. 用弹性价格货币模型所提供的汇率简化公式分析货币、收入、利率和通货膨胀等变量对于汇率的影响。
3. 以预期回报率曲线分析汇率超调模型的基本思想。
4. 货币主义模型有哪些共同假定和不同假定?如何理解其内涵?
5. 画图解释货币供给扩张导致的汇率超调及其均衡恢复过程。
6. 试述汇率决定的货币模型的意义及其缺陷。

第八章 汇率决定理论四：资产组合均衡模型

▎本章概要▎

上一章讲述的汇率决定的货币主义模型假定国内外资产是完全可替代的。而本章的资产组合均衡模型与货币主义模型不同，它认为国际投资者可能认为某种证券比其他证券更具风险性，因此国际投资者会对该证券提出更高的预期回报率，以弥补他们所承担的额外风险。在此假设基础上建立的资产组合均衡模型考察了风险预期变化、经常账户等因素对汇率变动的影响。

▎学习目标▎

1. 掌握资产组合均衡模型。
2. 理解影响汇率的三种操作的异同。
3. 了解资产组合均衡模型的均衡条件和长期动态变化。

第一节 引 言

汇率决定的货币模型有一个关键的假定，即假定本国债券和外国债券是完全可替代的。这就意味着本国债券与外国债券的预期回报相等。也就是说，除了发行货币不同，本国债券和外国债券在国际投资者看来是一样的。本章的资产组合均衡模型与货币主义模型的不同之处在于，它认为存在一种可能性，即除了发行货币不同，国际投资者可能认为本国债券和外国债券存在区别，尤其是可能认为某种债券比其他债券更具风险性。因此国际投资者就会要求该债券具有更高的预期回报率，以此来补偿他们所承担的额外风险。

本章考察影响汇率的三种操作：公开市场操作、外汇操作和冲销性外汇操作。这些不同的操作都会影响本国债券和外国债券的组合，从而对汇率带来不同的影响。在货币主义模型中，影响汇率的唯一要素是与货币需求相关的货币供给量，货币创造的来源是无关紧要的。这就意味着，假如外汇操作和公开市场操作对货币供给量的改变幅度相同，两种操作的汇率与利率效应并没有什么不同。其原因在于，在货币主义模型中，并没有区分本国债券与外国债券。在货币主义模型看来，冲销性外汇操作将不会产生任何汇率或利率效应，因为它并没有改变货币供给量，而只是将具有完全替代性的本国债券和外国债券之间进行交换。资产组合均衡模型则认为本国债券和外国债券之间存在区别，也就是说，本国债券和外国债券是不完全替代的，从而冲销性外汇操作会对汇率产生影响。

资产组合均衡模型的显著特征是,投资者不再认为本国债券与外国债券是完全可替代的。在这种情况下,这两种资产的预期回报就不再相等。换句话说,货币主义模型中的充分条件即认为非抵补利率平价条件一般不再成立。比如,如果投资者是风险厌恶型的,并认为本国债券比外国债券更具风险性,他们将要求本国债券具有更高的预期回报。这种风险较高的债券相比于风险较低的债券所得到的额外预期回报,我们称之为风险升水。风险升水存在需同时满足以下三个条件:① 本国债券与外国债券的风险方面必须存在预期差异。如果两种债券具有相同的风险性,那么在完全资本流动的情况下,它们必然是完全可替代的。② 经济主体双方必须是风险厌恶型的。也就是说,投资者只有在预期实际收益可以提供足够补偿的情况下,才会准备承担更大的风险。③ 风险最小化资产组合与投资者以市场出清价格被迫接受的实际资产组合之间必须存在差异。如果风险最小化资产组合不能满足,则经济主体将要求通过风险升水来获得补偿。

如果以上所有三个条件都满足了,那么由于风险升水的存在,非抵补利率平价条件就不能成立,风险升水是私人主体在接受高于最小可能风险时所要求的补偿。

$$r - r^* = E_s + R_P \tag{8.1}$$

其中,r是国内利率,r^*是外国利率,E_s是国内货币的预期贬值率,国内货币以每单位外国货币所对应的本国货币单位来表示,R_P是国内债券所要求的风险升水,可正可负。该等式与非抵补利率平价条件($E_s = r - r^*$)的不同之处在于风险升水的表示。与外国债券相比,本国债券的预期回报率可能较高(风险升水为正),也可能较低(风险升水为负)。

导致出现风险升水的风险分成两种类型:一种是货币风险,另一种是国家风险。货币风险的产生是由于本国债券与外国债券是以不同货币为面值的,而国家风险的产生是因为这些债券是由法律与政治体制不同国家发行的。货币风险又包括通货膨胀风险与汇率风险,通货膨胀风险的发生是由本国经济与外国经济中的通货膨胀率的不确定性带来的,而汇率风险是导致与购买力平价产生偏离的汇率波动所带来的。国家风险包括汇率控制风险(Exchange Control Risk)、违约风险(Default Risk)和政治风险(Political Risk)。其中汇率控制风险使得投资者面临着不确定的实际收益率。本国债券与外国债券的实际收益率会由于持有期内被征收与利息因素有关的税收而变得具有不确定性。违约风险是政府拒绝支付自身所发行的以外国货币为面值的债券利息甚至本金所导致的风险。政治风险指的是由于一国的政治环境,投资者可能丧失部分或全部投资以及投资收益,或者在如何控制其投资方面遭受许多严格的限制。以上这些风险都导致本国债券与外国债券存在不同的预期风险,从而产生不完全资产替代与风险升水。

第二节 资产组合均衡模型

在阐述资产组合均衡模型之前,一些关键的假设需要加以说明:其一是假设稳定汇率预期,即预期汇率不变。其二是假设本国债券与外国债券是不完全替代的。这就意味着,作为代表公开市场操作与外汇操作区别的冲销性外汇操作变得可行。其三是假设该模型的分析集中于小国,这意味着该小国仅可以影响自己的实际汇率组合却不会引起世界其他国家的反应,同时世界其他国家对其资产并不感兴趣,因而其资产只由本国居民所持有。其四是假设本国与外国价格水平是固定的,实际国内产出也是固定的。

在资产组合中,假设有三种资产:国内货币基础(M),以本国货币为面值的本国债券(B),以外国货币为面值的外国债券(F)。

本国债券既可以由私人主体持有,也可被当局持有。这样,我们就可以将假设固定的本国债券的净供给表示为:

$$\overline{B} = B_p + B_a \tag{8.2}$$

其中,$\overline{B}$ 是固定的本国债券的净供给,B_p 是私人主体持有的本国债券,而 B_a 是当局持有的本国债券。

类似地,本国对外国债券的净持有也由私人和当局掌握,在分析中,假设其持有量都是正的,而且等于以前的经常账户盈余的总和。与本国债券的存量不同,经由经常账户的盈余或赤字,外国资产的持有量可能增加或减少。这样,我们有:

$$F = F_p + F_a \tag{8.3}$$

其中,F 是本国对外国债券的净持有,F_p 是私人主体持有的外国债券存量,F_a 是当局持有的外国债券存量。

当局的国内货币基础负债与当局的资产相当,因而:

$$M = B_a + SF_a \tag{8.4}$$

其中,S 是汇率,用每单位外币所对应的本国货币来表示,为了简便,假定汇率变动所引起的资本收益或损失不影响货币基础。

总私人金融财富(W)在任何时点都由下式给出:

$$W = M + B_p + SF_p \tag{8.5}$$

(8.5)式的关键之处在于,外国债券的本币价值是由外国债券的价值乘以汇率来表示的,即 SF_p。这意味着对外国债券的过度需求可部分地通过本币的贬值得到满足,因为本币的贬值提高了外国债券持有量的本币价值。

私人持有货币的需求与国内利率呈负相关,与外国债券的预期回报率也呈负相关,而与国内收入和财富呈正相关。由此得出:

$$M = m(r, E_s, Y, W); \quad m_r < 0; \quad m_s < 0; \quad m_Y > 0; \quad m_W > 0 \tag{8.6}$$

其中,r 是国内名义利率,E_s 是本币的预期贬值率,Y 是国内名义收入,m_r、m_s、m_Y、m_W 是偏导数。

持有本国债券(作为私人财富的一部分)的需求与国内利率呈正相关,与外国资产的预期回报率呈负相关,与国内名义收入呈负相关,与财富呈正相关,由此得到:

$$B_p = b(r, E_s, Y, W); \quad b_r > 0; \quad b_s < 0; \quad b_Y < 0; \quad b_W > 0 \tag{8.7}$$

其中,b_r、b_s、b_Y、b_W 是偏导数。

持有外国债券(作为私人财富的一部分)的需求与国内利率呈负相关,与外国债券的预期回报率呈正相关,与国内名义收入呈负相关,与财富呈正相关,由此得到:

$$SF_p = f(r, E_s, Y, W); \quad f_r < 0; \quad f_s > 0; \quad f_Y < 0; \quad f_W > 0 \tag{8.8}$$

其中,f_r、f_s、f_Y、f_W 是偏导数。

既然财富的增长无非是与货币、本国债券或外国债券的增加相关,那么它们相对于财富的弹性之和应为1,这被称为平衡表约束条件,表述如下:

$$m_w + b_w + f_w = 1 \tag{8.9}$$

平衡表约束条件是与一个假设相联系的,即资产是完全可替代的,暗含着下面的对偏导数的约束条件:

$$m_r + b_r + f_r = 0 \qquad (8.10)$$

$$m_s + b_s + f_s = 0 \qquad (8.11)$$

由(8.10)式可以推出,本国债券需求对本国利率的敏感性比对外国债券需求的敏感性更强一些;同时,本国债券需求对外国利率的敏感性要弱于外国债券需求对外国利率的敏感性。而且,由(8.11)式足以看出,本国债券需求对外国债券的预期回报率的敏感性要弱于对外国债券需求的敏感性。

经常账户的余额对于体系的动态演变至关重要,因为经常账户盈余给出了外国资产的积累率,即

$$C = \frac{dF_p}{dt} = \dot{F}_p = T + r^*(F_p + F_a) \qquad (8.12)$$

其中,C 是由外国货币计量的经常账户盈余,T 是以外国货币计量的贸易余额,r^* 是外国利率。

经常账户由两部分构成:来自净出口(即贸易余额)的收入,以及由外国资产净持有而带来的利息收益。

净出口被假定为实际汇率的正函数,同时通过边际倾向而与国内收入呈负相关,即

$$T = T(S/p, Y); \quad T_S > 0; \quad T_Y < 0 \qquad (8.13)$$

其中,p 是国内价格水平,T_S 与 T_Y 是偏导数。净出口与实际汇率呈正相关是一个强假定,因为它排除了初始时 J 曲线效应作用于贸易余额的可能性,这一假定意味着马歇尔-勒纳条件总是成立。

第三节 各种资产市场曲线和模型的均衡

在比较静态框架内,我们现在继续分析公开市场操作、外汇操作与冲销性外汇操作对汇率以及国内利率所产生的影响。为了简单起见,我们令初始汇率 S 和财富水平为单位 1。对(8.5)式求全微分,我们可以得到:

$$dW = dM + dB + F_p dS + S dF_p \qquad (8.14)$$

对(8.6)式、(8.7)式、(8.8)式给出的资产市场函数求全微分,我们又可得出:

$$dM = m_r dr + m_s dE_s + m_W(dM + dB_p + F_p dS + S dF_p) \qquad (8.15)$$

$$dB_p = b_r dr + b_s dE_s + b_W(dM + dB_p + F_p dS + S dF_p) \qquad (8.16)$$

$$dSF_p = f_r dr + f_s dE_s + f_W(dM + dB_p + F_p dS + S dF_p) \qquad (8.17)$$

令上述方程左边都等于 0。由于稳定汇率预期的存在,即 $dE_s = 0$,于是我们可以在利率-汇率的平面直角坐标系内得到各种资产市场曲线的斜率。

1. 货币市场曲线

图 8.1 中的货币市场曲线 MM 是所有能够使货币供给等于货币需求的利率和汇率的集合。保持货币供给量不变($dM = 0$),又因为 $dE_s = 0$,那么从(8.15)式我们可以得到,货币市场曲线有一个正的斜率,表示如下:

$$\frac{dr}{dS} = \frac{-m_W F_p}{m_r} > 0 \qquad (8.18)$$

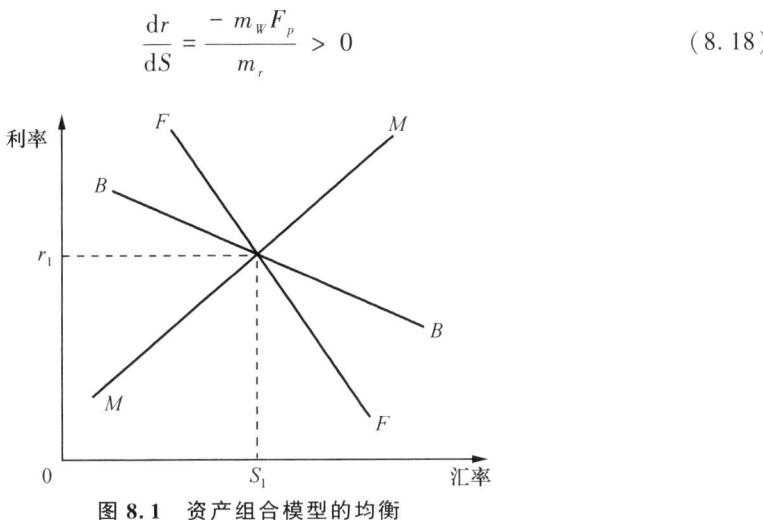

图 8.1 资产组合模型的均衡

2. 债券市场曲线

图 8.1 中的债券市场曲线 BB 描述了使得私人债券供给等于私人债券需求的各种国内利率与汇率的组合。保持私人债券供给固定($dB_p = 0$),又因为 $dE_s = 0$,则通过(8.16)式,我们可以得到,债券市场曲线有一个负的斜率:

$$\frac{dr}{dS} = \frac{-b_W F_p}{b_r} < 0 \qquad (8.19)$$

3. 外国债券市场曲线

图 8.1 中的外国债券市场曲线 FF 描述了使得外国债券供给的国内持有量等于私人外国债券需求的本国利率与汇率的各种组合。保持私人外国债券供给固定 $dF_p = 0$,因为 $dE_s = 0$,那么从(8.17)式,我们可以发现,外国债券市场有一个负的斜率:

$$\frac{dr}{dS} = \frac{(1 - f_W) F_p}{f_r} < 0 \qquad (8.20)$$

4. 模型的均衡

当三种资产市场——货币市场、本国债券市场和外国债券市场——均在适宜的利率、汇率水平上达到出清时,资产市场模型便处于均衡的状态中。图 8.1 刻画了这种情况,MM 曲线描述了国内货币市场的均衡,在利率-汇率平面直角坐标系中,MM 曲线从左至右向上倾斜。如此倾斜的原因是:本币贬值(表现为汇率上升)会导致本国居民财富的增加,因为本币贬值可以提高本国居民所持有的外国债券的本币价值。在这种情况下,人们会愿意持有更多的本国货币。然而,现存的货币存量一定,增加的货币需求只能通过一国利率的提高来抵消。当汇率水平给定时,货币供给的增加必然要求国内利率下降,人们才会愿意持有超额的货币量,这意味着 MM 曲线将向右移。

BB 曲线描述了国内债券市场的均衡,它从左至右向下倾斜。本币的贬值通过增加国内财富,也会增加本国债券的需求,在国内债券存量一定的条件下,这种增加只能由本国利率下降进而减弱本国债券对投资者的吸引力来抵消。当汇率给定时,本国债券供给的增加必然要求国内利率的上升,人们才会愿意持有本国债券,这意味着 BB 曲线将向右移。

最后,FF 曲线描述了外国债券市场的均衡,它从左至右向下倾斜。本国利率的上升使本国债券相对于外国债券而言更具有吸引力,促使经济主体抛售外国债券、购买本国债券,于是导致本币的升值。由于假设外国利率固定、汇率一定,那么外国债券供给的增加将要求本国利率下降,人们才会愿意持有外国债券,这意味着 FF 曲线将向左移。

国内利率变化对本国债券需求的影响要大于对外国债券需求的影响,鉴于这一假定,BB 曲线比 FF 曲线更陡峭。BB 曲线与 FF 曲线具有不同的斜率说明,从私人主体而言,这两种资产是有差异的。

第四节 外汇操作、公开市场操作和冲销性外汇操作

现在我们考察外汇操作、公开市场操作与冲销性外汇操作的短期影响。在每一种情况下,我们都假定操作是旨在使本币贬值以提高本国产品的竞争力。

一、外汇操作的效应

在扩张性的外汇操作(FXO)中,政府会用新创造的货币基础从私人部门手中购买外国债券,这意味着私人部门货币持有量的上升以及其外国债券持有量以相同幅度下降($dM = -SdF_p = SdF_a$)。图 8.2 刻画了外汇操作的影响。

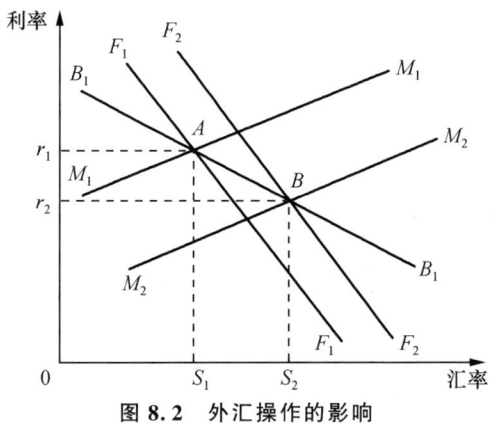

图 8.2 外汇操作的影响

外汇操作是用本国货币换取外国资产,这将导致 MM 曲线和 FF 曲线右移。与操作前相比,由于经济主体持有的外国资产变少了,可以得知本币将贬值,汇率变为 S_2,国内利率下降至 r_2,B_1B_1 曲线上的均衡点从 A 点变为 B 点。本币的贬值是必要的,因为外汇操作造成了经济主体的证券组合中外国资产的短缺,这种短缺在短期内只能通过本币贬值(从而提高了主体手中剩余外国资产持有量的本币价值)来给予补偿。而利率的下降则是为了鼓励经济主体增加货币持有量。

二、公开市场操作的效应

在扩张性的公开市场操作(OMO)中,当局将提高私人部门的货币持有量并令其国内债券持有量有相同程度的减少,即 $dM = -dB_p = dB_a$。图 8.3 描述了公开市场操作的影响。

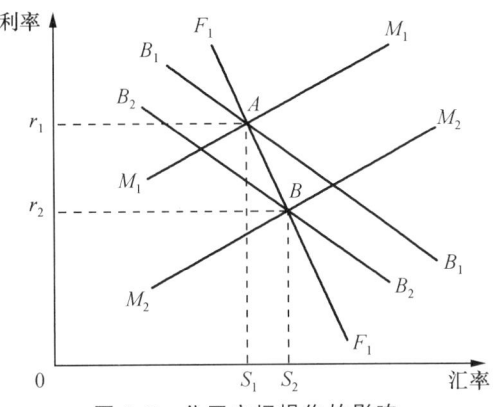

图 8.3 公开市场操作的影响

与外汇操作相反,在公开市场操作中,FF 曲线不发生变化,而货币供给曲线由 M_1M_1 向右移至 M_2M_2,BB 曲线由 B_1B_1 向左移至 B_2B_2,这意味着本币贬值,国内利率下降。这是因为公开市场操作在经济主体证券组合中造成了过度的货币供给,从而导致了对本国债券及外国债券的需求增加,这又引起国内利率的下降和本币的贬值(本币贬值会提高人们持有的外国债券的价值)。

三、冲销性外汇操作的效应

冲销性外汇操作(SFXO)是将公开市场操作与外汇操作结合起来的操作方式:先进行一次扩张性的外汇操作,再进行一次幅度相同的紧缩性公开市场操作。具体而言,是当局先用本国货币基础购买外国资产,然后通过出售国内债券来抵消货币基础的增加。这样的操作便是对外汇市场的冲销性干预,因为它并没有改变国内的货币基础($dM = -SdF_p$,$dM = dB_p$,因而 $-SdF_p = dB_p$),这与当局改变私人主体证券组合中债券的构成具有相同的效应,图 8.4 说明了冲销性外汇操作的影响。

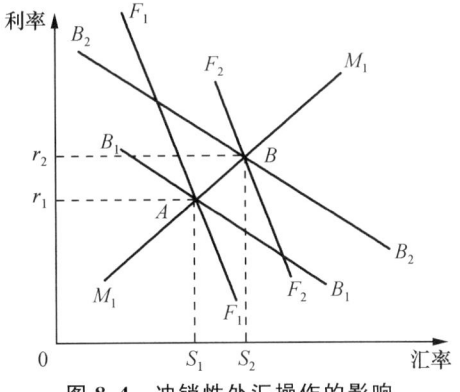

图 8.4 冲销性外汇操作的影响

冲销性外汇操作使本国债券供给增加,BB 曲线由 B_1B_1 向右移至 B_2B_2,同时减少了经济主体的外国资产持有量,FF 曲线由 F_1F_1 向右移至 F_2F_2,MM 曲线并未发生变化,因为国内货币基础没有受到影响。操作的净影响是本币的贬值和利率的上升。本币贬值是因为冲销性外汇操作会引起经济主体的证券组合中外国资产的短缺,这要求本币贬值以影响人们的持有意愿。利率上升则是由于本国债券的过度供给抑制了本国债券的价格。

在资产组合均衡模型中,冲销性外汇操作可以带来汇率效应与利率效应,这一事实与货币主义模型有明显的差异。在货币主义模型中,本国债券与外国债券是完全可替代的,因而就私人主体而言,当局在这两种债券之间转换只是相同资产之间的替代,所以,利率与汇率没有必要发生变化。而在资产组合均衡模型的框架下,国内外债券则被经济主体视为不同的资产。在这样的条件下,冲销性外汇操作增加了经济主体本国债券的持有量,减少了外国债券的持有量,导致人们资产组合的失衡。人们会发现自己持有的本国债券多于自己的需求,而持有的外国债券相对较少,这意味着他们的资产组合更容易受到国内风险的威胁。经济主体的资产组合均衡可以通过产生一个较高的国内利率和本币的贬值而得以恢复,前者可以补偿由于本国债券持有量上升而增加的风险,后者则能够通过重新评估剩余的外国资产的价值而减少风险。

四、三种操作的比较

在分别分析了三种操作之后,我们可以在一个简单的图形中对比三种操作的短期效果,图 8.5 描述了这一情况。

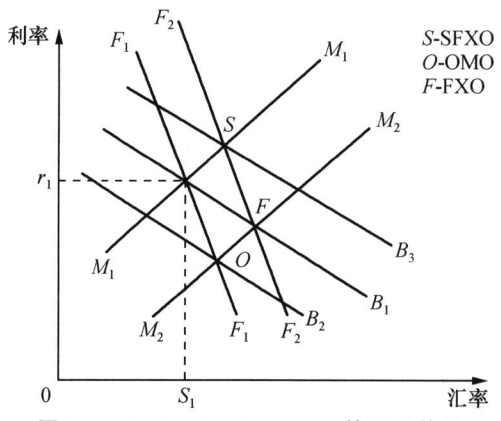

图 8.5　FXO、OMO、SFXO 的不同效果

在图 8.5 中,我们能够看到三种操作不同的效果。公开市场操作与外汇操作对国内利率和汇率的影响在性质上是相似的;但是,外汇操作导致了本币发生更大幅度的贬值,而公开市场操作则导致了国内利率发生更大幅度的下降。造成这一结果的原因在于,外汇操作使经济主体的外国债券持有量下降,而公开市场操作则会引起对外国债券的更大需求,这种需求只能由本币的贬值而得以满足。相反,公开市场操作导致了本国债券更大幅度的短缺,从而引起对本国债券更高的过度需求,那么也只能由本国利率更大程度的下降来抵消。

在比较外汇操作与冲销性外汇操作时,我们发现后者对汇率的影响弱于前者,而二者对利率的影响则是方向相反。原因在于,外汇操作通过降低国内利率而提高了货币存量,促使对外国资产产生更大程度超额需求,进而导致本币的大幅度贬值。相反,冲销性外汇操作增加了本国债券存量,必然要求有一个较高的国内利率,从而通过减少持有外国债券来限制本币的贬值。

第五节 资产组合模型的长期动态变化

为了区分模型的短期均衡与长期均衡,我们应该注意到,从长期来看,经常账户应该是均衡的,汇率的变化率应该为零。这意味着该国的外国资产持有量既不会增加也不会减少,而汇率则处于其均衡值水平上。我们假定实际产出保持不变,公开市场操作或外汇操作或冲销性外汇操作引起了本币的贬值,图 8.6 描述了该模型在这样的条件下汇率与经常账户的动态变化情况。

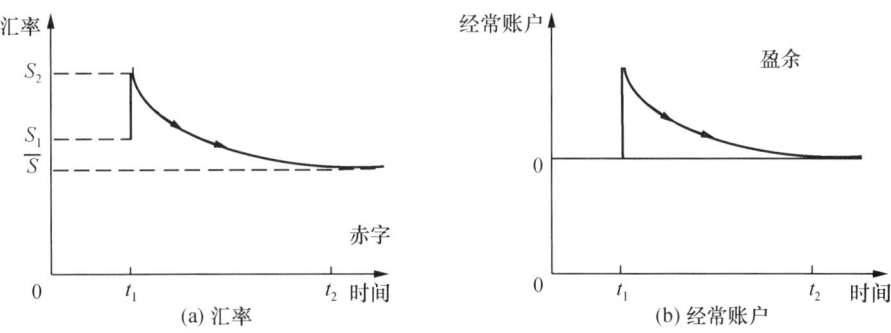

图 8.6 资产组合均衡模型的动态变化

在 t_1 时刻,进行了一次公开市场操作或外汇操作或冲销性外汇操作,引起了本币贬值,汇率由 S_1 变为 S_2,由于价格固定,这意味着本币实际发生了贬值。由此导致的本国国际竞争力的提高使经常账户出现盈余,该国开始积累外国债券。于是,投资者资产组合中外国资产的比例增加,为了减少风险,投资者会购买国内资产(他们选择本国债券的可能性大于选择货币的可能性),进而引起本币升值。反过来,本币升值会削弱国内的竞争优势,而减少经常账户盈余。当本币升值足以使经常账户恢复均衡时,动态循环停止。

这个模型的特征之一是,它是长期的,而且对于实际汇率而言是中性的,因为长期汇率 $\overline{S}$ 位于初始汇率 S_1 之下。这是因为由操作而引起的经常账户盈余会导致外国资产的积累,以及在经常账户的服务部分中来自外国资产的利率收益的增加。既然如此,在长期均衡中实际汇率就必须升值,从而出现贸易账户的恶化以抵消服务账户的改善,并保证经常账户在长期内恢复均衡。

在由短期向长期转变的过程中,一国经济经历了本币的升值和经常账户的盈余,这一环节被称为"加速假说"(Acceleration Hypothesis)。值得注意的是,想要实现均衡的稳定转变过程关键依赖于一些特定的稳定性条件的实现。在进行了引起本币贬值(造成经常账户盈余)的操作之后,会有两种相互矛盾的影响作用于经常账户。盈余会引起本币升值,由此消除盈余。同时,经常账户盈余又意味着外国资产的积累,于是利率收益增加,又提高了盈余。因此,若要通过本币升值来减少盈余,必须保证净出口的下降超过利率收益的增加。

第六节 风险预期变化和财政扩张的效应

一、风险预期变化

资产组合均衡模型的一个主要特征在于,在研究影响汇率的要素时,它给了风险因素一席之地,风险因素或许能够说明在一些浮动汇率条件下的汇率变化。图 8.7 说明了这样一种预期变化的效应,即与本国债券相比,外国债券变得风险更高。

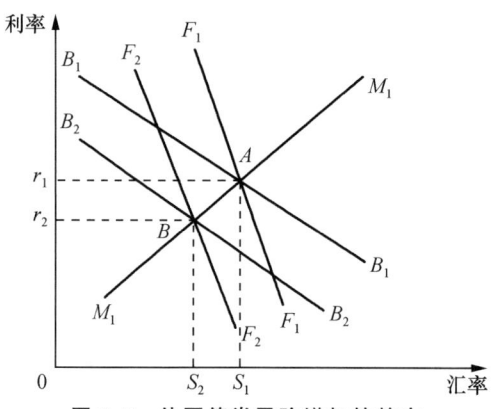

图 8.7 外国债券风险增加的效应

作为持有外国债券预期风险增加的一个结果,人们对外国债券的需求会减少,而对本国债券的需求会增加。外国债券曲线 F_1F_1 与本国债券曲线 B_1B_1 均会向左移,新曲线 F_2F_2 与 B_2B_2 在 B 点相交。本国债券需求的增加反映为本币的升值和国内利率的下降;汇率由 S_1 变至 S_2,国内利率由 r_1 降至 r_2。

本币升值导致经常账户发生赤字,反过来又引起外国资产持有量的下降,经济主体资产组合中的外国债券因此出现短缺,于是,经济主体会竭力购买外国债券以致出现本币贬值。随着时间的推移,贬值提高了本国的国际竞争力,从而减少了经常账户赤字。

二、财政扩张

政府有两种方法可以为不断增加的政府开支融资:一种是简单地印发超额货币,以此直接为政府开支提供资金;另一种是通过借钱来为开支融资——向经济主体出售债券。现在我们要在资产组合均衡模型的框架下,继续考察这两种策略的短期效应。在分析中,我们将忽略增加的支出对国内收入可能造成的扩张性影响,因为这会使问题变得相当复杂。

1. 由货币融资的支出

以印发货币来融资的公共支出增加意味着投资者将发现他们的财富上升,因为他们除了拥有相同数量的本国和外国债券,又持有了更多的货币。在投资者的资产组合中,货币的比例上升了。鉴于此,他们将需要更多的本国债券和外国债券。图 8.8 描述了这种资产组合调整的结果。

货币供给增加反映为货币市场曲线由 M_1M_1 向右移至 M_2M_2。值得注意的是,这种移

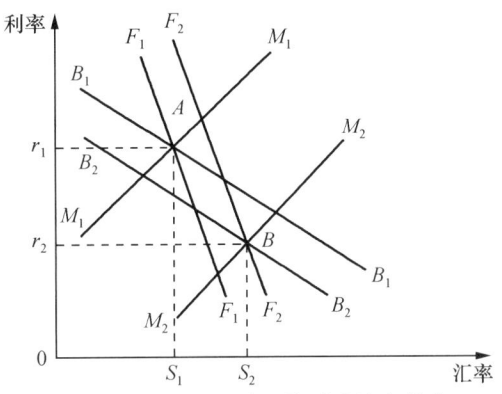

图 8.8 以货币为基础的财政扩张效应

动相比于使货币增加相同数量的公开市场操作的情形要略小一些,因为货币供给提高了财富水平,这部分反映为提高了货币需求。另外,财富水平的增加导致对国内外债券需求的上升,债券市场曲线由 B_1B_1 向左移至 B_2B_2,而外国债券市场曲线则由 F_1F_1 向右移至 F_2F_2。以货币供给增加产生的净效应导致本币的贬值和国内利率的下降。

2. 由债券融资的支出

通过借钱来融资的公共支出的增加同样会提高投资者的财富,因为他们除了持有数量不变的国内货币和外国债券,又持有了更多的本国债券。当债券的出售减少了公众的货币持有量时,货币却又通过增加政府开支而回到私人主体的手中。在这样的情况下,经济主体会发现自己的资产组合中本国债券所占的比例超出了自己所希望持有的比例,这会促使投资者需要更多的本国货币和外国债券。图 8.9 描述了这种资产组合调整的结果。

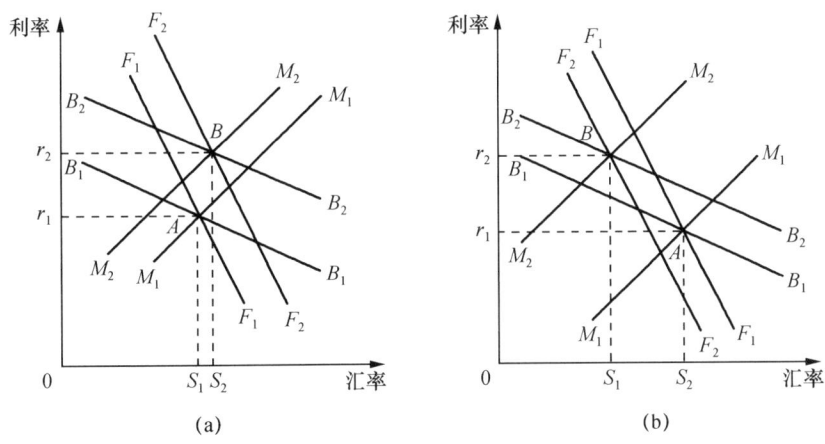

图 8.9 以债券融资为基础的财政扩张效应

债券供给增加使 BB 曲线由 B_1B_1 向右移至 B_2B_2。既然投资者在拥有的本国货币和外国债券数量都不变的条件下又持有了更多的本国债券,那么他们的财富必然增加。财富增加又会导致对债券的需求上升和对货币的需求上升,前者降低了债券市场曲线右移的程度,后者则表现为 MM 曲线向左移动。对外国债券需求的净影响是不确定的。尽管财富增加引起外国债券需求增加,促使外国债券需求曲线向右移动,而国内利率的提高却又会使对外国债券的需求转为对本国债券的需求,因而使外国债券需求曲线向左移。如果财富效应发挥了支配性作用,那么如图 8.9(b)所示,FF 曲线将向左移,均衡会在较高的利率水平上实现,并且本币升值。这样一来,财政政策将对汇率产生不确定的影响。

在这部分中,我们已经看到,财政政策对利率和汇率的影响并不仅仅依赖于扩张的程度,还取决于政策是如何获得资金支持的。如果是通过印发货币来融资,那么将引起利率的下降和本币的升值或贬值。这些短期结果是非常重要的。扩张性的财政政策会因为本币贬值和国内利率的下降而进一步发酵,因此通过货币来融资的财政扩张可能很快就会转变成通货膨胀。而通过债券融资的财政扩张对产出和价格所产生的通货膨胀后果可能要弱一些,因为在本币贬值的情况下,需求的扩张也会在某种程度上因利率的上升而受到抑制。如果财政扩张引起了本币升值,则需求将进一步受到压缩。总而言之,通过债券融资的财政扩张可能引起的通货膨胀小于依靠货币融资的财政扩张。

第七节 结 论

资产组合均衡模型是对汇率理论的重要贡献,因为它考察了风险预期变化及风险偏好在汇率决定中所发挥的作用。与外国债券相比,本国债券预期风险的增加会导致国内利率的上升和本币的贬值,而外国债券预期风险的增加则会引起本币的升值和国内利率的下降。这些效应与我们的直觉是一致的,并且经常被用来解释可观察到的汇率变化。而在假定国内外资产完全替代的货币主义模型中,这些效应是不存在的。

资产组合均衡模型的重要贡献在于,它指出随着时间的推移,经常账户在汇率的决定中扮演了一个重要的角色。经常账户的盈余意味着外国资产的积累和财富的增加,结果是在投资者的资产组合中外国资产的比例超过了期望的比例。反过来,这又引发人们购买本国债券和货币,于是本币升值,减少了经常账户盈余。

资产组合均衡模型还有一个贡献——它使得汇率决定中关于财政政策作用的讨论变得相对容易。通过债券融资的财政扩张对汇率的影响并不明确。这是因为较高比例的本国债券和资产持有者财富的增加会导致外国债券需求的上升,而较高的国内利率又会引起外国债券需求的下降。如果前者影响大于后者,则本币贬值,反之则本币升值。

资产组合均衡模型显著的政策含义是:实现货币存量的改变可以通过两种方式——购买外国资产(外汇操作)与购买国内资产(公开市场操作),前者对汇率产生的影响大于后者。只有在限定的条件下,国内外债券才是完全替代的,不同操作的效应才会保持一致。这是一个重要的结论,因为它至少为各国当局在外汇市场中的干预提供了一个理由。另一个结论是,只有假定国内外债券不完全替代,冲销性外汇操作才能产生汇率效应。然而,即使冲销性外汇操作能够影响汇率,与外汇操作相比,它的影响也是相对较弱的。政策制定者的经验是,非冲销性干预对汇率的影响要比冲销性干预更强有力。

资产组合均衡模型没有明确解决的一个问题是,造成国内外债券预期风险差异的确切原因是什么。这种差异可能是由其他因素引起的——如不稳定的经济政策和不同的预期政治风险。不稳定的经济政策可能引发风险时,当局最好采用稳定政策。而在涉及政治风险的情形下,当局则应设法消除政治风险。总之,降低预期风险或许是减少汇率波动的一个重要途径。

本章术语

资产组合均衡模型　公开市场操作　外汇操作

本章总结

1. 资产组合均衡模型考察了风险预期变化及风险偏好在汇率决定中所发挥的作用。与外国债券相比，本国债券预期风险的增加会导致国内利率的上升和本币的贬值，而外国债券预期风险的增加则会引起本币的升值和国内利率的下降。

2. 资产组合均衡模型指出，经常账户在汇率决定中扮演了重要角色。此外，通过债券融资的财政扩张对汇率的影响并不确定。这是因为较高比例的本国债券和资产持有者财富的增加会导致外国债券需求的上升，而较高的国内利率又会引起外国债券需求的下降。如果前者影响大于后者，则本币贬值，反之则本币升值。

3. 资产组合均衡模型的不足之处在于，它没有明确揭示造成国内外债券预期风险差异的确切原因是什么。这种差异可能是不稳定的经济政策等因素引起的。

思考和练习

1. 说明资产组合均衡模型的理论假设和均衡条件。
2. 在资产组合均衡模型中，根据货币市场、本国债券市场、外国债券市场三条曲线的斜率，说明 BB 线与 FF 线哪一条曲线更加陡峭。
3. 阐述资产组合均衡模型的含义和优缺点。
4. 分析公开市场操作、外汇操作、冲销性外汇操作这三种操作的效应。

第九章　开放经济条件下的宏观经济政策

┃本章概要┃

　　蒙代尔-弗莱明模型是近几十年来研究开放经济条件下宏观经济政策调节的最重要模型。这一模型对国际经济学的最大贡献在于,它分析了两种汇率制度下国际资本流动对宏观经济政策有效性的决定性影响。本章分析了政策工具和经济目标之间的关系,并利用IS-LM-BP曲线分析了在不同汇率制度和不同资本流动性情况下财政政策和货币政策的相对有效性。

┃学习目标┃

1. 理解政策工具和政策目标之间的关系。
2. 理解国际收支平衡表的局部差额分析法。
3. 理解国际收支的平衡、失衡和自动调节机制。

第一节　内部均衡、外部均衡与政策工具

　　开放经济与封闭经济的区别在于,在开放经济中,政策制定者在制定经济政策时,必须考虑货币政策和财政政策的变化对国际收支的影响。在封闭经济中,政策制定者只关注经济增长、充分就业和物价稳定这三个目标;在开放经济下,政策制定者必须同时关注国际收支均衡这一重要的宏观经济目标,当一国经常账户出现严重失衡时,甚至会把维持经常账户均衡作为首选目标。

　　从第二次世界大战结束到20世纪70年代,国际货币制度是一种以美元为核心的固定汇率制度,各国货币都钉住美元,只有在一国发生"基本性失衡"的情况下,货币当局才可以对币值做出调整。汇率基本固定意味着当时人们对货币政策和财政政策调整经济的相对有效性很感兴趣。经济政策制定者有很多宏观经济目标,20世纪50—60年代的讨论主要集中在两个目标,即内部均衡和外部均衡。所谓内部均衡,是指一国实现了充分就业且保持物价稳定。所谓外部均衡,是指国际收支均衡。从各国的经济实践来看,通常各国都会把内部均衡置于外部均衡之上,予以优先考量的地位,但是若一国面临巨大而且持久的国际收支赤字,则该国也会把外部均衡放在重要位置。最好的状态是内部均衡和外部均衡同时实现,但实际上,内部均衡和外部均衡有时是互相矛盾的。政府一般会做出实现充分就业的承诺,但在开放经济中,扩大产出势必会对国际收支产生一定的影响。例如,产出和就业人数的增加会带来进口的增加,从而导致经常账户的恶化。

　　为了实现内部均衡和外部均衡这两个目标,一国可供选择的政策工具有:① 支出调整政策(Expenditure-adjustment Policies),又称支出变更政策(Expenditure-changing Policies),即通常所谓的需求管理政策;② 支出转换政策(Expenditure-switching Policies);

③ 直接管制,旨在影响经济中总需求水平的财政政策和货币政策被称为支出变更政策。而另外一些政策的意图是改变支出的结构,如汇率贬值的目的是改变购买本国商品的支出和购买外国商品的支出在总支出中所占的比例,这些政策被称为支出转换政策。

支出变更政策包括财政政策和货币政策。财政政策主要是指改变政府支出和税收的政策。如果政府开支增加,或者税收减少,则一国实行的是扩张性财政政策。这会通过乘数效应促使国内产出和收入增长,并导致进口增加;如果政府开支减少,或者税收增加,则一国实行的是紧缩性财政政策,这会导致国内产出和收入水平下降,并导致进口下降。货币政策主要通过改变一国的货币供给并影响利率来发挥作用。如果货币供给增加,利率下降,货币政策就是扩张性的,这会导致投资水平和国民收入水平提高,并使进口增加。同时,利率降低会导致国际短期资本外流。同样,紧缩性货币政策是指一国货币供给减少及利率上升。这会导致投资下降、国民收入和进口水平下降,同时导致国际短期资本流入增加。

支出转换政策主要是指汇率政策,是通过改变汇率,使支出由国内商品转移到进口商品上,或者由进口商品转移到国内商品上,以维持或达到国际收支均衡。比如说,提高汇率(本币贬值)会使对外国商品的开支转移到国内商品上,这导致进口减少,因此会改善国际收支。但同时它也会导致国内产出增加,而产出增加会引起进口上升,从而抵消部分国际收支。降低汇率(本币升值),会使对国内商品的开支转移到外国商品上,从而会减少一国国际收支盈余。但同时它也会减少国内产出,从而导致进口下降,这又会部分抵消汇率下降的结果。

直接管制政策包括关税、配额以及其他限制国际贸易和国际资本流动的措施,这些措施本质上也属于支出转换政策,但不同之处在于,直接管制政策是针对特定的国际收支项目的,而汇率政策是一种同时作用于所有项目的普遍性控制(General Control)。在国际贸易和国际资本流动日益自由化的今天,直接管制是不被提倡的一种政策工具,因而支出变更和支出转换政策是实现经济内外均衡最常用的手段。

第二节 斯旺图形、丁伯根法则和米德冲突

二十世纪五六十年代,很多经济学家都致力于研究一国政府该如何同时实现内部均衡和外部均衡的目标。特雷弗·斯旺(Trevor Swan)对这一问题做出了重要的贡献,他的观点可以用斯旺图形说明。图 9.1 中的纵轴表示实际汇率,即以本国货币表示的一单位外国货币的价格。也就是说,汇率的升高意味着本币的贬值和本国国际竞争力的提高。横轴表示国内的实际吸收额,即消费、投资和政府支出之和。

IB 曲线为内部均衡线,线上的任意一点都代表使国内均衡得以实现的实际汇率和国内支出的一定组合,即线上的点都能满足在稳定的价格水平下实现充分就业这一条件。IB 曲线向右下方倾斜,这是因为,本币实际汇率的升值(汇率下降)会造成出口的减少和进口的增加;为了保持充分就业状态,必须增加国内支出。IB 曲线右侧的点表示经济中存在通货膨胀压力,因为在同样的汇率下,右侧点代表的国内支出大于充分就业时的国内支出。同理,IB 曲线左侧的点代表的国内支出小于充分就业时的国内支出,所以这些点表示经济中存在通货紧缩压力。

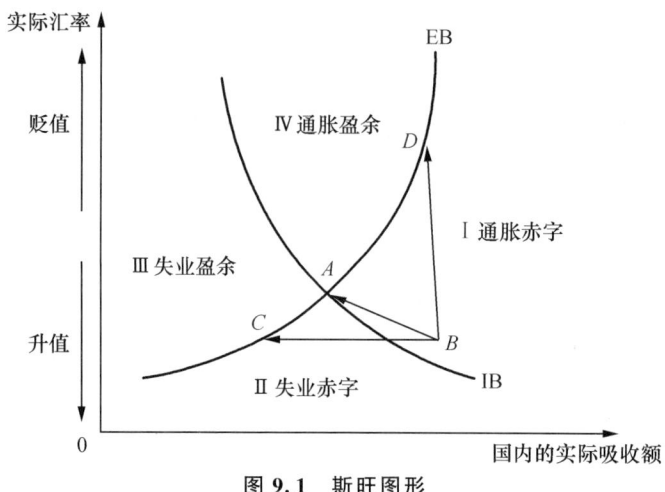

图 9.1 斯旺图形

EB 曲线是外部均衡(经常账户均衡)线,线上的任意一点都代表使外部均衡得以实现的实际汇率和国内支出的一定组合,EB 曲线向右上方倾斜,这是因为,本币实际汇率的下降会导致出口的增加和进口的减少,为了保持国际收支平衡,必须增大国内支出,刺激对进口的需求。EB 曲线右侧的点代表国内支出大于使国际收支保持平衡的水平,因此这些点表示经济中存在经常账户赤字;而 EB 曲线左侧的点代表国内支出小于使国际收支保持平衡的水平,因此这些点表示经济中存在经常账户盈余。

因此,斯旺图形可以划分为四个区域,不同区域表示的经济状态有所不同:

Ⅰ 区——经常账户赤字和通货膨胀压力;

Ⅱ 区——经常账户赤字和通货紧缩压力;

Ⅲ 区——经常账户盈余和通货紧缩压力;

Ⅳ 区——经常账户盈余和通货膨胀压力。

只有在 IB 曲线和 EB 曲线的交点 A,经济才同时实现了内部均衡和外部均衡。假设最初时某国经济位于 B 点,此时经济中存在经常账户赤字和通货膨胀压力。如果该国继续保持固定汇率制度,并采用削减国内支出的办法来减少赤字,该国经济就会向 C 点移动。削减国内支出政策虽然使该国经济实现了外部均衡,但国内吸收的减少使经济陷入了衰退,从而导致失业人数的增加。相反,该国政府也可以通过汇率贬值来减少赤字,这种情况下,经济向 EB 曲线上的 D 点移动。尽管汇率贬值可以平衡经常账户,但这种做法给经济带来了通货膨胀压力。从图中可以看出,D 点同内部均衡线的距离更远了。

这个简单的模型说明,利用一种政策工具(扩张性的财政政策或货币贬值政策)来实现两个目标(内部均衡和外部均衡),是很难取得成功的。为了使经济从 B 点移动到 A 点,有关当局必须同时采取适当的通货紧缩政策和货币贬值政策。通货紧缩政策可以抑制通货膨胀,货币贬值政策可以改善经常账户状况,这样一国政府就可以同时实现两个目标。诺贝尔经济学奖的获得者荷兰经济学家简·丁伯根(Jan Tinbergen)曾提出如下观点:实现 n 种目标需要有 n 种相互独立的有效的政策工具,这就是著名的"丁伯根法则"(Tinbergen's Rule)。丁伯根法则描述了经济目标和经济政策工具之间的关系,通常地,一国需要实现的目标包括内部均衡和外部均衡两个目标,而拥有的政策工具有支出变更政策和支出转换政策。根据丁伯根法则,在浮动汇率下,一国可以通过调节汇率水平来实现支出转换政策,也可以通过财政政策和货币政策实现支出变更政策,所以同时实现内部均衡和外部均衡是不成问题的。

但是从第二次世界大战直到20世纪70年代,世界各国均实行的是固定汇率制度,因此一国难以运用支出转换政策作为政策工具。实践中,各工业国即使出现了根本性国际收支失衡,也不愿意使本币贬值或升值。盈余国倾向于积累储备,同时,担心本币升值影响出口;而赤字国认为本币贬值是经济衰弱的表现,并且害怕本币贬值会导致国际资本外逃,结果各国只剩下支出变更政策可供选择。

在这种情形下,英国经济学家詹姆斯·米德(James Meade)指出:在某些情况下,单独使用支出变更政策追求内外部同时均衡,有可能造成一国内部均衡和外部均衡的冲突。这一冲突被称为"米德冲突"(Meade's Conflict)。显然,米德冲突是丁伯根法则的一种表达形式。诚然,假如把财政政策和货币政策看作是一种政策工具——支出变更政策时,根据丁伯根法则,确实无法同时满足两个目标。

米德冲突是20世纪50年代被广为接受的理论,但是到了60年代,罗伯特·蒙代尔(Robert Mundell)打破了这一教条。蒙代尔指出,在固定汇率下,财政政策和货币政策是两种独立的政策工具,只要适当地加以搭配使用,就可以同时实现内外部均衡。比如我们可以通过财政政策取得内部均衡,而通过货币政策取得外部均衡,因此尽管在固定汇率制度下难以运用支出转换政策,但是各国还是可以通过财政政策和货币政策的搭配而实现内外均衡。蒙代尔进一步指出,很多时候,针对某个特定目标的某种政策可能会对实现另一个目标有帮助,而有时它也会阻碍另一个目标的实现,因而不同政策实施的效果往往有冲突。蒙代尔认为,应该将每一种政策实施在它最有影响力的目标上,这就是所谓"蒙代尔搭配法则"(Mundell's Assignment Rule)或"有效市场分类原则"。

下面,我们将详细描述蒙代尔-弗莱明模型。蒙代尔-弗莱明模型最初是由马库斯·弗莱明(Marcus Fleming)和蒙代尔创建的。他们的主要贡献是在凯恩斯 IS-LM 模型的基础上,将国际资本流动纳入宏观经济模型。他们分析了财政政策和货币政策在实现内部均衡和外部均衡时的有效性。下面我们将介绍凯恩斯模型的基本含义以及蒙代尔、弗莱明运用 IS-LM-BP 模型所得出的主要结论,并分析这个模型的意义和缺陷。

第三节 开放经济中 IS、LM、BP 曲线的推导

一、IS 曲线

开放经济中的 IS 曲线是指使漏出额和注入额相等的所有产出(Y)和利率的组合。漏出额是指储蓄和进口支出之和($S+M$),而注入额是指投资、政府支出和出口之和($I+G+X$)。

开放经济中存在如下恒等式:
$$Y = C + I + G + X - M \tag{9.1}$$

其中,Y 代表国民收入,C 代表国内消费,I 代表国内投资,G 代表政府支出,X 代表出口收入,M 代表进口支出。

将 $Y-C=S$ 代入(9.1)式,该式就变成漏出额和注入额的关系式:
$$S + M = I + G + X \tag{9.2}$$

为了简化问题,我们假设下面的等式成立:

$$S = S_a + sY \tag{9.3}$$

(9.3)式表示储蓄可以分为两个部分:自主性储蓄,由收入增加引发的储蓄。其中 s 为边际储蓄倾向。

$$M = M_a + mY \tag{9.4}$$

(9.4)式表示进口也分为两个部分:自主性进口,由收入增加引发的进口。其中 m 为边际进口倾向。

$$I = I(r), \quad \mathrm{d}I/\mathrm{d}r < 0 \tag{9.5}$$

(9.5)式表示投资是利率的递减函数。另外,模型假定政府支出和出口都是自主性的,这二者与利率和国民收入水平无关。

上面所述的关系可以用图9.2来说明。图9.2(a)刻画了漏出和收入之间的关系,因为收入的增加会导致储蓄和进口的增加,所以图中的曲线是一条向右上方倾斜的直线,其斜率为 $1/(s+m)$。其中收入 Y_2 对应的漏出水平为 L_2。漏出水平可对应到图9.2(b)中。该图中有一条45度线,其纵轴表示漏出水平,横轴表示注入。45度线将纵轴上的漏出转换为横轴上同等数量的注入。

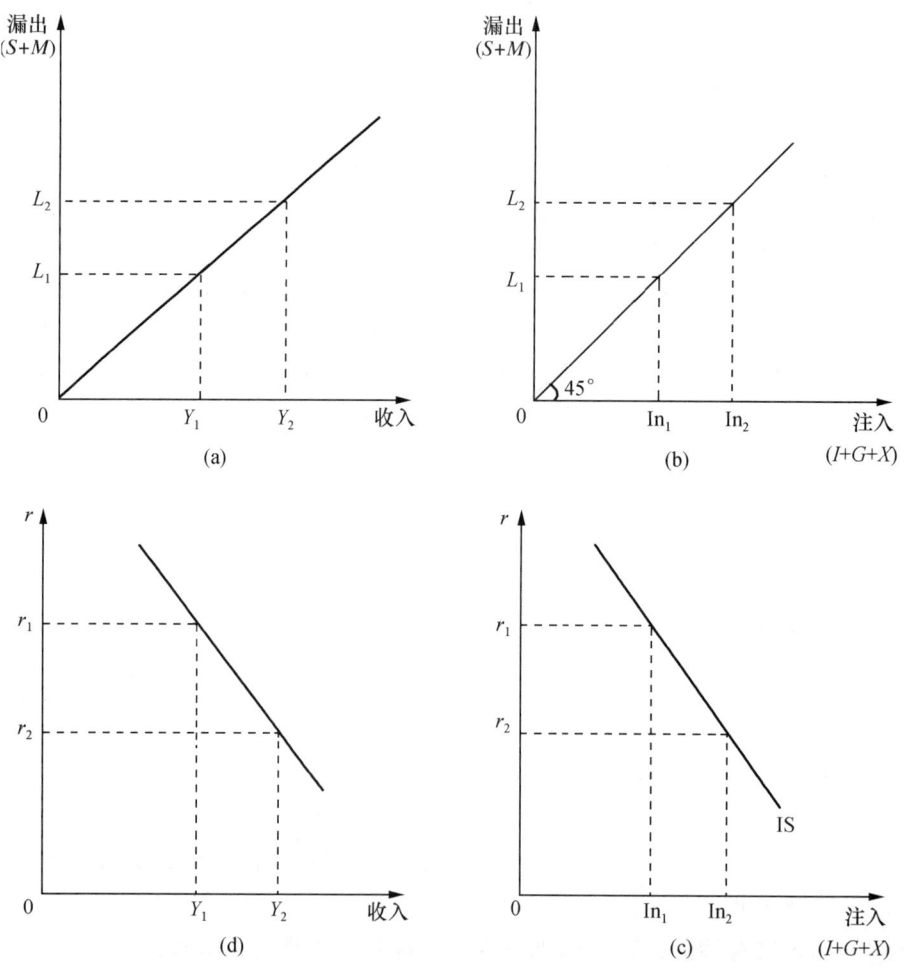

图 9.2 IS 曲线的推导

图 9.2(c)画出的是注入线,它表明在既定的预期和价格水平下,和注入 In_1 对应的利率水平为 r_1。因为我们假定投资为利率的递减函数,政府支出、出口和利率水平无关,所以注入线是一条向右下方倾斜的直线。

现在我们知道,收入 Y_1 所引致的漏出 L_1,等于利率为 r_1 时的注入 In_1。因此,我们可以在图 9.2(d)中画出 (Y_1,r_1) 点,它就是开放经济中 IS 曲线上的一点,因为这一点使得注入额和漏出额相等。重复同样的过程,我们可以得到使注入和漏出相等的 (Y_2,r_2) 点。同样,我们还可以得到很多同 (Y_1,r_1) 性质相同的点。将这些点连接起来,就可以得到开放经济中的 IS 曲线。像图 9.2(d)所示的那样,IS 曲线向右下方倾斜。因为较高的收入水平会导致较高的漏出水平,这就要求降低利率来刺激投资,以保证注入额和漏出额相等。

二、LM 曲线

LM 曲线是使货币市场均衡(货币供给等于货币需求)的所有收入和利率的组合。在简单的模型中,我们假定货币的需求动机只有两个:交易动机和投机动机。由于人们的收入和支出不是完全同步的,因此就产生了交易需求。一般情况下,我们假定个人的收入水平越高,交易需求就越大。因为人们的收入越高,他们的支出就越多,因交易动机而持有的货币也就越多。因此,货币的交易需求是收入的递增函数,用代数形式可以表示为:

$$M_t = M_t(Y) \tag{9.6}$$

其中,M_t 表示货币的交易需求。

持有货币的另一个动机是投机动机。模型假定,人们持有的货币余额中除掉交易需求之后的部分就是投机需求。利率升高意味着持有货币的机会成本上升。因此,投机需求会因利率的上升而下降。投机需求和利率的反向关系可以用(9.7)式表示:

$$M_{sp} = M_{sp}(r) \tag{9.7}$$

其中,M_{sp} 为货币的投机需求。

在货币市场均衡时,货币需求等于货币供给。其中货币需求为交易需求和投机需求之和。货币市场均衡用代数形式可以表示如下:

$$M_d = M_{sp} + M_t = M_s \tag{9.8}$$

LM 曲线的推导可以用图 9.3 来说明。图 9.3(a)是货币的交易需求曲线,它是收入的递增函数,收入从 Y_1 上升到 Y_2,交易需求便从 M_{t_1} 上升到 M_{t_2}。交易需求可以对应到图 9.3(b),该图表示固定的货币供给在交易需求和投机需求之间的分配。$0a$ 表示货币的总供给,M_{t_1} 为交易需求,$0a$ 减去 M_{t_1},即 M_{sp_1} 为投机需求。图 9.3(c)是货币的投机需求曲线,因为投机需求是利率的递减函数,所以它是向右下方倾斜的。从图中可以看出,在利率为 r_1 时,投机需求为 M_{sp_1}。现在我们就可以得出 LM 曲线上的一个点,即图 9.3(d)中的 (Y_1,r_1) 点,它使货币供给等于交易需求与投机需求之和。

再取一个收入水平 Y_2,重复上面的过程,可以得到与之相对应的利率水平 r_2,(Y_2,r_2) 也是使货币市场均衡的点。同样,我们还可以得到很多同 (Y_1,r_1) 性质相同的点。将这些点连接起来,就可以得到 LM 曲线。像图 9.3(d)中所示的那样,LM 曲线向右上方倾斜。因为较高的收入水平会导致较高的交易需求,因此,在货币供给一定的情况下,必须提高利率来降低投机需求，以保证货币市场的均衡。

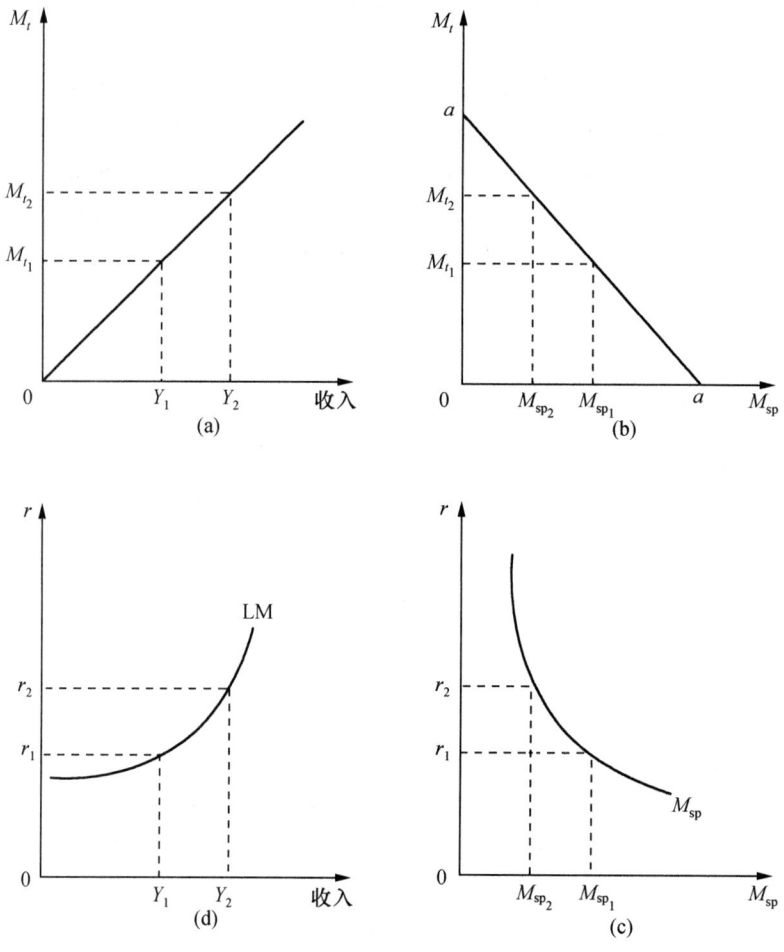

图 9.3 LM 曲线的推导

三、BP 曲线

国际收支曲线是指与国际收支平衡相适应的所有利率和收入水平的组合。

我们一般会将国际收支划分为两个部分：经常账户和资本与金融账户。在分析问题时，我们假定出口和国民收入、利率水平无关，而进口和国民收入呈正相关。下面是进口的代数表达式：

$$M = M_a + mY \tag{9.9}$$

总进口 M 是自主性进口 M_a 和国民收入的函数，其中 m 为边际进口倾向。

因为出口是外生的，进口是收入的递增函数，所以国民收入水平越高，经常账户盈余就越小，或者说赤字就越大。净资本流动(K)是国内利率的递增函数，因此，在外部利率 r^* 不变的情况下，国内利率 r 越高，流入的资本就越多，流出的资本就越少。这一关系用代数形式表示如下：

$$K = K(r - r^*) \tag{9.10}$$

因为国际收支曲线是使国际收支平衡的所有利率和收入水平的组合，所以：

$$X - M + K = 0 \tag{9.11}$$

K 为正数时表示资金的净流入,而 K 为负数时表示资金的净流出,BP 曲线的推导可以用图 9.4 说明。图 9.4(a)说明了经常账户和国民收入之间的关系,收入的增加会导致经常账户的恶化,因此经常账户曲线向右下方倾斜。当收入水平为 Y_1 时,经常账户盈余为 CA_1,而当收入水平为 Y_2 时,经常账户赤字为 CA_2。经常账户盈余或赤字可以对应到图 9.4(b),该图有一条 45 度线,它的纵轴和横轴分别表示经常账户盈余(赤字)和资本项目流出(流入)。经常账户盈余 CA_1 必须对应相同数量的资本项目流出 K_1,才能保证国际收支的平衡。同样,经常账户赤字 CA_2 必须对应相同数量的资本项目流入 K_2。图 9.4(c)表示特定的资本项目流动额所要求的利率水平。因为较高的利率会导致资本项目的净流入,较低的利率会导致资本项目的净流出,所以资本流动曲线向右下方倾斜。其中资本项目流出额 K_1 对应的利率水平为 r_1,资本项目流入额 K_2 对应的利率水平为 r_2。

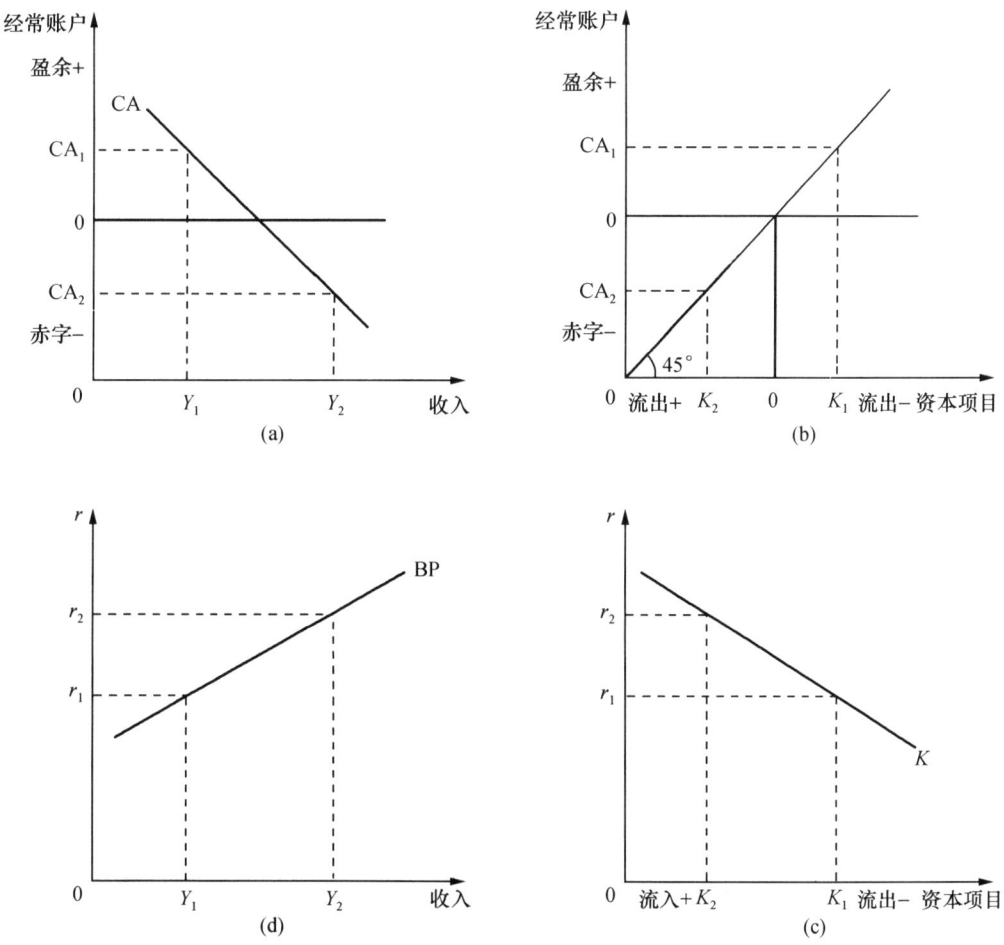

图 9.4 BP 曲线的推导

因为 Y_1 对应的是国际收支盈余 CA_1,所以资本项目流出额必须为 K_1,K_1 要求的利率水平为 r_1,这样就可以在图 9.4(d)中画出 BP 曲线上的一点(Y_1,r_1)。较高的收入水平会导致经常账户的恶化,因此,要保持国际收支平衡,资本项目流出额必须减少(或资本项目流入额必须增加),这就要求有较高的利率水平,由此可以推知 BP 曲线是向右上方倾斜的。BP 曲线上的每一点都是使国际收支平衡的国内收入和利率的组合。BP 曲线左侧的点是国际收支盈余点,因为在同样的资本流动额下,这些点所表示的收入较低,因此经常账户盈余大于国际收支平衡时的水平。反之,国际收支右侧的点是国际收支赤字点,因为它们代表的收入水平高于国际收支平衡时的水平。

BP 曲线的斜率取决于资本国际流动的难易程度,资本流动性越强,BP 曲线越平缓。因为在收入增加导致经常账户恶化时,如果资本流动性较强,国内利率只要提高较小的幅度,就可以吸引到足够的资本来保持国际收支的平衡。在资本可以完全流动时,利率稍高于世界利率,就会导致大量的资本流入,此时 BP 曲线是水平的。反之,在资本不能流动时,即使利率水平提高,国际资本也不会流入本国,所以 BP 曲线是垂直的。除了以上两种极端情况,BP 曲线都是一条斜率为正的直线,此时资本是不完全流动的。

第四节 IS-LM-BP 模型的均衡和影响因素

一、IS-LM-BP 模型的均衡

在图 9.5 中,三条曲线相交于一点,BP 曲线要比 LM 曲线陡峭,但实际上,二者斜率的关系是不确定的。两条曲线斜率的不同,包含着不同的政策含义,这一点我们将在后面具体介绍。三条曲线的交点 A 对应的收入水平为 Y_1,利率水平为 r_1。Y_1 低于充分就业的收入水平 Y_f,即经济中存在失业。此时经济没有实现内部均衡,但满足了外部均衡的条件,因为 IS 曲线和 LM 曲线相交于 BP 曲线上的一点。

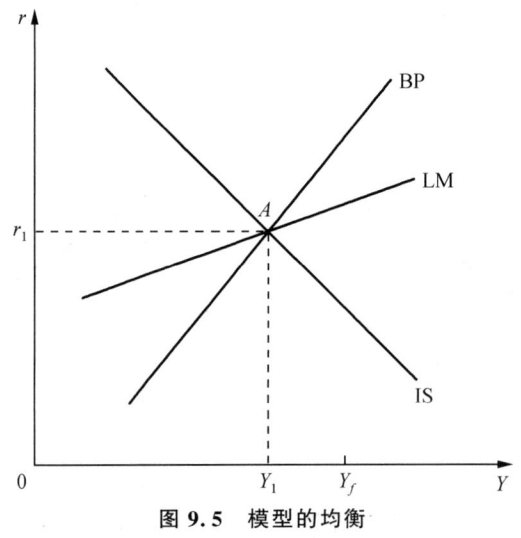

图 9.5 模型的均衡

IS 曲线和 LM 曲线并没有相交于 Y_f,这一点可以这样解释:在 Y_f 点,计划漏出(储蓄和进口支出)超过了计划注入(政府支出、出口和投资),从而导致存货增加,生产者会因此降低产出。只有在收入为 Y_1 时,计划漏出才等于计划注入,此时存货数量保持不变,经济实现了内部均衡。

图 9.6(a)和图 9.6(b)分别表示国际收支为盈余和赤字时的情况。在图 9.6(a)中,IS 曲线和 LM 曲线相交于 BP 曲线左侧的一点,此时收入水平太低了(和/或利率水平太

高了),所以国际收支为盈余。在图9.6(b)中,IS曲线和LM曲线相交于BP曲线右侧的一点,此时收入水平Y_2太高了(和/或利率水平r_2太低了),所以国际收支为赤字。

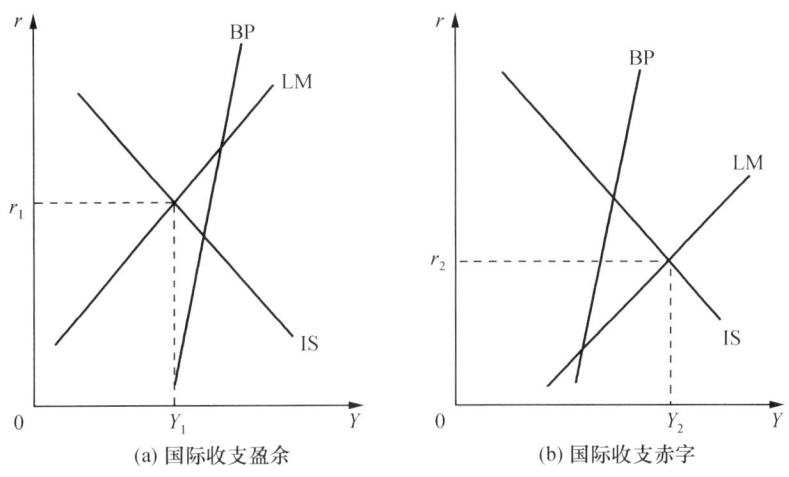

图 9.6　国际收支盈余和国际收支赤字

二、影响 IS-LM-BP 曲线的因素

在下面的分析中,我们将考虑汇率变化、财政政策和货币政策的变动如何影响三条曲线的位置。

1. 影响 IS 曲线的因素

首先,投资、政府支出和出口的增加会使 IS 曲线向右移动。因为注入的增加要求漏出的增加,而漏出的增加要求国民收入的增加。其次,自主性储蓄和自主性进口的减少也会使 IS 曲线向右移动。因为当漏出减少时,需要有较高的收入水平来刺激储蓄和进口支出,以保证漏出和注入相等。最后,在满足马歇尔-勒纳条件时,汇率的下降会使 IS 曲线向右移动,因为汇率的下降导致进口的减少和出口的增加,从而使注入超过漏出,这就要求收入水平提高来恢复国内产品市场的均衡。

2. 影响 LM 曲线的因素

国内货币供给的增加会使 LM 曲线向右移动。在给定的利率下,当货币供给增加时,只有收入增加,货币的交易需求才会增加,货币供给才能等于货币需求。汇率的下降意味着进口商品价格和总体价格指数(一篮子国内产品和进口产品价格的加权平均数)的上涨。也就是说,货币的实际余额减少,所以货币的交易需求增加,此时只有收入水平降低,才能抵消货币交易需求的增加。从上述分析可知,汇率的下降会使 LM 曲线向左移动。

3. 影响 BP 曲线的因素

出口的增加和自主性进口的减少会改善经常账户的状况,所以 BP 曲线必须向右移动,才能增加进口支出并保持国际收支平衡。在满足马歇尔-勒纳条件时,汇率的下降也会使 BP 曲线向右移动。因为在汇率下降时,出口增加,进口支出减少,这就要求增加国内收入来保持国际收支的平衡。

第五节 固定汇率和浮动汇率下的内部均衡和外部均衡

一、固定汇率下的失衡和调节

图 9.7 可以用来说明固定汇率下失业的情形。一国经济位于 A 点,收入水平和利率水平分别为 Y_1 和 r_1,它表示经济实现了外部均衡,但收入水平低于充分就业的收入水平 Y_f。

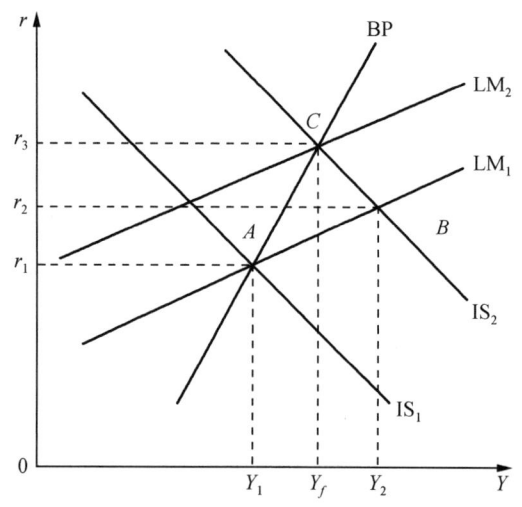

图 9.7 固定汇率下的内部均衡和外部均衡

政府通过扩张性的财政政策来消除失业,IS 曲线从 IS_1 移动到 IS_2,国内产出从 Y_1 增加到 Y_2,此时经济位于 B 点,利率水平为 r_2。B 点的产出水平高于充分就业时的水平,但出口的增加使经常账户恶化。尽管 B 点较高的利率水平吸引了部分资本的流入,但由于它位于 BP 曲线的右侧,因此国际收支在总体上为赤字。货币当局不得不在外汇市场上购入本币,由于它实行的是冲销干预,因此 LM 曲线仍然为 LM_1。由上可知,政府使用单一的政策工具(在这个例子中为财政政策),能够暂时实现内部均衡目标,但要以牺牲外部均衡目标为代价。

但政府希望同时实现内部均衡和外部均衡目标。要做到这一点,政府必须同时实施扩张性的财政政策(IS_1 移动到 IS_2)和紧缩性的货币政策(LM_1 移动到 LM_2)。IS_2 和 LM_2 相交于 BP 曲线上的 C 点。紧缩性的货币政策进一步提高了利率(r_3),因此吸引了更多的资本流入,从而使国际收支恢复平衡。政府采用扩张性的财政政策和紧缩性的货币政策,可以同时实现内部均衡和外部均衡的目标。从上面可以看出,因为政府拥有两种独立的政策工具——财政政策和货币政策,所以它不需要调整货币的汇率就可以同时实现两个目标。

二、浮动汇率下的失衡和调节

1. 浮动汇率下的扩张性货币政策

图 9.8 说明了在浮动汇率下实施扩张性货币政策的情形。最初的均衡位于 A 点,其

利率和收入水平分别为 r_1 和 Y_1。货币当局实施了扩张性的货币政策,结果使 LM 曲线从 LM_1 移动到 LM_2。LM_2 和 IS_1 的交点为 BP 曲线右侧的 B 点,同 A 点相比,其利率水平下降,收入水平提高。B 点意味着经济中存在国际收支赤字,但由于汇率是可以下降的,因此 IS 曲线从 IS_1 移动到 IS_2,BP 曲线从 BP_1 移动到 BP_2,LM 曲线也向左移动到 LM_3,三条新曲线相交于 C 点,新的均衡收入和利率水平分别为 Y_2 和 r_2。所以,搭配使用货币政策和汇率政策,可以使实际产出提高到完全就业的水平,并能同时实现外部均衡目标。

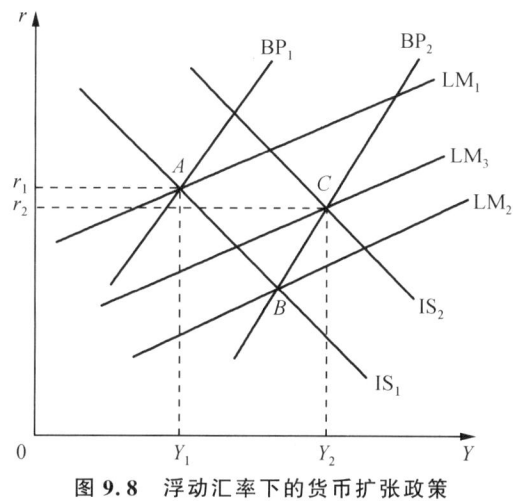

图 9.8 浮动汇率下的货币扩张政策

一般而言,货币供给的增加会导致汇率的下降、国内利率的下降和收入的增加。较低的利率意味着更少的资本流入或更多的资本流出,同时收入的增加又使经常账户恶化;但一般情况下汇率的下降会改善经常账户。由于国内利率的下降使资本与金融账户恶化,因此货币当局必须使用汇率政策来改善经常账户、平衡国际收支。

2. 浮动汇率下的扩张性财政政策

浮动汇率下财政扩张的效果取决于 LM 曲线和 BP 曲线的相对位置。我们将考虑以下两种情形:第一种情形,BP 曲线比 LM 曲线陡峭;第二种情形,BP 曲线比 LM 曲线平缓。

在图 9.9 中,BP 曲线比 LM 曲线陡峭,也就是说,资本流动对利率的变化相对不敏感,而货币需求对利率却是富有弹性的。扩张性的财政政策使 IS 曲线从 IS_1 移动到 IS_2,从而提高了国内利率和国内收入。收入和利率的变化对国际收支所产生的影响是反向的:实际产出的增加导致了经常账户的恶化,而利率的升高改善了资本与金融账户状况。但是,由于资本的流动性较差,因此利率变化的影响小于收入变化的影响,所以国际收支总体状况是恶化的。赤字反过来又导致了汇率的贬值,结果使得 BP 曲线从 BP_1 向右移动到 BP_2,LM 曲线从 LM_1 向左移动到 LM_2,IS 曲线则继续向右移动,从 IS_2 移动到 IS_3,三条新曲线相交于 C 点,其收入和利率水平分别为 Y_2 和 r_2。此时,因实际收入增加而导致国际收支状况的恶化,被利率升高和汇率下降的效应抵消,所以国际收支仍然保持平衡。

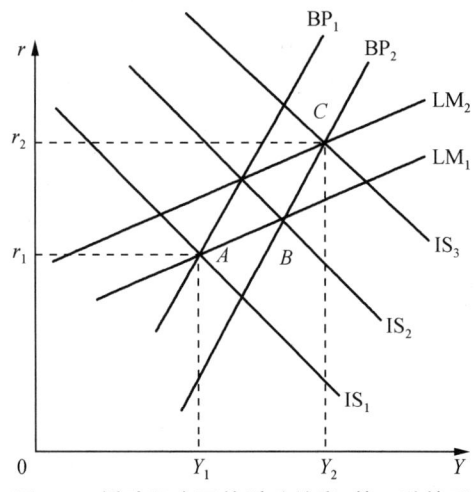

图 9.9 浮动汇率下的财政扩张：第一种情形

在图 9.10 中，扩张性的财政政策使 IS 曲线从 IS_1 移动到 IS_2。因为资本流动对利率的变化相对敏感，所以 BP 曲线比 LM 曲线平缓。利率的升高吸引了大量的资本流入，这不仅抵消了因收入增加而导致的经常账户赤字，还改善了国际收支的总体状况。国际收支盈余导致了汇率的上升，从而使 BP 曲线从 BP_1 向左移动到 BP_2，LM 曲线从 LM_1 向右移动到 LM_2，IS 曲线则向左移动，即从 IS_2 移动到 IS_3。三条新曲线相交于 C 点，这意味着经济达到了新的均衡。新均衡点的产出和利率水平都有所提高，该点的汇率也升值了。

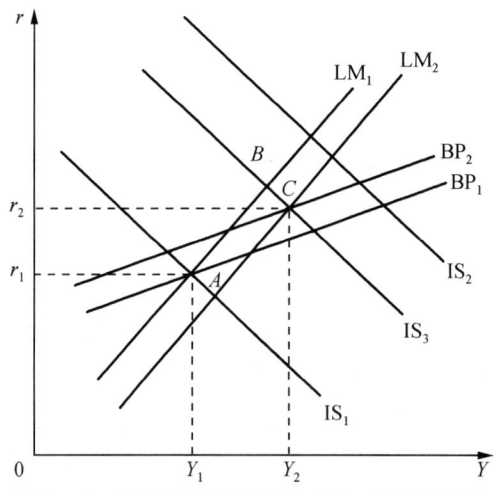

图 9.10 浮动汇率下的财政扩张：第二种情形

在国际资本流动性不同的情况下，扩张性的财政政策产生的影响也不相同，它既可能会导致汇率的下降，也可能导致汇率的上升。

第六节 资本完全流动下的汇率制度选择

第二次世界大战之后国际货币体系的一个重要特征是国际资本市场日益一体化。但资本流动的影响是正面的还是负面的？它是否会对货币当局实施货币政策的能力产生影响？对此人们争议颇多。蒙代尔和弗莱明曾对小国资本流动所产生的影响进行了研究，这里的小国是指没有能力影响世界利率的国家。他们的研究表明，小国汇率制度的选择会对货币政策和财政政策调控经济活动的能力产生重大的影响。

一、固定汇率制度和资本完全流动的情况

模型假定小国面临着资本完全流动的情况。只要政府提高国内利率，大量的资本就会流入本国的债券市场，这将抬高债券的价格，并使利率回到世界利率的水平。反之，如果政府降低国内利率，由于投资者总是寻求较高的回报率，大量的资本就会流出本国。投资者对债券的抛售拉低了债券的价格，从而使国内利率回到世界利率的水平，资本外流也就随之停止了。资本的完全流动意味着小国开放经济的 BP 曲线平行于收入轴，它与利率轴的交点所代表的数值就是国内利率值（等于世界利率）。

图 9.11 描述的是采用固定汇率制度的小国开放经济。开始时，IS 曲线和 LM 曲线的交点决定的收入水平为 Y_1，低于充分就业的收入水平 Y_f。货币当局通过扩张性的货币政策来扩大产出，结果 LM 曲线从 LM_1 移动到 LM_2。此时国内利率承受着下跌的压力，这导致大量的资本流出本国。资本流出意味着货币存在贬值的压力，因此，货币当局必须对外汇市场进行干预，即用外汇储备购入本币。本币的购买导致私人持有的货币量下降，LM 曲线向左移动。直到 LM 移动到原来的位置（LM_1）时，货币当局才会停止对本币的购买，此时国内利率又回到世界利率的水平。在资本完全流动的情况下，实施冲销干预政策会导致储备的严重损失，所以货币当局一般不会采用这种政策。因此，当一国采用固定汇率制度，并面临资本完全流动时，货币政策在影响产出方面是无效的。

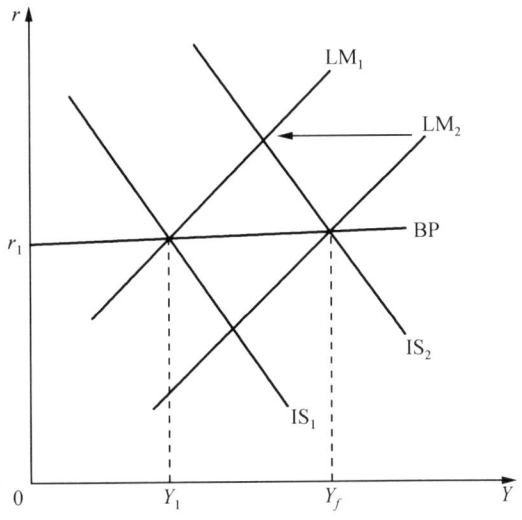

图 9.11 固定汇率制度和资本完全流动的情况

同样,如果政府采用扩张性财政政策,使 IS 曲线从 IS_1 移动到 IS_2,国内利率就有上升的压力,资本会流入本国。为了防止货币的升值,货币当局必须用本币来购买外币。这意味着私人手中持有的货币量增加,LM 曲线向右移动。直到 LM 曲线同 IS_2 曲线的交点决定的利率等于世界利率时,货币当局才会停止对外币的购买。因此,当一国采用固定汇率制度,并面临资本完全流动时,单独使用财政政策就可以实现内部均衡和外部均衡的目标。这是丁伯根原则的例外情况。但是,为了维持固定汇率,货币政策必须进行被动的调整。

二、浮动汇率制度和资本完全流动的情况

图 9.12 描述的是采用浮动汇率制度的小国开放经济。开始时,IS 曲线和 LM 曲线的交点决定的收入水平为 Y_1。扩张性的货币政策使 LM 曲线从 LM_1 移动到 LM_2,因此国内利率有下跌的压力,这导致了资本的流出和汇率的贬值。贬值使出口增加,进口减少,所以 IS 曲线向右移动,LM 曲线向左移动,在达到均衡时,LM_3 和 IS_2 的交点决定的收入水平为 Y_2。因此,货币当局只需采用适当的扩张性货币政策,就可以同时实现内部均衡和外部均衡的目标。

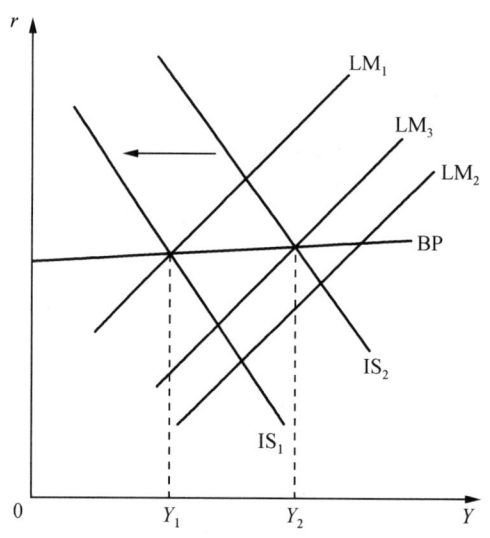

图 9.12 浮动汇率制度和资本完全流动的情况

假设政府采用扩张性的财政政策来增大产出。政府支出的增加使 IS 曲线从 IS_1 右移到 IS_2。政府必须卖出债券来为支出融资,但债券的销售使国内利率有升高的压力,所以大量的资本流入本国,本币汇率升值。汇率的升值导致了进口的增加和出口的减少,所以 IS 曲线又移动到原来的位置。因此,当一国采用浮动汇率制度,并面临资本完全流动时,财政政策在影响产出方面是无效的。

由上可以看出,资本的流动性对一国采用何种经济政策有一定的影响。固定汇率制度下,财政政策在影响产出方面是有效的;而浮动汇率制度下,货币政策在影响产出方面是有效的。因此,固定汇率制度下的货币当局会更加关注财政政策,而浮动汇率制度下的货币当局则青睐货币政策。从资本流动性和汇率制度的角度来看,开放经济和封闭经济应采取的经济政策有很大不同。

当资本完全流动时,不同汇率制度下财政政策和货币政策的有效性不同,这是国际经济学的一个重要的结论。在固定汇率制度下,货币政策不能影响产出,而在浮动汇率制度下,单独使用货币政策就能影响产出;与货币政策相反,财政政策在固定汇率制度下可以影响产出,但在浮动汇率制度下却是无效的。

第七节 蒙代尔搭配原则

上面我们讲到,根据丁伯根原则,我们一般需要两种政策工具来实现两个目标——内部均衡和外部均衡,但这个原则并没有说明应该用哪一种工具来实现特定的目标。实际上,我们从以上的讨论中可以看到,不管是在固定汇率制度下还是在浮动汇率制度下,都可以搭配使用货币政策和财政政策,来实现内部均衡和外部均衡的目标。蒙代尔建议,经济政策决策者在使用丁伯根原则时,应遵循他所提出的有效市场分类原则,即"在实现某个目标时,应采用对其影响最大的经济政策"。例如,如果货币政策是实现外部均衡时最有效的工具,同时财政政策又对产出的影响最大,就应该运用货币政策来实现外部均衡,运用财政政策来实现内部均衡。有效市场原则也被称为"蒙代尔搭配原则"。这个原则可以用图 9.13 来说明。它描述的是在固定汇率制度下财政政策和货币政策的搭配情况。在纵轴上的 N_m 点,货币政策是中性的,在该点之上,货币政策是扩张性的,而在该点之下,货币政策是紧缩性的。同样,在横轴上的 N_f 点,财政政策是中性的,在该点之右,财政政策是扩张性的,而在该点之左,财政政策是紧缩性的。内部均衡曲线的斜率为负,因为在充分就业时,若实施紧缩性的货币政策,就必须搭配使用扩张性的财政政策,只有这样,经济才能保持充分就业的状态。IB 曲线的右侧,财政政策和货币政策都是扩张性的,因此经济中存在通货膨胀,而在 IB 曲线的左侧,两种政策都是紧缩性的,因此会导致通货紧缩。

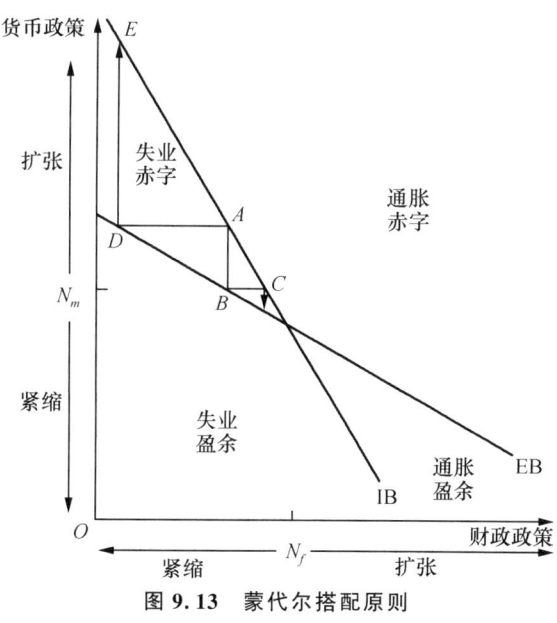

图 9.13 蒙代尔搭配原则

外部均衡曲线的斜率既可能为正,也可能为负。这是因为扩张性的财政政策对国际收支有两种不同的影响(见图9.9和图9.10)。一方面,收入的增加会导致经常账户的恶化;另一方面,利率的升高会吸引大量的资本流入,从而改善资本与金融账户的状况。在图9.13中,EB曲线的斜率为负,这说明扩张性的财政政策导致了国际收支整体状况的恶化(对经常账户的影响大于对资本项目的影响)。假设这一情形成立,那么在实施扩张性的财政政策时,就必须搭配使用紧缩性的货币政策,即通过提高利率来吸引资本流入,以保持国际收支的平衡。

在图9.13中,IB曲线比EB曲线陡峭。这是因为,在财政政策和货币政策都导致收入增长相同百分比的情况下,前者所引起的国际收支恶化的程度会更轻一些。财政政策的扩张会导致利率的升高和资本的流入,这将改善资本项目状况,并抵消部分经常账户赤字;而货币政策的扩张会导致利率的降低,所以资本项目和经常账户同时恶化。因此,同财政政策相比,货币政策对外部均衡的影响更大一些。也就是说,财政政策在内部均衡方面相对有效。

根据蒙代尔的分类原则,假设经济开始时位于 A 点,即实现了内部均衡;但经济中存在国际收支赤字,因此可以实施紧缩性的货币政策来实现外部均衡。货币政策实施之后,经济移动到 B 点,B 点在外部均衡线上,但此时经济中存在失业。政府采用扩张性的财政政策解决失业问题,并使经济移动到 C 点。C 点在内部均衡线上,但此时国际收支又出现了赤字。为了实现外部均衡,政府只能再实施紧缩性的货币政策。在这一过程中,政府对财政政策和货币政策的调整幅度越来越小。因为这一调整过程收敛于内部均衡线和外部均衡线的交点,所以政策的分派原则是稳定的。

假设政府采用了错误的政策分派原则,即用财政政策来消除国际收支赤字,用货币政策来实现内部均衡。那么,在 A 点实施紧缩性的财政政策来减少赤字,会使经济从 A 点移动到 D 点,D 点在外部均衡线上,但经济中存在高失业。如果货币当局实施扩张性的货币政策来实现内部均衡,经济就会从 D 点移动到 E 点。显然,这样的政策分配原则是不稳定的,因为它使经济离内部均衡线和外部均衡线的交点越来越远。从上面的分析可以看出,如果政府采用的政策分派原则是错误的,就很有可能对经济造成重大危害。因此,政府在调整经济政策时,最好采用渐进的方式,以确保政策的实施能够实现预期的效果。

但是,蒙代尔搭配原则并不是放之四海而皆准的。例如,我们曾对资本完全流动条件下的小国开放经济进行了分析,并得出这样一个结论:货币政策和财政政策影响产出的能力取决于一国实行的是哪种汇率制度。在固定汇率制度下,政府应使用财政政策来实现充分就业的目标;而在浮动汇率制度下,要实现同样的目标,政府应采用货币政策。当我们有三个目标和三种政策工具时,分派问题就会变得更加复杂。政策工具和经济目标的恰当搭配取决于制约经济行为的结构性参数,其中包括资本流动的难易程度,边际储蓄倾向和边际进口倾向,货币需求的收入弹性和利率弹性,进口商品和出口商品的需求价格弹性,投资对利率变动的敏感程度等。

第八节 蒙代尔-弗莱明模型的局限性和意义

三十多年来,IS-LM-BP 模型一直是开放经济宏观政策方面最重要的模型之一,但这个模型存在一定的局限性。

(1) 马歇尔-勒纳条件。大家知道,马歇尔-勒纳条件在长期中是成立的。但蒙代尔-弗莱明模型是一个短期模型。这是该模型的缺陷之一。

(2) 存量和流量的相互作用。蒙代尔-弗莱明模型忽略了存量和流量的相互作用。它认为经常账户赤字可以通过资本流入来弥补。但这一情形仅在短期内是可行的。长期的资本流入意味着本国对其他国家负债存量的增加,而利息的支付必然会导致未来经常账户的恶化。

(3) 忽略长期预算约束。学者对蒙代尔-弗莱明模型进行了研究,并指出该模型的主要缺陷在于它没有考虑私人部门和政府部门的预算约束。在长期中,私人部门的支出等于它的可支配收入;在忽略政府货币创造功能的情况下,政府的支出(包括债务的偿还)等于它的税收收入。预算约束的意义在于:具有远见的私人部门在政府增加支出时,就意识到政府将增加税收以平衡预算。所以私人部门会相应地增加储蓄,这损害了政府财政政策的有效性。

(4) 财富效应。财富效应有助于经济恢复长期均衡,但蒙代尔-弗莱明模型忽略了这一点。经常账户赤字意味着本国持有的外国资产数量的减少,也就是说,本国的财富减少。这将减少本国的进口支出,从而减少经常账户赤字。尽管短期中财富效应对进口支出函数的影响不大,但该模型对此因素的忽略正说明了模型具有短期性质。

(5) 忽略供给因素——蒙代尔-弗莱明模型只考虑了经济的需求方面,没有考虑供给方面,这是该模型的缺陷之一。蒙代尔-弗莱明模型暗含着这样一个假定:供给会根据需求的变化进行调整,而且,在达到充分就业之前,总供给曲线是水平的。也就是说,总需求的增加仅会导致实际产出的变化,而不会引起价格水平的变化。

(6) 对资本流动的处理。该模型存在的最大问题之一是它对资本流动的处理。模型假定国内利率的升高会导致资本持续地流入本国。但实际上这种情形是不可能发生的,因为在一定时点之后,国际投资者会根据其意愿重新安排国际投资组合的存量结构,此时资本流入就会停止。货币当局必须再次提高国内利率,才能吸引资本流入本国。因此,要使资本持续流入本国,就必须不断提高国内利率。换言之,资本流动是利差变化的函数,而不只是利差的函数。

(7) 汇率预期。模型对汇率预期的处理也有不妥之处。虽然没有明确的说明,但模型中暗含着这样一个假设:预期的变化为零,即所谓的静态汇率预期。不管是在固定汇率制度下还是在浮动汇率制度下,这一假设都很难成立。由模型可知,浮动汇率制度下货币政策的扩张会导致本币的贬值,在这种情况下,模型做出的假定(经济人没有预期到汇率的贬值)是不合理的。如果经济人预期到汇率的贬值,那么只有在国内利率升高时,他们才会继续持有该国货币;但利率的升高会降低投资额,即货币政策扩张的实际效应比模型中所说的要小。事实上,政府必须维持市场对汇率的信心,这极大地限制了实施扩张性财政政策和货币政策的能力。

(8) 政策工具的灵活性。由于该模型采用的是比较静态分析方法,而且假定货币政策和财政政策的调整非常容易,因此它招致了不少批评。在现实经济中,政治程序的复杂性意味着政府难以灵活地调整经济政策,尤其是财政政策。

以上我们分析了蒙代尔-弗莱明模型的主要缺陷。但这一模型的政策意义是重大的,从某种意义上来说,它是研究开放经济下宏观政策调节的最重要的模型之一。我们从本章讨论中得出的一个重要结论是,要实现 n 个目标,就必须有 n 种独立的政策工具。

这一结论非常重要,因为它使货币当局意识到,他们不可能使用一种政策工具(如货币政策)来实现所有的经济目标。此外,政策制定者还应决定将哪一种政策工具分配给既定的经济目标。因为各经济体的结构不同,所以这一方面没有放之四海而皆准的真理。但是该理论说明,不恰当的政策分派原则是造成经济不稳定的因素之一。同时,通过对这个模型的讨论,我们看到,财政政策和货币政策的相对有效性取决于汇率制度的选择。在资本完全流动的情况下,如果一国实行的是浮动汇率制度,那么货币政策就相对有效一些;而在固定汇率制度下,国家的财政政策更为有效。在开放经济中,全球金融一体化的程度是决定财政政策和货币政策有效性的重要参数之一,而金融一体化的程度可以通过资本的跨国流动能力反映出来。

总之,尽管蒙代尔–弗莱明模型存在一定的局限性,但它分析了开放经济中政策制定者所面临的两难处境。也许我们可以这么说,这一模型对国际经济学的最大贡献在于它分析了两种汇率制度下国际资本流动对宏观经济政策有效性的决定性影响。

本章术语 ▶

蒙代尔–弗莱明模型　内部均衡　外部均衡　丁伯根法则　米德冲突
资本完全流动

本章总结 ▶

1. 丁伯根法则指出,在经济体中要实现 n 个目标,就必须有 n 种独立的政策工具。米德冲突是丁伯根法则的一种表达形式。因此,货币当局不可能使用一种政策工具(如货币政策)来实现所有的经济目标,它们应决定将哪一种政策工具分配给既定的经济目标。

2. 财政政策和货币政策的相对有效性取决于汇率制度的选择和资本的流动性。在资本完全流动的情况下,如果一国实行的是浮动汇率制度,那么货币政策就相对有效;而在固定汇率制度下,国家的财政政策更为有效。

3. IS-LM-BP 模型虽然是开放经济宏观政策方面最重要的模型之一,但这个模型存在一定的局限性,如忽略长期预算约束、供给因素和财富效应等方面。

思考和练习 ▶

1. 解释内部均衡与外部均衡的基本含义。为了同时实现内外部均衡,可以选择的政策工具有哪些?
2. 用斯旺图形说明内部均衡与外部均衡的冲突。
3. 试说明丁伯根法则和米德冲突的内涵。
4. 用 IS-LM-BP 模型说明国际收支失衡(赤字或盈余)在固定汇率和浮动汇率制度下的自动调节机制。
5. 用 IS-LM-BP 模型说明在固定汇率制度和浮动汇率制度下,国际资本流动的利率弹性对财政政策有效性的影响。
6. 用 IS-LM-BP 模型说明在浮动汇率制度下,扩张性货币政策的传导机制。
7. 画图说明蒙代尔搭配原则及其政策含义。
8. 说明蒙代尔–弗莱明模型的主要局限性。

第三篇 国际金融实务

International Finance

第十章　　主要外汇交易及其基本原理

┃本章概要┃

　　实务是对所学的基础理论知识的进一步运用。本章主要介绍有关外汇交易方面的内容。全世界的外汇市场无论是从时间上还是空间上都是紧密相连的,外汇市场交易对国际经济的影响日益显著。它不仅可能导致一国经济的彻底崩溃,而且有可能引发严重的金融危机和经济危机。同时外汇交易也是一项极富创造性的活动,通过外汇市场上各种金融工具的买入、卖出的操作,可以为投资者、投机商等交易人提供引人入胜的操作空间。本章从最基本的交易时间、地点、规则等内容开始,全面介绍外汇市场上的各种外汇交易的原理及其运用,并从外汇风险的概念与种类入手,结合具体的实例详细地分析了各种汇率风险及其防范方法。

┃学习目标┃

　　1. 了解外汇市场的概况与构成,掌握外汇市场交易运作的规则和程序,熟悉外汇市场的报价情况。
　　2. 掌握主要的外汇交易及其基本原理。
　　3. 掌握外汇风险的概念。
　　4. 熟悉外汇风险的分类和风险发生的原因。
　　5. 熟悉外汇风险管理的各种方法。

第一节　外汇交易基础

一、外汇交易的场所——外汇市场

(一) 外汇市场概论

外汇交易通常是在外汇市场上进行的。所谓外汇市场(Foreign Exchange Market),是两种或两种以上货币相互兑换或买卖的交易场所。外汇市场中进行的交易决定了一种货币与另一种货币相互交换的比率,而这种比率又决定了购买外国商品、服务和金融资产的成本。

从组织形态上来看,外汇市场基本上包括抽象的外汇市场和具体的外汇市场两种。前者没有具体的交易场所,所有买卖交易都通过连接银行和外汇经纪人的电话、电报、电传、计算机终端等通信网络来进行。外汇交易没有固定的开盘与收盘时间,买卖双方在安排成交时并不需要见面。后者拥有具体的交易场所,一般在证券交易所的建筑物内或交易大厅的一角设立外汇交易厅,由各银行的代表在规定的时间,集中在交易厅内从事外汇交易。

目前,欧洲大陆上的外汇市场大多数为有形的外汇市场(瑞士除外),这种外汇交易方式通常被称为"大陆方式"。而在伦敦、纽约、东京等,所有交易都不是在固定场所内进行的,这种外汇交易方式通常被称为"英国方式"。由于伦敦、纽约是全球较大的外汇市场,因此,人们一般都将典型的外汇市场理解为抽象市场。

从全球角度来看,外汇市场是一个国际市场,它不仅没有空间上的限制,也不受交易时间的限制,各国外汇市场之间已经形成一个高度发达、迅速而又便捷的通信网络,任何一个外汇市场上有关货币的交易情况及汇率变动的信息,通过先进的计算机和远程通信技术,会在一瞬间被处理并传导到世界各地。

例如,英国在放弃传统的格林尼治时间而改用欧洲标准时间以后,整个西欧外汇市场不仅统一了营业时间,而且与北美洲和亚洲外汇市场的营业时间相衔接或重叠。具体看来,欧洲外汇市场从上午9时开始营业至欧洲时间下午2时闭市,纽约外汇市场恰于此时开始营业;纽约外汇市场在纽约时间下午3时闭市时,正值旧金山外汇市场于旧金山时间中午12点开市;旧金山外汇市场闭市后,交易可以转到东京;之后是新加坡和中国香港,再至欧洲。因此,从全球意义上讲,外汇交易可以一天24小时连续不断地进行,外汇市场从不关闭。

(二) 外汇市场的构成

外汇市场主要包括以下几个角色:

1. 客户

根据交易行为的性质不同,客户可以分为三类:第一类是交易性的外汇买卖者,如进出口商、国际投资者、国际旅游者等;第二类是保值性的外汇买卖者,如套期保值者;第三类是投机性的外汇买卖者,如在不同国家货币市场上赚取利差和汇差的套利者或套汇者、外汇投机者等。此外,还有零星的外汇供求者,如出国留学生或接受外币捐赠的机构和个人。零星客户相互间一般不直接进行交易,而是各自与商业银行或外汇指定银行作交易。

2. 外汇指定银行

即中央银行指定或授权经营外汇业务的银行,常被称为"外汇银行"。包括:① 以外汇为专营业务的本国专业银行。② 兼营外汇业务的本国商业银行。③ 外国银行在本国的分行与本国的合资银行。

外汇银行在两个层次上从事外汇业务:① 零售,银行通过增减其在海外分支行或外国代理行里的有关币种存款账户上的营运资金余额,与客户买卖外汇。② 批发,银行主动参与银行间同业市场(Inter-bank Market)上的外汇买卖以调节"多""缺"头寸。若客户出售外汇,银行的外汇余额就会增加,形成"多头头寸";而客户购买外汇,银行外汇余额减少,形成"空头头寸"。在前一种情形下,银行承担了外汇贬值的风险;在后一种情形下,银行则承担了外汇升值的风险。银行作为风险回避者(Risk Averter),会进入同业市场,通过抛售(或补进)与某种货币的"多头头寸"(或"空头头寸")相等的数量,"轧平"外汇头寸敞口,使其售出的某种货币的数量与买入的相等,从而消除汇率风险。

银行利用外汇市场,除进行"头寸管理"之外,有时还积极制造头寸,谋取风险利润,进行外汇投机。鉴于银行因巨额外汇投机失败而倒闭的事例层出不穷,各国政府从国家利益出发,通常都对银行的投机性外汇头寸进行限制。例如,日本规定外汇综合头寸的一定额度,德国和美国则要求外汇银行定期报告其外汇头寸。

3. 外汇经纪人

外汇市场上的大部分交易活动都是在银行同业之间进行的,银行同业之间的交易占外汇交易总额的90%以上。银行之间的外汇交易常常由外汇经纪人充当中介安排成交,外汇经纪人向双方收取佣金作为报酬。由于外汇交易往往金额巨大,因此,尽管佣金率一般很低(如每英镑0.001美元),但佣金额却是非常可观的。

外汇经纪人的存在提高了外汇交易的效率。当某家银行想要以合适的价格买入或卖出一定数量某种货币的时候,直接寻找交易对象需要付出较高的寻求成本和交易成本,而且价格不一定是最有利的。相反,外汇经纪人拥有广泛的联系网络,频繁地与市场上的各方当事人接触,能在多家银行中找到最好的价格。

在安排银行间同业交易的过程中,外汇经纪人恪守匿名和保密原则,一方面不透露委托者是谁,另一方面不表明买卖意图,买入价和卖出价都问,但不透露客户委托的是以哪一种方向进行交易。这使规模不同、实力相差悬殊的银行在外汇买卖中都处于平等竞争的地位。外汇经纪人只是帮助交易者寻找最好的对象,自己不需持有所涉及的外币存货,因而不承担外汇风险。外汇经纪人之间也存在竞争关系,有时是价格竞争,但更多的是非价格竞争,如提供信息、免费咨询、提高服务质量。

4. 其他非银行金融机构

20世纪80年代初以来,金融市场日益非管制化和自由化,投资公司、保险公司、财务公司、信托公司等非银行金融机构越来越多地介入外汇市场。

5. 中央银行及其他官方机构

为了防止国际短期资金大量而频繁的流动对外汇市场产生猛烈的冲击,西方国家政府通常由中央银行对外汇市场进行干预,即外汇短缺时大量抛售,外汇过多时大量吸收,从而使本国货币的汇率大致稳定在合意的水平上。为此,有些国家甚至设立了专门机构,如英国为筹集资金于1932年设立了"外汇平衡账户",该账户在财政部控制之下,由英格兰银行代表财政部管理经营;美国则于1934年设立了"外汇稳定账户",行使类似的职能。尽管当今的汇率制度已由固定汇率制转为浮动汇率制,但各个国家的中央银行仍然不时地进入外汇市场进行干预,以使本国汇率维持在合意的水平上。因此,尽管中央银行在外汇市场上的交易量并不是很大,但其影响却是非常广泛的。除了中央银行,其他官方机构(如财政部)出于不同的经济目的,也会进入外汇市场进行交易。

二、外汇交易概述

(一) 外汇交易的规则与程序

外汇市场是世界上最大的市场,每天发生的交易数额巨大,达亿万美元以上。但是外汇交易的双方却可能从未谋面,往往是通过电话、电报、电传或计算机终端等现代通信系统达成交易。在这种情况下,外汇交易者能严格自觉地遵守外汇交易的各种规则和程序,是外汇市场顺利运行的必要保障条件。下面我们简要介绍一下外汇交易的主要惯例。

1. 外汇交易的规则

外汇交易的规则主要包括以下几个方面：① 统一报价。由于美元在国际金融中的特殊地位，外汇市场大多采用以美元为中心的报价，除非有特别的说明，报出的汇率都是针对美元的。为了使外汇交易迅速进行，交易各方一般都采用直接标价方法，即除了英镑、澳大利亚元、新西兰元、欧元采用间接标价法，其他货币交易采用直接标价法。② 报价简洁。外汇交易中，尤其是银行同业间进行的外汇交易中，报出汇率时通常只报汇率的最后几位数，对远期汇率只报掉期率，而不作完整报价。如"113 到 115 升水"或"正 113，正 115"；"50 到 48 贴水"或"负 50，负 48"。③ 双向报价。银行在接受客户询价时，有义务做出报价。客户无须指明他想购买还是想卖出外汇，银行应该既报买入价又报卖出价。而报出这两个价格后，银行就有义务承担以此价格买卖外汇的交易。当然这一义务有时间界限，一般不能要求银行按十分钟前的报价成交。④ 数额限制。通常的外汇报价以及在报刊和电脑终端的参考汇率主要适用于银行同业的外汇交易，成交金额一般在 100 万美元以上。如果一般进出口商或国际投资商要进行较小规模的外汇买卖，那么须在向银行询价时预先说明，并报出具体买卖金额。银行将对报价做出适当调整，客户要用更多的本币购买外汇；而出售外汇时，银行只支付给客户较少的本币。⑤ 确认成交。外汇交易一般都是通过电话、电报或电讯系统先谈妥细节，达成协议，然后再用书面文件对协议内容加以确认。一般认为，口头协议已是外汇买卖正式的成交，双方都会遵守"一言为定"的原则。交易一经达成就不能反悔，不能更改合同内容或撤销合同。当然，也有注销合同的其他方法，即做一笔与原来合同相反的交易，从而冲抵原先的那笔交易。

2. 外汇交易的程序

外汇交易的程序主要包括以下几个步骤：① 询价。主动发起外汇交易的一方在自报家门之后询问有关货币的即期汇率或远期汇率的买入价和卖出价。询价的内容主要包括交易的币种、交易金额、合同的交割期限等。② 报价。接到询价的外汇银行的交易员应迅速完整地报出所询问的有关货币的现汇或期汇的买入价和卖出价。③ 成交。询价者接到报价后，表示愿意以报出的价格买入或卖出某个期限的多少数额的某种货币。然后由报价银行对此交易进行承诺。④ 证实。当报价银行的外汇交易员说"成交了"，外汇交易合同即成立，双方都应遵守各自的承诺。但依照惯例，交易得到承诺后，双方当事人都会将交易的所有细节以书面形式相互确认一遍。⑤ 交割。这是外汇交易的最后环节，也是最重要的环节。交易双方需按对方的要求将卖出的货币及时准确地汇入对方指定的银行存款账户中。

（二）外汇交易的报价

如何制造合适的汇率，如何通过报价来吸引客户，对市场走势施加影响，是银行从事外汇买卖所面临的基本问题。

1. 掌握信息

银行在开始营业前，必须了解前一个时区外汇市场的收盘价，以便掌握外汇汇率的走向，作为开市报价的基础。另外，还要结合最新的世界政治、经济、军事形势，并考虑银行自身的外汇头寸状况,综合制定各种货币的买入价和卖出价。

2. 迅速报价

银行在接到询价后,要迅速报价,这体现了一个银行业务水平的高低、交易效率的快慢。同时,这使客户无暇寻找其他机会,增大了成交的可能性。

3. 差异报价

恰如其分地拉开与市场报价的差幅,是银行吸引客户和影响市场汇率趋势的主要技巧。其基本原则是,报出比市场汇价更有利的买卖价格。例如,假如目前市场一般报价为£1＝\$1.2550/1.2570,如果某个银行希望抛出手中的英镑,那么可以报出£1＝\$1.2545/1.2565的价格。与市场价格相比,银行购买英镑的价格较低,客户不愿意将英镑出售给它;银行卖出英镑的价格也较低,使得客户愿意从它那里购买英镑。银行则可以如愿以偿。如果银行希望补充手中的英镑,则可以给出相对市场价格较高的汇率。在实际的外汇交易中,当银行报出较好的外汇买卖价格时,所发生的外汇买卖常有可能大于它所希望的,这就需要银行根据外汇买卖情况做出动态调整。

第二节　外汇交易的基本种类

一、即期外汇交易

即期外汇交易又称现汇交易,指外汇买卖成交后,在两个营业日内办理交割的外汇业务。在即期外汇交易中采用的是即期汇率。例如,A公司有一笔到期需要支付的澳元现汇货款,它从B银行购入所需澳元。在成交后的两个营业日内,B银行会将这笔澳元汇入A公司在澳大利亚的某家往来银行,同时A公司也会在B银行的存款账户上存入等值的本国货币。

在即期外汇交易中,交割在成交后的两个营业日内进行的做法已成为一种惯例。在现代通信系统产生之前,欧美外汇市场上的消息需以电报形式送出,当时,电报费用较高,为了降低成本,这些消息往往被译出后留到第二天早上才发出,这样可以获得对隔夜业务的优惠价格。随着现代化通信技术和结算技术的发展,即期交割的时间有缩短的趋势。

两个营业日的确定是即期外汇交易中的重要问题。因为国际外汇市场上遵循的是"价值抵偿原则",即一项外汇合同的双方都必须在同一时间交割,以免任何一方由于交割时间的差异而遭受损失。

在外汇交易中,"营业日"一般指实际交割的双方国家中银行都营业的日子。如果进行交易的两家银行有着同样的休息日,那么这个问题就很容易解决。例如,伦敦和纽约的银行都是在周六和周日休息,所以,如果一家纽约银行和一家伦敦银行之间的即期交易发生在周五,两个营业日以后就是周二。虽然理论上应在周二进行交割,但这里往往还有各种复杂的情况。

遵守交割地点原则。所谓交割地点,是银行进行交易的货币的发行国,与之相对的是交易地点,当进行货币交易的双方所在地与他们所交易的货币的发行国不一致时,银行所在地称为交易地点。交割地点原则指,如果位于交割地点的银行不营业,那么不能进行这种货币的交割。上例中,若两家银行交易的是日元,而周二是日本银行的休假日,那么那天就不会发生日元存款的转付,交割日应向下顺延。如果交割日(如上例中的周二)是交割双方任何一方的休假日,就应顺延一天。此外,还有一个关于周一的问题。假如在纽约,周一是假日,而在伦敦不是,那么"两个营业日"后在纽约是指周三,而在伦敦则指周二,应以在市场上进行交易的银行的交割日(或称起息日)为准。这样,如果纽约银行通知伦敦银行付款,就应以伦敦银行的交割日(周二)为准;如果伦敦银行通知纽约银行付款,则以纽约银行的交割日(周三)为准。

二、远期外汇交易

远期外汇交易又称期汇交易,是指外汇交易成交时,双方先约定交易的细节,到未来约定的日期再进行交割的外汇交易。远期外汇交易的期限一般有 1 个月、2 个月、3 个月、6 个月和 1 年。在远期外汇交易中采用的汇率是不同期限的远期汇率。

同即期外汇交易一样,远期外汇交易也存在交割日或起息日的确定问题。如果今天发生一笔远期外汇交易,要确定其一个月(或 30 天)后的远期交割日,首先应确定其即期交割日,然后将即期交割日顺延一个月,一个月后的同一天就是远期交易的交割日。例如,发生在 5 月 20 日的一笔交易,其即期交割日为 5 月 22 日,那么一个月远期交割日就应该是 6 月 22 日。

如果 6 月 22 日在那个交易中心正好是一个假日,或者交割地点的银行恰好不营业,那么,要将结算日推延到第一个合适的日子。但是决不能把日期延迟到下一个月,上例中是不能推迟到 7 月份。如果正好赶上月末,则应提前到第一个合适的日子。

如果即期交割日是当月的最后一个营业日,那么所有的远期交割日也都是相应月份的最后一个营业日。例如,如果发生在今天的即期交易的交割日是 1 月 28 日,是 1 月的最后一个营业日,那么今天发生的 2 个月远期合同的交易日应是 3 月的最后一个营业日,如果 3 月 31 日是最后一个营业日,则 3 月 31 日即为交割日,而非 3 月 28 日(即使它也是营业日)。以上这些规则有时能使一系列的远期到期日相重合。

人们利用远期外汇交易主要是为了套期保值和投机。套期保值(Hedging)指为了避免汇率变动的风险,对持有的资产和负债做卖出或买入该种货币的远期交易。从事套期保值的主要是已达成进出口交易的贸易商、国际投资者,以及有外汇净头寸的银行。

1. 进出口商与国际投资者的套期保值

在国际贸易、国际投资等国际经济交易中,由于从合同签订到实际结算之间总存在时差,在这段时间内,汇率有可能向不利方向变化,从而使持有外汇的一方蒙受风险损失。为了避免这种风险,进出口商会在签订合同时,就向银行买入或卖出远期外汇,当合同到期时,即按已商定的远期汇率买卖所需外汇。

例如,一家墨西哥公司从美国进口价值 $100 000 的商品,双方约定合同签订后 30 天付款,货款以美元结算。当时外汇市场上的即期汇率为 Mex $17.90/$1,按此汇率,出口商品价值 Mex $1 790 000。若 30 天后墨西哥比索贬值,新汇率为 Mex $36.30/$1,那么,出口商品价值为 Mex $3 630 000。如果墨西哥进口商没有做任何保值措施,他将花费 Mex $3 630 000 以支付其进口货款。由于汇率的变动,该进口商损失了 Mex $1 840 000。为了规避汇率风险,墨西哥进口商在签订进口合同时,与银行签订一份远期合约,以远期

汇率购入 \$100 000,假如当前市场上的 30 天远期汇率为 Mex \$19.31/\$1,那么,到期时进口商只需支付 Mex \$1 931 000,虽然比即期汇率多支付 Mex \$141 000,但比不做套期保值的损失(Mex \$1 840 000)要小得多。如果结算货币是墨西哥比索而不是美元,那么承担汇率风险的就是美国出口商,而不是墨西哥进口商。为了规避风险,美国出口商也会做套期保值。

套期保值使汇率变动给当事人带来的损失局限在一定的范围内,预先确定了该项交易的成本或收益,有利于进行财务核算。当然,也有可能汇率的变动与交易者所担心的方向相反,如果不做套期保值反而有利,这种可能也是套期保值必然的机会成本。对于国际投资者以及其他涉外经济活动的参与者,他们为已有交易所做的套期保值与上例的原理相同,这里不再赘述。

2. 外汇银行为轧平外汇头寸而进行的套期保值

当面临汇率风险的客户与外汇银行进行远期外汇交易时,实际是将汇率变动的风险转嫁给了外汇银行。而银行在它所做的同种货币的同种期限的所有远期外汇交易不能买卖相抵时,就产生了外汇净头寸,面临风险损失。为避免这种损失,银行需要将多头抛出、空头补进,轧平各种币种各种期限的头寸。如一家美国银行在一个月的远期交易中共买入 9 万英镑,卖出 7 万英镑,这家银行持有 2 万英镑期汇的多头,若英镑在这一个月内跌价,该银行就会蒙受损失。因此这家银行一定会向其他银行卖出 2 万英镑期汇。银行的这种外汇买卖被称作外汇头寸调整交易。

3. 投机者在远期外汇市场上的活动

与套期保值者利用市场轧平风险头寸的动机不同,投机者是有意识地持有外汇头寸以获得风险利润。投机者是基于这样一种信念,即相信自己比大多数市场参与者更了解市场趋势,自己对汇率趋势的预期更正确。外汇投机者与套期保值者的一大区别是前者没有已发生的商业或金融交易与之对应。因此外汇投机能否获得利润主要依赖于其预期是否正确。若预期正确,当然可以获得收益;若预期错误,则会蒙受损失。例如,如果投机者预期某种货币未来 3 个月会升值,他将在期汇市场上买入 3 个月该种货币期汇,若到期果然升值,他在期汇市场上买入该种货币,同时在现汇市场上高价卖出,获得风险收益。当然他可以直接在现汇市场上进行投机,即预期某货币将升值,就在即期市场上买入,等到它果然升值了,再将之卖出,获得收益。但是在现汇市场上投机需要更多的资金。

在期汇市场上先卖后买的投机交易被称为卖空;在期汇市场上先买后卖的投机交易被称为买空。有时,买空或卖空不需要真正进行买卖,只需交割汇率变动的差价即可。

三、套汇交易

套汇指人们利用同一时刻国际汇率的不一致,以低价买入同时以高价卖出某种货币,以谋取利润的做法。套汇可以分为直接套汇和间接套汇两种。

1. 直接套汇

直接套汇,又称双边套汇或两角套汇,指利用同一时刻两个外汇市场之间出现的汇率差异进行套汇。这是最简单的套汇方式。

例如,×年×月×日,纽约外汇市场上的汇率为 $1 = C $0.9580/0.9590,同时在多伦多外汇市场上有 $1 = C $0.9520/0.9530。这时,由于两地美元与加元的汇价不一致,从而产生了套汇的机会。显然,在纽约美元更贵,而在多伦多美元更便宜。因此,在纽约卖出美元,同时在多伦多买入美元,即可以获得价差收益。具体如下,套汇者以 C $0.9580/ $1 的价格卖出美元,则卖出 1 美元可以得 0.9580 加元;同时以 C $0.9530/ $1 的价格买入美元,即花费 0.9530 加元可以买入 1 美元,这样,只要动用 1 美元成本,就可以获得 0.005 加元的套汇收益。

2. 间接套汇

间接套汇,也称三角套汇,指利用同一时刻三个外汇市场上的汇率差异进行的套汇。

例如,×年×月×日纽约外汇市场上£1 = US $1.3353,伦敦外汇市场上£1 = HK $10.6678,同时,香港外汇市场上 US $1 = HK $7.8318,那么,套汇者便可以在纽约市场上卖出 1 美元,得到 0.7489 英镑;将英镑在伦敦市场卖出,得到 7.9891 港元;将港元在香港市场卖出,得到 1.02 美元,这样,以 1 美元套汇,最后可以获得 0.02 美元的收益。

判断三个市场或三个以上市场之间有无套汇机会就比较复杂。一个较简单的判断方法是将三个或更多外汇市场上的汇率按同一种标价方法即直接标价法或间接标价法列出,把它们依次连乘,如果乘积为 1,则说明没有套汇机会;如果乘积不为 1,则说明有套汇机会,即 $e_{ab} \times e_{bc} \times e_{cd} \times \cdots \times e_{mn} \times e_{na} \neq 1$,便有可能存在套汇机会,其中 e_{ab} 表示 1 单位 A 国货币可以折算为多少 B 国货币,其他汇率的表示与此相同。

先把三个外汇市场上的汇率用直接标价法列出:

纽约市场 £1 = US $1.3353

伦敦市场 HK $1 = £0.0937

香港市场 US $1 = HK $7.8318

将此三个汇率连乘,得到 0.98≠1,说明有套汇机会。

由以上介绍可以看出,套汇产生于各个市场上汇率的不一致,使得在不同市场上贱买贵卖有利可图,而套汇活动本身又会使得市场不均衡消失,促使市场实现均衡。随着现代通信系统的发展,世界各地外汇市场上的信息传递得很快,使得套汇机会转瞬即逝。

四、套利交易

套利(Interest Arbitrage)指投资者根据两国金融市场上短期利率的差异,从利率较低的国家借入资金,在即期外汇市场上将其兑换成利率较高的国家的货币,并在利率较高的国家进行投资,以获得利息差额的活动。

例如,有一个美国人手中暂时有闲置资金 $100 000,此时美国货币市场上的一年期利率是 5%,英国货币市场上的一年期利率是 10%,该投资者可以有两种投资选择:① 存美元或者说在美国投资,一年后可以获得本利和 $105 000[= 100 000×(1+5%)];② 存英镑或者说在英国投资,先将美元按即期汇率(假定为£1 = $2.00)兑换成英镑£50 000,投资期满可以获得本利和£55 000[= 50 000×(1+10%)]。

如果汇率不变,那么他在英国投资的收益换回美元,可以得到 $110 000,获得两国利差 $5 000。由于汇率往往会上下波动,英镑既有可能升值也有可能贬值,因此该投资者在英国获得的英镑收益在换回美元时面临着不确定性,有遭受汇差损失或获得额外汇差收益的可能。例如,一年期后,英镑相对美元升值,即期汇率上升到£1 = $2.10,则英镑收益相当于$115 500,投资者不仅获得利差收益$5 000,而且还获得汇差收益$5 500;反之,一年期后,英镑相对美元贬值,汇率下跌到£1 = $1.80,则英镑收益仅仅相当于美元$99 000,汇率的损失($11 000)超过了利差收益($5 000),投资者净损失$6 000。

可以看出,这种纯粹的套利行为面临汇率变动不确定性所带来的风险。如果投资者没有对外汇风险进行弥补,通常被称作"非抵补套利";如果投资者对风险进行弥补,以避免汇率在投资期内向不利方向变动而带来损失,则被称作"抵补套利"。

在上例中,该美国投资者在英国投资的同时,在远期外汇市场上按£1 = $1.96的远期汇率卖出到期应获得的本利和£55 000一年期期汇。这样,他从投资期开始就知道在英国投资将比在美国投资多赚多少,即

$$£55 000 \times \$1.96/£ - \$105 000 = \$2 800$$

从而抵补了汇率变动可能所带来的风险。

这种抵补套利的结果是,高利率货币的即期汇率不断提高,而远期汇率不断降低,即贴水额变大;而利率低的货币则即期汇率降低,远期汇率提高,即升水额变大。这种变动会使套利收益逐渐减少,等到利差相互抵消时,套利活动即会停止。也就是说,如果市场上以套利为职业的交易者都圆满地完成了任务,那么很快就不会再有套利机会了,交易商们这样做无异于使自己失业。

五、掉期交易

掉期交易指同时买进并卖出同一种货币,买卖的金额相等,但交割期限不同。掉期交易最初是在银行同业之间进行外汇交易的过程中发展起来的,目的是使某种货币的净头寸在某一特定日期为零,以避免外汇风险,后来逐渐发展成具有独立运用价值的外汇交易活动。掉期业务在银行同业市场上占有重要地位,据调查,美国20世纪80年代银行间同业外汇市场上,即期交易占比最大,接近64%,掉期交易占30%,而单纯的远期交易只占总交易量的6%。目前,掉期交易可以分为即期对远期和远期对远期两种。

1. 即期对远期

即期对远期指买进或卖出一笔即期外汇的同时,卖出或买入一笔远期外汇。远期外汇的交割期限可以是1周、1个月、2个月、3个月、6个月等,这是掉期交易中最常见的形式。例如,甲银行在三个月内需要英镑,它可以与乙银行签订一个掉期协议,买入即期英镑同时卖出三个月远期英镑,从而既满足了对英镑的需求,又避免了持有外汇的风险。

对于参加掉期交易的人来说,他们关心的不是具体的即期汇率和远期汇率,而是两者之差,即掉期率。在上例中,如果即期汇率是£1 = $2.00,三个月期汇率是£1 = $2.10,那么三个月的掉期率是0.10,将它折算为年率,即

$$0.10/2.00 \times 12/3 \times 100\% = 20\%$$

这意味着这笔掉期业务每年可以获20%的收益,将掉期率折算为年率后可以与银行能够选择的其他盈利机会进行比较。

银行还可以利用掉期交易轧平外汇头寸。例如,一家公司从某银行买入六个月期远期英镑£100 000,银行因出售远期英镑而有了空头英镑,为了轧平头寸风险,银行需买进远期英镑£100 000。如果这笔远期交易是在银行同业市场上承做,那么一般都会采用掉

期,银行做如下掉期:卖出即期£100 000,同时买入六个月远期£100 000。掉期后,远期英镑头寸轧平,但又有了即期英镑空头,所以它又需在即期市场上买入£100 000,轧平即期头寸。

2. 远期对远期

远期对远期指同时买入并卖出币种和金额相同但交割期限不同的远期外汇。这种掉期的原理与即期对远期相同,但不常使用。例如,一家美国银行一个月后将有加元100 000的支出,而三个月后又将有加元100 000的收入。为此,银行做一笔一个月对三个月的掉期,即买入一个月的远期加元100 000,同时卖出三个月的远期加元100 000。

掉期除了可以为银行轧平外汇头寸提供方便,还可以作为外汇合约展期的方法,即当原来的购买外汇合约规定的期限较短时,可以将这笔外汇卖出,同时买入新的期限的外汇;同样,若是原来出售外汇的合约规定的期限较短,也可以通过买入近期卖出远期的方法掉期以延展外汇合约的期限。

六、择期交易

择期交易指买卖双方在订立合约时,事先确定了交易价格和期限,但订约人可以在这一期限内的任何日期买进或卖出一定数量的外汇。

为什么会产生交割日期不确定的择期交易呢?这是因为在国际贸易中,许多时候往往既不可能事先十分明确地知道货物运出或抵达的日期,也不可能明确知道付款或收款的确切日期,而只是知道大约在哪段时间之内。在这种情况下,若是采用通常的远期外汇交易,有可能产生不便,如外汇合同到期,却没能如期收回货款。择期交易就是为这种情况提供方便的外汇交易。

如果一个出口商知道他将收到的货款会在第三个月内到达,但具体在哪天还不确定,他就可以与银行签订一份远期择期合同,卖出三个月期的外汇出口收入,择期在第三个月。根据这一合同他确定了汇率,并可以选择他认为最方便的日期结算。如果他有可能在第二个月或第三个月收到出口货款,他也可以签订三个月期的合同,择期在第二个月或第三个月。如果他有可能在这三个月中任何时候收到货款,那么他可以卖出三个月期远期外汇,择期三个月。

从以上分析中我们可以看出,择期交易为贸易商提供了很大方便,不论他何时收到货款,都可以根据择期合约中已规定好了的汇率买卖外汇,从而避免了外汇风险。换一个角度看,择期交易为银行带来了不便,因为客户有可能在择定期限的第一天、最后一天,或者在月中的任何一天进行交割。这使银行在择定期限内总须持有这笔交易所需的资金,可能给银行带来风险。为了平衡客户与银行之间的有利与不利、收益与损失,银行总是会选择在择定期限中对客户最不利的汇率。下面我们举例说明。

例1 出口商的择期交易

某年9月28日,一个英国出口商与美国进口商签订进出口合同,英国出口商确知美国进口商会在10月28日至12月28日的某一天支付货款,为避免这种结算日不确定情况下的外汇风险,英国出口商在签订贸易合同的同时与银行签订一个向银行出售远期美元的择期合同。将交割日的择定期定在第二个月和第三个月。如果9月28日伦敦外汇市场上美元报价如下:

期限	卖出价	买入价
即期	$1.574	$1.579
1个月期	$1.573	$1.577
2个月期	$1.570	$1.574
3个月期	$1.566	$1.571

银行会以 \$1.571/£1 的汇率与客户成交,因为这是择定期限中银行出售美元的最低卖出价。

例 2 进口商的择期交易

同年 9 月 28 日,一个英国进口商从美国进口一批货物,他预计货款可以在三个月内支付,但具体日期尚不能确定。因此,该进口商在签订贸易合约时与银行签订一项择期交易,择定期限为三个月。假如 9 月 28 日伦敦外汇市场的美元报价如上表所示,银行与客户签订的择期交易合约将在 \$1.566/£1 的汇率上成交,这是银行出售美元的最高价。

第三节 外汇风险及其管理

外汇风险存在于涉及外国经济的一切经济活动之中。从事涉外贸易、投资、借贷等经济活动的主体,不可避免地会在国际范围内收付大量外汇,或拥有以外币计值的债权和债务。当汇率发生变化时,一定数量的某种外汇兑换成本国货币的数量就会发生变化,可能增加也可能减少,总之为外汇债权债务人带来不确定性。这种不确定性在 1973 年西方主要工业国家实行浮动汇率制度以来更加突出。自布雷顿森林体系解体后,主要货币的汇率经常发生大幅波动,而且相互之间的强弱地位也频繁变换,通常是难以预料的。这种外汇风险当然有可能为外汇债权债务人获得收益,但当然也有可能让其遭受损失,因此,经营稳健的经济主体一般都不愿意让经营成果暴露于有可能遭受损失的风险之中,往往都会将外汇风险的防范和管理作为经营中的一个重要方面。

一、外汇风险的概念与分类

外汇风险,又称汇率风险,是指经济主体在持有或运用外汇时,由于汇率的波动,可能获得本币收益或遭受损失。在这个概念中,首先需要明确的是,外汇风险是由于经济主体持有外汇头寸而产生的,如果他持有的是本币头寸,则不涉及汇率变动而带来的风险。其次,外汇风险产生于汇率变动的不确定性。不确定性表明汇率有可能向有利于当事人的方向变化,也可能向着不利于当事人的方向变化,是双面的,由此产生的结果也是双面的,有可能获得收益,也有可能遭受损失。这种不确定性是风险的源泉。如果是单一的,只有盈利或只有损失,这是确定的,不被称为风险。当然,在实际经营中,人们谈到风险时,往往总是强调它可能带来的损失,以致风险被误认为是损失,这是需要澄清的。

对外汇风险的准确解释是正确评估汇率变动对企业经营活动和财务状况影响的首要问题。一般人们将外汇风险分为三类:交易风险、折算风险和经济风险。

(一)交易风险

交易风险,指在运用外币进行计价收付的交易中,从合同签订之日到债权债务得到清偿这段时间内,由于汇率变动而使这项交易的本币价值发生变动的可能性。这是最常见的、最容易理解的外汇风险。它可以起源于尚未结清的、以外币定值的应收或应付账款,也可以起源于以外币计值的投资或借贷的债务债权等。

例如,我国某外贸公司从美国进口一批价值10万美元的货物,合同规定三个月后以美元结算,此时美元的汇率是 $1 = ¥6.80$。到三个月后,外贸公司须购买美元支付货款,如果此时的美元汇率是 $1 = ¥6.90$,外贸公司将付出比签订贸易合同时更多的本币,损失人民币1万元。由此可知,在进口贸易中,对进口商来说,贸易合同是以外币结算的,当外汇汇率在支付外币货款时比签订贸易合同时上升了,进口商将会付出较多的本国货币;而对出口商来说,在以外币结算的出口贸易中,当外汇汇率在支付外汇货款时比签订贸易合同时上升了,出口商将会收到较多的本国货币。当外汇汇率下降时,结果正好相反。

又如,×年×月×日我国某金融机构为向国内建设项目提供贷款,在日本发行了价值100亿日元的债券,当时的日元汇率是 $1 = J¥220$,该金融机构筹资约4 545万美元。但到债券期满时,如果日元汇率上升为 $1 = J¥120$,该金融机构需要在金融市场上以8 333万美元购回100亿日元(不考虑利息),额外支付3 788万美元。这就是日元汇率上升带来的损失。

由上可知,在以外汇计值的外币债权债务关系中,若清偿时外汇汇率上升,高于债权债务关系发生时,则债权人将收入较多的本国货币;反过来,这种关系对债务人来说是以外币计值的,外汇汇率上升则会使债务人支付更多的本国货币。如果外汇汇率下降,情况则与之相反。

此外,外汇银行在买卖客户外汇的过程中也会因持有外汇多头或外汇空头而蒙受汇率变动带来的风险。当银行买入的外汇多于卖出的外汇,即持有外汇多头,当该种外汇汇率上升时,银行所持有的这笔外汇资产的本币价值就增加了;而当这种外汇汇率下降时,银行所持有的这笔外汇资产的本币价值就降低了。如果银行卖出的外汇多于买入的外汇,即持有外汇空头,当这种外汇汇率上升时,银行所持有的这笔外汇负债的本币价值就增加了;而当这种外汇汇率下降时,银行所持有的这笔外汇负债的本币价值就降低了。当银行轧平头寸时,就要蒙受少收或多付本国货币的风险。

例如,×年×月×日伦敦外汇市场上,英镑和美元的汇率是 £$1 = \$1.2468/1.2488$,某家伦敦外汇银行按 $\$1.2468/£1$ 的价格买入100万英镑,按 $\$1.2488/£1$ 的价格卖出80万英镑,该营业日收市时,该银行持有20万英镑多头,价值24.976万美元。第二天开市时,市场汇率发生了变化,为 £$1 = \$1.2448/1.2438$,该外汇银行按 $\$1.2458/£1$ 卖出20万美元多头,获得24.916万美元,损失了600美元。

(二) 折算风险

折算风险,又称会计风险,是指经济主体在对资产负债进行会计处理的过程中,将功能货币转换成为记账货币时,由于汇率变动而产生的账面上的损益。在这里,功能货币指的是经济主体在日常经营活动中使用的货币;记账货币指的是经济主体在编制财务报表时所采用的报告货币。当功能货币与记账货币不一致时,在编制财务报表时就需要进行一定的折算。这时,如果汇率发生了变动,将功能货币折算为记账货币时,就会使报表中各项的价值发生变动。

折算风险在跨国公司中表现得尤为突出。跨国公司的海外分公司或海外子公司,一方面在日常经营中使用的是东道国的货币,另一方面它属于母公司,其资产负债表需要定期呈报给母公司,这时需将东道国货币折算为母国货币。

例如,×年×月×日美国×公司在加拿大的子公司拥有资产 C \$1 000 000,年初上报会计报表时,美元与加元的汇率是 \$1 = C \$0.9540,此时该公司的财务报表中这笔加元价值 \$1 048 218。到年终,该公司再次编制财务报表时,美元与加元之间的汇率发生了变化,加元贬值,\$1 = C \$0.9580,这时原来的 C \$1 000 000 只能在财务报表上价值 \$1 043 841,结果该公司的这笔资产价值减少了 \$4 377。

从上面的例子中可以看出,折算风险是站在母公司的角度来考虑的,而不是子公司本身。海外子公司的资产负债表在合并到母公司账上时产生了变化,发生了收益或损失,但这并不一定代表企业的实际经济状况发生了变化。虽然当东道国货币折算为母国货币时,海外子公司的资产负债发生了变化,但在东道国,该公司的实际经营并没有因此而发生变化。

(三) 经济风险

经济风险,又称经营风险,指意料之外的汇率变动对企业未来的收益或现金流的本币价值产生影响的可能性。收益一般指税后利润,现金流等于税后利润加上折旧。它是较为复杂的一种风险。意料之外的汇率变动通过影响企业的生产成本、销售价格、销售数量等方面影响了企业的盈利状况,它是长期性的影响,其重要性超过了一次性的交易风险和折算风险。

例如,我国某来料加工公司,1990 年生产 200 万单位产品,内销外销各占一半,单位售价 6 元(为 \$1.25),单位成本 3 元,其中进口原材料 2.4 元(为 \$0.5),工资成本 0.6 元,共耗原材料 200 万单位。另外,每年折旧 30 万元,企业年所得税税率 50%。在以上条件下,该企业 1990 年的现金流量如表 10.1 所示:

表 10.1 1990 年公司现金流量表   (单位:万元)

项目	金额
销售收入	1 200
国内(6 元×100)	600
国外(6 元×100)	600
生产成本	600
原材料(2.4 元×200)	480
工资(0.6 元×200)	120
营业费用	60
折旧	30
税前利润	510
税后利润	255
年现金流量	285

如果汇率不发生变化,1991年的现金流与1990年相同。但是,1991年,人民币对美元发生了意外贬值,由原来的 $1=¥4.8$ 降为 $1=¥5.2$,这使得该公司的生产和销售都发生了变化。第一,由于美元升值,进口原材料涨价了,0.5美元的原材料现在价值2.6元,生产成本增加到每单位4.2元。第二,该公司面临较为激烈的进口竞争,由于美元升值,进口的同类产品价格上升,该公司的产品价格也有所上涨,比如上涨到6.3元。第三,在6.3元的价格基础上,该产品的美元价格仍有所下降,由原来的1.25美元下降至1.21美元,这使外销量有所增加,比如增加到110万单位。这样,该公司1991年的现金流量如表10.2所示:

表10.2　1991年公司现金流量表　　　　　　　　（单位:万元）

项目	金额
销售收入	1 323
国外(6.3元×110)	693
国内(6.3元×100)	630
生产成本	640
原材料(2.6元×200)	520
工资(0.6元×200)	120
营业费用	60
折旧	30
税前利润	593
税后利润	296.5
年现金流量	326.5

从表10.1和表10.2中可以看出,由于人民币贬值,该公司在生产成本、销售价格、销售产量等诸多方面都发生了变化,最终使公司的税后利润、年现金流量都产生了变化。当然,在其他情况下,汇率的变动也会使公司蒙受损失。

二、外汇风险的管理

交易风险、折算风险和经济风险都会引起企业的关注,企业会采取相应的措施避免可能带来的损失。交易风险和经济风险都会引起企业真实的盈利的损失,对之重视是理所当然的。折算风险虽然并不体现企业经营中的现实盈亏,但企业对它同样也给予了极大的重视,因为资产负债的变化体现了公司管理者的业绩,直接与其自身利益相关。如1975—1981年,许多美国公司把对折算风险的管理放在首位。然而,随着新的企业会计制度的实施,折算风险对企业来说已不重要了,企业把更多的精力转移到对自身有长期而深刻影响的经济风险上了。

(一) 经济风险的管理

对经济风险的管理十分复杂。经济风险不单来自国际经济合同签订之后,而且早在跨国公司决定在海外投资设立分公司起,就已经面临着经济风险了。因此,对经济风险的管理需要从长期入手,从经营的不同方面全面考虑企业的发展。一般对经济风险的管理可以通过使经营活动多样化和融资多样化来达到。

1. 经营多样化

经营多样化是指跨国公司在生产、销售等方面实行分散化策略。这种策略可以使跨国公司面临的经济风险自动降低。例如，美国公司在加拿大的分公司因加元升值而失去了部分世界市场，同时，法国子公司却因欧元的贬值而增加了部分世界市场，这对跨国公司总体来说，不过是市场在其内部的重新分配，从而避免了损失。

这种经营方针对经济风险的降低作用还体现在主动调整经营结构上。当汇率出现了意外变化时，比较不同国家或地区的子公司的生产和销售状况，据此迅速调整总公司内部的生产基地和销售市场，增加富有竞争力的子公司的份额，减少竞争力削弱的子公司的份额，使整个公司竞争力增强，从而避免单一生产经营可能遭受的经济损失。

2. 融资多样化

融资多样化是指在多个资金市场上寻求多种资金来源和资金去向，在筹资和投资两方面都做到多样化。在筹资方面，须从汇率和利率两方面考虑。当然较理想的状况是从货币趋于贬值的国家借款，另外就是从多个国家的金融市场借入多种货币，前者是一种进取性姿态，如果跨国公司预期正确，就可以从中获得好处；后者是一种较保守的姿态，多种货币中有的升值，有的贬值，互相抵消，使外汇风险有所降低。投资方面，公司同样应向各个国家投资，创造多种货币的现金流。这使在汇率变动时，所收入的外汇有的升值，有的贬值，互相抵消，降低外汇风险。另外，多种货币计值的债务与投资之间也可以相互匹配，避免可能遭受的外汇风险。

（二）交易风险的管理

交易风险是能在现实中引起盈亏的风险，跨国公司对它的管理由来已久，主要可以分为内部管理和外部管理两大块。内部管理是将交易风险作为企业日常管理的一个组成部分，尽量减少或防止风险性净外汇头寸的产生。外部管理是当内部管理不足以消除净外汇头寸时，利用金融市场进行避免外汇风险的交易。

1. 内部管理

（1）净额结算，又称冲抵，主要用于跨国公司内部。在跨国公司清偿因贸易所产生的债权债务时，各下属公司将应收账款和应付账款进行划转和冲抵，仅以净额支付。这种结算方法可以在两家下属公司内进行，也可以在多家下属公司内进行。例如，某家美国跨国公司在英国的子公司欠在法国的子公司价值400万美元的债务，而法国子公司也欠英国子公司价值200万美元的货款。它们可以安排双边净额结算，只由英国子公司向法国子公司支付200万美元。当然具体支付的币种是由美元还是由英镑或欧元表示，双方可以进行协商。这一结算方法大大减少了两家公司所需兑换的货币额，减少了汇率风险，也节约了交易费用。多家下属公司之间也可以安排净额结算，只是较为复杂，需要总公司积极安排、协调和组织。

（2）配对管理，是使外币的流入和流出在币种、金额和时间上相互平衡的方法，既适用于跨国公司内部，又适用于与其他公司的交易。配对管理可以分为自然配对和平行配对两种。

自然配对，是将某种外币收入用于该种外币的支出，即收入某种外币时，并不把它兑换成本币,而是以该外币直接用于支付。这样,就避免了汇率变动可能带来的外汇风险。例如,我国某公司三个月后将收入一笔美元外汇,为避免外汇风险,该公司在进口原材料时争取以美元付款,付款时间与收汇时间大致相同,从而避免了收汇换汇可能遭到的汇率风险。

平行配对,指收入和支出的不是同一种货币,但这两种货币的汇率通常是呈现固定的或稳定的关系。两种货币同升同降,避免较大汇率风险,但是这种配对没有使风险完全消除,如果这些货币之间的关系出现了偏离,那么配对的预期结果将无法实现。当然,若是两国货币呈现稳定的负相关关系,同时持有两国货币的多头或两国货币的空头,也可以避免风险、减少损失。

配对管理大大减少了在外汇市场上买卖外汇的必要性,但配对管理要求跨国公司内部或跨国公司与其他公司之间存在双向性的资金流动。这种资金流动的双向性一旦遇到破坏,对方不能如期支付,配对管理就处于困境,企业就面临融资困难。另外配对管理还影响本币资金的周转。

(3) 提前或错后结汇,是指当跨国公司预期某种货币将要升值或贬值时,将收付外汇的结算日期提前或错后,以达到避免外汇汇率变动风险或获取外汇汇率变动收益的目的。提前或错后结汇的基本原则是,当预期外币将升值时,在债务到期前就支付外币款项;当预期外币将贬值时,就延期到外币贬值后再支付外币款项。

由于提前或错后结汇变更了结算日期,这种方法一般更常见于跨国公司内部。跨国公司内部的提前或错后结汇显然是从母公司利益出发的,而且这会使有些子公司的利益受到损失,而使另一些子公司的利益增加,最终从母公司的总体范围来看,利益有所增加。另外,这种措施在资金的筹集和运用方面也带来一些问题:一方面,提前支付和延期收汇的企业必须为此筹措所需资金;另一方面,延期支付和提前收汇的企业也必须及时为这笔资金找到合适的运用渠道。最后,提前或错后结汇会影响有关国家的国际收支,因此往往受到国家的限制。

(4) 货币的选择,是指通过对合同货币的选择或搭配来避免外汇风险。如果经济主体希望完全消除外汇风险,最安全的方法当然是采取本国货币作为合同货币,其实质是将外汇风险转嫁给了交易对手,由于以本币作为结算货币,不存在清偿时外币与本币的兑换问题,因而外汇风险也就无从产生。然而,这一方法主要适用于货币可以自由兑换的国家。如果本国货币(如人民币)是不可以兑换的,则很难要求交易对手以本国货币结算。

如果经济主体无法以本币作为合同货币,那么可以根据自己已持有的外汇来支付,而卖方可以选择已支付的外汇作为收取的币种。如果要采取更为进取性的策略,则可以选择硬币作为出口或资本输出的货币,选择软币作为进口或资本输入的货币。所谓硬币(Hard Money)是指其汇率将上升的货币,软币(Soft Money)是指其汇率将下降的货币。如果出口商或债权人以硬币作为合同货币,当合同到期时,外币已比合同签订时有所升值,出口商或债权人将收回更多的本币。如果进口商和债务人以软币作为合同货币,合同到期时,外币已比合同签订时有所贬值,进口商或债务人只需支付较少的本币。在使用这种措施时,需注意的是,硬币和软币不是绝对的,在浮动汇率制度下,汇率的频繁波动会使货币的软和硬极有可能发生逆转,因此,采用这种方法时应尤其慎重。

如果经济主体没有争取到对自己有利的合同货币,可以适当地调整价格和利率来减少可能遭到的损失,比如要求适当提高以软币计值的出口价格或贷款利率,或者要求适当降低以硬币计值的进口价格或借款利率。

最后,应在合同中列入货币保值条款。货币保值是以币值稳定但与合同货币不同的货币表示合同金额,在结算时,以合同货币来支付保值货币所表示的金额。这种方法主要用于长期合同,目前,货币保值条款主要采用一篮子货币,有特别提款权、欧洲货币单位或自主选择的软硬搭配的多种货币。由于一篮子货币是多种货币的组合,当汇率发生变动时,软硬货币相互抵消,使篮子货币能保持较稳定的价值,在结算清偿时,不会受到太大的损失。

2. 外部管理

外汇风险的外部管理是指经济主体通过在外界的金融市场上签订合同以避免外汇风险,主要方法是利用外汇市场和货币市场上的交易。外汇市场交易,如即期外汇交易、远期外汇交易、外汇掉期交易、外汇期货交易和外汇期权交易等,都可以为当事人套期保值,避免外汇风险。这些手段已在本章前几节有所描述,这里主要介绍的是利用货币市场进行套期保值。

货币市场的套期保值是指通过货币市场上的借贷来抵消已有的债权和债务的外汇风险。利用货币市场与利用远期外汇市场不同,后者是在远期外汇市场上按远期汇率买卖外汇以避免外汇风险,前者则是在货币市场上借入货币,将之在即期外汇市场上兑换成另一种货币,从而避免外汇风险。下面举例说明。

例3 进口商避免进口付汇的风险

美国某公司已知90天后(12月28日)需支付AD5 000 000的进口货款,公司为避免风险,利用货币市场套期保值,即当天(9月28日)在美国货币市场或欧洲美元市场上借入一定数额的美元,在即期外汇市场上将之兑换成澳元,并以澳元投资90天,到期使收回的澳元本息和恰好等于AD5 000 000,以偿付进口货款。假定当时的外汇市场行情和货币市场行情分别如下:

即期汇率	$1 = AD1.0545$
90天远期汇率	$1 = AD1.0505$
美国货币市场90天利率(年率)	13%
澳大利亚货币市场90天利率(年率)	8%

该美国公司需借入多少美元?

根据市场行情可知,若要使90天后连本带息收到AD5 000 000,当日需投资:

$$AD5\ 000\ 000 \div (1 + 8\% \times 90/360) = AD4\ 901\ 961$$

现在想得到AD4 901 961,需借入美元:

$$AD4\ 901\ 961 \div AD1.0545/\$ = \$4\ 648\ 612$$

今天借入$4 648 612,则90天后需还本息和:

$$\$4\ 648\ 612 \times (1 + 13\% \times 90/360) = \$4\ 799\ 692$$

通过货币市场上的短期借款,该美国公司以固定成本$4 799 692可偿付90天后的澳元应付货款,从而避免了汇率变动可能带来的风险。

我们已知利用远期外汇市场也可以避免外汇风险,在上例中,该公司可以用

AD1.0505/＄1 的 90 天期汇买入 AD5 000 000,到期需支付:

$$AD5\,000\,000 \div AD1.0505/\$ = \$4\,759\,638$$

在该例中,利用两个市场进行套期保值的成本是有差异的,原因是利率平价没有得以成立,即澳元与美元之间的升(贴)水率与同期澳元与美元的投资收益率差异没有保持平衡。在现实中,这种情况并不是永远不会存在。曾有经济学家提出例证,认为对于公司来说,运用短期货币市场套期保值往往比运用同时期外汇银行提供的 3—5 年的远期合同更有利。

例 4 出口商避免出口收汇的风险

9 月 28 日,某英国出口商已知 3 个月后将收到货款 ＄5 000 000,为避免美元贬值所带来的风险,该出口商利用货币市场套期保值,假如当时外汇市场和货币市场行情如下:

即期汇率	£1 = \$1.5443
3 个月远期汇率	£1 = \$1.5483
美国货币市场率(年率)	$11\frac{1}{8}\%$
英国货币市场利率(年率)	$10\frac{5}{16}\%$

那么,英国出口商将提前借入一笔美元,这笔美元在 3 个月后的本息和是 ＄5 000 000,则现值应为:

$$\$5\,000\,000 \div \left(1 + 11\frac{1}{8}\% \times \frac{3}{12}\right) = \$4\,864\,701$$

将这笔美元立即在现汇市场上兑换为英镑:

$$\$4\,864\,701 \div \$1.5443/£ = £3\,150\,101$$

在英国货币市场上以这笔英镑投资 3 个月,得本息和:

$$£3\,150\,101 \times \left(1 + 10\frac{5}{16}\% \times \frac{3}{12}\right) = £3\,231\,315$$

3 个月后以收到的美元货款归还借款本息和,英镑即为净收入。

在这个例子中,也可以运用远期外汇市场来避免风险。有兴趣的读者可以自己计算一下在远期外汇市场上进行套期保值,将在 3 个月后收回多少英镑,并分析这时英国出口商会采用哪个市场来避免风险。

利用外部管理法还可以通过提前出售有关外币票据的方式转移风险,避免损失。这里介绍外币应收票据贴现、外币应收账款让售和福费廷业务等三种措施。

外币应收票据贴现指远期汇票的持有者可以在承兑后,在汇票到期日前通过背书将汇票拿到银行去贴现。在银行按一定贴现率扣除贴现利息后,持票人便可以提前获得外币,将外币在即期市场出售,就可以获得本币,从而免除外汇风险。贴现由于出口商的背书而在法律上负有连带偿还责任。也就是说,如果票据遭拒付,贴现行可以行使追索权,出口商有责任代进口商付款。这在会计上称为或有负债,是可能发生的债务,这在外汇风险管理上必须加以注意。

外币应收账款让售(Factoring),是指企业把应收账款出让给专业承购应收账款的财务公司和信贷机构,由它们负责向购货客户索取货款。让售是出口商把代表应收账的单据(如提单、发票等)卖断给财务公司,并通过客户直接将货款支付给财务公司。让售不负有连带偿还责任,财务公司无追索权。这就使财务公司承担了融资成本、信用风险和外汇风险,因此,出口商必须支付较高的费用才能取得这种权利。

福费廷业务(Forfaiting)是1965年起西欧发展起来的中长期融资方式,是出口商把经过进口商承兑的中长期票据以无追索权的方式向当地银行或大金融公司贴现。出口商因此可以提前获得货款,在即期外汇市场上兑换成本币,从而减少外汇风险。福费廷是一种卖断行为,银行或金融公司无追索权。福费廷涉及的多是大型成套设备的进口贸易,交易金额巨大,付款期限较长,一般在大企业和大银行或大金融公司间进行,并常由国家银行、保险公司在票据上签章,对其支付进行担保或直接出具保函。

本章术语 》》

外汇指定银行　外汇经纪人　即期外汇交易　远期外汇交易　三角套汇
两角套汇　套利交易　抵补套利　非抵补套利　掉期交易　择期交易
价值抵偿原则　交易风险　折算风险　经济风险　净额结算　自然配对
平行配对　提前或错后结汇　外部管理　福费廷业务　外币应收账款让售
外币应收票据贴现

本章总结 》》

1. 外汇市场是两种或两种以上货币相互兑换或买卖的交易场所。它主要由客户、外汇指定银行和外汇经纪人等构成。外汇市场大多采用以美元为中心的双向报价的方式,报出汇率的最后几位数字。一笔外汇交易一般要经过询价、报价、成交、证实这四个步骤。

2. 在即期外汇交易中两个营业日的确定问题很重要,它以"价值抵偿原则"为依据来确定具体的交割时间和地点。远期外汇交易同样也需要确定交割日。进出口商与外汇银行常常用远期外汇交易来做套期保值。

3. 当各个外汇市场上的汇率报价不一样时,就会出现套汇的机会。套汇可以分为直接套汇和间接套汇两种。而当两国的金融市场上的短期利率存在差异时,就会有套利的机会。

4. 掉期交易是指同时买进和卖出同一种货币,可以分为即期对远期和远期对远期两种。择期交易是可以在规定期限内的任意一天进行交易,它给进出口商规避国际贸易的不确定风险提供了方便。

5. 汇率风险是对经济主体持有外汇头寸而言的。如果经济主体不持有外汇头寸,则不存在外汇风险。

6. 折算风险是一种账面上的风险,公司的实际经营并不会因此而发生变化。一般在跨国公司中会经常发生折算风险。

7. 交易风险和经营风险都会改变企业的真实盈利。汇率变动对经济主体产生长期性影响的是经营风险。这是一个复杂的过程,它会通过影响产品的成本、售价等对整个公司的运营产生影响。

8. 外汇风险的内部管理是对跨国公司和进出口公司内部而言的,要求在尽量减少外汇头寸风险的基础上,给公司争取更多的利润。

9. 外部管理是当内部管理不足以消除净外汇头寸时,跨国公司或是进出口商只能利用金融市场进行外汇交易来避免外汇风险的措施。

10. 有时利用短期货币市场套期保值要比运用同期外汇银行提供的3—5年的远期外汇合同要有利。

思考和练习 》》

1. 外汇市场都有哪些主要的角色？
2. 什么是即期外汇交易，其交割日如何确定？
3. 如何用利率平价理论来判断有无套利的机会，存在套利的机会就一定能套利成功吗？
4. 试述外汇市场上投机者的作用。
5. 举例说明远期外汇交易的作用。
6. 举例说明如何判断是否存在套汇机会。
7. 举例说明什么是掉期交易。
8. 在择期交易中，汇率是如何确定的？
9. 什么是外汇风险？外汇风险有哪些常见的类型？
10. 在外汇风险管理中，交易风险的内部管理都有哪些方法？
11. 假定某日纽约外汇市场上汇率报价为1美元等于0.9680/0.9690加元，伦敦外汇市场上为1美元等于0.9630/0.9640加元，试说明如何进行套汇。
12. 某日纽约外汇市场上汇率报价为1英镑等于1.3250美元，伦敦外汇市场上汇率报价为1英镑等于10.6665港元，中国香港外汇市场上汇率报价为1美元等于7.8210港元。其中有无套汇机会的存在？如果有，试述套汇过程并计算套汇收益。
13. 假定美国与加拿大的利率分别为8%、10%，即期汇率为1美元等于0.9500加元，3个月的远期汇率为1美元等于0.9680加元。如果不考虑交易成本等因素的影响，套利者将会如何套利？这种活动对汇率的影响如何？
14. 如果欧洲美元、欧洲英镑的利率分别为16%、12%，即期汇率为1英镑等于2.00美元，试计算12个月的远期汇率。如果12个月的远期汇率为1英镑等于2.20美元，那么套利者将会如何操作？这种活动对汇率的影响如何？
15. 假定一家美国银行一个月以后有一笔10 000加元的外汇支出，三个月后有一笔10 000加元的外汇收入。那么该银行应如何进行掉期交易？
16. 在实行外汇管制的国家中对外汇风险的管理与实行浮动汇率制的国家有什么不同？
17. 试比较货币市场的套期保值作用与远期外汇市场的套期保值作用。
18. 在实行外汇管制的国家中对外汇风险的管理与实行浮动汇率制的国家有什么不同？
19. 试比较货币市场的套期保值的作用与远期外汇市场的套期保值的作用。

第十一章　　外汇期货与期权交易

┃本章概要┃

　　本章主要讲述外汇期货交易与期权交易的基本原理及其运用。作为在20世纪70年代初金融创新过程中产生的金融工具，外汇期货与期权交易在揭示价格信息、规避价格风险、通过适度投机提高市场流动性等方面具有不可比拟的优势。

┃学习目标┃

1. 了解外汇期货交易的概况，掌握外汇期货交易的作用。
2. 了解外汇期权交易的内容，着重了解期权交易的作用。

第一节　外汇期货交易

　　期货(Futures)，指在未来某个特定日期购买或出售的实物商品或金融凭证。与之相对的是现货(Spots)。期货交易的发展已有一百多年，早在1874年，美国就建立了芝加哥商品交易所(Chicago Mercantile Exchange, CME)，专门进行期货交易。但是，金融期货交易这一新的金融衍生工具产生于20世纪70年代，主要包括外汇期货交易、黄金期货交易、利率期货交易、股票价格指数期货交易，以及金融期货期权交易等。下面，我们主要以外汇期货交易为代表，介绍期货交易的基本原则及其作用。

一、外汇期货交易的产生与发展

　　外汇期货(Foreign Currency Futures)，指期货交易双方在成交后，承诺在未来的日期以事先约定的汇率交付某种特定标准数量的外汇。在20世纪70年代前，由于世界上主要的货币制度是以固定汇率为主要特征的，外汇期货交易尚不具备产生和发展的基础。1971年，布雷顿森林体系解体，主要发达国家纷纷实行浮动汇率制度，为了避免波动频繁的汇率带来的风险，使企业和银行能有转移风险的市场，外汇期货交易应运而生。1972年5月CME设立了一个独立的交易所——国际货币市场(International Monetary Market, IMM)，专门从事金融期货交易，同年5月16日，IMM开办外汇期货合同的交易。又经过大约两年的调查研究，1974年12月31日，增做黄金期货，1975年10月，IMM又推出世界上第一张抵押证券期货合同。目前，IMM在利率期货和外汇期货领域的交易量占全球大部分市场份额(约70%—90%)。如果涵盖所有金融期货，那么其整体占比大致接近或略低于50%。另一个重要的金融期货交易中心是英国的伦敦国际金融期货交易所(London International Financial Futures Exchange, LIFFE)，它成立于1982年9月。

　　1987年，IMM宣布设立一套全球电子自动交易系统(Global Electronic Automated Transaction System)，它又被称为PMT(Post Market Trade)，与路透社交易系统连接运作，

使得 CME 的客户以及遍布世界各地的客户,都可以在交易所营业时间之外继续进入市场,进行期货合同的交易。

金融期货发展十分迅速,其速度远远超过传统的商品期货的速度,金融期货在期货总交易量中的比例在 1970 年只占 1%,而到 1987 年就已占 77%。金融期货的种类也在不断丰富。在美国,金融期货合同大致可分为以下几类(见图 11.1):

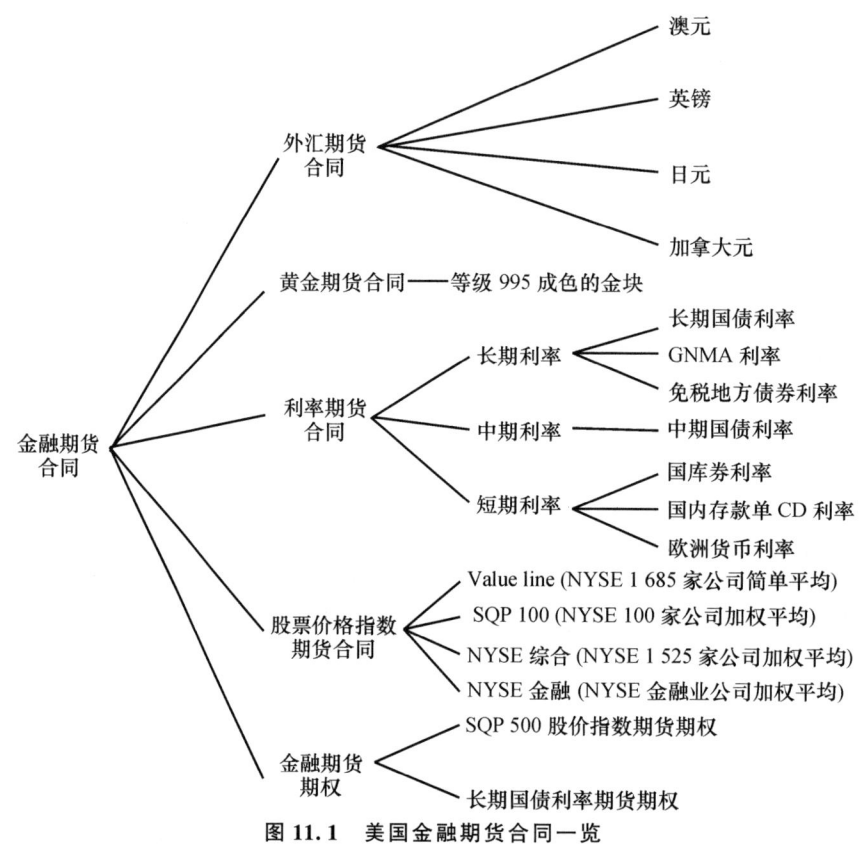

图 11.1 美国金融期货合同一览

二、期货市场的结构

期货市场与普通商品市场在组织方面有着本质的差异,除了有交易双方,即买卖期货合同的客户,期货市场的构成还有期货交易所、期货佣金商和期货清算所(见图 11.2)。

期货交易所是一个非营利性会员制协会组织,它为期货交易提供了固定的场所和必需的设施。同时,它还建立了健全的管理机构,负责制定期货交易的规则,管理会员的日常经营活动,搜集情报,传播行市。

交易所采取会员制的组织形式,只有会员才有资格进入交易所从事交易。会员席位可以通过参加拍卖取得,会员除可在交易所场内进行交易外,还可担任交易所各委员会和理事会中的职务。不是交易所会员的客户通常都要委托会员代为交易。

期货佣金商(Futures Commission Merchant),是在期货交易所注册登记的会员公司,由于会员资格只能由个人所有,因此各公司都由其职员作为代表,其基本职能是协助客户在期货市场上成交,具体事宜可包括执行客户订单、替客户管理保证金、提供必要的市

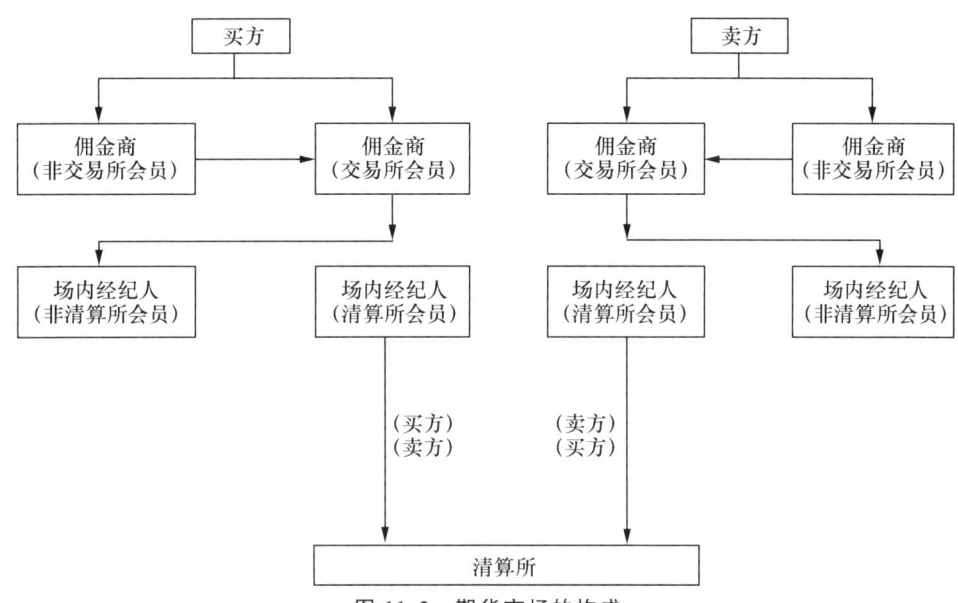

图 11.2 期货市场的构成

场信息和基本的会计记录。作为报酬,向客户收取一定数量的佣金。按照职能不同,期货佣金商可分为场内经纪人(Floor Broker)和场内交易商(Floor Trader)两类,同一会员可身兼两职。场内经纪人主要是代客成交,若佣金商以自己的账户进行交易,则被称为场内交易商。

清算所(Clearing House)是每一个期货交易所都必须配有的清算机构,它也是一个会员制机构,其会员资格申请者必须是已经成为与该清算所有业务往来的交易所的会员。它负责征收交易所必需的保证金,并在每一个营业日结束后为会员公司进行交换或清算,即每天停业后,清算所按照当天的清算价格(Settle Price)对每个会员公司作现金清算,轧出盈亏。清算价格是在市场每个营业日最后 30 秒(或 60 秒或其他时间段)内达成交易的平均价格。清算所的存在对于保证期货合同的履行也是至关重要的,因为它使在交易所成交的所有期货合约实际转化成为清算所与清算所会员之间的合同,即对每一个期货出售者,清算所都是买入者;对每一个期货买入者,清算所都是卖出者。清算所资金雄厚,又拥有众多客户所缴纳的保证金,使期货市场参与者不必担心其作为对方当事人的信用和财务状况。而实际上,期货交易出现违约的情况也极少,如芝加哥交易所自 1975 年成立清算所以来,无一份期货合同违约。

三、外汇期货市场的主要特点

外汇期货合同是标准化的远期外汇合同,交易币种、合同规模、交易时间、交割时间等都有统一规定,只有价格是变动的。外汇期货合同的价格是由买卖双方以公开喊价的方式决定的,随着买卖数量增加不断趋向新的均衡。期货市场上,期货合同的购买者只喊买价,期货合同的出卖者只喊卖价。最高的买价优于其他所有买价,最低的卖价优于其他所有的卖价。期货价格每时每刻都在发生变化,其价格水平完全建立在对外汇汇率趋势的预测上,影响汇率的一切因素都会影响外汇期货合同的价格。

外汇期货合同的价格一般都是以美元来表示的,即用每单位某种货币折合为多少美元来报价。日元是个例外,它采用每单位日元折合多少美分来报价。自 1985 年 2 月取消了外汇期货交易中的日波幅的限制,即期货价格的波动不再受到最高和最低幅度的限制,每份期货合同价值总额的最小变动值等于期货价位的最小变化乘以该期货 1 个点的价值。在期货交易中,期货价位的最小变化以点数表示,1 点等于 0.01%,每一点代表不同的货币额(见表 11.1)。

表 11.1　IMM 外汇期货标准化合同

	澳元 (AD)	英镑 (£)	加元 (C$)	日元 (¥)
合同规模	100 000	62 500	100 000	12 500 000
符号	AD	BP	CD	JY
保证金要求($)				
初始保证金	1 200	2 000	700	1 700
维持保证金	900	1 500	500	1 300
汇价最小变化($)	0.0001	0.0002	0.0001	0.000001
对应点数	1	2	1	1
1 个点的价值($)	10.00	6.25	10.00	12.50
交割月份	3、6、9、12 月及"交割月"			
交易时间	7:20 A.M.—2:00 P.M.(中部时间)			
最后交易日	从交割月份的第三个周三向回数的第二个营业日			
交割日期	交割月份的第三个周三			

　　从另一个角度来看,外汇期货的价格可被看作一种标准化的远期外汇的价格,那么当现汇市场能满足流动性好、容量大这两个条件时(这是套利所要求的两个条件),期货价格应与现汇价格相关,我们将这种关系归纳为期货价格与现汇价格的平行性和收敛性。

　　所谓平行性是指期货价格与现汇价格变动方向相同,变动幅度也大体一致。我们知道,期货价格与现汇价格之间往往不完全相等,其间差额被称为基点差(Basis),基点差与期货相对现汇的附加成本(即持仓费,包括期货到期时间、利率、储运费、保险费等因素)和市场预期有关。对于一般商品期货而言,正常情况下,期货价格应高于现汇价格,即基点差为正。而对外汇期货来说,当该种外汇远期贴水时,其基点差是负数,这也是正常现象。当随着时间变化,基点差变动的幅度完全相等时,保值者可以利用期货市场对现汇市场进行完全的保值;当基点差变动的幅度不完全相等时,利用期货市场不能完全转移现汇市场上的风险,但是,所承担的风险已经从一般商品价格波动的风险变为基点差波动的风险,而事实证明基点差的波动风险远比商品价格(或现汇汇率)的波动风险小。

　　所谓收敛性是指当期货合同临近到期时,基点差随期货合同所规定交割日的接近而缩小,在交割日到期的期货合同中,期货合同所代表的汇率与现汇市场上的该种汇率重合相等,基点差为零。

　　期货交易还有一个特点,它是在保证金制度的基础上运行的。在期货市场上,买卖双方在开立账户进行交易之时,都必须缴纳一定数量的保证金。缴纳保证金的目的是确保买卖双方能履行义务。清算所为保证其会员有能力应付交易需要,要求会员开立保证金账户,储存一定数量的货币,会员再向它的客户收取一定数量的保证金。

　　保证金可分为初始保证金和维持保证金两种。初始保证金(Initial Margin)是订立合同时必须存缴的,其数量根据每份合同的金额以及该种货币的易变程度来确定,一般为合约价值的 3%—10%。经纪人或经纪公司向客户征收的保证金往往比交易所规定的要高。维持保证金(Maintenance Margin)指开立合同后如果发生亏损,致使保证金数额下降,客户必须补齐至初始保证金时的最低保证金限额。一旦保证金账户余额降到维持水平线以下,客户就必须再缴纳保证金,并将保证金恢复到初始水平,初始保证金与维持保证金之间的这部分差额,被称为变化保证金(Variation Margin)。英国的 LIFFE 市场不存在另外的维持水平,因而保证金水平必须自始至终维持在初始水平上。

由于保证金需缴存现金,就涉及这笔资金的机会成本。一般说来,初始保证金可以有一部分以国库券形式代替,这使存放在经纪人那里的保证金不致于蒙受利息损失。但是变化保证金通常必须以现金支付,因为对每日期货价格预测正确的赢家会将现金流量提出,存入其他有息账户或消费。如果经纪公司不要求输家付现金,它就得从自己的现金储备中提现以支付。

期货交易还需每日清算。在期货交易中,每个营业日终了时,清算所都要对每笔交易进行清算,即清算所根据清算价对每笔交易结清,盈利的一方可提取利润,亏损的则要补足头寸。在第二个营业日到来之前每一笔买卖都必须相抵。由于实行每日清算,客户的账面余额每天都会变化调整,每个交易者都十分清楚自己在市场上所处的地位,如果想退出市场,则可做相反方向的交易来冲抵原有的期货,到期就无须交割任何东西。

外汇期货交易是一种在未来买卖外汇的合同,而前面我们已经介绍过的远期外汇交易也是预约在未来进行买卖合同规定的货币的交易。而且两个市场有着许多相似之处和密切的联系,如二者都可用作套期保值或投机的手段,价格计算也有许多相似之处。为了更好地理解外汇期货交易的特点,下面我们比较一下外汇期货交易与远期外汇交易的区别(见表 11.2)。

表 11.2 外汇期货交易与远期外汇交易的比较

不同点	外汇期货交易	远期外汇交易
买卖双方关系	买方和卖方分别与期货交易所的清算所签订合同,成为买卖关系,而实际的买卖双方无直接合同责任关系	买卖双方(即银行和客户)签订远期合约,具有合同责任关系
标准化规定	对买卖外汇的合同规模、价格、交割期限、交割地点都有统一的、标准化的规定	对买卖外汇的这些方面都无统一的、标准化的规定,可灵活掌握
交易场所与方式	在交易所内进行场内交易,双方委托经纪人在市场上公开喊价	以电讯联系进行场外交易,双方可直接接触成交
报价内容	买方只喊买价,卖方只喊卖价,买方或卖方只报出一种价格	银行报出两种价格,既报出买价,又报出卖价
手续费	双方都须给经纪人支付佣金	远期双向报价的买卖价差
抵押要求	双方无须了解资信,只需向清算所缴纳保证金	银行依据对方资信情况确定,大银行之间无须抵押
清算	每日清算所结清未冲抵的期货合同,有现金流动	到期日一次性交割结清
实际交割	在完善的市场中基本无交割,实际交割量小于 1%	基本都交割,实际交割量大于 90%
管理	由期货交易委员会制定交易规则	自行管理,遵从银行同业惯例

四、外汇期货交易的作用

外汇期货市场上主要有两类交易者:一类是利用外汇期货市场规避风险的,即利用买入或卖出外汇期货,来对冲现汇市场上的空头或多头,为将来的外汇债务或债权保值;另一类是利用外汇期货市场规避投机的,即投机者根据他对未来期货价格的预测,先买入或卖出期货,再反向对冲以获风险收益。下面我们分别加以介绍:

(一) 利用外汇期货套期保值

在汇率波动频繁的情况下,将来会有外汇净资产或外汇净负债的人都希望能事先锁定风险,在外汇期货市场上,可采用买入对冲和卖出对冲两种方法。

1. 买入对冲

买入对冲(Long Hedge or Buying Hedge),指预期未来将在现汇市场上购入外汇,就先在期货市场上购入该种外汇,即已知将来会买入外汇,该交易者担心的是该外汇升值,为了锁定成本,他愿意进入期货市场以既定价格买入该种外汇的期货合同,数量、交割日都与现汇交易一致。到需用外汇时,再在现汇市场上买入所需,同时在期货市场上卖出原期货合同,冲抵原期货合同头寸。如果现汇行市果然如人们担心的那样,即外汇汇率上升,那么,该交易者在现汇市场上发生了损失。由于期货市场的价格与现汇市场价格具有平行性关系,两个期货合同冲抵时,卖出价也相应较高,因此,该交易者在期货市场上获得收益,抵消了现汇市场的损失,从而达到了保值的目的。

例如,某年 6 月份,美国一家进口商预期 3 个月后需支付进口货款 C $500 000,目前现汇市场的汇率是 C $1 = $1.0500,该厂商为避免 3 个月后加元升值而遭到的风险,决定在芝加哥国际货币市场上买入 5 份 9 月到期的加元期货合同,成交价格为 C $1 = $1.0520。到了 9 月份,加元果然升值,C $1 = $1.0700,相应地,期货市场上 9 月到期的加元期货合同价格也上升,C $1 = $1.0730(见表 11.3)。

如果不考虑期货交易的佣金和保证金及其利息,保值者在现汇市场上,以 $1.0700/C $1 的价格买入 C $500 000,比 6 月份多花费成本:

$$(1.0700 - 1.0500) \times 500\,000 = \$10\,000$$

同时,该保值者在期货市场上以 $1.0730/C $1 的价格卖出 5 份加元期货合同,冲抵原来的期货合同,可获盈利:

$$(1.0730 - 1.0520) \times 500\,000 = \$10\,500$$

期货市场上的盈利将抵消现汇市场上的损失,使购买加元的成本锁定在 $0.5000/C $1 左右的水平。同样,如果 9 月份加元汇率不升反降,保值者利用期货市场的结果也是使购买加元的成本固定在大约 $1.0500/C $1 的水平上,也就是说,利用期货后,进口商将得不到由于加元贬值带来的好处。

表 11.3 买入对冲

时期	现汇市场	外汇期货市场
6月份	市场行情:C $1 = $1.0500。已知9月份将需购入 C $500 000,此时成本为 $525 000 = 1.0500×500 000,担心加元升值	期货行情:C $1 = $1.0520。购入5份9月到期的加元期货合同
9月份	市场行情:C $1 = $1.0700。买入 C $500 000,需支付成本 $535 000 = 1.0700×500 000	期货行情:C $1 = $1.0730。卖出4份9月到期的加元期货合同,冲抵原有期货头寸
盈亏额	相对6月份的成本,9月份的亏损为(1.0500 - 1.0700)×500 000 = - $10 000	冲抵后盈利为(1.0730 - 1.05200)×5 000 000 = $10 500
9月份的净盈亏	- $10 000 + $10 500 = + $500	

2. 卖出对冲

卖出对冲(Short Hedge or Selling Hedge),指预期未来将在现汇市场上出售外汇,就先在期货市场上卖出该种外汇。如果交易者已知将来会卖出外汇,他担心的是外汇贬值,为了锁定收益,他愿意进入期货市场以已知的价格卖出该种外汇的期货合同,数量和交割日都与现汇交易一致。到时,在现汇市场卖出外汇,同时在期货市场上买入原期货合同,冲抵原期货合同头寸。如果现汇市场果真发生外汇汇率下降,那么,该交易者在现汇市场上会产生损失。由于期货市场价格与现汇市场价格具有平行性关系,两个期货合同冲抵时,期货市场上将有盈利,抵消现汇市场的损失,从而达到保值的目的。

例如,一家美国公司预计1个月后有一笔外汇应收款£5 000 000,现在现汇市场上英镑汇率为£1 = $1.1620,该公司为避免1个月后英镑贬值所带来的损失,决定进入外汇期货市场卖出80份1个月后到期的英镑期货合约,价值£5 000 000(=£62 500×80),成交价为£1 = $1.1545(见表11.4)。

表 11.4 卖出对冲

时期	现汇市场	外汇期货市场
某月	£1 = $1.1620,已知1个月后将收入£5 000 000,此时价值 $1.1620×5 000 000,担心英镑贬值	£1 = $1.1545,卖出80份1个月后到期的英镑期货合同
1个月后	£1 = $1.1460,卖出£5 000 000,可获 $1.1460×5 000 000	£1 = $1.1350,买入80份该月到期的英镑期货合同,冲抵原期货头寸
盈亏额	相对1个月前,有损失:(1.1460 - 1.1620)×5 000 000 = - $80 000	冲抵后盈利:(1.1545 - 1.1350)×5 000 000 = $97 500
净盈亏额	- $80 000 + $97 500 = $17 500	

1个月后,如果英镑发生贬值,£1 = $1.1460,相应地,期货市场上期货价格也会下降,£1 = $1.1350。

如果不考虑期货交易的佣金和保证金及其利息,该公司在现汇市场上卖出英镑,比1个月前损失:

$$(1.1460 - 1.1620) \times 5\,000\,000 = -\$80\,000$$

同时,该公司在期货市场做冲抵交易,可获盈利:

$$(1.1545-1.1350)\times 5\,000\,000 = \$97\,500$$

期货市场上的盈利将抵消现汇市场上的损失,使卖出英镑的收益稳定在 \$1.1620/£1 的水平左右。同样,卖出对冲的做法也使保值者无法享受到由于英镑升值而带来的好处。

在上面两个例子中,期货市场上的交易不能做到完全保值,保值者仍有可能蒙受净损失。原因在于在套期保值的时期里,两个市场价格的变化不是同步的,存在基点差,由此产生基差风险(Basis Risk)。但是在正常情况下,基差风险比不进行期货套期保值的外汇头寸所面临的风险要小得多。

(二) 外汇期货投机

外汇期货投机与前面已经讲过的远期外汇投机一样,也是根据对价格的预测进行交易企图获取风险利润的行为。具体可以分为两大类:若预测期货价格将上涨时,就先买入后卖出冲抵,做多头(或买空);若预测期货价格将下跌时,就先卖出后买入冲抵,做空头(或卖空)。投机的盈利与否是建立在预测是否正确的基础之上的,预测正确,就可获得巨额净盈利;预测错误,则会遭受巨额净损失。

外汇期货投机是期货市场流动的润滑剂和加速器,原因是什么呢？套期保值者显然是风险回避者,他进入期货市场的目的就是转移(对他而言,是避免)已持有或将持有的外汇头寸的风险。因此,他不会主动去承担外汇风险。既然交易者不愿承担风险,风险就得落在市场经营者身上,这样,最终的损失仍然会转嫁到市场参与者身上,外汇期货市场的避险机制无法运作。从这个意义上来说,投机者是期货市场上必不可少的参与者,他主动承担了套期保值转移的风险,即期货市场上客观存在的系统风险,使得市场交易能顺利进行。

外汇期货投机者的活动还使期货市场的流动性增强了。通常在期货市场上,买入套期保值的合同数量、价格与卖出套期保值的合同数量、价格不一致,有了外汇投机者,就可以弥补这一不平衡。因为外汇投机者事先并不持有外汇头寸,他交易的原则是根据他的预测,这就使他主动参与了市场交易。另外,由于投机者的加入,期货市场的交易量大大增加,这使套期保值者能更方便地设立期货头寸或抵消期货头寸。

虽然外汇期货投机有时会使巨额国际游资对市场产生冲击,引起价格剧烈波动,但投机在一定程度上又是平抑价格波动的活动。投机者希望能通过价格的变动获得利润,因此,当价格较低时,投机者预期价格会升高,就买进期货,从而使价格真的上涨;当价格较高时,投机者预期价格会下降,就卖出期货,从而使价格真的下跌。可以说,投机活动是期货市场上平缓价格波动的重要力量。

第二节 外汇期权交易

金融期权合同交易是在20世纪80年代兴起的一种新型的国际金融衍生工具。期权的最初宗旨也是要为交易商提供避免风险的手段,但它又具有独特之处,即固定了期权购买者所能蒙受的最大损失。

期权的交易历史不算长,1973年4月美国芝加哥期权交易所成立后,才开始推行大规模的期权交易。外汇期权的产生更晚,1982年美国费城股票交易所(PHLX)推出了第一笔在有组织的市场上进行交易的外汇期权合约。同年11月,蒙特利尔交易所推出了加元期权交易,此后,德国马克期权于1984年在芝加哥商品交易所产生,1985年11月,阿姆斯特丹的欧洲期权交易所成功地引进了面值1万美元的欧洲货币单位的期权合约。时至今日,期权交易的发展已遍及世界各主要国际金融中心。

一、期权交易基础

(一) 期权交易的主要概念

期权(Options),也叫选择权,它赋予期权持有者一种权利,而非义务,在预先规定的未来时间以预先规定的价格买入或卖出规定数量的某种金融资产。为了取得这一权利,期权的购买者需要在购买期权时向期权的出售者支付一定数量的保险费。

在期权的定义中,预先规定的未来时间叫作期权的到期日(Expiration Date),是期权的有效期结束时间。

预先规定的价格叫期权的执行价格(Strike Price/Exercise Price),是期权规定的将来交割某种货币的汇率。期权的执行价格可以由买卖双方协商,也可以由交易所事先确定给出,交易所给出的执行价格有若干个,交易者可以从一系列价格中自己选择,从而扩大了交易者交易策略运用的范围。例如,某日现汇市场上的汇率是 SF1 = \$0.8016,瑞士法郎5个月到期的看涨期权和看跌期权的执行价格分别是80.5美分、81美分、82美分和82.5美分。而且,随着行市的变化,还会有新的执行价格加入。

保险费(Premium),又叫期权费、期权价格、权利金、期权升水,是订立期权合同时买方支付给卖方的无追索权的费用。所谓无追索权,意味着不论持有者在期权有效期内是否执行期权,这笔保险费都不再退还。也就是说,保险费是期权购买者为购买期权所赋予的权利而支付的成本。

期权的保险费表示每份期权合同总共值多少美元,但为了方便起见,通常都是以每单位某种货币需要多少美分来表示的。需要注意的是,日元的保险费报价以 1/100 美分报出。据此,一笔外汇期权合同的保险费等于期权保险费报价乘以合约规模。

期权保险费主要由期权的内在价值(Intrinsic Value)和时间价值(Time Value)构成。

内在价值指期权持有者立即执行期权所能获得的经济价值,如果这个经济价值不是正数,那么内在价值为零。这就要看期权的执行价格与即期汇率之间的关系了。如果期权规定了以低于即期价格的价格买入或以高于即期价格的价格卖出,那么,这个期权是具有内在价值的。从理论上讲,期权的保险费一定不会低于内在价值,否则将有套购者购买他所能买到的全部期权并执行,赚取利润(即内在价值与保险费之差)。

时间价值,也称外部价值,是期权保险费超过它的内在价值的部分,是期权购买者希望随着时间的推移,相关货币的市场价格向着有利于他的方向变动,从而能获得期权增值而付出的成本。期权的时间价值与距到期日的时间长短成正比,时间越长,时间价值越高;时间越短,时间价值越低,至期权到期日,时间价值为零。这是因为不论从事期权交易的是保值者还是投机者,距离到期日间隔越长,期权的作用越大。对于保值来说,时间越长,市场向不利方向变动的可能性越大,期权的保值价值越高;对投机者来说,时间越长,期权越有可能向盈利方向变动,因此,都应为距到期日远的期权支付较高的时间价值。

另外,其他因素,如市场易变性(Volatility)也会影响期权的保险费。市场易变性指市场上价格的变动强度。易变性越大,保险费越高;易变性越小,保险费越低。

(二) 期权的分类

1. 看涨期权和看跌期权

根据期权合同赋予持有者的权利的不同,期权可分为两种形式:看涨期权和看跌期权。

看涨期权(Call Option),也称买权,指期权持有者有一种权利,而非义务,在到期日或到期日之前,以执行价格从期权出卖者手中买入一定数量的某种货币。看跌期权(Put Option),也称卖权,指期权持有者有一种权利,而非义务,在到期日或到期日之前,以执行价格向期权出卖者卖出一定数量的某种货币。

看涨期权和看跌期权,或者说买权和卖权是期权最基本的分类。据此,可以将期权交易的当事人分为四类:① 买权的购买者;② 买权的出售者;③ 卖权的购买者;④ 卖权的出售者。买卖期权的行为与期权赋予其持有者的买卖权利不应混淆。所谓买期权,指的是支付一定的保险费而获得一份期权合同,这份合同可以是买权的合同,也可以是卖权的合同。当然,所谓卖期权,指的是收取一定的保险费,出让一份期权合同,这份合同可以是买权合同,也可以是卖权合同。而所谓期权所赋予的买卖权利,是期权持有者可以在未来买或卖某种约定的货币,买外币的权利是买权赋予的,卖外币的权利是卖权赋予的。还有一点值得注意的是,这四类当事人的确定是根据他们对期权合同中约定的外汇汇率趋势的预期做出的。其中买权的购买者和卖权的出售者都是预期外汇将会升值,而买权的出售者和卖权的购买者则预期外汇将会贬值。更细地分析买权的购买者和出售者对外汇升值预期的差别在于,前者认为升值的幅度更大;同样,卖权的购买者预期的外汇贬值的幅度大于买权的出售者预期的外币贬值的幅度。

2. 欧式期权和美式期权

根据期权执行时间的不同,期权可分为欧式期权和美式期权。欧式期权(European-Style Option),是只能在到期日当天执行的期权;美式期权(American Option),是在到期日或到期日之前的任何一天都可以执行的期权。

可以看出,当到期日相同时,美式期权比欧式期权具有更大的灵活性,因此,美式期权通常要求更高的保险费。若 C 代表美式买权的保险费,C' 代表欧式买权的保险费,P 代表美式卖权的保险费,P' 代表欧式卖权的保险费,S 代表即期汇率,X 代表执行价格,有

$$C \geqslant \operatorname{Max}\{C', S - X\}$$
$$P \geqslant \operatorname{Max}\{P', S - X\}$$

3. 交易所场内交易和场外交易

根据期权交易环境的不同,可分为交易所场内交易和场外交易。交易所场内交易指在交易所场内市场(Exchange-Traded Market)成交的期权交易。这种期权交易的期权合同是标准化的,期权到期日、名义本金、交割地点、执行价格、交易时间、履约规定等都是由交易所制定的。只有交易所会员才有权成交,非会员不得直接参与,需委托场内经纪人进行交易;期权清算所(OCC)结算期权交易双方的盈亏。最著名的期权交易所是美国费城交易所(PHLX),其他重要的有芝加哥的 CME 和 CBOE,伦敦的 LIFFE 和 LSE 等。

场外期权交易是指在场外市场(Over-the-Counter Market)成交的期权交易,即不经过证券交易所,而是通过电话、电传等通信网络达成的期权交易。场外交易比场内交易更灵活,买卖双方可根据需要协商合同名义本金额及其他条件。

二、外汇期权的收益与损失

当一个交易者买入期权后,他可以有三种处理方式:① 实施期权;② 不实施期权,至到期日期权自动失效;③ 将期权再卖出。第三种情况较不确定,我们在这里仅举例说明前两种情况下期权买卖双方的收益与损失。

(一) 看涨期权的收益与损失

例 1 某美国公司从加拿大进口一批货物,两个月后将支付一笔加元。如果该公司预期加元有较大幅度升值,它便进入期权市场,买入加元看涨期权,执行价格为 C\$1 = \$1.05,期权保险费(即期权价格)为 \$0.02/C\$1。至到期日,该公司将视当时的即期汇率与期权执行价格的关系,决定期权是否实施。其基本原则是:当执行价格小于即期汇率时,实施看涨期权;反之,不实施。不论是否实施期权,该公司都损失期权保险费。对于将期权卖给这家公司的交易者来说,损益情况恰好相反。具体情况见表 11.5。

表 11.5 看涨期权的收益与损失

加元即期汇率	期权实施情况	单位损失与收益(\$)	
		买方	卖方
1.03	不实施	−0.02	0.02
1.04	不实施	−0.02	0.02
1.05	不实施	−0.02	0.02
1.06	实施	−0.01	0.01
1.07	实施	0	0
1.08	实施	0.01	−0.01
⋮	⋮	⋮	⋮

将上面情况以图 11.3 表示:

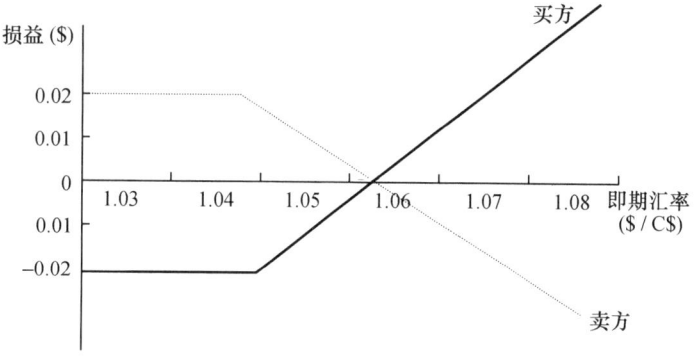

图 11.3 看涨期权损益

由上例可知,看涨期权持有者想获净收益,市场价格需显著上升,直到大于执行价格与保险费之和。如上例,即期汇率上升至 1.07(= 1.05+0.02),买方从执行期权中获利

0.02,抵消了保险费损失。在这一点,买卖双方均获得零收益、零损失,这点被称为临界点:

$$看涨期权临界点 = 执行价格 + 保险费$$

(二) 看跌期权的收益与损失

例 2 某美国出口商三个月后将收到一笔英镑货款,如果他预期英镑将发生贬值,他购买英镑看跌期权,执行价格为 £1 = \$1.37,保险费为 \$0.03/£1。至到期日,该公司视到时的即期汇率与执行价格之间的关系,决定是否执行期权。基本原则是:若执行价格大于市场即期汇率,则执行看跌期权;反之,不执行。期权买方的收益和损失恰好是期权卖方的损失与收益。下面通过表 11.6 进一步说明。

表 11.6 看跌期权的收益与损失

英镑即期汇率	期权实施情况	单位损失与收益($)	
		买方	卖方
1.33	实施	0.01	-0.01
1.34	实施	0	0
1.35	实施	-0.01	0.01
1.36	实施	-0.02	0.02
1.37	不实施	-0.03	0.03
1.38	不实施	-0.03	0.03
⋮	⋮	⋮	⋮

将上面情况以图 11.4 表示:

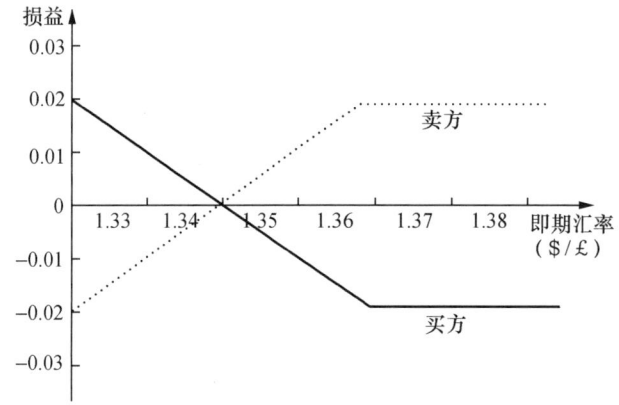

图 11.4 看跌期权损益

由上例可知,期权买方要想获得净收益,即期汇率需有较大幅下降。在上例中,即期汇率下跌至 1.34 时,执行看跌期权可获利 0.03,恰好补偿了保险费的损失。在这一点,买卖双方均获得零收益、零损失,这点被称为临界点:

$$看跌期权的临界点 = 执行价格 - 保险费$$

(三) 执行期权的经济性

根据执行期权是否经济,可把期权分为溢价、损价和平价三种。溢价期权(In-the-

Money,ITM)指执行期权对期权持有者来说是经济的期权,即看涨期权的执行价格低于即期汇率,或看跌期权的执行价格高于即期汇率。损价期权(Out-of-the-Money,OTM)指执行期权对期权持有者来说是不经济的,即看涨期权的执行价格高于即期汇率,或看跌期权的执行价格低于即期价格。平价期权(At-the-Money,ATM)指执行期权对期权持有者来说是无所谓经济与否的,即期权的执行价格与即期汇率相等。

三、外汇期权的避险作用

外汇期权的作用很多,这里重点讨论它的避免汇率风险的作用。外汇期权可用来避免风险的主要有三种:外汇现货期权、外汇期货期权和外汇期货式期权。外汇现货期权(Options on Exchange)指看涨期权的持有者有权在到期日或到期日之前,按执行价格买入一定数量的某种货币,建立该货币的多头地位。外汇期货期权(Options on Foreign Currency Futures)指看涨期货期权的持有者有权在到期日或到期日之前按执行价格取得外汇期货的多头地位,看跌期货期权的持有者有权取得外汇期货的空头地位。反过来,看涨期权的出售者将有可能取得外汇期货的空头地位,而看跌期权的出售者将来有可能取得外汇期货的多头地位。实际上,外汇期货期权是以期权的交易方式来买卖期货。外汇期货式期权(Future-style Options)是以期货的方式来买卖期权,因此本质上是期货交易,又称为外汇期权期货。当某人预期某外汇的期权行情将上涨,他就买入看涨期权的期货,取得该期货的多头地位。如果看涨期权价格上涨,则相应地,期货价格也上涨,该购买者冲抵原有期货即可获利;如果看涨期权价格下跌,则购买者遭受损失。当某人预期某外汇期权行情将下跌,他就买入看跌期权的期货,取得该期货的空头地位。如果期权价格果然下跌,该购买者冲抵原有期货即可获利;如果期权价格上涨,则购买者遭受损失。外汇期权期货的出售者处于相反的交易地位,所获盈利和损失也与购买者正好相反。

虽然以上交易种类有繁简之分,便于交易的基本原则是一致的,这里仅以外汇现货期权为例,对期权的避险功能加以说明。

(一) 购买外汇看涨期权避险

当具有净外汇债务时,如果想避免外汇升值带来的损失,就可购买外汇看涨期权锁定损失的上限。

例 3 5月中旬,美国一家进口商签订从英国进口的协议,约定美国进口商一个月后支付£62 500,此时外汇市场的即期汇率是£1 = \$1.2200,每张期权合同的佣金是\$16,期权保险费和佣金在期权成交时即支付,一个月期美元年利率是5%。假如美国进口商预期一个月内英镑将升值至£1 = \$1.2500,他会怎样利用期权保值?这样做有什么好处?

如果美国进口商不采取保值措施,他的外汇负债将面临着因外汇升值而造成的本身价值上升,如果英镑果如所料,升值至\$1.2500/£1,到期时进口商将多支付

$$(1.2500 - 1.2200) \times 62\ 500 = \$1\ 875$$

利用期权保值,执行价格有多种选择,假如选择了执行价格为£1 = \$1.2400的期权,那么他就在签订贸易合同的同时购买一份6月份到期的美式看涨期权,执行价格为£1 = \$1.2400,保险费为0.96美分/英镑。在期权成交时,单位英镑的成本等于单位英镑支付的保险费与单位英镑支付的佣金之和,即

$$0.96 \times 1/100 + 16 \times 1/62\,500 = 0.009856$$

一个月后的单位成本为:

$$0.009856 \times (1+5\% \times 1/12) = 0.009897 \approx 0.0099$$

到一个月后,英镑应付款到期时,美国进口商的行为将视当时的即期汇率而定:

若英镑即期汇率 S 高于 \$1.2400/£1,美国进口商将执行期权,按期权规定的汇率 \$1.2400/£1 买英镑,另外每单位英镑再支付 \$0.009897 的保险费与佣金。也就是说,美国进口商在英镑价值高于执行价格时,最多支付的价格是 \$1.2499/£1。

若英镑即期汇率 S 低于 \$1.2400/£1,则美国进口商将放弃期权,直接在即期外汇市场上按市场价格购买英镑,考虑因期权合同而损失的保险费和佣金,购买单位英镑所支付的价格为:$S+0.0099$。

总结上面所说的情况可知,美国进口商可以利用期权为应付款锁定风险上限,到期时,每单位英镑需支付的价格为:

$$\text{Min}(S, 1.2400) + 0.0099$$

其中,S 是到期时英镑的即期汇率。

(二) 购买外汇期货看跌期权避险

当持有净外汇资产(或净外汇债权)时,为避免因外汇贬值而带来的本币资产值的减少,可利用外汇看跌期权锁定风险的下限。

例 4 美国一出口商于 5 月中旬出口一批货物至英国,预计一个月后将收到 £125 000。此时外汇市场上的即期汇率为 £1 = \$1.2200,PHLX 期权市场上 6 月份到期的欧式看跌期权,执行价格为 £1 = \$1.2000,保险费为 0.24 美分/英镑,并已知每笔期权合同佣金为 \$16,一个月期美元年利率为 5%。

如果美国出口商预期英镑将有所贬值,可能至 £1 = 1.5000,美国出口商将怎样利用期权套期保值?

现在美国出口商有外汇应收款,若不保值,则美国出口商一个月后将损失

$$(1.2200 - 1.2000) \times 125\,000 = \$2\,500$$

利用期权保值,在签订贸易合同时即购买 4 份 6 月份到期的英镑看跌期权,执行价格为 £1 = \$1.2000。在期权成交时,单位英镑的成本等于单位英镑支付的保险费与单位英镑支付的佣金之和,即

$$0.24 \times 1/100 + 16 \times 1/31\,250 = 0.002912$$

一个月后的单位成本为

$$0.002912 \times (1+5\% \times 1/12) = 0.002924$$

一个月后美国出口商收到英镑应收款时,怎样运用期权将视当时的即期汇率而定:

若英镑贬值,即期汇率 $S < 1.2000$,美国出口商将执行期权,按期权规定的汇率 \$1.2000/£1 卖出英镑,另外每单位英镑再支付 \$0.002924/£1 的保险费与佣金。也就是说,当英镑汇率低于期权执行价格时,美国出口商利用期权,每单位英镑可收入 $(1.2000-0.002924)$ 美元。

若英镑即期汇率 $S \geq 1.2000$,美国出口商将放弃期权,进入现汇市场,按即期汇率出售英镑,同时损失期权的保险费和佣金。这时,美国出口商出售单位英镑可收入 $(S-0.002924)$ 美元。

综上所述,美国出口商将根据具体情况,采用相应的措施,使自己获得最大的收益,

该例中,他的收入已被固定在利用期权和利用现汇市场两者中较大的一个上:
$$£1 = \text{Max}(S, 1.2000) - 0.002924$$
其中,S 是 6 月份到期时的即期汇率。

本章术语 》

外汇期货　外汇期权　初始保证金　维持保证金　变化保证金　期货佣金商　期货清算所　每日清算　平行性　收敛性　期权到期日　期权保险费　看涨期权　看跌期权　期权的内在价值　期权的外部价值　溢价期权　平价期权　损价期权　欧式期权　美式期权

本章总结 》

1. 外汇期货市场由期货交易所、期货清算所和期货佣金商构成。交易所提供的外汇期货合同一般都是以美元表示的标准合同。

2. 外汇期货交易与远期外汇交易一样都具有套期保值和投机的作用,但二者是两种完全不同的交易。

3. 期权是一种选择权,期权持有者可以选择执行合同,也可以选择放弃合同。它可分为看涨期权和看跌期权两种。外汇期权交易同样具有规避风险的作用。

思考和练习 》

1. 比较外汇期货交易与远期外汇交易的异同。
2. 试述外汇期货市场上投机者的作用。
3. 什么是外汇期货？外汇期货都有哪些主要类型？
4. 期货市场的结构如何？
5. 外汇期货市场有什么特点？
6. 外汇期货交易的功能是什么？
7. 什么是外汇期权？与外汇期权相关的概念有哪些？
8. 外汇期权有哪些主要类型？
9. 外汇期权的收益和损失如何界定？举例说明什么是溢价、损价和平价期权。
10. 假定某年 3 月一个美国进口商三个月以后需要支付货款 1 000 000 加元,即期汇率为 1 加元等于 0.7435 美元。为避免三个月后加元升值的风险,决定买入 10 份 6 月期加元期货合约,成交价为 1 加元等于 0.7535 美元。6 月份加元果然升值,即期汇率为 1 加元等于 0.7835 美元,相应地,加元期货合约的价格上升到 1 加元等于 0.7955 美元。如果不考虑佣金、保证金及利息,试计算该进口商的净盈亏。
11. 假定一家美国公司一个月以后有一笔外汇收入 500 000 英镑,即期汇率为 1 英镑等于 1.2645 美元。为了避免一个月后英镑贬值的风险,决定卖出 8 份一个月后到期的英镑期货合约(8×62 500 英镑),成交价为 1 英镑等于 1.2665 美元。一个月后英镑果然贬值,即期汇率为 1 英镑等于 1.2245 美元,相应地,英镑期货合约的价格下降到 1 英镑等于 1.2265 美元。如果不考虑佣金、保证金及利息,那么试计算其净盈亏。

第十二章　互换交易的原理及其应用

▌本章概要▐

作为国际金融市场上重要的场外交易工具之一,互换交易日益受到投资者的青睐。互换交易在规避过于严厉的资本管制和外汇管制、节约融资成本、规避金融风险等方面具有其他金融工具不可比拟的优势。本章主要讲述互换交易的原理及其应用。

▌学习目标▐

1. 互换交易的历史渊源。
2. 互换交易的内在动因。
3. 利率互换交易的原理及其应用。
4. 货币互换交易的原理及其应用。
5. 互换交易的市场惯例及互换合约的流动性。
6. 互换交易的风险评估。

第一节　互换交易的定义及其历史渊源

与其他金融工具不同,互换交易的重要性并不体现在准确而又清楚的定义上,在过去几十年中,互换交易一直用于满足一系列各种各样的财务要求。简而言之,互换交易显然不是标准化的金融产品,而是一种可以按照客户的要求进行细分的金融交易,因此属于场外交易的金融产品。互换交易基本上可以分为利率互换和货币互换两类。在金融业务中,银行一方面按照固定利率或浮动利率吸收各种货币存款,同时又发放各种货币的固定利率或浮动利率贷款。互换交易的基本原理来自这样两个事实,即银行有时准备吸收固定利率存款并向客户发放浮动利率贷款,或者反过来吸收浮动利率存款并向客户发放固定利率贷款;有时吸收一种货币的固定利率或浮动利率存款并向客户发放另一种货币的固定利率或浮动利率贷款。前者为利率互换市场提供了基本依据,后者则为货币互换市场提供了理论基础。

无论是利率互换还是货币互换,都可以简单地定义为一股未来现金流与另一股具有不同特征的未来现金流之间的转换。国际掉期与衍生工具协会(ISDA)明确了互换交易的定义,"互换交易指利率交换或者包括涉及一种、两种或多种货币的交易在内的互换交易"。因此,互换交易实际上是双方当事人同意交换未来一段时期的支付流量的一种金融交易。

互换交易市场的起源可以追溯到二十世纪六七十年代的两种金融产品。第一种金融产品是平行贷款(Parallel Loan)。其原理是,假定两家位于不同国家的公司需要为其海外子公司融资，如果每家母公司都在对方国家有一家子公司，那么，它们可以分别向对方的子公司提供按照当时汇率计算的数量相当的本币贷款，从而以两种不同的货币，按照两种不同的利率达成两笔独立的贷款交易，这种方法通常用来逃避各个国家施加的严厉外汇管制。第二种金融产品是背对背贷款（Back to Back Loan）。其原理是，位于不同国家的一方当事人以本国货币向对方提供跨国界贷款。例如，一家美国公司向一家加拿大公司提供美元贷款，同时从对方那里获得等量的加元贷款。这种贷款方式可以不受外汇管制的限制。由于在交易开始时双方商定在到期日以本币偿还贷款，并锁定在当时的汇率水平上，因此避免了贷款期内由于不同的汇率变动而蒙受损失的风险。背对背贷款是随着外汇管制的取消而登台亮相的一种新型金融产品，是充分利用本币管制自由化的一种有效方式。这两种金融产品原理大体相似，区别在于前者有四个当事人，后者只有三个当事人。

20 世纪 80 年代开始，全球互换交易市场进入迅猛增长期。第一笔货币互换于 1979 年出现在伦敦，当时互换交易市场的规模极其狭小。直到 1981 年 8 月，在所罗门兄弟公司的撮合下，国际复兴与开发银行，即众所周知的世界银行，启动了与其债务发行相关联的一项货币互换计划，目的是通过在更具流动性的美元市场上发行债务，在充分利用世界银行享有的成本优势的同时，筹集以低利率货币计值的债务。世界银行与国际商业机器公司（IBM）之间的交易为货币互换提供了一个很好的样板，为初出茅庐的货币互换市场提供了巨大的推动力。同年，第一笔利率互换交易在伦敦诞生，并于 1982 年被引进美国。此后，无论利率水平是上升还是下降，互换交易以及与互换交易关联产品都在茁壮成长。尤其是货币互换和利率互换的诞生，使互换交易发生了一个质的飞跃，互换交易概念已经开始适用于越来越多的金融问题。这一阶段的问题主要是标准化、流动性以及培训，旨在提高市场的稳定性并维持产品的盈利性。

除世界银行的互换计划以外，对某些本国资本市场施加的政府管制也促进了国际互换交易市场的发展。在过去十多年中，某些政府对本国资本市场投资施加的预扣税制度也促进了以这些货币计值的欧洲市场债务的发行。外国借款人发现，可以按照大大低于有关的本国资本市场的收益率水平发行的、以这些货币计值的欧洲债券。通过互换交易，这些借款人能够以极好的利率水平获得以他们自己的货币计值的资金。此类互换交易之所以可行，原因在于位于实施预扣税法律的国家的公司发现，筹集美元债务，然后将它们互换成更便宜的本国货币。最终结果是，债券发行人获得了更便宜的美元，而对应方则获得了更便宜的本币资金。

进入 20 世纪 90 年代，互换交易市场的发展动因已经不再仅仅局限于最初逃避外汇管制的要求。在各国纷纷取消外汇管制的前提下，互换交易的内在动因发生了很大变化，以相对较低的融资成本筹集资金成为推动互换市场发展的最重要因素。目前大多数互换交易市场都已进入相对成熟的阶段，人们的注意力已经转到市场良性发展与繁荣上。1989 年 8 月以来，国际清算银行（BIS）和 ISDA 在设法控制互换交易的风险方面取得了相当大的进展。而控制互换市场内在风险的能力成为 90 年代互换交易成败的一个重要标志。2008 年国际金融危机发生以后，由于金融市场动荡加剧，风险与不确定性迅速上升，互换交易作为表外业务工具，成为许多公司、金融机构甚至个人投资者风险管理的重要工具，市场规模得以进一步扩大。值得一提的是，除了普通的商业互换协议，伴随着许多国家去美元化的努力,全球各国中央银行(简称央行)间货币互换协议发展迅速。央行间货币互换作为规避外汇风险、稳定外汇市场的工具,被越来越多的各国央行广泛使用。中国综合国力的增强、人民币作为结算货币地位的上升、"一带一路"倡议的推进以及人民币国际化进程的加快,中国与越来越多的国家签订了货币互换协议。

如今互换交易在衍生产品市场上已经居于支配地位,其成功的原因可以大致归结为以下四点:① 作为表外业务工具,互换交易当事人可以对各种利率和货币的风险暴露进行细分,从而在限制信用风险的同时适应每个当事人的风险状况。大多数互换交易市场参与者都使用零息票互换方法来分解其互换收入流,即以隐含的零息票互换利率作为折现因子对互换净现金流进行折现,这比传统的简单内部收益率(IRR)方法更加现实,因为这种方法考虑了互换交易期限内收益率曲线的形状,从而反映了交易商所承受的风险的真实状况。② 互换交易具有较大的灵活性,这使资产和负债不必进行昂贵的现货市场交易就能发生改变。互换交易既可以是资产互换,也可以是负债互换,无论是哪种类型的互换交易,当事人都可以按照一定的天数标准和支付频率等市场惯例进行交易。③ 互换当事人可以利用市场的不完善通过保值活动对其产品定价,这种能力使互换交易可以适用于许多套利战略。④ 尽管互换交易涉及某个时期的双向支付,在每笔交易中都存在违约风险,然而这仅仅是一种限界信用风险,相当于互换的非违约方在对方违约时的互换重置成本。对此,不同的银行可以通过不同的方法进行防范。

第二节 利率互换的原理及其应用

一、利率互换的基本原理

在互换交易市场上,利率互换一直居于支配地位。从货币市场到信贷市场的延伸是目前互换交易市场发展的一个新阶段。

利率互换是同种货币在商定时期内按照商定的名义本金数量计算的利息义务(利息支付)或利息收取(投资收益)的双方当事人之间的交换。商定的本金数量既不是贷款,也不是投资,开始不进行交换,在到期日也没有偿还的问题,因此称为名义本金。当事人之间的利息流以名义本金额为计算依据,并根据预先确定的规则进行交换。例如,一方当事人可能同意在未来5年内每年支付10%的固定利率,作为交换,在同一时期内收取半年浮动利率。浮动利率指数是在交易开始时指定的,利息支付以交易时商定的名义本金额为依据。利息义务的交换称为负债互换(Liability Swap),如客户希望将其浮动利率融资成本互换成固定利率融资成本;利息收取的交换称为资产互换(Asset Swap),如客户希望将欧洲债券的现金流互换成与浮动利率指数相关联的收入流。

在利率互换中,固定利率和浮动利率是两个最常用的术语。前者是指一笔贷款或一项投资在开始时确定的、在整个寿命期内保持不变的利率。例如,一笔价值100万美元、固定利率为10%的贷款,要求每年支付10万美元的利息,并在第10年年底偿还本金。后者是指一笔贷款或投资按照常用的利率指数重新确定的利率水平,常用的利率指数主要包括:① 伦敦银行同业拆借利率(Libor),即银行在伦敦银行间同业市场向其他银行拆借资金报出的利率;② 伦敦银行同业拆入利率(Libid),即银行在伦敦银行间同业市场上从其他银行借入资金报出的利率;③ 伦敦银行同业拆借中间利率(Limean),即介于Libor

与 Libid 之间的平均利率;④ 美国国库券利率;⑤ 商业票据利率。这些利率指数通常用作计算浮动利率的基准利率。各个银行分别报出自己的 Libor 与 Libid,互换的利息支付常常使用以许多银行报价的平均数为基础的 Libor。Libor 的确定方式在互换协议中预先明确敲定。

与互换有关的其他常用术语有付款人和收款人,它们与利息流的流向有关。在图 12.1 中,箭头代表利息流动的方向,公司 A 是固定利率付款人和浮动利率收款人,公司 B 是固定利率收款人和浮动利率付款人。

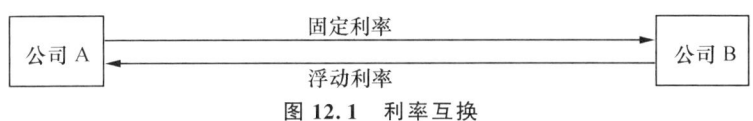

图 12.1　利率互换

利率互换主要包括附息互换和基差互换两种主要类型。其中,附息互换(Coupon Swap)是将一种货币的利息流从固定利率转化成同一种货币的浮动利率或者从浮动利率转化成同一种货币的固定利率(见图 12.2)。基差互换(Basis Swap)是将利息流从一种浮动利率(如 6 个月 Libor)转化成另一种浮动利率(如美国国库券利率、商业票据利率、3 个月 Libor 等)。如果当事人做了两个不同的互换交易,一个互换交易所收取的浮动利率与另一个互换交易所支付的浮动利率不同,那么,他就可以通过基差互换交易消除两种利率指数间的基差风险(见图 12.3)。在利率互换交易中,无论是附息互换还是基差互换,本金额都不在各方当事人之间进行实际交换,仅仅用作被交换的利息流的计算依据。利息支付的交换以在市场上可以获得的固定利率或浮动利率为依据。因此,当事人可以将固定利率资产或负债转化为浮动利率资产或负债,或者反过来将浮动利率资产或负债转化为固定利率资产或负债。每一方当事人都可以从互换交易中节约成本。

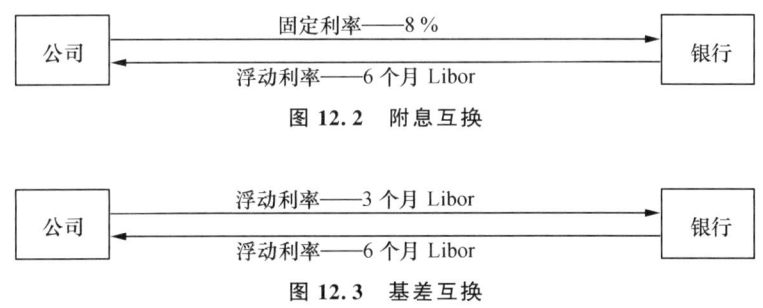

图 12.2　附息互换

图 12.3　基差互换

二、利率互换的应用

利率互换市场上的当事人主要有以下几个:① 超国家的国际机构,如世界银行;② 主权国家或公共部门机构,如美国或法兰西电力公司;③ 跨国公司;④ 小公司;⑤ 银行。这些互换当事人使用利率互换的最直接动因在于,互换交易使它们能够以比债券市场利率或银行贷款利率更低的利率水平筹集资金,从而获得成本利益。

利率互换的依据是比较优势原理。在互换交易市场于 20 世纪 80 年代初起步的时候,互换的成本节约主要来自各方当事人信用状况的不同以及其他市场的不完善。在中长期债券市场和短期信贷市场上,不同借款人的风险状况不同,他们在这些市场上筹集资金的条件方面存在一定差异,因此有可能存在套利机会。信用状况不同的借款人在不同市场上之所以存在相对借款成本差,原因在于国际债券市场上最大限度的风险规避以及银行信用市场上的过度竞争,而且,就信用所需要的担保而言,债券市场通常大于银行信贷市场。说得更具体一点,通常固定利率金融工具的投资者比浮动利率贷款人对信用品质更为敏感,这样,信用品质较低的发行人在固定利率债务市场上必须提供比浮动利率市场更高水平的溢价或者支付更高的融资成本才能筹集到所需资金。利率互换的当事人通过在有最大的相对成本优势的市场上筹集资金,然后达成利率互换,将所筹集的资金的成本从固定利率转化为浮动利率,或者反过来从浮动利率转化为固定利率,从而有效地获得套利利益。

例如,公司 A 需要浮动利率资金,它可以在信贷市场上以半年 Libor 加上 20 个基点或在债券市场上以 11.05% 的年利率筹集长期资金。与此同时,公司 B 需要固定利率资金,它能够在信贷市场上以半年 Libor 加上 30 个基点或在债券市场上以 11.75% 的年利率筹集长期资金。尽管公司 A 在两个市场上都具有绝对优势,但在债券市场上却具有更大的相对优势。因此,公司 A 以 11.05% 的年利率发行长期债券,公司 B 以半年 Libor 加 30 个基点的利息成本在信贷市场上借入长期资金,二者之间通过银行进行互换交易。公司 A 向银行支付半年 Libor 并从银行收取 11.05% 的固定利率,公司 B 向银行支付 11.25% 的固定利率,并从银行收取浮动利率 Libor(见图 12.4)。

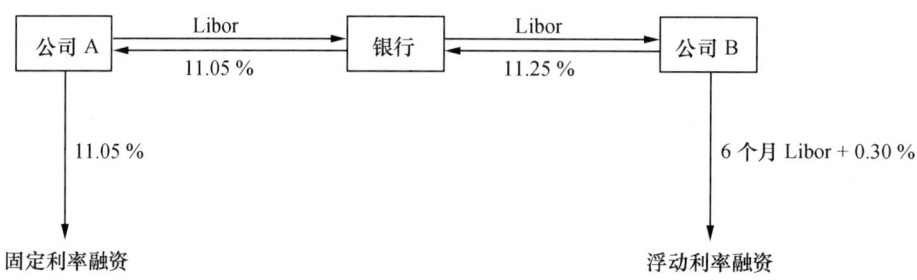

图 12.4 利息流的方向

最终结果是,公司 A 以 Libor 筹集到长期浮动利率资金,比直接进入信贷市场筹资便宜 20 个基点;公司 B 以 11.25% 加上 30 个基点筹集到长期固定利率资金,比直接进入债券市场筹资便宜 20 个基点;银行作为中介的中介费为 20 个基点(见表 12.1)。

表 12.1 利率互换过程与成本节约

	公司 A	公司 B
信用等级	较高	较低
直接融资成本:固定利率融资	11.05%	11.75%
浮动利率融资	6 个月 Libor+0.20%	6 个月 Libor+0.30%
直接融资:公司 A 应付利息	11.05%	
公司 B 应付利息		6 个月 Libor+0.30%
互换的利息收付:公司 A	6 个月 Libor(向银行支付)	6 个月 Libor(从银行收取)
公司 B	11.05%(从银行收取)	11.25%(向银行支付)
总融资成本	6 个月 Libor	11.55%
直接融资的成本	6 个月 Libor+0.20%	11.75%
成本节约	20 个基点	20 个基点

除了提供成本利益,利率互换也可以广泛应用于其他一些方面:① 利率互换使借款人可以有效地进入由于信用级别较低、缺乏知名度或者对某个特定资本市场的过度使用可能无法进入的市场,从而在不可能直接进入债券市场的情况下筹集到固定利率资金。我们知道,国际债券市场通常对信用级别较高、知名度较高的大借款人开放,信用级别较高的小借款人可以在本国信用市场上借入固定利率资金,但进入国际债券市场融资的机会却比较少。一个公司尽管不能在债券市场上融资,但却可以向银行借入浮动利率贷款,然后将它们互换成固定利率债务,从而锁定固定利率债务的成本。正是由于这一优势,最近几年以浮动利率商业票据为基础的互换在利率互换市场上一直呈现增长势头。② 在不筹集新资金的情况下重新安排债务结构。③ 重新安排利息收入或投资的状况。④ 对利率水平的变动方向进行保值或投机。

例如,利率互换可以作为降低利率风险的手段或者纯粹的融资工具来使用,也可以使公司财务人员支持他对未来利率走势的判断。假定公司 A 拥有一笔固定利率债务,每年的融资成本为 10%,公司财务人员预计利率水平将会下降。于是,公司 A 可以达成一个互换支付以 Libor 为基础的浮动利率利息并收取 10% 的固定利率利息,让这个互换在利率下降期内生效。在利率下降结束之时,公司可以达成第二个互换收取以 Libor 为基础的浮动利率利息并支付 8% 的固定利率利息,从而将融资成本锁定在更低的固定利率(如 8%)水平上(见图 12.5)。同理,假定公司 B 拥有一笔固定利率债权或投资,每年的收益流为 12%,公司财务人员预计利率水平将会上升。于是,公司可以达成一个互换收取以 Libor 为基础的浮动利率利息并支付 12% 的固定利率利息,让这个互换在利率上升期内生效。在利率上升期结束之时,公司可以达成第二个互换支付以 Libor 为基础的浮动利率利息并收取 15% 的固定利率利息,从而将收益流锁定在更高的固定利率(如 15%)水平上(见图 12.6)。

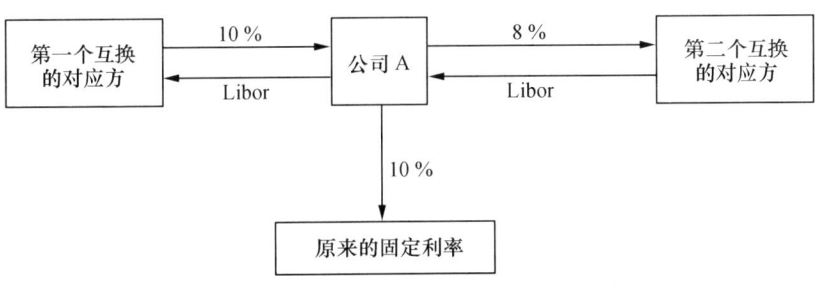

图 12.5　使用两个利率互换锁定债务成本

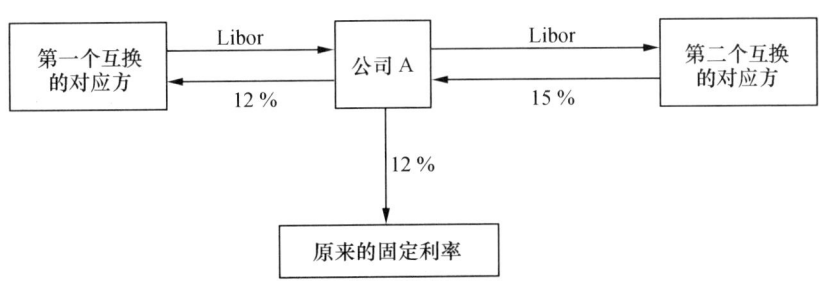

图 12.6　使用两个利率互换锁定债权收益

第三节　货币互换的原理及其应用

一、货币互换基础

在外汇市场上,货币互换已经交易了很多年,目前已经可以适用于多种金融交易。在货币互换市场上,美元属于支配地位,其他比较重要的货币有瑞士法郎、欧元、英镑、日元和加元等。

货币互换尽管源于20世纪70年代的背对背贷款,然而两者之间仍然存在区别:交易在核算和资产负债表上的处理不同,信用风险的状况不同。背对背贷款和平行贷款在资产负债表上产生了一项资产和一项负债,涉及两个表内项目。如果一个缔约方违约,另一方当事人可能发现自己处于相当难受的境地:作为债务人必须偿还来自违约方的贷款;作为债权人必须为他向对方当事人提供的贷款占用信用额度。相反,作为对缔约方当事人的有条件的远期要求权,货币互换仅仅涉及一笔交易,通常被视为表外业务项目,各种货币不是贷放出去而是出售,然后进行再交换。由于在一方当事人不能履行义务的情况下,另一方当事人可以停止支付,因此这类交易的信用风险是有限的。在这种交易中,当事人需要关心的仅仅是在到期日归还收入流的成本,其大小在很大程度上取决于利率和汇率在互换交易存续期内如何变动。如果利率和汇率朝着有利方向变动,那么,当事人不会蒙受任何损失。

无论是利率互换还是货币互换,都是一种未来现金流对具有不同特征的另一种未来现金流的交易。货币互换通常涉及两种货币,并且附有在某个指定的未来日进行一笔反方向交易的协议。最初的货币互换不涉及利息支付的交换,实际上仅仅是即期外汇交易与远期外汇交易的结合。后来发展到分期支付的货币互换,其结构包括交易开始时的本金数量的交换以及在交易寿命期内按照最初规定的条款和条件计算的本金和利息的归还。比较常见的货币互换结构包括本金的初始交换;利息分期支付,按照交换的本金数量和初始交易日的汇率计算;本金额在到期日按照相同的汇率再交换。这种货币互换有效地排除了所有汇率风险。

两种货币之间的汇率和本金必须在开始时确定,以便计算各方当事人应支付或收取的利息。在交易的最终到期日,由于互换当事人将要偿还一笔到期贷款的本金,他们在交换最后一期的利息支付的同时,必须交换另一种货币在开始时确定的本金额。在互换开始的时候,两种货币的本金可以进行交换,也可以不进行交换。

货币互换未必要按照相同的利息基础交换利息支付。交叉货币利率互换允许利率根据不同的利息基础进行交换,如浮动利率美元交换固定利率瑞士法郎。货币互换自然包括本金和利息流的交换,根据被互换的货币的性质以及被交换的利率类型,货币互换可以分为以下三种:① 固定利率货币互换(Fixed Rate Currency Swap),即一种货币的固定利率与另一种货币的固定利率之间的交换。② 附息货币互换(Currency Coupon Swap),即一种货币的固定利率与另一种货币的浮动利率之间的交换,实际上是利率互换与固定利率互换的组合式互换。其市场标准是报出一种货币在整个交易寿命期内的固定利率以及另一种货币以浮动利率指数表示的浮动利率(通常是6个月Libor)。假定一个在筹集固定利率美元资金方面处于相对有利地位的借款人实际上需要浮动利率加元;

与此同时,另一个在加元市场上拥有相对较高的信用等级的借款人需要固定利率美元资金却无法进入这一市场。于是,这两个借款人可以分别在自己具有相对优势的市场上直接融资,然后将所筹集的债务进行互换,从而拓宽借款人进入国际资本市场的途径。显而易见,货币互换使公司财务人员可以改变他所管理的资产或负债的种类。③ 基差货币互换(Currency Basis Swap),即以不同的利率指数表示的浮动利率之间的交换。

互换交易可以迅速达成,其文本和手续通常不如其他大宗金融交易那么详细,互换交易文本通常比定期贷款协议更加简短,交易成本也相对较低,互换交易可以很容易进行分解。货币互换的期限通常从两年到十年不等,互换交易文本最常见的期限为五年。货币互换市场可以比远期市场提供更好的价格,广泛用于长期风险暴露的保值。货币互换的最小金额约为 300 万美元或者等值的其他货币。

在货币互换交易中,当事人必须明确两个问题:利息是按年还是按半年计算? 利息是以债券标准还是以货币市场标准计算? 在一个货币互换交易中,如果公司 A 是英镑固定利率的付款人和美元 6 个月 Libor 的收款人;公司 B 是英镑固定利率的收款人和美元 6 个月 Libor 的付款人,箭头代表利息流动的方向(见图 12.7)。那么,用互换交易商市场行话说:"公司 A 是英镑固定利率对美元 Libor 的付款人,公司 B 是英镑固定利率对美元 Libor 的收款人。"

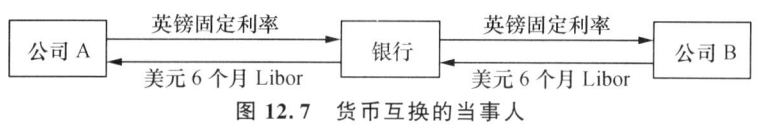

图 12.7 货币互换的当事人

二、货币互换的原理与应用

与利率互换一样,货币互换的基础仍然是比较优势原理。一个公司总是希望在它被认为具有相对优势的市场上筹集资金,这或者是由于该公司在那个市场上有较高的威望和知名度,从而可以获得比在其他市场更为有利的条件;或者是由于该公司在某种货币的融资中具有相对优势,通过互换可以转换成所需要的货币。下面,我们以交叉货币利率互换为例说明货币互换的基本原理。

假定公司 A 是一家美国公司,希望为其新加坡子公司的一个投资项目筹集新加坡元五年期固定利率债务。公司 B 是一家新加坡公司,想要为其纽约子公司的一个投资项目筹集美元五年期浮动利率债务。公司 A 在美元信贷市场有较高的信用级别,能够以 Libor 筹措到五年期的美元半年浮动利率资金,而进入新加坡元欧洲债券市场筹集五年期资金的成本为 9.665%。公司 B 的信用级别尽管不如公司 A,但它在新加坡元欧洲债券市场上有较高的知名度,能够以 9.75% 的年利率筹集五年期固定利率新元,而进入信贷市场筹集五年期浮动利率美元资金的成本为 Libor 加上 50 个基点。

在此例中,无论是在美元信贷市场还是在新加坡元欧洲债券市场上,公司 A 都比公司 B 有绝对的成本优势,同时在美元信贷市场上具有更大的相对优势。在这种情况下,公司 A 和公司 B 通过银行中介进行交叉货币互换对双方当事人都是有利的。其交易过程如下:

(1)本金的初始交换(见图 12.8)。在开始的时候,互换当事人按照双方商定的汇率交换互换的本金。汇率通常以即期汇率为依据,有时也可以使用在互换开始日之前确定的远期汇率。这一交换既可以是名义上的交换,也可以是实际交换。本金的初始交换仅仅是为计算连续支付的利息以及互换本金的再交换设立一个参照点。在本例中,公司A以Libor筹集1 000万五年期浮动利率美元;公司B以9.75%的年利率筹集等量(如1 420万)五年期固定利率新加坡元。本金按当时的即期汇率$1=SGD1.42进行交换。

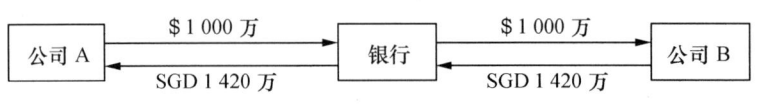

图12.8 货币互换的本金的初始交换

(2)连续的利息交换(见图12.9)。即当事人根据本金数量、按照交易开始时商定的固定利率在商定的日期交换利息支付。在本例中,公司A和公司B同意互相支付对方的融资成本。

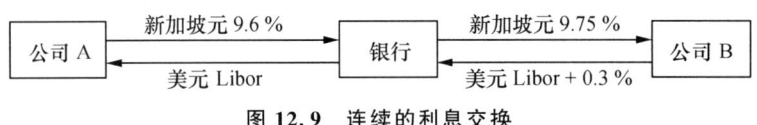

图12.9 连续的利息交换

(3)本金的最终交换(见图12.10)。在到期日,本金按最初交换时的汇率$1=SGD1.42进行再交换。

图12.10 本金的最终交换

该互换交易的最终结果表现在三个方面:首先,公司A以9.6%的利率筹集到五年期固定利率新加坡元,比直接进入新加坡元欧洲债券市场筹资便宜6.5个基点(9.6%-9.665%=-0.065%);其次,公司B以Libor+30个基点筹集到五年期浮动利率美元资金,比直接进入美元信贷市场筹资便宜20个基点;最后,银行作为交换交易的中介,从美元本金上每年收取30个基点,而对新加坡元本金每年付出15个基点。为了避免美元、新加坡元两种货币的利息流产生外汇风险,银行可以进行一系列抛售美元买入新加坡元的远期外汇交易,对所赚取的15个基点的中介费净利润进行保值。

从这一案例可以看出,交叉货币利率互换与单一货币的利率互换不同,前者不仅包括利息的交换,同时也包括本金的交换。这种互换目前已经发展到一个比较成熟的阶段,可以满足各种融资结构的要求,本金的交换既可以采用最终交换的方式,也可以采用分期偿还的办法。这种货币互换的一个明显缺陷在于,本金数量相同而要求相反的双方实际上很难同时找到。

上述三步过程是货币互换市场的标准做法,它有效地将以一种货币筹集的固定利率债务的利息支付转换成为另一种货币的浮动利率利息支付。与利率互换一样,货币互换既可以用于套期保值,也可以使借款人通过进入它不进行互换可能无法进入的市场而降低融资成本。例如,一个在瑞士法郎市场上有较好信誉的借款人,通过直接以瑞士法郎筹集资金,并将它们互换成美元的方式,可以获得条件更为有利的美元债务。此外,货币互换市场使借款人可以有效地进入外国资本市场,获得以前除非付出相对较高的成本否则不能获得的资金。同时,货币互换也是公司财务人员管理货币风险头寸并获得成本利益的一种有效工具。

一般而言,货币互换通常用来实现下列目标:① 对货币敞口头寸进行保值或投机。世界上许多公司都产生非本国货币的现金流(收入或支出)。为了最大限度地降低一种货币在将来升值或贬值的长期风险,通过与本国货币进行互换交易创造出该种货币的反方向现金流,可以有效地抵消特定现金流的不利影响。互换交易也可以使公司财务人员迅速改变一个公司的负债的货币状况,从而可以用来对公司的负债进行保值。② 以更低的成本筹集资金。通过在资本市场上筹集一种货币的新借款并把它互换成想要的货币,借款人可以降低筹集资金的成本。这种互换交易驱动的新发行已经广泛用于欧洲债券市场。通过在投资需求没有得到满足的市场上发行欧洲债券,借款人可以获得价格上有竞争力的资金,在把它们互换成借款人所想要的货币时,这些资金在成本上可以比直接借入所想要的货币更低一些。③ 获得进入一个受限制的市场的途径。直接进入国际资本市场的某个特定部分,常常会受到这样或那样的限制。在某些国家中,对于可以在债券市场上筹集新资金的借款人类型有各种限制。在这种情况下,货币互换可以用来将一种货币的借款转换为所想要的货币的负债。例如,为了发行加元债券,借款人必须至少达到 A 级的信用级别。如果一个公司的信用级别不幸低于 A 级,只要银行愿意接受该公司的信用状况,该公司就可以在其他货币市场(如美元市场)上筹集新资金,然后将它们互换成加元。④ 改变支付流或收益流的货币种类,对债务或债权的结构进行重组。债权人或投资者的目标是将收入流从一种货币转变成另一种更理想的货币,债务人的目标是将支出流从一种货币转变成另一种更理想的货币,货币互换的当事人通过资产互换和负债互换可以有效地实现这些目标。

公司通过货币互换确实可以更便宜地筹集资金,但是,如果利率平价总是成立,如何才能实现这一目的? 机会是稍纵即逝的,它们产生于新发行市场上的需求以及本国市场和国际市场之间的套利机会。通过在可以获得低于市场利率的有利条件的外国债务市场上筹集某种货币资金,然后以低于直接进入所需要的货币的市场的融资成本把它们互换成所需要的货币,公司可以发掘这类套利机会。一个公司以一种货币借款之所以能够比以另一种货币借款更加便宜,其中既有心理上的原因,也有技术上的原因。例如,一家公司必须为对本公司过于熟悉的本国投资者提供足够的诱因才能促使他们购买公司新发行的债务;但在外国资本市场上,公司名称的新鲜感或者说不寻常的投资机会,却有可能吸引投资者的注意力。同理,一个信用级别较高的公司可以发掘缺乏低风险投资机会的资本市场的潜力,在相对便宜地借入资金之后,公司通过使用互换交易将其在那种货币中的比较优势部分或全部转化为成本更低的本币利息支付。当然,以比市场利率更低的利率筹集的资金往往与购买某个特定供应商的资产有关。例如,低于加元市场利率的加元融资可以用于购买加拿大机器设备。

货币互换市场的主要参与者包括国际组织、国家和公共部门机构、跨国公司、小公司以及银行。互换交易市场上的当事人关心的是相互间的价格。一个公司的财务人员总想试图通过比较两个或更多的价格发现最便宜的价格。为此他必须考虑下列因素:① 天数标准。在互换交易中,利息的计算主要有两种天数惯例。一种是日(30 天)/年(365

天),欧洲债券市场使用这种方法;另一种是实际天数/360,货币市场使用这种方法,而英镑的互换以实际天数/365 报价。在比较价格时,公司财务人员必须检查报价使用的天数标准是否一致。对于一个收取固定利率利息的金融机构而言,按照货币市场标准报出的价格比按照债券市场标准报出的价格更低。② 支付计划。为了正确比较两个互换价格,必须以相同的支付频率为基础。由于货币具有时间价值,利息支付按季、半年、年三种支付频率计算显然存在差异。③ 推迟开始。如果互换交易存在推迟开始的情形,那么,在剩余时期内,互换交易对一方是有价值的。这一价值相当于两个报价之间的差价。④ 基准。为了正确比较两个相同的报价,一个公司财务人员必须确保两个银行使用同样的债券为基准,并以相同的水平为互换交易定价。在互换交易期限不是整数(如 5 年半)的情况下,一个银行的报价可能以稍长期限(如 6 年)的债券为基准,而另一个银行的报价却可能以稍短期限(如 5 年)的债券为基准,从而产生不同的结果。⑤ 支付日。如果互换没有规定具体的利息支付日,那么,金融机构总是假定等于合约签订日之后的半年利息计算期。支付日的变化可能会影响报价。⑥ 交易额。对于有可能使用互换交易市场的潜在公司用户而言,交易额的大小会影响货币期权的保险费。

第四节 互换交易的报价与市场惯例

互换交易必须按照一定的市场惯例来进行。这些惯例主要涉及标准化的报价方式、利息的计算方法及其支付频率等。

一、报价方式

在互换交易市场上,银行向客户报价通常采取双向报价的方式,既报出银行愿意支付的固定利率,也报出银行愿意收取的固定利率。在英镑互换市场上,如果没有明确说明,固定利率总是以 6 个月 Libor 的浮动利率为互换交易对象。例如,如果银行报出的互换交易利率为 9.5%—9.68%,意味着银行愿意支付 9.5%的固定利率利息并收取 6 个月 Libor,同时银行愿意收取 9.68%的固定利率利息并支付 6 个月 Libor。银行作为中介赚取 0.18%的利润。谈判和竞争压力会使这种报价差缩小,从而使客户可以从银行获得更好的价格。在美元互换市场上,固定利率以高出相同期限美国国库券利率的差价报出。例如,如果银行报出的 3 年期互换差价为 55—63,意味着银行愿意以高出 3 年期美国国库券利率 55 个基点的利率水平支付固定利率利息,同时愿意以高出 3 年期美国国库券利率 63 个基点的利率水平收取固定利率利息。如果 3 年期美国国库券现行利率为 10%,那么银行愿意支付或收取的固定利率分别为 10.55%和 10.63%。

二、利息计算公式

在互换交易中,无论是固定利率利息还是浮动利率利息通常都根据下列公式进行计算:

固定利率利息 = 计算数量×固定利率×固定利率天数/天数标准

浮动利率利息 = 计算数量×浮动利率×浮动利率天数/天数标准

三、利息计算的天数标准

计算互换交易利息有很多种方法。每个货币互换市场或利率互换市场都有不同的利息支付计算方法。值得注意的是,一笔互换交易的所有当事人都必须使用相同的计算方法。他们是否都同意接受相同的利息计算标准,对于互换交易能否达成是至关重要的。

许多市场专业人士将半年利率和年利率分别简写为 s.a. 和 p.a.。在互换交易中,浮动利率利息通常每 6 个月支付或收取一次,而固定利率利息则每半年或每年收取或支付一次。如果这些利息支付在相同的日期发生,通常计算净额,只有一方当事人进行实际支付。

互换交易报价与所使用的天数标准惯例,即一年当中的天数的处理方式密切相关。ISDA 明确规定,常用的天数标准惯例包括以下三种:① 实际天数/365,即在计算期内的实际天数除以 365 天。这种惯例按照一年中的实际天数计算利息,但以每年有 365 天为标准(以 365/365 表示),通常适用于英镑市场。② 实际天数/360,即在计算期内的实际天数除以 360 天。这种惯例又称计算利息的货币市场标准(以 365/360 表示),按照一年中的实际天数计算利息,但以每年有 360 天为标准,通常适用于美元市场。③ 360/360,即在计算期内的天数除以 360 天。这种惯例称为计算利息的债券标准,按照一年有 360 天、每年有 12 个月、每月有 30 天的标准计算利息,通常用于欧洲债券市场。

使用不同的方法计算出来的利息数量不同。例如,如果一笔利率互换的名义本金额为 100 万元,每年的利息为 10%。那么,按照上述方法计算的利息数量如下:

$$10\% \times 1\,000\,000 \times 360/360 = 100\,000 \text{ 元} \quad (\text{欧洲债券市场标准})$$
$$10\% \times 1\,000\,000 \times 365/360 = 101\,389 \text{ 元} \quad (\text{货币市场标准})$$

一些互换当事人可能希望互换的固定利率按货币市场标准报出。值得一提的是,Libor 总是按照货币市场标准进行报价和计算。因此,无论如何,将欧洲债券市场标准互换报价转化为货币市场报价都是十分必要的。两者之间的转换可以按照下列公式进行:

$$\text{欧洲债券市场利率} \times 360/365 = \text{货币市场利率}$$
$$\text{货币市场利率} \times 365/360 = \text{欧洲债券市场利率}$$

四、支付频率

以不同的天数标准惯例报出的利率之间可以互相换算。在确定了天数标准惯例之后,我们必须知道利息支付的频率。最常见的支付频率主要有年(每年支付一次)、半年(每 6 个月支付一次)和季度(每 3 个月支付一次)三种。在互换交易中常常出现的一个问题是,客户所要求的支付频率与某个特定市场上惯用的支付频率可能并不一致。为此,必须按照如下公式对不同的支付频率进行换算:

$$i = N_i \times 100 \times \left[\left(1 + \frac{r}{N_r \times 100}\right)^{N_r/N_i} - 1 \right]$$

其中,i——目标收益率;

r——原有收益率;

N_i——目标收益率的每年利息支付频率;

N_r——原有收益率的每年利息支付频率。

我们知道，今天的一元钱比将来的一元钱更有价值，因为今天的一元钱可以进行投资或赚取利息。按照同样的道理，6个月后的一元钱比12个月后的一元钱更有价值。从而，半年利率在6个月内按照半年利率计算复利应该与年利率相等，即年利率总是高于半年利率。当然这不是说一年期的利率必定高于半年期的利率，这是另一个完全不同的问题，与货币的时间价值无关。一些互换交易的当事人有时希望固定利率按年报价，即利息在年底支付，每年仅仅支付一次。固定利率的支付频率在年和半年之间的转换通常按照下列两个公式进行：

$$[(1+半年利率/200)^2 - 1] \times 100 = 年利率 \quad (将半年利率转化为年利率)$$

$$[(1+年利率/100)^{1/2} - 1] \times 200 = 半年利率 \quad (将年利率转化为半年利率)$$

在互换交易中，除非有明确的说明，否则浮动利率通常使用Libor。一笔美元利率互换的固定利率通常以半年利率报价，这意味着利息一年支付两次，如果固定利率为10%的半年利率，那么每6个月应支付5%。

第五节　互换交易的风险评估

一、互换交易的风险类型

作为风险管理的有效工具之一，互换交易具有较大的灵活性，可以适用于各种复杂的金融要求。为了在互换交易市场上提供这种灵活性，银行必须设法降低它们面对的互换交易风险。抛开其他因素不谈，银行进入利率互换市场所面对的风险主要取决于互换结构、对应方特征、适当的保值工具的可得性、市场状况、互换期限以及银行的交易原则等一系列因素。互换交易的风险主要包括以下三种类型：

1. 信用风险

所谓信用风险(Credit Risk)是指互换对方当事人在互换支付上违约的可能性。一个向客户提供贷款的银行所面对的信用风险是客户在本金和利息偿付上违约的可能性，两者之间有所不同。为了向客户发放贷款，一个银行必须对其资本进行配置。资本配置的比重越高，预先要求的资本回报率越高，贷款的风险水平越高。而利率互换则不同，由于此类交易以并不交换的名义本金为基础，银行不会蒙受本金的损失。同时，由于利率互换包含利息收入的双向交换，银行也不会蒙受利息支付的全部损失。如果互换对方当事人在利息义务上违约，银行有权按照互换合约的条款停止其利息支付。因此，在利率互换交易中，银行面对的是限界信用风险。此外，从银行的角度来看，如果互换交易是溢价的，那么，互换交易对方当事人的违约可能不会导致银行的损失。

面对这种信用风险，大多数银行将最坏的市场状况控制在互换交易合约名义金额4%的范围内。理由在于，如果对方当事人在互换交易合约生效后违约，市场利率的变动可能不会立即超过4%。而其他一些银行则更为谨慎，往往根据互换交易合约的到期期限分配资本。互换交易合约的期限越长，名义本金在互换交易寿命期的每一年所占的比重越大。因此，资本分配将随着到期期限的缩短而递减。

2. 错配风险

错配风险或称不当搭配风险(Mismatch Risk)，实际上也是一种信用风险，它取决于互换交易合约所包含的现金流的本质。如果一个银行在互换交易合约中按季度支付利息而按年度收取利息,那么不难想象,银行可能在向对方当事人支付了三笔利息后,才发现对方当事人在下一个利息支付日违约,从而蒙受损失。这种损失是由于现金流的不当搭配所造成的。

3. 市场风险

市场风险是指一个互换交易在到期之前需要变更的可能性以及为此必须付出的重置成本。银行应对市场风险的方式与其风险状况、交易原则和系统能力密切相关。对于每个固定利率付款人和每个固定利率接受者,银行可以立即找出一个互换交易的对应方,这是比较少见的理想状态。通常的情形是,如果银行不能迅速找出互换交易的对应方,从而通过互换交易减缓交易的不利影响,那么,银行不会进行互换交易,而只选择维持其敞口头寸或对冲头寸,直至找到银行可以与之进行对应的反方向互换交易的对应方为止。

二、利率互换的风险评估

利率互换的风险可以分成两种主要类型:信用风险和市场风险。

信用风险是指对方当事人在互换交易约束之前违约的可能性。一旦出现这种情况,该公司将被抛入非常痛苦的境地,即必须按照利率结构对其负债支付利息,而这正是最初公司试图通过互换交易所避免出现的情形。在利率互换交易中,这种情形实际上很少发生,因为大多数互换交易都与金融机构一起执行,这些机构充当了互换交易的委托人,从而信用风险基本上消失了。

市场风险是指一个互换交易在到期之前需要变更的可能性。假定当事人要求原来的对方当事人撤销最初的互换交易协议。撤销互换交易的补偿相当于金融机构通过进行一个重置互换交易对因原互换交易撤销而产生的利率风险进行对冲的重置成本,其大小取决于初始互换交易开始以来利率变动的程度。补偿支付是正的还是负的取决于利率变动的方向。其运作方式如下所示:假定公司 A 从某财务公司以 6 个月 Libor(如 9%)加上 2%借入浮动利率美元,为了避免利率上升的风险,与银行达成一个互换交易。该公司向银行每年支付 10%的固定利率利息并从银行收取 6 个月 Libor,互换交易的期限为 5 年(见图 12.11)。

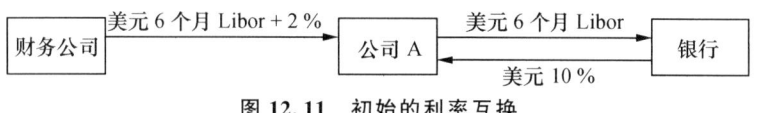

图 12.11 初始的利率互换

如果两年后美元 6 个月 Libor 已经下降到 8%,而且预计利率将会进一步下降,在这种情况下,做了互换交易的利息支出比不做互换交易多 2%,于是公司希望撤销原来的互换交易。银行在获得一定的撤销补偿的前提下同意撤销。这一补偿依据银行通过交易一个重置互换交易所能获得的利息流进行计算。在第二个互换交易中,银行收取三年 8.5%的固定利率利息,同时支付美元 6 个月 Libor(见图 12.12)。

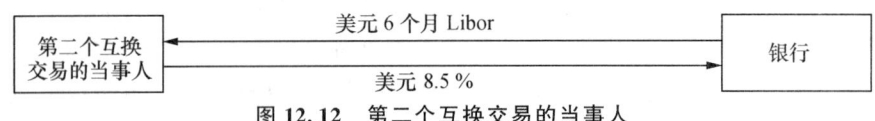

图 12.12　第二个互换交易的当事人

银行从第二个互换交易收到的利息比从初始的互换交易收到的利息少 1.5%，按照 1.5% 计算的利息折成现值就是撤销互换交易的公司应当向银行支付的补偿。如果撤销发生在两个利息支付日之间，银行根据即将收付的利息和不撤销初始互换交易可能收付的利息之间的差额计算现值，从而得出撤销互换交易的补偿支付。显而易见，互换交易的利率标准越常见，互换交易的流动性越高，互换交易重置越容易，互换交易重置的成本越低。

三、货币互换的风险评估

由于货币互换通常必须有银行介入，双方当事人才能进行交易，因此对应方的违约风险大大降低了。即使如此，互换交易当事人仍然可能希望在到期日之前撤销一个货币互换。这样做的成本大小以及正负取决于初始互换交易开始以来利率和汇率的变动程度与方向。计算成本的方法与利率互换的风险评估基本相同，即根据对方当事人通过达成另一个货币互换交易对由于撤销原有互换交易而产生的风险暴露进行对冲的重置成本。由于货币互换必须同时考虑利率和汇率两个变量，而利率互换只需考虑利率一个变量，因此，前者在重置成本的计算方面比后者更加复杂。

例如，假定公司 A 与银行达成一个四年期英镑对美元的互换交易协议，即期汇率为 £1 = $1.80。在本金的初始交换中，该公司向银行支付 1 800 000 美元，并从银行收取 1 000 000 英镑（见图 12.13）。

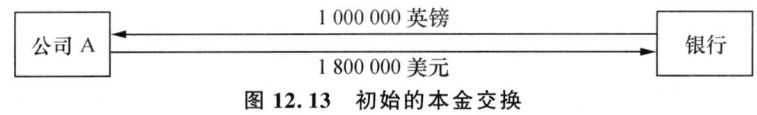

图 12.13　初始的本金交换

在连续的各期利息交换中，该公司以 10.45% 的年利率向银行支付固定利率利息 104 500 英镑，并以 9.5% 的年利率从银行收取固定利率利息 152 000 美元（见图 12.14）。

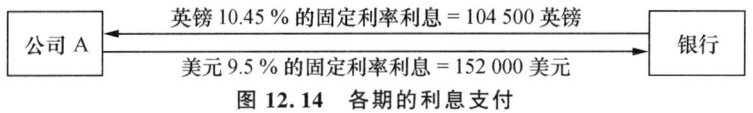

图 12.14　各期的利息支付

假定在三年以后，公司希望撤销互换。互换交易银行同意这样做，但必须通过达成另一个互换交易对因此产生的风险头寸进行对冲。由于利率和汇率水平与初始互换交易达成时的水平相比已经发生了变化，因此不可能再达成一个完全相同的互换交易。假定美元和英镑的一年期固定利率分别为 9.5% 和 10%，汇率水平变动到 £1 = $2.00。由于距互换交易的到期日只有一年，银行需要向重置互换交易的对应方再支付利息 152 000 美元，同时收取 10% 的英镑固定利率利息，最后再交换本金 1 800 000 美元（见图 12.15 和图 12.16）。

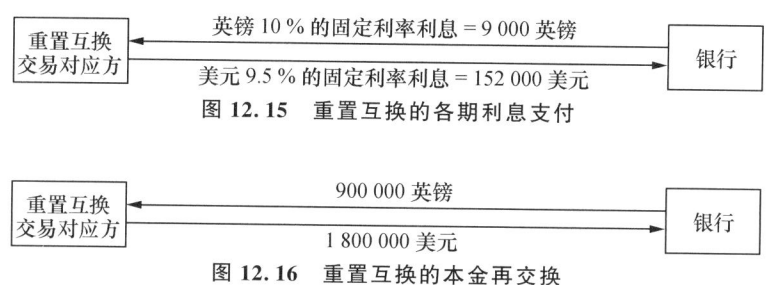

图 12.15 重置互换的各期利息支付

图 12.16 重置互换的本金再交换

由于即期汇率已经发生了变化,1 800 000 美元的本金只能交换到 900 000 英镑。按照英镑 10% 的掉期率计算,固定利息流入为 90 000 英镑;由于利率水平仍然为 9.5%,因此,固定的美元利息流出保持不变,仍为 152 000 美元。总的来看,银行在本金互换上损失 100 000 英镑,在利息互换上损失 14 500 英镑,共计损失 114 500 英镑或 229 000 美元,按照 10% 的年利率折成现值为 114 500/(1+10%) 英镑或 229 000/(1+10%) 美元。这就是该公司在到期日前一年撤销货币互换的成本。

第六节 互换交易合约的流动性

一个市场只有具有较高的流动性,才能发挥其应有的作用,交易才会具有充分的效率。对于互换交易市场而言,流动性主要取决于互换交易合约的标准化、造市商、经纪人以及互换终止的可能性等因素。

一、标准化

对于任何一个市场而言,具有较高流动性的一个先决条件都是标准化。利率互换的当事人通常通过电话进行协商。在交易日结束之时,以电传方式交换整个交易的全部细节,以免发生误解或混淆,在此基础上当事人签订利率互换协议。在互换交易市场上,成立于 1985 年 3 月的国际掉期与衍生工具协会(ISDA)与各种其他协会共同合作,通过不懈的努力为互换交易制定了主协议文本,在互换交易的方式中加入了一系列标准化的要件。现在,交易的文本不再需要对互换交易合约的细节进行漫长而又乏味的谈判,通过使用 ISDA 的主协议文本可以在较短的时间内迅速达成协议。与主协议一起使用的还有补充协议(如 ISDA 的利率和货币交换协议)以及交易对应方草签的交易确认书。在主协议为互换交易引入高度标准化要件的同时,文本自身也为术语和条款的修正提供了很大的余地。主协议不仅阐明了可接受的市场惯例,也强调说明了其他一些重要问题,如违约条款、税收陈述、权利终止事件、转让、合同货币、费用、通知、适用法律和司法管辖权等。

世界银行自 1981 年秋季以来发行的大量可互换债务,也促进了互换交易额的迅速增长,使国际互换市场的流动性得以大大提高。

二、造市商

互换交易组合管理方法是影响市场流动性的主要因素之一。由于造市商在其账户上拥有的互换交易合约越来越多,现在注意力越来越多地集中在总的合约持仓量而不是单个的互换交易上。随着对冲技术的发展和计算机技术的进步,越来越多的银行出于营利目的进行互换交易,而不仅仅是为了财务要求。在此过程中,银行积累了大量的互换交易组合,并由大量债券、期货以及远期利率协议的对冲组合予以平衡,从而使互换交易市场的流动性得以大大提高。

三、经纪人

互换交易市场上的经纪人与多数其他市场上的经纪人发挥同样的作用。在互换交易中,首先必须明确报价的依据(如互换的期限、起始日、利率特征等)。在此基础上,经纪人交换双方当事人的姓名或其他特征。只有在接受对应方风险或披露了承担风险的对应方的特征的前提下,互换才能从一方传递到另一方。由于经纪人通常不使用自己的资本买卖金融工具,因此在交易前必须交换姓名。与贷款一样,互换交易在整个期限内都包含信用风险。与此不同的是,债券和股票通常以现金进行买卖,经纪人不必随时揭示买者和卖者的身份。尽管大多数互换交易都在银行和证券公司之间进行,但一些经纪人现在已经开始建立公司关系并把一些业务带给银行。

四、互换终止

互换交易一旦已经达成,通常会一直延伸至到期日。然而有时可能出现某些情形,一个银行的客户可能认为某种现金流结构或对应方的风险暴露已经不再合乎需要,使互换交易的一方当事人需要改变原有现金流的特征或者摆脱最初的互换交易。撤销或终止一笔已经存在的互换交易的能力是直接影响国际互换交易市场流动性的重要因素之一。取消原有互换交易的方法通常有变更或反转、买断、中止以及转让等四种:

1. 互换变更或反转

互换变更或反转(Swap Reversal),即一个互换交易当事人达成收入流与原有互换数量相等而方向相反的另一个互换交易,以抵消初始互换的影响。这种方式通常称为镜子互换(Mirror Swap)。这种做法的净影响在于原有的互换交易被反转,同时客户将耗费信用额度。由于利率自开始以来可能已经发生了变化,因此互换交易当事人可能有损失要弥补或者可能获得利润。通过达成另一个互换交易合约,客户将要求银行进一步承担信用风险。即使客户与不同的银行达成新的互换交易,也仍然适用于相同的原则。

2. 互换买断

互换买断(Swap Buy Out),即银行向客户提供一个它愿意撤销互换交易的价格,在这种情况下,银行必须为客户提供同意撤销互换交易的预先补偿。最初的互换交易是溢价的还是损价的取决于与互换交易达成时的利率水平相对应的现行利率水平。如果一个银行同意撤销一个互换交易,那么它将报出一个价格,该价格反映按照现行市场利率以新互换交易进行对冲的重置成本或收益,从而也决定了客户撤销互换交易的成本或收益。

3. 互换中止

互换中止(Swap Termination),即一个互换交易当事人主动与其他当事人接触,探讨一个已有的互换交易是否可以中止。在通常情况下,剩余的现金流按现行利率估值,并对双方之间的盈亏进行清算,从而互换交易可以视为已经被中止。

4. 互换转让

互换转让(Swap Assignment),即一个互换交易当事人主动与另一家银行接触,希望新银行买断原有的互换交易并接收该互换交易当事人的头寸。如果互换交易的剩余寿命有价值,新银行将向互换交易当事人支付应有的补偿;如果互换交易头寸处于亏损状态,互换交易当事人将向新银行支付必要的补偿。新银行将接管该互换交易当事人与原有银行相对应的头寸。显而易见,这必须获得原有的银行对应方的同意。如果受让人的信用状况被认为低于互换交易的转让者,转让有可能遭到原有的银行对应方的拒绝。受让人在计算成本的基础上做出是否接受转让的决定。转让者通过转让有效地解除互换义务,但互换仍然有效。唯一的不同之处在于,在转让以后,一个新对应方承担了初始互换合约规定的转让者的义务。

总之,互换交易的优点包括以下几个方面:① 无论何时需要预先支付,都必然出现在公司的账户上。互换交易通常不涉及现金的预先支付,这对于现金流动性匮乏的公司来讲无疑是有利的。假定一个公司刚刚完成了一个杠杆收购项目,其速动比率可能已经变得非常低,公司可能试图摆脱沉重的浮动利率债务负担,使之转化成为固定利率利息。在这种情况下,利率互换或许是一种较好的选择。② 互换交易能够以最小的不利影响被反转。正如一个刚刚在利率开始下降之前已经互换交易为支付固定利率利息的财务人员所承认的那样,互换交易确实有犯错误的可能。但是,由于互换交易通常比期权、利率上限、利率下限和利率双限等衍生金融工具交易更为活跃,因此,只要非常认真地进行监控,互换交易可以很容易被反转。③ 标准化的文本使互换的流动性得以大大提高。国际掉期与衍生工具协会为互换交易设立了全球标准化的文本,而利率上限、利率下限和利率双限的文本却往往是客户自己商定的,从而决定了前者具有较高的流动性。④ 互换交易在交易额和到期期限上也有一定优势。利率互换的期限可以超过 10 年,交易额通常在 1 亿美元以上。相反,利率上限、利率下限和利率双限的期限通常不超过 5 年,交易额达到 1 亿美元的合约是极为罕见的。⑤ 正是由于上述优点使互换交易市场获得了飞速发展,出现了互换交易与期权结合起来的新型金融衍生工具。其中,最有代表性的衍生产品就是互换期权(Swap Options)。互换期权或称互换权,是公司和金融机构之间的一种协议,它赋予一方以权利而非义务,购买互换期权的当事人必须支付一定的保险费,有权要求对方在将来某个特定日或者在某个商定的时期内按照预先安排的利率或汇率达成互换交易。可以预料,随着交易商的要求越来越复杂,金融创新的技术手段和通信手段越来越高级,互换产品的创新势必进一步发展,从而为促进整个社会的经济福利做出应有的贡献。

本章术语

互换交易　背对背贷款　平行贷款　附息互换　基差互换　利率互换
货币互换　固定利率货币互换　附息货币互换　基差货币互换　资产互换
负债互换　错配风险　互换变更　互换中止　互换转让　互换买断

本章总结

1. 互换交易属于场外交易的金融产品。互换交易基本上可以分为利率互换和货币互换两类。互换交易的基本原理来自这样两个事实,即银行有时准备吸收固定利率存款并向客户发放浮动利率贷款,或者反过来吸收浮动利率存款并向客户发放固定利率贷款;有时吸收一种货币的固定利率或浮动利率存款并向客户发放另一种货币的固定利率或浮动利率贷款。

2. 互换交易可以简单地定义为一股未来现金流与另一股具有不同特征的未来现金流之间的转换。实际上是双方当事人同意交换未来一段时期的支付流量的一种金融交易。互换市场的起源可以追溯到二十世纪六七十年代的平行贷款和背对背贷款等两种金融产品。

3. 利率互换是同种货币在商定时期内按照商定的名义本金数量计算的利息义务(利息支付)或利息收取(投资收益)的双方当事人之间的交换。其中,利息义务的交换称作负债互换;利息收取的交换称作资产互换。利率互换主要包括附息互换和基差互换两种主要类型。

4. 利率互换的依据是比较优势原理。(1)利率互换的当事人通过在有最大的相对成本优势的市场上筹集资金,然后达成一个利率互换,将所筹集的资金的成本从固定利率转化为浮动利率,或者反过来从浮动利率转化为固定利率,从而有效地获得套利利益。(2)利率互换使借款人可以有效地进入由于信用级别较低、缺乏知名度或者对某个特定资本市场的过度使用可能无法进入的市场,从而在不可能直接进入债券市场的情况下筹集到固定利率资金。(3)在不筹集新资金的情况下重新安排债务结构。(4)重新安排利息收入或投资的状况。(5)对利率水平的变动方向进行保值或投机。

5. 货币互换通常涉及两种货币,包括在某个交割日一种货币对另一种货币的出售,并且附有在某个指定的未来日进行一笔反方向交易的协议。比较常见的货币互换结构包括本金的初始交换;利息分期支付,按照交换的本金数量和初始交易日的汇率计算;本金额在到期日按照相同的汇率再交换。

6. 货币互换自然包括本金和利息流的交换,根据被互换的货币的性质以及被交换的利率类型,货币互换可以分为固定利率货币互换、附息货币互换和基差货币互换三种类型。

7. 货币互换的基础是比较优势原理。一个公司总是希望在它被认为具有相对优势的市场上筹集资金,这或者是由于该公司在那个市场上有较高的威望和知名度,从而可以获得比其他市场更为有利的条件,或者是由于该公司在某种货币的融资中具有相对优势,通过互换可以转换成所需要的货币。

8. 货币互换既可以用于套期保值,也可以使借款人通过进入它不进行互换可能无法进入的市场降低融资成本。一般而言,货币互换通常用来实现下列目标:(1)对货币敞口头寸进行保值或投机。(2)以更低的成本筹集资金。通过在资本市场上筹集一种货币的新借款并把它互换成想要的货币,借款人可以降低筹集资金的成本。(3)获得进入一个受限制的市场的途径。(4)改变支付流或收益流的货币种类,对债务或债权的结构进行重组。

9. 互换交易的风险主要包括信用风险、错配风险以及市场风险等三种类型。

10. 互换合约的流动性主要取决于互换交易合约的标准化、造市商、经纪人以及互换交易终止的可能性等因素。

思考和练习 》》

1. 什么是互换交易？互换交易的基本依据是什么？

2. 试述互换交易产生的原因及成功原因。查阅资料，了解中国人民银行与其他国家央行之间签订货币互换协议的状况、动因、影响及未来趋势。

3. 利率互换交易的原理是什么？其主要应用体现在哪些方面？

4. 什么是利率互换？利率互换有哪些类型？

5. 公司 A 需要浮动利率资金，它可以在信贷市场上以半年 Libor 加上 20 个基点或在债券市场上以 9.05% 的年利率筹集长期资金。与此同时，公司 B 需要固定利率资金，它能够在信贷市场上以半年 Libor 加上 30 个基点或在债券市场上以 9.75% 的年利率筹集长期资金。它们之间如何通过互换交易降低融资成本？

6. 除了降低融资成本，举例说明利率互换还有哪些其他应用。

7. 什么是货币互换？货币互换有哪些类型？

8. 货币互换交易的原理是什么？其主要应用体现在哪些方面？

9. 货币互换必须考虑的因素有哪些？

10. 如何评估利率互换交易的风险？

11. 如何评估货币互换交易的风险？

12. 试述互换交易的市场惯例。

13. 假定公司 A 是一家美国公司，希望为其法兰克福子公司的一个投资项目筹集德国马克五年期固定利率债务。公司 B 是一家德国公司，想要为其纽约子公司的一个投资项目筹集美元五年期浮动利率债务。公司 A 在美元信贷市场有较高的信用级别，能够以 Libor 筹集到五年期的美元半年浮动利率资金，而进入德国马克欧洲债券市场筹集五年期资金的成本为 9.665%。公司 B 的信用级别尽管不如公司 A，但它却在德国马克债券市场上有较高的知名度，能够以 9.75% 的年利率筹集五年期固定利率德国马克，而进入信贷市场筹集五年期浮动利率美元资金的成本为 Libor 加上 50 个基点。两家公司如何通过货币互换降低融资成本？

14. 互换合约的流动性体现在哪些方面？

第四篇 国际金融制度与国际金融市场

International Finance

第十三章　国际货币制度及其演变

▮本章概要▮

要学习国际金融,首先应对近二百年来国际货币制度的变迁有一个基本的了解。本章将按时间顺序对国际货币制度的各个发展阶段进行详细介绍。本章的重点是第二次世界大战后国际货币体系的发展演进,如布雷顿森林体系的建立及其解体、牙买加体系及浮动汇率制度等。美元在第二次世界大战后的国际货币制度中占据了主导地位。在21世纪里,美元的主导地位势必会受到其他货币的挑战,人民币在国际货币体系中将发挥更为重要的作用。

▮学习目标▮

1. 理解国际货币制度的基本内容。
2. 了解各种国际货币制度的区别。
3. 把握国际货币制度的演变及发展趋势。

第一节　国际货币制度概述

一般来说,目前世界各主权国家都有自己的货币。本国货币在国内经济活动中发挥着交易媒介、价值尺度和价值贮藏三项基本功能,其中首要的职能是充当交易媒介。但是,当交易越出国界,特别是当国际贸易日渐兴起的时候,就需要有国际上普遍接受的国际交易媒介。如果能普遍使用一种世界货币,或者各国统一了货币,则国与国之间的经济交往就会方便得多。但这只是理想的情况,经济现实是各国货币及货币制度之间存在诸多差异。为了协调各国货币及货币制度、促进国际经济与贸易的发展,就形成了国际货币制度(International Monetary System)。金融市场的发展始终伴随着国际货币制度的演变:从19世纪的古典金本位制到1944年开始的布雷顿森林体系下的盯住汇率制,再到20世纪70年代初开始的浮动汇率制,每一种国际货币制度都有自成体系的一套规则,它们有时以法律法规的形式明确地加以规定,有时则以惯例或习俗形式隐含存在。准确地列出某种货币制度遵循的规则并非易事:一方面,有些规则只是惯例,任何时候都不足以精确地描述某一制度的运作;另一方面,即使有些规则是以书面形式存在的国际条约或规则,各国的实践却可能与规则相距甚远。

国际货币体系就像是一种生产要素,它可以促进成员国从贸易和区域经济一体化中受益。但是,如果某些国家通过它输出本国经济中存在的问题的话,它也会带来一定的成本,并有可能成为宏观经济冲击在国际传递的传导器。完善合理的游戏规则可以帮助国际货币体系平衡这些利益与成本。值得强调的是,在基本经济因素发生变化或者即将出现危机时,经济政策制定者往往不再按既定的规则行事,并且不受规则的制约甚至单方面修改这些规则。

国际金融市场上,市场参与者面临的制度风险之一就是国际货币安排变化的可能性。因此,对一国汇率制度的选择以及在实践中该体系运作的不确定性进行研究是国际金融的重要内容。

一、国际货币制度的含义

从广义上说,国际货币制度是指理顺国家之间金融关系的协议、规则、程序、措施的总称。它既包括有法律约束力的有关货币国际关系的规章和制度性安排,也包括具有传统约束力的各国已经在实践中共同遵守的某些规则和程序。国际货币制度主要包括三方面的内容:① 汇率制度,即一国货币与外币之间的汇率应该如何决定和维持,是采取固定汇率制度还是浮动汇率制度;② 国际储备的安排,即为应付国际收支的需要,一国需要保持哪些资产作为国际储备资产,这些资产的构成如何;③ 国际收支调节机制,即在国际收支失衡时,一国应该采取哪些措施来进行调节。其中,国际储备资产是国际货币制度的基础,汇率制度是国际货币制度的核心。

二、国际货币制度的作用

国际货币制度旨在提供一种货币秩序或结构,使其能够充分发挥国际交易媒介和国际价值贮藏作用,以利于国际贸易和国际资本流动。理想的国际货币制度应该能够提供足够的国际清偿能力并保持国际储备资产的信心,保证国际收支失衡能够得到稳定而有效的调节。具体来讲,国际货币制度的作用体现在以下几个方面:

第一,确定国际清算和支付手段的来源、形式和数量,为世界经济的发展提供必要的充分的国际货币,并规定货币之间相互兑换的准则。国际货币制度应能提供足够的国际清偿能力,使国际清偿能力保持与世界经济和贸易发展相当的增长速度,增长过快会加剧世界性的通货膨胀,而增长过慢会导致世界经济和贸易的萎缩。清偿能力的适量增长也是维持国际储备货币信心的关键,只有这样,各国政府和私人才愿意继续持有国际储备资产,而不会发生大规模抛售国际储备货币的危机。

第二,确定国际收支的调节机制,以确保世界经济的稳定和发展。调节机制涉及三方面的内容:一是汇率机制;二是对逆差国的资金融通机制,即一国在发生国际收支逆差时,能在什么样的条件下,从何处获得资金及资金的数量和币种;三是对国际储备货币发行国的国际收支纪律约束机制,即防止国际储备货币发行国为达到某种目的而持续性地保持国际收支逆差和输出纸币。良好的国际收支调节机制能使各国公平合理地承担起国际收支失衡调节的责任,并使调节付出的代价最小。

第三,确立有关国际货币金融事务的协商机制或建立有关的协调和监督机构。随着第二次世界大战后各国经济联系的加强,参与国际货币金融业务的国家日益增多,形式日益复杂。原有的双边协商已经不能很好地解决所有的问题,因此有必要确立多边的具有权威性的国际货币金融事务的协商机制,制定各国必须共同遵守的基本行为准则。国际货币制度可以在很大程度上降低国际货币金融事务的协调成本,使某些问题得到快速有效的解决。

三、国际货币制度的分类

国际货币制度可以从汇率制度的形态和储备资产的保有形式两个角度进行划分：① 按照汇率制度分类，国际货币制度可以划分为固定汇率制度和浮动汇率制度。② 根据国际储备划分，有金本位制度、金汇兑本位制度和信用本位制度。其中金本位制度是指以黄金作为国际储备资产或国际本位货币；信用本位制度指以外汇作为国际储备资产而与黄金无任何联系；金汇兑本位制度则同时以黄金和可直接自由兑换的货币作为国际储备资产。③ 将上述两种分类方式相结合，又可分为金本位条件下的固定汇率制度，以不兑换的纸币（如美元）为本位的固定汇率制度，以黄金和外汇作为储备的可调整固定汇率制度或管理浮动汇率制度，以及完全不需要保有国际储备资产的纯粹自由浮动汇率制度等。

在不同的历史时期，国际货币制度大不相同。1880—1914年实行的是国际金本位制度，金本位制度没有书面的条约或协议，各国遵循一套货币实践来运作。第一次世界大战爆发使金本位制度崩溃，各国纷纷停止黄金的兑换，采取浮动汇率制度，国际货币制度陷入混乱。1925年以后，主要工业国开始重建金本位制度，但这时建立的是金汇兑本位制度。1929—1933年的大危机又使金本位制度也随之垮台，国际货币制度又一次陷入混乱的局面。第二次世界大战末期的1944年，西方盟国即着手重建国际货币制度，1945—1973年，实行的是可兑换美元本位下的可调整固定汇率制度，通常称为"布雷顿森林体系"。布雷顿森林体系最初将黄金置于核心地位，后来实际上真正发挥主导作用的是美国。1973年布雷顿森林体系正式解体，西方国家的货币开始进入有管理的浮动汇率制度。下面我们将按时间顺序依次对国际货币制度的各个演变阶段作比较详细的介绍。

第二节 国际金本位制度

历史上第一个国际货币制度是国际金本位制度。所谓的金本位制度①是一种以一定成色和重量的黄金为本位货币的货币制度，只有世界各国普遍在国内实行了金本位制度之后，国际金本位制度才算确立。最早实行金本位制度的国家是英国，1816年，英国议会颁布了《金本位制度法案》，规定英格兰银行必须按照规定的价格买卖黄金，率先采用了金本位制度。随后，其他资本主义国家纷纷效仿。到19世纪后期，欧洲一些主要资本主义国家（法国、德国、荷兰、意大利等）先后自觉实行了金本位制度。尽管美国曾在1863年宣布放弃金本位制度，然而却于1879年重新恢复了金本位制度。此时，主要工业国和大多数小国都已经事实上采纳了金本位制度，各国虽然没有签订书面的条约，但不约而同地达成了默契。国际金本位制度大致形成了。

一、国际金本位制度的特点

金本位制的中心是采用铸币平价（Mint Parity）。1879年美国恢复了金本位制度之后，规定1美元=23.22格令，1盎司=480格令，1盎司黄金=20.67美元。其他国家货币

---

① 如果一个国家立法规定，它的主要银行和金融机构有义务按一个固定价格，即法定平价，兑换或回购其金融负债，它就是实行了金本位制度，这个法定平价表示该国货币单位换算成特定数量黄金的价值。

与黄金也进行了类似的挂钩,由此确定了铸币平价。金本位制度时代,就是采用这一方法确定铸币平价汇率,如 4.8665 美元/英镑、5.183 法国法郎/美元、4.198 马克/美元等。

金本位制度有以下几个重要特点:

1. 汇率体系为严格的固定汇率制

在金本位制度下,黄金具有货币的全部职能。两种货币的含金量之比决定了它们之间的汇率。外汇市场的实际汇率虽然要受当时外汇供求的影响,但居民可以在世界范围内自由转移黄金且黄金可以与各国货币自由兑换,国际套利活动使汇率在平价汇率很小范围内上下波动(波动范围受黄金输送点制约)。例如,美元的汇率波动范围不超过 1%,欧洲各国汇率波动范围不超过 0.5%。因而,金本位制下的汇率制度为固定汇率制度。

2. 中央银行以黄金形式持有较大部分的国际储备

英格兰银行持有的资产几乎全部是黄金;其他国家中央银行资产的较大部分也是黄金,其余资产则是以英镑、法国法郎和以本国货币计值的政府债券。实际上,在金本位制度时期,黄金的自由流动并不是唯一的或是最重要的清算国际债务的方法。由于伦敦是世界金融中心,而且英国是世界头号贸易国和金融资本的来源国,因此英镑就成为世界货币,国际贸易普遍使用英镑来计价。

3. 价格水平长期稳定

因为政府必须维持其货币相对于黄金的固定价值,所以各国在货币创造上是被动的,货币供给量受黄金供给的限制。价格水平可能随黄金产量和经济增长的变化而上下波动,但它具有回到长期稳定水平的趋势。实证经验研究也表明,金本位制度时期美国、英国等主要国家价格水平非常稳定。由于货币可以兑换黄金,货币供给量受到黄金存量增长的限制。只要黄金以稳定的比率增长,那么价格应遵循稳定的变化路线。黄金的新发现会引起价格水平的突然跳跃,但金本位制度时期黄金存量相当稳定。

4. 国际金本位制度具有自动调节国际收支的机制

国际金本位制度体系要求各国遵守三条规则:① 货币可自由兑换黄金,其含金量保持稳定;② 黄金可以自由输出入;③ 货币的发行必须有一定的黄金储备。这是国际收支自动调节机制发挥作用的前提。

根据英国经济学家大卫·休谟(David Hume)于 1752 年提出的"价格-铸币流动机制"(Price-Specie Flow Mechanism),在上述规则被严格遵守的前提下,国际收支失衡无须各国中央银行采取不同的措施便可以自动地得到修正。国际收支出现逆差的国家会发生黄金净流出,因而其货币供给量会减少,价格水平会下降。黄金流入顺差国,会使顺差国货币供给量增加,国内物价水平上升。逆差国的价格下降会扩大净出口(出口减进口),顺差国的价格上升会减少净出口,从而恢复国际收支平衡。具体的传导机制如下:假设 A 国为贸易顺差国,A 国向 B 国出口货物→A 国黄金供给↑,B 国黄金数量↓→A 国国际储备和货币供给↑,B 国国际储备和货币供给↓→A 国物价↑,B 国物价↓→A 国净出口↓,B 国净出口↑→国际收支恢复平衡。

后来,新古典学派又对金本位制度下的国际收支自动调节机制作了补充,它强调了国际短期资本流动对国际收支平衡的作用:① 当一国因国际收支逆差而造成该国货币汇率下跌时,外汇投机者知道在金本位制度下,汇率只能在黄金输送点之间波动,黄金的输出入最终将使汇率恢复到原来的水平,因此汇率的贬值只是暂时的。投机者会将大量投机性短期外汇资金投入该国,以期在该国货币升值时获取收益。② 当一国国际收支赤字引起该国汇率下跌时,进出口商会预期汇率在不久将会恢复,于是本国进出口商尽量推迟付汇,而外国进口商则尽量提前付汇,引起短期资金的流入。③ 国际收支赤字引起黄金外流,导致国内信用紧缩,国内利率将上升,也将使短期套利资金流入。这样,各方面的短期资金流入将加速赤字国的国际收支恢复平衡。

新古典学派以资本流动考察国际收支的调节,而休谟的价格-铸币流动机制以货币数量论作为依据,它们从不同角度阐述了金本位制度对国际收支平衡的自动调节。

国际金本位制度盛行之时,正值资本主义自由竞争的全盛时期,主要资本主义国家的国内和国际政治都比较稳定,经济发展迅速。可以说,国际金本位制度对这种局面起到了促进作用,一方面,金本位制度下各国货币之间的汇率非常稳定,从而消除了国际经济合作中的不确定因素,有力地推进了国际贸易的发展和国际资本的流动;另一方面,在国际金本位制度下,价格-铸币流动机制可以自动调节国际收支,各国政府便无须实施贸易管制和外汇管制,有利于商品和资本在国际上的自由流动。第一次世界大战以前,国际经济的繁荣使人们认为金本位制度是一种理想的货币制度,国际金本位制度被视作国际货币制度史上的黄金时代。

但是,随着时间的推移,国际金本位制度的缺陷逐渐暴露。在金本位制度下,黄金的增长速度远远落后于各国经济贸易增长的速度,由此导致的清偿手段不足严重制约了各国经济的发展。此外,国际金本位体系的规则难以为各国接受,各国不可能忽视经济发展对货币的需求而保持充足的黄金准备,或听任金本位制度对国际收支进行调节。

二、国际金本位制度的崩溃

1914年第一次世界大战爆发以后,各参战国均实行黄金禁运和纸币停止兑换黄金,国际金本位制度暂时停止实行。战争期间,各参战国为了筹集战争经费,发行了大量不可兑换的纸币,这些纸币在战后大幅贬值,从而产生了严重的通货膨胀。同时各国货币之间汇率剧烈波动,使国际经济关系受到严重影响。战后各国为恢复经济,开始重建金本位制度。

此时,美国迅速崛起成为世界的主要金融大国,它在战后不久就率先恢复了黄金的自由兑换。英国和法国分别于1925年和1928年恢复了金本位制度。同时其他主要资本主义国家也相继恢复了不同形式的金本位制度,到1928年年底,战前实行金本位制度的国家基本上都恢复了这一制度,黄金在各国之间重新实现了自由流通。但此时的国际金本位制度已和过去大不相同,主要体现在下述几个方面:

第一,黄金的地位比过去削弱了。第一次世界大战之后只有美国实行的还是战前的那种典型的金本位制度,即金币本位制度,金币可以自由铸造、自由兑换,黄金可以自由输出入。英国和法国实行的是金块本位制度,在金块本位制度下,金币不在市场上流通,流通中的各种辅助货币和银行券与黄金之间的兑换受到很大限制,如英格兰银行要求最低兑换额为1 700英镑兑换400盎司黄金。其他实行金本位制度的国家,如德国、意大利、奥地利、丹麦等30个国家实行的都是金汇兑本位制度。实行金汇兑本位制度的国家不铸造金币,市场上不流通金币,流通中的辅助货币和银行券不能直接兑换成黄金。实行金汇兑本位制度的国家的货币要与另一个实行金币本位制度或金块本位制度的国家的货币之间保持固定汇率,并在那个国家存放大量外汇和黄金,作为本币汇率的平准基金。这些国家在对外贸易和财政金融方面都深受货币联系国的控制和影响。因此也可以说,第一次世界大战后恢复的国际金本位制度是以美元、英镑和法郎为中心的金汇兑本位制度。

第二,国际收支自动调节机制的作用进一步受到限制。在国际金本位条件下,根据物价-铸币流动机制,国际收支失衡使盈余国出现通货膨胀,赤字国出现通货紧缩,从而引起国内就业和产出水平的变化,进而恢复收支平衡。但是这种自动调节机制却不利于国内经济的稳定。随着资本主义经济危机的不断深化,各国更加重视国内经济目标,而越来越不愿意遵守金本位的基本规则。尤其是美法两国,明确表示将内部目标置于外部目标之上①,并切断了黄金流出入与国内货币供给和物价波动的关系。另外,由于当时普遍存在的工资和物价刚性,在国内通货紧缩期间价格也难以下降,反而造成大量企业倒闭和工人失业,这也使金本位制度下自动调节的传导机制难以奏效。

战后各国勉强恢复的国际金汇兑本位制度,在1929年爆发的世界性大危机和1931年的国际金融危机中彻底瓦解。1931年德国最先放弃了金汇兑本位制度。英国在1925年恢复金本位制度时犯了严重的错误,它不顾从战前就已经开始的本国物价的持续上涨,仍然按照原先英镑对黄金的平价恢复了金本位。正如经济学家凯恩斯所警告的那样,高估的英镑将损害英国的出口,英国的国际收支势必陷入困境。1931年,英国发生了挤兑黄金储备事件,英国被迫宣布英镑为不可兑换货币,从而就结束了英国恢复金本位制度的短暂历史。接着,与英镑保持联系的一大批国家和地区纷纷放弃了金汇兑本位制度。英镑不再兑换黄金后,公众的注意力便都集中到了美元。1931年挤兑美国黄金风潮使美国黄金持有量骤然下降15%。1933年,美国被迫放弃了金本位制度。最后放弃金本位制度的是由法国、比利时、荷兰、意大利、波兰、瑞士六国组成的"黄金集团",它们于1936年放弃了金本位制度。

国际金本位制度彻底瓦解后,国际货币制度一片混乱。资本主义国家组成了相互对立的三大货币集团——英镑集团、美元集团、法郎集团。各国货币之间的汇率再次变为浮动汇率,各货币集团之间普遍存在严格的外汇管制,货币不能自由兑换。在国际收支调节方面,各国不惜采用竞争性贬值和贸易保护主义措施。结果,国际贸易严重受阻,国际资产流动几乎陷于停顿。第二次世界大战爆发后,敌对国更是利用外汇管制来加强战争融资。

从国际金本位制度的特点来看,维持金本位制度本质上要求将国内经济置于外部平衡之下。国际金本位体系的规则难以为各国接受,各国不可能忽视本国经济发展对货币的需求而保持充足的黄金准备,或听任金本位制度对国际收支进行调节。第一次世界大战前各国的政策制定者已经开始将国内经济管理的目标置于稳定汇率的国际承诺之上,战争只不过加速了金本位制度的崩溃而已。

---

① 内部目标也称内部平衡,指国内实现充分就业并保持物价稳定;外部目标也称外部平衡,即国际收支平衡。

第三节 布雷顿森林体系

20世纪30年代的大萧条和随后的第二次世界大战大大削减了商品交易、货币的国际交换及跨国信贷。第二次世界大战之后,西方盟国都希望重建国际货币体系,以加速战后经济贸易的恢复和发展。最初的谈判是在美国和英国之间进行的。美英两国的谈判代表分别是亨利·戴克斯特·怀特(Harry Dexter White)和约翰·梅纳德·凯恩斯(John Maynard Keynes)。由于战后美国在国际政治和经济中占据主导地位,此次谈判后确立的货币体系更多地采纳了美国的建议。1944年7月,44个国家的300多位代表出席了在美国新罕布什尔州的布雷顿森林(Bretton Woods)召开的国际金融会议。在此次会议上通过了以美国提出的"怀特计划"为基础的《联合国货币金融会议的最后决议书》《国际货币基金组织协定》和《国际复兴开发银行协定》,从而确立了以美元为中心的国际货币制度,即布雷顿森林体系。

一、布雷顿森林体系的主要内容

第二次世界大战后确立的布雷顿森林体系是以国际协议的法律形式固定下来的。布雷顿森林会议的与会者承认历史上曾经采用过的其他汇率制度的缺陷,也清楚制度在试图实现"汇率稳定而又可调节"之间取得平衡所面临的取舍。为了使各国政府能够自主地制定宏观经济政策,汇率需要有一定的灵活性;为了避免再次发生20世纪30年代那样的竞争性贬值,就必须对汇率的灵活性施加控制。布雷顿森林体系正是在此共识的基础上建立起来的,它的主要内容如下:

(1)建立一个永久性国际金融机构,对各国的货币金融事务进行监督、管理和协调,以促进国际金融合作。1947年3月,IMF开始运行。该组织的主要职能是监督会员国货币的汇率,审批货币平价的变更,为国际收支逆差成员国提供融通资金,协调各国重大金融问题。

(2)规定美元为最主要的国际储备资产,实行美元-黄金本位制。美元直接与黄金挂钩,规定1盎司黄金等于35美元的官价,各国政府或中央银行可以随时按官价向美国兑换黄金。其他国家的货币与美元挂钩,从而间接与黄金挂钩。各国货币与美元保持固定汇率,这一汇率不得随意变更,其波动幅度维持在货币平价±1%以内。只有一国国际收支发生"根本不平衡"时,经IMF的批准可以进行汇率调整。因此,布雷顿森林体系实行的是一种可调整的固定汇率制度。

(3)IMF向国际收支逆差会员国提供短期资金融通,以协助其解决国际收支困难。IMF资金的主要来源是会员国认缴的基金份额,份额的25%以黄金或可兑换黄金的货币(1976年牙买加会议后改用特别提款权SDRs或外汇)认缴,其余75%的份额以本国货币认缴。当会员国发生逆差时,可用本国货币向IMF按规定程序购买一定数额的外汇,将来在规定的期限内以黄金或外汇购回本币以偿还借用的外汇资金。

(4)废除外汇管制。IMF的宗旨之一就是努力消除阻碍多边贸易和多边清算的外汇管制,它要求会员国履行货币兑换的义务。IMF规定会员国不得限制经常项目的支付,不得采取歧视性的货币措施,要在兑换性的基础上实行多边支付。但是有三种情况可以例外：第一，IMF不允许会员国政府在经常项目交易中限制外汇的买卖，但允许对资本项目实行外汇管制。第二，会员国处于战后过渡时期时，可以延迟履行货币可兑换性的义务。IMF当初希望废除经常项目外汇管制的过渡期不超过五年，但实际上直至1958年年底主要工业化国家才取消了经常项目的外汇管制，恢复了货币自由兑换，即使是在今天，IMF所有会员国中，也只有部分国家遵守此项条款，外汇管制在发展中国家仍然相当普遍。第三，会员国有权对被宣布为"稀缺货币"的货币采取歧视性货币措施。

（5）设立稀缺货币条款。当一国的国际收支持续出现大量顺差时，逆差国对该国货币的需求将明显、持续增长，并会向IMF借取该种货币。这就会使这种货币在IMF的库存急剧下降。当库存下降到该会员国份额的75%以下时，IMF可以将该会员国货币宣布为"稀缺货币"，并按逆差国的需要进行限额分配，逆差国也有权对"稀缺货币"采取临时的兑换限制措施。这样，"稀缺货币"发行国的出口贸易就可能受到影响，从而迫使其采取调节国际收支的措施。设立"稀缺货币"条款的目的是使国际收支顺差国与逆差国一样，担负起调节国际收支的责任。

布雷顿森林体系旨在将各国货币的价值以黄金表示，从而使各国的地位具有对称性，实际上这一体系逐步演变成固定汇率美元本位制。其他工业国用美元衡量本币的官方平价，竭力将本币与美元汇率波动范围控制在最小范围内。1950—1970年，主要工业国汇率变动次数不多，波动幅度也不大。例如，日本的汇率基本保持在1美元兑换360日元的水平上。这些国家为了维持固定汇率以及可贸易品的一般价格水平，放弃了本国货币政策的自主权。

二、布雷顿森林体系的主要特点

1. 美元的中心地位

在布雷顿森林体系下，可兑换黄金的美元处于国际货币制度的中心地位，其他国家的货币都依附于美元。所以，有人称战后以美元为中心的国际货币制度为新金汇兑本位制度。但在不同的历史时期，其特点也有所不同。20世纪50年代，这一体系运作良好，美元被广泛地用于国际支付、国际结算和充当国际储备资产。美元主要是通过美国的国际收支赤字来供给的。

（1）美元荒（Dollar Shortage）。第二次世界大战结束初期，各国为恢复经济，都需要进口美国商品，但又缺乏美元来支付。特别是此时美国的国际收支产生盈余，其他国家则有赤字，美元更是短缺，所以形成了美元荒。为解除这种压力，美国、加拿大及各种国际金融组织纷纷向欧洲提供贷款和援助，其中最著名的是"马歇尔计划"，又称"欧洲复兴计划"。在日本，道奇计划（Dodge Plan）支持建立以美元为基础的价格稳定计划。通过这些计划，美国向西欧国家和日本提供了大量的经济援助，以便使它们能够支付从美国的进口。在美国的大力援助下，西欧和日本的经济逐渐复苏，美国的国际收支盈余也开始减少。随后，英镑于1949年对美元贬值，其他国家的货币纷纷仿效，使这一趋势进一步加强。1950年开始，美国的国际收支开始出现逆差。但在1958年以前，国际储备状况基本上还是短缺的，各国都乐于积累手中的美元，没有发生美元的信心问题。到1958年，西欧各国都已持有足够的美元，于是开始废除经常账户交易的外汇管制，货币开始自由兑换。

（2）美元灾（Dollar Glut）。1958 年开始，美国国际收支逆差急剧增加，平均每年超过 30 亿美元。1958 年之前，美国少量的国际收支逆差受到其他国家的欢迎，因为它们可以增加本国的国际储备，提高对美国商品服务的购买能力，而且美国的国际储备相对于它的国际债务来说较大，所以各国对于美元与黄金之间的自由兑换都颇具信心。但是 1958 年之后，这种情况发生了变化。美国的国际债务开始超过它的黄金储备：1960 年美国对外短期债务（包括对各国中央银行、政府和银行的短期负债）是其黄金储备的 1.18 倍，1965 年提高到 2.10 倍，1970 年又提高到 4.24 倍。

这一变化使世界各国对于美元能否继续平价兑换黄金产生了怀疑：美元是否有能力兑现每 35 美元可以兑换 1 盎司黄金的承诺？一些国家开始要求以美元兑换黄金。美国政府曾采取多种措施来维持美元的国际储备资产的地位，例如，利用外交关系劝说友好国家不要将美元兑换成黄金；采取措施加大美元兑换黄金的成本；在 20 世纪 60 年代以利率的扭曲操作来维护美元地位，即维持高水平的短期利率以避免短期资本外流，同时实行低水平的长期利率以刺激经济增长；另外还发行罗萨债券（Ross Bonds），销售给外国政府，收回它们手中持有的美元。但是这些措施并没有起到明显效果，外国持有的美元资产仍在增加，美国的黄金储备仍在减少。

（3）特里芬难题（Triffin Dilemma）。布雷顿森林体系下，美国有两个基本责任：第一是保证美元按固定官价兑换黄金，维持各国对美元的信心；第二是提供充足的国际清偿力，即美元。然而这两个基本责任，即信心问题和国际清偿力问题是有矛盾的。美元供给太多就会有不能兑换黄金的危险，从而产生信心动摇问题；美元供给太少就会产生国际清偿力不足的问题。美国耶鲁大学教授罗伯特·特里芬（Robert Triffin）在 1960 年出版的《黄金与美元危机：自由兑换的未来》（*Gold and Dollar Crisis：The Future of Free Conversion*）一书中明确指出了布雷顿森林体系的这一内在矛盾，因而这一矛盾被称为"特里芬难题"。由于这个矛盾愈演愈烈，最终使布雷顿森林体系无法维持。

2. 可调整的固定汇率

布雷顿森林体系是固定汇率制度。IMF 规定各会员货币与美元的汇率如果发生波动，范围不得超过平价的±1%，超过时除美国外，每个会员的中央银行均有义务在外汇市场买卖美元和本国货币，以维持本国货币同美元汇率的稳定。另外，按照 IMF 的规定，如果一国发生国际收支的根本性不平衡，可以向 IMF 申请调整其货币与美元的平价关系，而不必紧缩或膨胀国内经济。平价 10% 以内的汇率调整可以由会员自行决定而无须 IMF 批准；平价 10%—20%，则需 IMF 批准，这就是布雷顿森林体系的可调整固定汇率制度。

在实际运行中，会员的汇率调整是很少见的。1949 年 9 月英镑贬值 30.5%，从 1 英镑=4.02 美元贬值到 1 英镑=2.80 美元。欧洲和英镑区的许多货币也跟着贬值，这次贬值主要是由于英国和欧洲许多国家对美国的逆差太大，必须进行调整。1949 年以后直至 1966 年，主要国家的汇率就没有进行过什么调整。此后，英镑于 1967 年贬值，法郎于 1969 年贬值，联邦德国马克在 1961 年和 1969 年有过两次很小的升值，日元和里拉对美元汇率一直没有调整。这一现象与布雷顿森林体系缔造者们的设想不完全一致，在这一时期并不是没有国际收支失衡产生，而是汇率调整产生了困难。

3. 对国际收支的调节

根据布雷顿森林协定,国际收支的失衡可以通过两种方法调节:一种是由 IMF 提供信贷资金解决短期失衡,另一种是通过调整汇率平价来解决长期失衡。但是在实际操作中,这两种措施都没有产生明显效果。因为 IMF 提供的信贷数额有限,面对庞大的国际收支赤字无能为力;而汇率调整,如前所述,在布雷顿森林体系下也不多见,因此,事实上在这一时期,国际收支问题一直没有得到很好的解决。

对美国来说,由于美元具有特殊地位,它持续出现的国际收支逆差无须纠正。它可以用增加货币供给量的办法来弥补逆差,从而形成持有美元储备的国家的财富实际向美国转移。这种现象被称为"铸币税"或"通货膨胀税",这是布雷顿森林体系下美国拥有的特权。

对于这一时期的国际收支逆差,英国财政部认为有三种措施可以实行:英镑贬值、限制进口和对进口征收附加关税。英国曾在 1967 年对英镑贬值以期能够获得改善。但这只是不得已而为之。英国财政部认为贬值的后果危险,因而决定增加 15% 的进口关税,同时实行紧缩的货币政策。这一政策导致国内经济停滞、失业增加。为稳定国内经济,英国政府又转而采取扩张性货币政策来刺激生产,但这使物价上升,同时由于扩张的货币政策降低了利息率,引起资金外流,国际收支逆差又加剧,英国政府不得不又回到紧缩的货币政策上。这一时期,英国经济一直陷于松松紧紧的困境。

联邦德国在 20 世纪 50 年代中期以后经济复兴,经常发生国际收支顺差,但是联邦德国政府担心影响出口,不愿让马克升值。为维持汇率,它在外汇市场上用马克买进美元,结果使国内货币供给增加,发生通货膨胀。因此有人说联邦德国的通货膨胀是从美国输入的。

20 世纪 60 年代末,随着国际收支失衡的发展,西欧各国货币都受到了冲击。继英镑贬值之后,市场预期马克将升值,法国法郎将贬值,于是大量购买马克、抛售法郎。法国中央银行向外国借款用来买进法郎,联邦德国则在市场上买进美元,以抑制马克升值。但这仍不足以应付投机资金的强大冲击。法国不得不在 1969 年 8 月把法郎贬值 11.1%,联邦德国不得不在 1969 年 10 月把马克升值 9.3%。在此之后,加拿大在 1970 年 6 月因为大量资金流入,无法维持固定汇率,只好宣告加元自由浮动。

三、布雷顿森林体系的崩溃

自 20 世纪 50 年代末美元逐渐过剩以后,美国的黄金储备相对短期债务越来越少,导致美元的信用基础发生动摇,人们对美元越来越缺乏信心。1960 年 10 月爆发了战后第一次抛售美元、抢购黄金的风潮。为了缓解美元危机,稳定战后国际货币制度运转的基础,美国及其他国家采取了以下措施:

1. 稳定黄金价格协定

1960 年爆发的美元危机导致伦敦黄金市场金价暴涨。这不仅增加了美元压力,而且对欧洲各国的外汇市场也给予了很大威胁。据此美国和欧洲主要国家的中央银行达成一项协定,约定彼此不以高于 35.20 美元的价格(美国出售一盎司黄金的价格加上 0.25% 的手续费,再加上运费)购买黄金,但未约定购入黄金的最低价格。这个协定的目的在于抑制黄金价格的上涨,保持美元汇率的稳定。

2. 巴塞尔协议

1961年3月上旬,联邦德国马克和荷兰盾开始增值,给美元和其他西方货币以巨大冲击。为缓和国际投机资本对外汇市场的冲击、维持美元的稳定,参加国际清算银行理事会的英国、联邦德国、法国、意大利、荷兰、比利时、瑞士、瑞典等八个国家的中央银行在瑞士巴塞尔达成一项不成文的协定,即巴塞尔协议(Basel Agreement),旨在缓和国际投机资本对外汇市场的冲击,维持美元的稳定,其主要内容是:各国中央银行应在外汇市场上合作以维持彼此汇率的稳定;若一国货币发生困难,应与能提供协助的国家协商,采取必要的支援措施,或由该国取得黄金、外汇贷款,以维持汇率的稳定。

3. 黄金总库

美元危机的爆发,加上国际金融市场发生抢购黄金的风潮,使金价不断高涨。为维持黄金官价、保证国际货币制度的运转,1960年,美国被迫同意向英国英格兰银行提供黄金,以使其在黄金市场上出售,压低金价。美国黄金不断外流,无力继续出售足够的黄金,于是它要求其他西方国家也拿出黄金,共同承担平抑金价的义务。经过磋商,美国、英国、法国、意大利、荷兰、比利时、瑞士及联邦德国八国于1961年10月达成建立黄金总库(Gold Pool)的协议,规定八国中央银行按比例提供共计2.7亿美元的黄金,其中美国占50%,联邦德国占11%,法国、英国、意大利各占9.3%,瑞士、荷兰、比利时各占3.7%。协议指定英格兰银行为黄金总库的代理机关,负责在伦敦黄金市场进行干预,维持金价。当金价上涨时,英格兰银行卖出黄金,此项黄金由各国中央银行按上述比例分摊;当金价下跌时,就买入黄金,购入黄金也按上述比例分摊给各国中央银行。但当抢购黄金风潮特别严重时,美国应额外提供黄金。

4. 借款总安排

由于美国国际收支恶化,美国需要借用联邦德国马克、法国法郎等,以平衡国际收支、稳定美元汇率。但是由于IMF的资金中美元占份额较多,而西欧各国所占份额相对较少,不足以应付美国对该项货币的需要。为此,美国向IMF建议联合英国、加拿大、联邦德国、法国、意大利、荷兰、比利时、瑞典和日本签订借款总安排(General Agreement to Borrow)协议,从西欧国家借入款项,支援美国,缓和美元危机,维持国际货币制度的运转。借款总安排的资金为60亿美元,美国出20亿美元,英国、联邦德国各出10亿美元,法国、意大利各出5.5亿美元,日本出2.5亿美元,荷兰、加拿大各出2亿美元,比利时出1.5亿美元,瑞典出1亿美元。这些基金是国际货币基金的补充资金,当国际货币基金缺少这些货币时,可向借款总安排的有关国家借入,转贷给需要的会员国。参加借款总安排的十国被称为"十国集团",由于法国在其中起了重要作用,因此被称为"巴黎俱乐部"。瑞士不是IMF的会员,但于1964年参加了"十国集团",出资2亿美元,通过与借款总安排的参与国进行双边谈判的方式,提供贷款。

5. 货币互换协定

1962年3月,为了筹措足够的联邦德国马克、瑞士法郎等货币,美国联邦储备委员会分别与14个西方主要国家的中央银行签订了货币互换协定,总额为117.3亿美元,1973年7月又扩大到197.8亿美元。协定规定两国中央银行应在约定期间相互交换一定金额的对方货币,为维持汇率稳定,各国可随时动用对方的货币以干预市场。约定到期时,双方以实行互换时的汇率相互偿还对方货币,以免除汇率波动的风险。

6. 黄金双价制

20世纪60年代中期,随着美国扩大了越南战争,国际收支进一步恶化,美元危机爆发越来越频繁。1968年3月,美国爆发了空前严重的第二次美元危机。半个多月中,美国的黄金储备流出了14亿美元,3月14日这一天,伦敦黄金市场的成交量达到350—400吨的破纪录数字。经黄金总库成员协商后,美国及黄金总库不再按35美元一盎司黄金的官价向黄金市场供应黄金,黄金市场的金价听任供求关系而自由涨落,至于各国政府或中央银行仍可按黄金官价,以其持有的美元向美国兑换黄金,各国官方机构也按黄金官价进行结算。从此,自由市场的黄金价格便与黄金官价完全背离,在国际市场上出现了黄金双价制(The System of Dual Price of Gold)。黄金双价制实行后,黄金总库也就不复存在,说明美国已经无力继续维持黄金市场的官价。

上述六种措施并没有解决固定汇率美元本位制出现危机的根本问题。20世纪60年代末,美国的经济形势进一步恶化,美国的货币政策转为扩张性政策,以生产者价格指数和消费物价指数表示的通货膨胀分别上升到3.5%和4.5%。国内的通货膨胀和经济衰退并发,使美国产品的国际竞争能力更加低落,到1971年,一向盈余的商品贸易项目也开始出现巨额赤字,从而进一步恶化了国际收支,美元大量外流。各国普遍认为美元高估。鉴于此,美国曾于1970年和1971年劝说盈余国(主要是德国和日本)实行货币升值,但没有成功。于是,美元贬值的趋势越来越明显。1971年5月,西欧各主要金融市场上又一次掀起了抛售美元、抢购黄金与其他硬通货的风潮。各国中央银行不得不大规模地进行干预,有的甚至实行外汇管制。但是,这些措施都无法遏制住资本移动的狂潮,美元继续外流。面对巨额的国际收支逆差和各国中央银行挤兑黄金的压力,美国总统理查德·尼克松(Richard Nixon)被迫于1971年8月15日宣布实行"新经济政策",其主要内容除对内采取冻结物价和工资、削减政府开支外,对外采取放弃允许外国按官方价格将美元兑换成黄金的承诺,正式关闭黄金窗口;征收10%的进口附加税;汇率暂时自由浮动等。

美元与黄金官价兑换的终止,使国际金融市场处于混乱状态,主要工业国一方面让各自的货币自由浮动;另一方面进行协商,寻找解决方案。1971年12月,十国集团在美国首都华盛顿的史密森学会(Smithsonian Institute)召开会议,达成一项协议,史称"史密森协议",其主要内容是:美元对黄金贬值7.8%,黄金官价从每盎司35美元提高到38美元,并取消10%的进口附加税,同时,各国货币的金平价也作了较大调整,日元升值7.66%,德国马克、瑞士法郎各升值4.61%,比利时法郎、荷兰盾各升值2.76%,意大利里拉、瑞典克朗各贬值1%,英镑、法国法郎的平价保持不变。各国货币对美元汇率的波动幅度由原来不超过平价的±1%扩大到±2.25%。

然而,美元停止兑换黄金和美元的小幅贬值,并未能阻止美元危机与美国国际收支危机的继续发展。1973年2月,由于美国国际收支逆差日益严重,美元信用进一步下降,在国际金融市场上又一次掀起了抛售美元,抢购联邦德国马克和日元,并进而抢购黄金的浪潮。仅2月9日一天,联邦德国法兰克福外汇市场就抛售了近20亿美元,国际外汇市场不得不暂时关闭,在这种情况下,美国政府于2月12日又一次宣布美元贬值10%,黄金官价也由每盎司38美元提高到每盎司42.22美元。

美元的再度贬值仍未能制止美元危机,1973年3月,西欧又出现了抛售美元、抢购黄金和联邦德国马克的风潮。伦敦黄金价格一度涨到每盎司96美元,联邦德国和日本的外汇市场被迫关闭17天之久。西方国家举行了多次会议,都无法解决在资本可以自由流动以及各国管理本国经济的情况下,实施盯住汇率制所带来的冲突,它们经过磋商,最后达成协议:西方国家的货币实行浮动汇率制度;联邦德国在马克升值3%的条件下,与法国等西欧国家实行对美元的"联合浮动";英国、意大利、爱尔兰单独浮动,暂不参加共同浮动。此外,其他主要西方国家的货币也都实行了对美元的浮动汇率制。至此,各国钉住美元的可调整固定汇率制度彻底解体,布雷顿森林体系完全崩溃。

四、对布雷顿森林体系的评价

布雷顿森林体系的建立结束了第二次世界大战前各个货币集团之间相互对立、相互进行外汇倾销进而进行货币战和汇率战的局面,稳定了国际金融局势。同时,它重新建立了国际货币秩序,实行以美元为中心的可调整固定汇率制度,有力地促进了多边贸易和多边清算,为国际贸易和国际投资提供了有利的外部环境,使战后的国际贸易和国际投资不仅比战前有较大的提高,而且其增长率还超过了同期世界工业生产增长的速度。因此,有人把这段时期称为资本主义世界的第二个"黄金时代",堪与第一次世界大战前的国际金本位制度相媲美。

然而,布雷顿森林体系虽然为20世纪50—60年代世界经济的高度繁荣创造了有利的条件,但它也存在许多缺陷和问题:

第一,布雷顿森林体系存在不可克服的内在矛盾,即特里芬难题所指出的清偿力与信心的矛盾。实际上,任何国家的货币单独充当国际储备资产,都会遇到这样的难题,1925年产生的可兑换黄金的英镑本位只实行了6年就走向解体,战后的可兑换黄金的美元本位虽然实行了20多年,但最终还是崩溃了。特里芬的论断成为事实。另外,由于美元在布雷顿森林体系中的特殊地位,美国可以利用美元负债来弥补其国际收支逆差,从而造成了以纸币换取实际物质资源的情形发生。许多国家认为美国是在向其他国家征收"铸币税"(Monetary Seigniorage)。铸币税的概念产生于金属货币流通的时代,是指货币铸造者凭借铸造和发行货币所获得的收益,从数量上讲,它等于贵金属货币的面值与它所包含金属的实际价值的差额。在信用货币制度下,货币发行的成本相对于货币面值而言是微不足道的,因此,铸币税的数额等同于中央银行在一定时期内创造的基础货币量。由于存在铸币税,美国不需要像其他国家那样为平衡国际收支而付出调整国内经济的代价,因此,在布雷顿森林体系中,国际收支的失衡难以依靠市场力量自发调节。

第二,布雷顿森林体系中的可调整固定汇率制因为难以经常根据实际情况调整而成为难以维持的固定汇率制。在布雷顿森林体系下,顺差国不愿使货币升值,逆差国不愿使货币贬值。汇率经常被明显地高估或低估,各国通过借款和国内货币政策来维持汇率,这样就很容易受到市场上预期因素所支配的投机资金的冲击,以致被迫进行货币贬值或升值,造成汇率更大幅的变动。

第三,布雷顿森林体系下,各国为了维持稳定的汇率,往往不得不牺牲国内经济目标。国际收支的逆差国,其货币趋于贬值,为了维持对美元的固定汇率,中央银行必须在货币市场上抛出美元购入本币,这无异于在公开市场上紧缩了国内货币供给量,导致衰退和失业;盈余国的货币趋于升值,为了维持对美元的固定汇率,中央银行必须在货币市场上抛出本币购入美元,相当于在公开市场上增加了国内货币供给量,这往往导致国内通货膨胀。布雷顿森林体系的这一缺陷也是其设计者所始料不及的。

第四节 牙买加体系

布雷顿森林体系崩溃之后,国际货币金融关系动荡混乱,美元的国际地位不断下降,许多国家都实行浮动汇率制,汇率波动剧烈,全球性国际收支失衡现象严重,各国积极寻求货币制度改革的新方案。1975年12月,主要工业化国家在法国召开会议,一致同意对IMF协议的条款进行修改,以便使浮动汇率制度合法化。1976年1月8日,IMF国际货币制度临时委员会在牙买加首都金斯敦召开会议,并达成牙买加协议(Jamaica Agreement),同年4月,IMF理事会通过《国际货币基金组织协定第二次修正案》,从而形成了国际货币制度的新格局——牙买加体系。

一、牙买加协议的主要内容

牙买加协议(以下简称"协议")的主要内容涉及汇率制度、黄金问题、扩大IMF对发展中国家的资金融通,以及增加会员在IMF的份额等问题,具体如下:

第一,浮动汇率合法化。IMF会员可以自由选择汇率制度,但会员的汇率政策必须受到IMF的监督,并与IMF协商。IMF要求各会员在物价稳定的条件下寻求持续的经济增长,稳定国内经济以促进国际金融的稳定,并尽力缩小汇率的波动幅度,避免操纵汇率来阻止国际收支的调整或获取不公平的竞争利益。协议还规定实行浮动汇率制的会员根据经济条件,应逐步恢复固定汇率制度,在将来世界经济稳定之后,经IMF全体会员总投票权的85%多数票通过,可以恢复稳定的可调整的汇率制度。这实际上是对已实施多年的浮动汇率制度予以法律上的认可,但同时又强调了IMF在稳定汇率方面的监督和协调作用。

第二,黄金非货币化。废除黄金条款,取消黄金官价,会员的中央银行可按市价从事黄金交易,取消会员之间或会员与IMF之间必须用黄金清偿债权债务的义务,降低黄金的货币作用。IMF应逐步处理所持有的黄金。

第三,提高SDRs的国际储备地位,修订SDRs的有关条款,使SDRs逐步取代黄金和美元成为国际货币制度的主要储备资产。协议规定会员可以自由地进行SDRs交易,而不必征得IMF同意。IMF中一般账户所持有的资产一律以SDRs表示,IMF与会员之间的交易以SDRs代替黄金进行,尽量扩大SDRs的使用范围。同时,IMF也随时对SDRs制度进行监督,及时修正有关规定。

第四,增加IMF会员缴纳的基金,由原来的292亿SDRs增加到390亿SDRs,增加了33.6%。主要是石油输出国组织所占的份额比重增加了,其他发展中国家所占比重维持不变,主要西方国家除德国和日本外都有所降低。

第五,扩大对发展中国家的资金融通。IMF以出售黄金所得建立信托基金,以优惠条件向最穷困的发展中国家提供贷款,将IMF的信贷部分贷款额度由会员份额的100%提高到145%,并提高IMF"出口波动补偿贷款"在份额中的比重,由占份额的50%提高到 75%。

二、牙买加体系的主要特点

1. 以美元为主导的多元化国际储备体系

在浮动汇率美元本位制下,美元仍然是国际金融市场的中心货币,比其他货币能够更好地履行国际计价单位、支付手段和国际价值储存手段等功能。目前,世界上的一些重要商品,如石油、某些初级产品和原料,甚至黄金,仍然以美元计价;在离岸市场上,大约 75% 的资产和负债是以美元计价的;各国在计算国民生产总值、工农业总产值、进出口额、外汇储备、人均收入等重要经济指标时也仍然折合成美元来计算;世界上约有 2/3 的进出口贸易是以美元结算的;美元仍是世界各国干预外汇、金融市场的重要手段;美元在各国官方外汇储备所占比重仍在 60% 左右,是最重要的国际价值储存手段,在西方各国银行中美元存款和欧洲美元债券的发行额所占比重也远远高于其他各国货币。

但是自 1973 年之后,美元的国际货币作用已有所下降,其他一些货币如德国马克、日元,特别是一些复合货币,如 SDRs 和 ECU(欧洲货币单位)的地位在不断上升。20 世纪 70—90 年代美元在各国官方储备中所占比重明显下降,德国马克、日元所占比重则显著上升。而且,许多国家的对外贸易商品改用德国马克、日元,甚至英镑和法郎来计价结算。由于美元在外汇市场上的波动十分剧烈,一些国际金融机构和世界经济组织在计算和比较各国经济指标时,已经同时采用美元和复合货币 SDRs 或 ECU 来表示。

进入 21 世纪之后,欧元迅速发展成为全球第二大货币,甚至在国际支付等个别领域赶超了美元。欧元的国际地位在欧债危机前达到最高,但欧债危机爆发以来,欧元的国际地位有所下降。2020 年 5 月,美元在全球支付中的占比为 40.9%,欧元的占比为 32.9%。2025 年 2 月,欧元在全球外汇交易中的占比为 22.25%,2024 年第三季度,欧元在全球外汇储备中的占比为 20.02%。另外,2008 年金融危机之后,人民币在国际货币体系中的地位也大幅提高。我国从 2009 年开始有序推进跨境贸易的人民币结算,金融市场开放也取得重大进展,人民币的国际化稳步推进,人民币发挥着日益重要的作用。根据中国人民银行发布的数据,2024 年人民币已成为全球第四位支付货币、第三位贸易融资货币,有 80 多个境外央行或货币当局将人民币纳入外汇储备。

值得注意的是,尽管协议中明确规定废除黄金官价、降低黄金的货币作用,实际上,黄金的货币作用却并没有完全消失。黄金仍是主要的国际储备资产,仍然是最后的国际清偿手段和保值手段。各国在发生国际收支逆差时,最终可以动用黄金储备来解决。另外,与外汇储备相比,黄金是一种可靠的保值手段。在西方各国普遍采用浮动汇率制的情况下,各国货币汇率波动频繁剧烈,任何一国货币都很难保值,而黄金价值比较稳定,是可靠的保值手段。

2. 以浮动汇率为主的混合汇率体制

协议认可各国可以自由作出汇率的安排,同意固定汇率制度和浮动汇率制度暂时并存,《国际货币基金组织协定第二次修正案》又规定会员应在"协定第二次修改日之后 30 天内""把打算采用的外汇安排通知基金组织",于是以浮动汇率为主的混合汇率体制便在这个基础之上形成并发展起来。

此后,许多国家都在不断地调整自己的汇率政策,以适应本国和世界经济的发展。

这里当然有成功的经验,但也不乏有失败的教训。比如 1994 年 12 月 20 日,墨西哥政府宣布比索实行自由浮动,对美元贬值 15%。这一政策实施的当天比索即对美元贬值 20%,并随即引起连锁反应,墨西哥金融危机由此爆发。

虽然 1973 年以来的汇率制度以浮动汇率制度为主,汇率既取决于外汇市场上的供求关系,同时也受中央银行干预的影响,因此实际上是有管理的浮动而不是完全自由放任的浮动。当然,这种有管理的浮动并不适用于所有国家。根据 IMF 的《国际金融统计》,至 1997 年 5 月,各个主要工业国家都实行了浮动汇率制度,其中美国、英国、日本、加拿大、瑞士等国采取独立浮动,欧洲货币体系即德国、法国、比利时、荷兰、芬兰、意大利、奥地利、爱尔兰、卢森堡、丹麦、西班牙和葡萄牙等国采取联合浮动,其余发达国家采取有管理的浮动。大多数发展中国家的货币钉住美元、法国法郎、SDRs 或自选篮子货币,或采取管理浮动汇率制,实行独立浮动的国家也在增多。从中可以看出,牙买加体系下的汇率制度比布雷顿森林体系下的汇率制度更加复杂和灵活。

研究结果表明,选择钉住汇率的国家与选择浮动汇率的国家存在系统性的差异。一个重要的区别是国家规模,大国的独立性较强,更不愿意使国内政策受制于维持固定汇率的目标。经济开放度是另一个指标。这里的开放度是指一国依赖于国际贸易的程度,国际贸易占 GNP 的比重越大,该国经济越开放。经济越开放,贸易品价格在整个国家价格水平中的权数就越大,所以汇率对该国价格水平的影响也越大。为了减少外国对国内价格水平的冲击,比较开放的经济倾向于实行钉住汇率。通货膨胀较高的国家往往难以维持钉住汇率。而同单一国家有大量贸易的国家一般将其货币钉住该贸易伙伴国的货币,贸易分散的国家则选择浮动汇率制度。

3. 国际收支的多种调节机制

在牙买加体系下,国际收支调节是通过汇率机制、利率机制、IMF 的干预和贷款、国际金融市场及商业银行的活动综合进行的。

牙买加体系下主要国家都采取了浮动汇率制度,因此以汇率机制调节国际收支失衡是该体系的一个重要特征。汇率的调节过程如下:当一国国际收支出现逆差时,对外汇的需求大大提高,将超过外汇的供给,使外汇汇率上升,本币汇率下跌,这使本国出口品在国际市场上的竞争能力提高,本国出口增加;同时,外国进口品的市场竞争能力降低,本国进口减少,从而使贸易收支、经常项目收支得到改善。反之,当一国发生国际收支经常项目顺差时,外汇的供求关系正与上例相反,外汇汇率将下降而本币汇率上升,使本国出口减少,进口增加,贸易收支的顺差减少。如果世界各国放任汇率自由浮动,不采取任何干预措施,那么各国货币的汇率会由各自的供求关系决定其相对价值。但是,即使汇率随市场供求关系而发生变动,在实际中,它能否自动调节国际收支也必须依赖于其他条件:第一,汇率调节的项目主要是经常项目,或者说是贸易项目,而国际收支还包括资本项目,加入了资本项目之后,汇率的升降最终能起到什么作用是不确定的。第二,即使对贸易项目来说,汇率机制也并不是在任何情况下都能如愿以偿的。前面我们曾讨论过的马歇尔-勒纳条件就是对汇率机制这一局限的系统阐释,而实践中许多发展中国家的进口需求弹性和出口需求弹性都很小,满足不了马歇尔-勒纳条件,因此也就无法采取本币贬值的措施来改善贸易收支。即使实现了马歇尔-勒纳条件,汇率降低所产生的效应也不是直线效应,而是所谓的"J 曲线效应"。事实也证明汇率浮动对国际收支的调节作用确实不如原来预期的那样灵敏。例如,美元汇率自1985年2月下旬开始下降以后,对日元、德国马克、瑞士法郎、荷兰盾等货币一路下降,对英镑、意大利里拉等软货币也一再下降,国际贸易收支状况不仅没有得到改善,反而越发恶化,这种情况一直持续到1988年才略有好转。

牙买加体系下的另一个国际收支调节机制是利率机制,即通过一国实际利率与其他国家实际利率的差异引导资金流入流出,从而调节国际收支。20世纪70年代国际资本流动的规模巨大,在发达国家之间的资本流动几乎不受什么限制。因此一国与他国实际利率的差异很容易导致资金流入流出。根据费雪效应,一国的实际利率=名义利率-通货膨胀率,只要一国严格控制货币供给量,促使本国通货膨胀率低于外国的通货膨胀率,那么,提高市场利率便能使本国的实际利率高于外国的实际利率,导致国际资金的流入,改善国际收支。事实也证明利率调节机制确实能带来资金的流入。20世纪80年代前期美国里根政府推行宽松的财政政策和紧缩的货币政策,一方面扩大财政支出,另一方面控制货币供给量,压低通货膨胀率,促使美国的实际利率水平高于其他国家,导致国际资金的大量流入,使美国的资本项目出现大量盈余,弥补了经常项目的赤字,从而改善了国际收支。但是采用利率机制调节国际收支往往也会产生负面作用。例如,上述美国里根政府的宏观经济政策促使美国实际利率提高后,资本项目的盈余弥补了经常项目的赤字,国际货币市场上产生的对美元的需求大于美元的供给,带来了美元汇率的上浮,这由利率机制引发的汇率变动,更不利于美国商品的出口,使美国的国际收支贸易项目进一步恶化。

牙买加体系的一个重要特点是国际金融市场日益发达,通过在国际金融市场上的借贷,可以有效地筹集到调节国际收支失衡的资金。1973年以来,国际金融市场和私人商业银行在这方面起了很大作用。20世纪70年代的两次石油危机时期,石油输出国有大量的外汇盈余,而石油输入国则产生了巨额的国际收支赤字,由于国际金融市场的存在,才使石油输出国手中的"石油美元"转化为贷款转贷给石油输入国,缓解了这些国家严重的国际收支失衡,实现了"石油美元"的顺利回流。但是,国际金融市场的存在也使国际上资金的大规模移动变得更加频繁和便利。这必然造成各国货币汇率更频繁的波动,而且由于国际贷款的便利与发达,也更容易造成发展中国家的债务危机,从而加深发展中国家的国际收支困难。

在牙买加体系下,IMF在调节其会员国国际收支失衡方面仍发挥着重要作用。根据IMF协议,它不仅应向赤字国提供贷款,帮助赤字国克服国际收支困难,还应指导和监督赤字国和盈余国双方进行国际收支调整,以便双方对称地承担国际收支调整义务。协议还扩大了IMF信贷部分贷款的额度和出口波动补偿贷款的额度,并利用IMF出售黄金的收益建立了信托基金,向最不发达国家提供优惠贷款,帮助它们解决国际收支困难。事实上,IMF、世界银行和其他一些国际金融机构向国际收支失衡的国家,尤其是发展中国家提供了大量援助性贷款,而且在商业银行和债务国之间做了大量协调工作,促进国际债务的重新安排和减免,帮助它们解决国际收支困难。当然,由于它们的资金有限,所起的作用也就受到了制约。

三、对牙买加体系的评价

自1973年国际货币体系进入以浮动汇率制度为主的混合体系以来,世界经济的发展势头总的来说是好的,这表明牙买加体系具有积极作用。

第一,牙买加体系基本摆脱了布雷顿森林体系时期基准通货国家与依附国家相互牵连的弊端,并在一定程度上解决了特里芬难题。牙买加体系实现了国际储备多元化和浮动汇率制,即使美元发生贬值,也不一定会影响到各国货币的稳定性;由于美元与黄金之间、与其他货币之间的双挂钩制已不复存在,即使美元受预期的影响将要贬值,也不会出现以美元储备挤兑黄金的情况。对于导致布雷顿森林体系最终解体的特里芬难题,牙买加体系也有了适当的解决方法。在牙买加体系下,美元不再是唯一的国际储备资产,国际储备资产多样化使国际储备货币的信心和清偿力之间已不再形成矛盾。即使美国出现国际收支顺差而且不向外投放美元,其他国家也会找到其他国际储备货币和国际清算及支付手段缓解国际清偿能力的不足;即使发生美国国际逆差,各国也不会再去挤兑黄金,对美元信心不足的问题也不会危及整个国际货币制度。

第二,以浮动汇率为主的混合汇率体制能够反映不断变化的客观经济情况。主要储备货币的浮动汇率可以根据市场供求状况自发调整,及时反映瞬息万变的客观经济状况,有利于国际贸易和金融的发展。同时,自由的汇率安排能使各国充分考虑本国的客观经济条件,作出自己的选择。

第三,国际收支的多种调节机制在一定程度上解决了布雷顿森林体系调节机制失灵的难题。多种国际收支调节机制更适应当今世界经济水平发展不均衡,各国发展模式、政策目标和客观经济环境不同的特点,对世界经济的正常运转和发展起到了一定的促进作用。

当然,随着复杂多变的国际经济关系的发展变化,被称作"无体制的体制"的国际货币体系的问题也日益暴露。

首先,随着美元地位的不断下降,以美元为中心的国际储备多元化,浮动汇率体系日益复杂混乱和动荡不安。多元化国际货币本身缺乏统一、稳定的货币标准,因而这种国际货币体系从一开始就包含了不稳定因素。这种不稳定的国际货币格局随着世界经济的发展变得错综复杂,更容易造成外汇市场的动荡混乱。在牙买加体系下,汇率波动频繁而且剧烈。汇率剧烈波动增加了汇率风险,对国际贸易和国际投资都造成了消极影响。

其次,在浮动汇率制度下,各国政府不再受国际收支的"纪律约束",一些具有膨胀倾向的政府可以大胆地膨胀国内经济,而让货币汇率去承受国际收支失衡的后果,汇率的下降会导致国内物价水平的上升,因而比较容易导致通货膨胀。在牙买加体系下,各国汇率可以比较容易地向下浮动,所以容易引起世界性的通货膨胀。

再次,牙买加体系下,各国政府并不完全听任货币汇率随市场供求关系而自由浮动,它们仍会多多少少地对汇率的走势进行干预,使货币汇率向着有利于自己的方向波动。也就是说,在牙买加体系下,各国实行的是"肮脏浮动",或称"管理浮动",这种浮动汇率制度并没有隔绝外部经济的冲击,外部经济的变动不仅作用于汇率的波动,而且会影响到一国国内经济目标和经济政策的制定。

最后,牙买加体系下国际收支的调节机制仍不健全。如前所述,牙买加体系可以采用的汇率机制、利率机制、国际金融市场调节及国际金融组织调节都有自身的局限性,从而无法全面改善国际收支状况。1973年以来,国际收支失衡的局面不仅没有得到改善,而且日益严重。一些逆差国尤其是发展中国家只能依靠借外债来缓解,有的国家甚至沦为重债国,一旦经济不景气,极易发生债务危机。在这种情况下,逆差国往往不得不诉诸国际货币制度以外的力量,如实行各种形式的贸易保护主义来强制平衡国际收支。

综上所述,当前的牙买加体系虽然在各个方面有较强的适应性,但它的缺陷也相当突出。这将日益引起世界各国的关注,许多国家都在积极调整自己的货币制度、汇率制度,并不断探索新的解决方案,而对这些问题的争论与研究也一直没有间断。

本章术语 》

国际货币制度　国际金本位制度　布雷顿森林体系　牙买加协议

本章总结 》

1. 国际货币制度主要包括汇率制度、国际储备的安排、国际收支调节机制等方面的内容。其中国际储备资产是国际货币制度的基础,汇率制度是国际货币制度的核心。

2. 历史上第一个国际货币制度是国际金本位制度。在金本位制度下,汇率体系为严格的固定汇率制度,中央银行以黄金形式持有较大部分的国际储备。国际金本位制度具有自动调节国际收支的价格-铸币流动机制,短期资本流动加快了国际收支失衡的调节。

3. 在布雷顿森林体系下,汇率制度是可调整的固定汇率制度,可兑换黄金的美元处于中心地位,国际收支的失衡可以通过两种方法调节:一种是由 IMF 提供信贷资金解决短期失衡,另一种是通过调整汇率平价来解决长期失衡。布雷顿森林体系的内在矛盾是特里芬难题,即对美元的信心和国际清偿力之间的矛盾。

4. 20 世纪 70 年代布雷顿森林体系崩溃之后,国际货币体系开始走向以浮动汇率制度为主的混合汇率制度,并形成了以美元为主导的多元化储备体系。国际收支调节是通过汇率机制、利率机制、IMF 的干预和贷款、国际金融市场及商业银行的活动综合进行的。

思考和练习 》

1. 简述国际货币制度的概念及划分标准。
2. 简述国际金本位制度的典型特征和崩溃原因。
3. 简述布雷顿森林体系的主要内容。
4. 如何理解布雷顿森林体系存在内在的缺陷?
5. 简述牙买加协议后的国际货币制度的主要特征。
6. 分析和评价当前国际货币制度中的汇率制度安排和国际收支调整机制。

第十四章　欧洲货币体系与欧洲货币联盟

┃本章概要┃

区域性货币联盟是第二次世界大战之后国际金融领域出现的新现象。成立于 1979 年的欧洲货币体系在区域货币一体化方面具有最为突出的成就,它不仅是实现欧洲经济与货币联盟的一个重要工具,还为其他区域货币体系的发展提供了有益的借鉴。本章将对欧洲货币体系的运行及其向欧洲货币联盟演进的过程展开分析,并介绍 2009 年发生的欧债危机。

┃学习目标┃

1. 理解货币一体化的内涵、成本及收益。
2. 了解欧洲货币体系的历史及其主要特点。
3. 掌握欧洲货币联盟的主要内容,了解欧元的地位和作用。
4. 理解欧债危机发生的根本原因。

第一节　货币一体化

20 世纪 50 年代末开始,世界经济的一体化趋势不断加强。在一体化的过程中出现了货币一体化。经济一体化可以分为全球经济一体化和区域经济一体化,与此相类似,货币一体化也可分为全球货币一体化与区域货币一体化。应该说全球货币一体化只是远景,但区域货币一体化,如欧洲国家的货币一体化进程已经取得了很好的成效。

一、区域货币一体化的特征

所谓区域货币一体化是指一定地区内的国家在货币金融领域中实行协调和结合,形成一个统一体,并最终实现一个统一的货币体系。为实现此目标,这些国家一般会组成区域性货币联盟,这种货币联盟具有三个基本特征:一是汇率的统一,即成员之间实行固定的汇率制度,对外则逐步实现统一的汇率;二是货币的统一,即发行单一的共同货币,它在成员之间的使用不受限制;三是货币管理机构和货币政策的统一,即建立一个中央货币机关,由这个机关保存各成员的国际储备,发行共同货币,以及决定联盟的货币政策等。如果货币联盟只具有第一个特征,我们说这是一个松散的联盟,即货币一体化还处在较低级的阶段。如果具有第二、三个特征,这就是紧密的货币联盟,即货币一体化已达到高级阶段,统一的货币体系基本实现。

区域性货币联盟是第二次世界大战后国际金融领域出现的新现象。它和 20 世纪 30 年代的货币集团是完全不同的。30 年代的货币集团或货币区是帝国主义国家在国际领域内控制和压迫弱小国家、附属国和殖民地的重要手段,具有明显的排他性,而各个集团之间的激烈斗争往往造成国际金融领域的严重混乱和动荡,损害世界经济和国际经济关系的发展。第二次世界大战后的情形发生了变化,由于生产和资本国际化,各国在世界经济中的相互依赖和相互合作日益加强,当然彼此间的矛盾亦在所难免并时有激化,这需要协调和协作。但是,国家很多,情形各异,达成和执行全球性的国际协议有相当难度。布雷顿森林体系称得上是一次较成功的国际货币合作,但它后来的解体也说明了上述这一点。后来的牙买加体系不是人为构建的,它是布雷顿森林体系解体后自发形成的,有"无体制的体制"之称。此时国际货币关系更为错综复杂。既然实现全球合作有困难,一些经济关系密切的国家就先从本地区着手,建立一些共同的机构,采取一些共同的措施,以增进彼此经济合作并达到互惠互利的目的。

二、区域货币一体化的收益

货币一体化有许多优点,许多国家构成一个紧密的货币联盟(如欧洲货币联盟),可以增进彼此的利益。

第一,货币一体化消除了汇率的不确定性和汇率投机。在货币区内部,各成员干预外汇市场的成本,人们进行套期保值的成本,以及兑换外币的成本等都被节省了。

第二,货币的统一提高了区域内经济的开放性,有利于商品和生产要素的自由流动和在整个货币区的有效配置。货币联盟消除了各成员之间的资本控制和金融资本待遇方面的扭曲现象,使资本更容易由边际生产率低的国家流向边际生产率高的国家。各成员汇率控制的永久性废除以及由汇率浮动造成的不确定性的消失必然会导致资本的有效配置。此外,在货币联盟内,工资收入以一种共同的货币来表示,劳动力也必将得到更好的配置。各国的市场连接成一个统一的大市场,生产者可以从生产的规模经济中受益。

第三,货币联盟通过消除汇率的不确定性和降低货币的兑换成本,可以促进贸易的发展,扩大生产和投资,刺激区域经济和各成员经济的发展。

第四,实行单一货币可以使消费者和工商企业受益于更高的价格透明度。竞争将可能促使许多跨国企业采用相同的定价政策,即价格会日益趋向于各个成员当前物价的较低水平。这对于消费者和企业而言是一种潜在的收益,当然,这可能会以一些跨国公司利润的降低为代价。

三、区域货币一体化的成本

当然,货币一体化也是有成本的。第一,货币一体化最大的不利之处就在于各成员丧失了货币政策的自主权,也就是不能根据自身情况,采取独立的经济稳定和增长政策。由于货币联盟采用了单一货币,取消了资本控制,那么相同的短期利率将通用于不同的成员。这将难以协调经济繁荣的成员和经济衰退的成员之间的不同需要。

第二,货币一体化会降低一些国家的通货膨胀税。有些国家加入货币联盟后需要降低本国的通货膨胀率,这将削减它们隐含的收入——通货膨胀税。那么这些国家的政府为弥补损失将代之以明确的直接税或间接税。

第三,货币一体化会增大地区间差异。由于货币联盟的存在,资本与劳动力的流动性提高,生产要素将由低边际生产率地区向高边际生产率地区流动,这种流动会加大地区之间的差距,带来不利的社会影响。如劳动力的流动,那些离开生产力落后的地方的劳动力往往是一个地区生产力中最具流动性和生产性的部分,从而使得落后地区难以改变落后的局面。

第四,货币联盟的运行不可避免地会涉及一些转换成本。这些成本包括收回现有的各国货币的成本、印制新货币的成本、教育与培训成本等。

总而言之,成立货币联盟有利有弊,在货币联盟中既有赢家,也有输家。在成立货币联盟时,选择什么样的国家来组成一个最优的货币联盟,以及如何在最小化成本的情况下实现最大收益,是各国在货币一体化进程中所面临的重大课题。

第二节 欧洲货币体系

欧洲货币体系在货币一体化方面的成就是最突出的,它在当今世界货币关系中发挥着重要的作用,也为其他区域货币体系的发展提供了有益的借鉴。

一、欧洲货币体系成立的背景

早在1971年3月,欧洲议会就采纳了沃纳计划(Werner Plan),旨在使欧洲经济共同体国家朝着经济和货币联盟目标发展。按照该计划,各国保证使欧洲各国间汇率波动幅度大大低于欧洲各国货币与美元之间的汇率波动幅度。随着布雷顿森林体系的瓦解,欧洲经济共同体(European Economic Community,EEC)国家的汇率决定机制引起了很大的关注。如果它们允许汇率完全由市场力量决定,汇率的波动会有损于共同体内部自由贸易的发展。出于稳定汇率和统一货币的愿望,欧洲经济共同体的成员建立了所谓的"洞中之蛇"体系。

"洞中之蛇"被视为小型的布雷顿森林体系,它于1972年4月24日开始运作,由欧洲经济共同体的六个初始成员(比利时、法国、意大利、卢森堡、荷兰和德国)组成,随后英国、丹麦和挪威也加入了该体系。根据规定,成员货币彼此之间的比价("蛇")上下浮动的幅度不应超过1.125个百分点,而它们对美元比价("洞")的上下浮动应控制在2.25个百分点的范围之内。与对美国的汇率相比,各成员之间的汇率在一个相对更小的波动区间内变化,这一体系也因此而得名"洞中之蛇"。

"蛇"体系可谓际遇浮沉,英国在加入仅六周后便退出了该体系。相隔四天,丹麦也宣布退出,但后者又于1972年10月重新加入。1973年2月,意大利退出,紧接着在1973年3月,欧洲议会通过决议废除"洞"波动幅度限制,允许各成员货币对美元自由浮动,继续保持对"蛇"的波动幅度限制。当"蛇"体系中的成员决定货币对美元实行自由浮动之后,所有的"洞"都被毁掉了。1974年1月,法国退出"蛇"体系,又于1975年7月重新加入,并在1976年3月再度离开。挪威于1978年12月退出该体系。这也说明"蛇"体系是残缺不全的,它难以使成员在经济政策方面达成必要的协调,也难以保证各成员之间经济绩效的一致性,然而这些又都是体系自身成功运行所必须具备的条件。

1978年6月17日,在德国举行的一次会议上,欧洲经济共同体的六个成员倡议成立欧洲货币体系,从而取代"蛇"体系。欧洲货币体系旨在提供一个"货币稳定区",为欧洲贸易的发展提供一个稳定的环境,并把已经退出"蛇"体系的国家——比如意大利和法国——重新纳入进来。

二、欧洲货币体系成立及其特征

根据 1978 年 12 月欧洲议会通过的决议,1979 年 5 月,欧洲联盟(当时称欧洲经济共同体)宣布成立欧洲货币体系(European Monetary System,EMS)。欧洲货币体系以欧洲货币单位(ECU)、欧洲汇率机制(European Exchange Rate Mechanism,ERM)以及欧洲货币合作基金(European Monetary Cooperation Fund,EMCF)为三大支柱,其主要内容如下:① 建立欧洲货币单位(ECU),它由成员货币加权平均形成;② 成员的货币对中心汇率的容许波动幅度规定为 $\pm 2.25\%$(西班牙、英国和葡萄牙由于遵守这一规定有一定困难,被放宽到 $\pm 6\%$),故而,欧洲货币体系实行的是可调整的固定汇率制度,其成员的货币对美元实行联合浮动;③ 建立欧洲货币合作基金(EMCF),拟两年后扩大发展为欧洲货币基金(European Monetary Fund,EMF),为成员提供短期和中期国际收支平衡援助。

1. 关于建立欧洲货币单位

欧洲货币单位是欧洲货币体系的中心,它的币值是由一篮子货币决定的。最初的货币篮子于 1979 年确定,1984 年希腊的德拉克马加入,1989 年调整加入西班牙的比塞塔和葡萄牙的埃斯库多。欧洲汇率机制中的每一种货币都被赋予了一定的权重,该权重是根据成员的经济地位及其在欧洲经济共同体的贸易中所占的份额来确定的。欧洲共同体(以下简称"欧共体")每隔五年会对这些权重进行一次修改。但人们认为周期性地改变权数容易带来不确定性,并妨碍了欧洲货币单位的使用,于是,欧洲货币体系在 1994 年决定各国所占的权重不再改变,具体构成如下:

1 欧洲货币单位 = 0.6242 马克 + 1.332 法国法郎 + 0.08784 英国英镑 + 0.2198 荷兰盾 + 3.301 比利时法郎 + 151.8 意大利里拉 + 6.885 西班牙比塞塔 + 0.1976 丹麦克朗 + 1.393 葡萄牙埃斯库多 + 0.00855 爱尔兰镑 + 0.13 卢森堡法郎 + 0.1976 希腊德拉克马

构成欧洲货币单位的货币权重依次是:33.58%、20.76%、10.62%、10.55%、8.64%、7.28%、4.30%、2.74%、0.71%、0.41%、0.34% 和 0.07%。1995 年 11 月 6 日,1 欧洲货币单位折合 1.3046 美元。

欧洲货币单位的发行需通过特殊程序。在欧洲货币体系成立之初,各成员向欧洲货币合作基金提供国内 20% 的黄金储备、20% 的美元和其他外汇储备,然后欧洲货币合作基金以互换形式向各成员提供相应数量的欧洲货币单位。在创设之初,欧洲货币体系共向各成员提供了 230 亿欧洲货币单位。

在欧共体内部,欧洲货币单位具有计价单位和支付手段的职能。它被用于计算各成员的篮子中心汇率和相互之间的双边汇率,并作为计算汇率波动幅度指示器的基础,还被广泛用于发放贷款、清偿债务以及编制共同体统一预算等,它的比重仅次于美元和德国马克的国际储备资产。在外汇市场上,欧洲货币单位的交易与其他货币没有什么差异,私人可以使用欧洲货币单位作为银行账户的记账单位,可以使用欧洲货币单位方便地签发支票;中央银行可以通过欧洲货币合作基金使用欧洲货币单位。欧洲货币单位和其他货币不同的地方在于它没有实际流通的硬币或钞票。

2. 关于稳定汇率的机制

欧洲货币体系的目标是实现西欧各国的货币一体化,其重点落在稳定汇率的机制上。欧洲汇率机制(ERM)是旨在限制欧洲各国间汇率波动幅度计划的核心内容,所有加入汇率机制的国家都同意将本币汇率的波动幅度控制在以 ECU 表示的中心汇率的一定幅度之内。欧洲货币体系成立伊始,除英国外的欧共体八国都加入进来,英国于 1990 年 10 月,西班牙于 1989 年 6 月,葡萄牙于 1992 年 4 月也加入进来。EMS 的双边汇率可容许波动幅度规定为±2.25%。在体系成立之初,EMS 就特许意大利的汇率浮动范围控制在±6%之内,稍后加入的西班牙、英国和葡萄牙也同样获准如此。但是,1993 年 8 月 2 日爆发了汇率危机之后,所有成员都获准将汇率波动幅度控制在±15%之内。事实上,当澳大利亚和芬兰加盟欧洲货币体系、意大利里拉重返该体系之后,在汇率机制的"双边汇率安排"向欧洲经济与货币联盟演进的过程中,成员之间汇率的上下浮动一直没有超过 15 个百分点。

  为了达到稳定汇率的目的,ERM 做了以下两条规定:一是干预机制。当市场上双边汇率的波动超过规定的±2.25%幅度时,有关两国货币当局即应进行市场干预。弱币国如感到力量不足,可向欧洲货币合作基金借入强币。如果形势比较严重,靠市场干预效果不佳,弱币国需考虑紧缩国内货币供给量,提高利率等措施;同时,强币国也应考虑放松国内货币供给量,降低利率等措施。如果仍不见效,就要修改篮子中心汇率从而修订双边汇率。

  二是预防措施。欧洲货币体系在控制汇率波动方面,除了维持原来规定的±2.25%幅度的干预机制,另外又规定了一种带有预防性的措施。按此规定,当某成员货币对欧洲货币单位的比价偏离其篮子汇率达到一定程度,即达到所谓差异界限时,这个成员的货币当局就需采取相应措施。这个界限是±2.25%×75%×(1−W_1),W_1 为该成员国货币在欧洲货币单位中所占的比重。显然,差异界限小于两国货币间汇率所容许的最大波动幅度±2.25%,而且在欧洲货币单位中所占比重越大的货币,其差异界限越小。差异界限起了一种预防汇率波动突破干预点的作用,当一国货币对欧洲货币单位的比价超越了它的差异界限时,该国就应设法干预外汇市场,使之返回界限之内。对于英镑、西班牙比赛塔和葡萄牙埃斯库多来说,差异界限是按±6%计算的。

  虽然各国承诺朝着宏观经济政策趋同的方向而努力,但是有时对汇率进行重新调整在所难免。1979—1992 年,EMS 共做了 12 次重新调整,每一次重新调整都是上调中心汇率。

  3. 关于建立欧洲货币基金

  建立欧洲货币基金是欧洲货币体系的一大任务。欧共体理事会曾决定以两年为期建成欧洲货币基金,希望能够让各国货币当局用欧洲货币单位作为外汇市场干预和双边结算的工具。欧洲货币体系首先将各个参加国黄金外汇储备的 20%、美元和其他外币储备的 20%集中起来作为共同基金,再加上等值的本国货币,总计约 500 亿欧洲货币单位。这些集中起来的黄金外汇储备被换算成欧洲货币单位的存款额并计息。英国也参加了这项安排,并提交了黄金及其他外汇储备的份额。1994 年 1 月,欧洲货币合作基金的职责由欧洲货币局(European Monetary Institute)承担,后于 1998 年转由欧洲中央银行体系承担。

  欧洲货币体系的重要特点是其成员可以获得某些贷款便利,从而使一些赤字国家能够维持自己的汇率平价,或者解决暂时性的国际性收支问题,这些贷款便利包括以下几个方面：① 超短期融资（Very Short-term Financing，VSTE），它是一种成员之间央行彼此承诺的贷款便利。这样可以确保货币面临压力的成员能够得到必要的短期支持，来进行货币干预。这种贷款便利由欧洲货币单位来表示，数额不受限制，但是，借款国必须按照货币市场的相关利率在45天之内偿还，偿还时可以使用贷款国的货币，也可以使用欧洲货币单位。② 短期货币支持（Short-term Monetary Support，STMS），当成员面临暂时性的国际收支问题时，欧洲货币基金可以提供这种贷款便利以满足成员的融资需要，借款一般以三个月为期限。③ 中期融资协助（Medium-term Financial Assistance，MTFA），这种便利是为那些遭受或中期内遇到严重国际收支问题的成员提供贷款。中期贷款的期限是2—5年，但前提是借款国必须采取旨在恢复其国际收支均衡的经济和货币政策。这种附加条件使得很少有国家使用这一贷款便利。

从上述分析可以看出，欧洲货币体系具有较大的灵活性，体系的运行也相对成功，它在稳定汇率和反通货膨胀方面发挥了一定的作用。但1992年和1993年欧洲货币体系内的汇率危机，使得学者们重新思考欧洲货币体系的作用。有的观点认为，有些国家为了维持一定汇率目标的需要，而被迫调整国内货币政策和利率，那么汇率的稳定也就会以国内的不稳定性和可能的汇率投机为代价。

第三节 欧洲货币联盟

欧洲货币体系自1979年建立以来，不断扩大发展，加入的国家越来越多，所起的作用越来越大。不过，无论是20世纪70年代的"洞中之蛇"还是80年代的汇率机制，都无法避免汇率的频繁波动。1987年7月，欧洲经济共同体开始实施欧洲内部统一市场的计划，这要求欧洲内部有一个资本能够完全自由流动的金融共同市场，使欧共体成员之间的货币合作进入一个更深层次。

一、德洛尔计划

1988年6月，在欧洲议会举行的汉诺威会议上，欧洲经济共同体各成员的政府首脑们确定了建立欧洲经济与货币联盟①的长期目标，并委托以欧共体委员会主席雅克·德洛尔（Jacques Delors）为首的委员会制订关于欧共体进一步进行货币合作的计划。1989年4月，德洛尔向12国财政部长提交了《欧洲共同体经济与货币联盟的报告》。按照该计划，一个统一的欧洲中央银行将为单一的欧洲货币制定货币政策，各国的货币将不再流通使用，各国的中央银行也不再具有独立的地位。报告提出后2个月，即1989年6月，在欧洲理事会马德里会议上，成员的政府首脑们认可这个报告，并决定自1990年7月1日起实行该计划。

德洛尔计划认为实现欧洲经济货币同盟必须具备三个条件：① 所有成员的货币能够自由兑换；② 资本市场完全自由化，金融市场一体化；③ 固定汇率。这些条件满足后，各成员的货币将可以相互替代，利率也将趋于一致，建立联合中央银行，发行统一货币，实行统一的货币政策才会成为可能。

---

① 欧洲经济与货币联盟，包括经济联盟与货币联盟两个核心维度，属于经济与货币的双重整合；欧洲货币联盟更强调货币一体化。二者的区别在于，经济与货币联盟是货币联盟的基础。

德洛尔计划分三个阶段实现经济货币联盟,每个阶段都有具体的目标:

第一阶段从 1990 年 7 月 1 日到 1993 年 12 月 31 日,目的是为建立经济与货币联盟提供必要的基础,尤其是让各成员的经济运行具有更大的趋同性,并在现有的欧洲货币体系的制度框架下,提高它们之间货币政策和财政政策的合作,消除金融一体化的障碍。

第二阶段是 1994 年 1 月 1 日到 1997 年 12 月 31 日,是一个过渡阶段,目的在于确保各成员愿意接受最终的永久性固定汇率平价。在此阶段,计划修订《罗马条约》,由此便导致了《马斯特里赫特条约》的产生;计划于 1994 年 1 月 1 日在法兰克福成立欧洲货币局(European Monetary Institute,EMI),使之成为欧洲中央银行(ECB)的先导,以便集中行使宏观经济政策并减少汇率的波动和调整。

第三阶段为固定汇率与欧元阶段,主要目标是在 1997 年或 1999 年完成货币联盟,即建立单一货币和欧洲中央银行,并由欧洲中央银行统一行使干预外汇市场和公开市场业务的权力。这意味着各成员将失去其有关货币供给和货币政策的独立权力。此时,各国中央银行将非常类似于美国的联邦储备银行。由于 1997 年的预定期限被错过了,1999 年 1 月 1 日便顺理成章地成了新的起始时间,货币联盟各成员从此都要接受由欧洲中央银行制定的统一的货币政策。

二、《马斯特里赫特条约》

继德洛尔报告之后,1991 年 12 月,欧共体 12 国在荷兰小镇马斯特里赫特正式签订了《马斯特里赫特条约》(以下简称《马约》),并于 1993 年 11 月 1 日开始实施。从某种程度上讲,《马约》是《罗马条约》关于政治和经济改革方面内容的附加与修正条款的一个集合,详细规定了实现上述目标所需的各个步骤。它为建立进一步向经济与货币联盟演进所需要的机构提供了法律基础。

《马约》的生效需要得到欧盟 12 个成员以全民公决或议会表决的形式批准。1992 年 6 月,丹麦全民公决以反对批准《马约》,给 EMU 和德洛尔计划的时间表投下了一层阴影。法国计划于 1992 年 9 月 20 日进行全民公决,民意调查表明人们对此存在很大的分歧。投机商嗅出了《马约》面临的危机。1992 年 9 月,投机商对英镑、意大利里拉、瑞典克朗、芬兰马克发动攻击,德意志银行和其他中央银行按照欧洲汇率机制的运作原则进行了干预,但是由于所需储备流量太大而难以为继。9 月 17 日,意大利里拉被迫贬值,进而退出了 ERM;英镑也遭受了同样的命运,被迫贬值并退出汇率机制。1993 年 11 月,《马约》得到所有成员的批准,欧洲联盟(以下简称"欧盟")正式诞生。但货币危机一直持续到 1993 年年底,葡萄牙埃斯库多、西班牙比塞塔被迫发生两次贬值;丹麦克朗和挪威克朗被迫自由浮动。1993 年夏,投机商对法国法郎发动攻击,法国拒绝法郎贬值,欧洲将汇率机制所有货币的汇率波动幅度扩大到±15%。

《马约》规定最迟于 1998 年 7 月 1 日起成立欧洲中央银行,于 1999 年 1 月 1 日起实行单一货币。《马约》还规定了所谓"趋同标准",强调加入货币联盟的成员必须在经济发展上达到统一的指标(Convergence Criteria):① 通货膨胀率不超过通货膨胀率最低的 3 个成员的平均数的 1.5%;② 利率不超过上述平均数的 2%;③ 年度预算赤字不超过本国 GDP 的 3%;④ 累积公共债务不超过本国 GDP 的 60%;⑤ 汇率波动幅度控制在 ERM 波动幅度之内且在 2 年内不能贬值。

《马约》的趋同标准有一个基本的思想,即仅仅吸纳具有良好的经济和财政政策的国家,以此作为确保货币联盟健康运转的基础;趋同标准非常苛刻,截至 1997 年 2 月,只有卢森堡满足了上述条件。尽管这一思想有许多优点,但还是受到了很多批评。例如,有些学者认为协同标准不论是在目标选择还是目标制定方面都过于武断。

此外,《马约》虽然规定了许多成员加入的前提条件,但却没有规定一个国家在加入后需要满足什么样的要求。对这一问题的认识促使德国要求扩展"马斯特里赫特条件",以规范各成员在加入经济与货币联盟之后的行为。于是,德国通过谈判,达成了《稳定与增长公约》,公约的内容涵盖了对加入经济与货币联盟之后的时期的规定。

三、《稳定与增长公约》

1996 年 12 月,德国和其他国家谈判通过了《稳定与增长公约》,目的是保证在经济与货币联盟成立之后继续维持财政的稳健性。那些拥有"过度赤字"(定义为超过 GDP 的 3%)的国家如果不采取措施来减少赤字的话,将会遭到惩罚。货币联盟的每一个成员都必须准备一个长期的稳定计划,以制定出各自的预算额度,同时,这些计划必须得到经济与财政部长会议(Council of Economic and Finance Ministers)的认可,并要公之于众。欧盟委员会和经济与财政部长会议负责监督这些计划的实施,在计划有所违背时将会提出政策调整的建议。

四、走向单一货币:欧元的诞生

1994 年,欧盟的金融专家着手准备统一货币所需的技术条件。1995 年 12 月,欧盟首脑会议在马德里举行,会议就各成员货币向单一货币过渡的具体步骤以及单一货币(欧元,Euro)的名称达成一致意见,并明确了欧盟各成员政府实施这一计划的决心。这次首脑会议重申必须严格遵守《马约》规定的加入货币联盟的通货膨胀率、利率、汇率、预算赤字、债务等五项经济趋同指标,确保于 1999 年 1 月 1 日实行统一货币。为保证货币联盟按计划实施,欧盟各国在《马约》规定的时间表基础上,又制定了一份更为详细、具有操作性的时间表。

1996 年 10 月,欧盟委员会正式提出了关于实行单一货币(欧元)的文件,其核心内容是确立欧元的法律地位、制定货币稳定公约和奠定新欧洲货币体系的基础。关于欧元法律地位的文件规定,欧元从 1999 年 1 月 1 日起成为欧盟内实行统一货币国家的唯一合法货币,自 1999 年 1 月 1 日起欧洲货币单位可以按 1:1 的汇率兑换成欧元;1999 年 1 月 1 日至 2001 年 12 月 31 日为过渡期;2002 年 1 月 1 日起,欧元将取代各成员的货币,原货币可继续流通到 2002 年 6 月;此后,欧元开始成为各加盟成员唯一的法定货币。

1996 年 12 月,在都柏林欧盟首脑会议上,欧盟 15 国领导人签署了欧洲单一货币最后期限公报,重申 1999 年 1 月 1 日为欧洲货币联盟的起始日期,届时欧元将投入使用。会议还确认了欧元七种面值纸币的样币,从而标志着欧元的正式诞生。

在 1997 年 6 月中旬的阿姆斯特丹会议上,在对《马约》进行了为期 15 个月的修改基础上,欧盟 15 个国家就新的欧盟条约《阿姆斯特丹草案》达成一致,标志着历时 15 个月的修改《马约》工作的结束。欧盟各国首脑还正式批准了《稳定与增长公约》《欧元的法律地位》和《新的货币汇率机制》三个文件。这些文件对欧洲货币联盟的建设和正常运行具有关键性意义,是保障未来单一货币的稳定,以及保证成员国与非成员国货币汇率相对稳定和统一大市场秩序的重要举措。

1998年5月2日,欧盟15国首脑在布鲁塞尔举行的特别会议上,决定接受欧盟委员会和欧洲货币当局的推荐,确认奥地利、比利时、芬兰、法国、德国、爱尔兰、意大利、卢森堡、西班牙、荷兰和葡萄牙这11个国家于1999年1月1日率先进入欧洲经济货币联盟第三阶段,成为欧元创始国,荷兰人威姆·杜伊森贝赫(Willem Duisenberg)为欧洲中央银行第一任行长。而欧盟另外4个国家中,英国和丹麦根据《马约》选择暂时不进入欧洲经济货币联盟第三阶段;瑞典和希腊则因为没有达到《马约》规定的一致性标准,而暂时不能进入第三阶段。1998年6月4日晚,由欧元区11国财长组成的欧元理事会在卢森堡举行了首次会议,并正式宣告欧元理事会成立。

1999年1月1日至2001年12月31日,是欧元区内各成员货币向欧元转换的过渡期。欧元同成员货币的汇率固定下来,而且不能改变。欧元作为参与国的非现金交易的"货币",即以支票、信用卡、股票和债券的方式流通。2002年1月起,欧元区11国把总额700亿的现金欧元投入流通领域。2002年7月1日后,欧元区11国的货币退出流通,由欧元取代。

五、欧元对世界经济的影响

欧元自启动以来运行状况良好:单一货币消除了外汇风险及为防范外汇风险所需的套期保值成本,增强了经济透明度和市场竞争力,促进了欧盟尤其是欧元区成员之间的贸易和投资;欧洲中央银行基本达到了稳定经济的目标;欧洲货币联盟总体加强了财政预算约束;在金融市场上,欧元作为经济结构改变的一体化发动机和催化剂发挥了作用。事实上,欧元的启动不仅对欧盟的发展产生了积极的推动作用,也对国际货币体系和国际金融市场产生了广泛的影响。

首先,欧元的启动使国际储备体系结构发生了重大变化,欧元成为可与美元相抗衡的世界主要的贸易结算、金融投资和储备货币之一。从欧元所赖以支持的经济体的相对实力及其在世界贸易中所占的份额等角度看,欧元会成为国际货币体系内相当有竞争力的世界货币。随着欧洲一体化进程的加快和欧洲统一资本市场的形成,人们对欧元的信心有所增强,这大大提高了欧元作为国际储备货币的地位和作用。此外,欧元流通后,世界贸易中的一部分转用欧元计价和结算,从而打破了美元垄断世界贸易的局面。

当然,由于欧元区自身存在一些问题,如欧元区没有统一的税收和工资系统,没有统一的语言和会计系统等,再加上国际金融市场上惯性的力量不可低估,欧元在国际货币体系中发挥的作用受到一定程度的限制,美元仍将保持其在国际货币体系中的主导地位。但欧元的产生将逐渐缩小美国与欧洲国家之间现存的货币差距,欧元将逐步成为国际上最重要的储备货币、金融投资货币和贸易结算货币之一。

其次,欧元对国际金融市场产生了重大而深远的影响。其一,增强了欧盟平衡国际金融市场震荡的能力,有助于国际金融市场的稳定。欧盟统一货币的实行,各成员的经济趋同,避免或减少了货币动荡对经济产生的负面影响,消除了汇率风险并免除了兑换费用,促进了成员经济发展和就业机会创造,从而使欧盟在国际经济格局中的地位明显提高。其二,扩大了欧洲资本市场的市场容量和流动性。欧元实施之后,欧元区内各国债券流通范围窄、市场容量小的状况将会改观。其三,加剧了银行业的竞争。货币统一和利率趋同打破了一个国家对银行业的垄断,银行在费用结构和利率水平方面的透明度和可比性的提高促进了银行业的趋同,从而导致欧盟各国银行业务的整合和并购。另外,单一货币将改变金融机构竞争优势来源,价格和产品差别竞争将逐渐取代分行网络竞争。其四,促使欧洲现有国际金融中心格局的调整。以德、法为主的欧元区将对英国的金融业地位形成挑战和压力;欧洲中央银行设立于法兰克福,欧元的推行使法国作为金融中心的地位不断提高,伦敦、苏黎世的欧洲金融中心地位将受到削弱,从长期来看它还将对纽约的国际金融中心地位产生重大影响。

最后,欧元的诞生促进了国际金融一体化的发展。欧洲货币一体化的逐步深入,使欧盟更具实力和典型性,这种成绩不仅会吸引欧盟国家,而且会鼓励那些国情差不多、经济潜力相近的国家之间实现次地区级的货币一体化。

在看到欧元积极作用的同时,我们也应注意到欧元和欧元区还存在很多问题,并面临着多方面的挑战。如在统一的货币政策和汇率政策下,欧盟各国的通货膨胀率和经济增长率的趋异性仍在增加;欧元的引入加剧了银行业的竞争,也导致了一系列的结构性的变化;政治一体化滞后因素阻碍了金融的一体化;各国的利益不平衡;等等。但是可以预见,一个统一的、强大的欧洲建立后将带来的巨大政治、经济利益以及放弃联合将产生的严重后果,必将使欧盟各国有足够的动力来维持并改进欧元区成员之间的相互合作关系,以共同维护其统一货币——欧元;欧盟的成功,也必将会对其他货币联盟产生积极的示范作用,从而推进地区性货币一体化的进程并最终推动国际金融一体化向更高阶段迈进。

第四节 欧债危机

1999年1月1日,欧洲11国(德国、法国、意大利、荷兰、比利时、卢森堡、爱尔兰、西班牙、葡萄牙、奥地利和芬兰)正式启用单一货币。在此后的十年时间里,欧洲货币联盟获得了发展和壮大。2009年欧债危机发生前,欧洲货币联盟已成为一个拥有27个成员、人口超过4.8亿的大型区域一体化组织,其中欧元区15国包括德国、法国、意大利、荷兰、比利时、卢森堡、爱尔兰、希腊、奥地利、西班牙、葡萄牙、芬兰、斯洛文尼亚、塞浦路斯、马耳他;欧元区的第12个国家为希腊,是2001年加入欧盟的。此外还有未加入欧元区的12国,包括英国、瑞典、丹麦、波兰、匈牙利、捷克、斯洛伐克、爱沙尼亚、拉脱维亚、立陶宛、罗马尼亚、保加利亚。有一些非欧盟成员也使用欧元,如摩纳哥、圣马力诺、梵蒂冈、黑山、科索沃、安道尔。

统一货币对欧洲有重要意义。1999年,时任法国总统雅克·希拉克(Jacques Chirac)认为:欧洲能够而且应该成为未来多极世界的头号大国。实施欧元是欧洲在没有动用枪炮的情况下实现的一次巨大变革,其首要目的在于不受别人摆布。欧元自启动以来运行状况良好,从其诞生之日到次贷危机发生前夕累计升值80%以上,导致欧债受到投资者的广泛欢迎。但欧元区的体制问题也为货币联盟的发展埋下了隐患,从而成为主权债务危机发生和蔓延的重要原因。

一、欧债危机的爆发

欧洲主权债务危机是指在 2008 年金融危机发生后,希腊等欧盟国家所发生的债务危机。它以主权债务危机的形式出现,即政府的资产负债表出现了问题。

欧债危机源于希腊的债务危机。2009 年 10 月,希腊新一届政府突然宣布 2009 年财政赤字和公共债务占 GDP 的比重预计将分别达到 12.7%(远高于前任政府宣布的 6.7%)和 113%,远超规定的 3% 和 60% 的上限。这一消息导致市场出现恐慌,欧洲主权债务危机由此发端。2009 年 12 月,全球三大评级公司下调希腊主权评级:2009 年 12 月 8 日,惠誉将希腊信贷评级由 A-下调至 BBB+,前景展望为负面;2009 年 12 月 15 日,希腊发售 20 亿欧元国债,2009 年 12 月 16 日,标准普尔将希腊的长期主权信用评级由 A-下调为 BBB+;2009 年 12 月 22 日,穆迪宣布将希腊主权评级从 A1 下调到 A2,评级展望为负面。这些负面评级结果使希腊的债务危机愈演愈烈。

欧洲其他国家也随后陷入危机。比利时等外界认为较稳健的国家,及欧元区内经济实力较强的西班牙,都预报未来三年预算赤字居高不下。希腊已非危机主角,整个欧盟都受到债务危机的困扰。2010 年 1 月 11 日,穆迪警告葡萄牙若不采取有效措施控制赤字,就将调降该国主权评级。2010 年 2 月 4 日,西班牙财政部指出,西班牙 2010 年整体公共预算赤字恐将占 GDP 的 9.8%。2010 年 2 月 5 日,债务危机引发市场惶恐,西班牙股市当天急跌 6%,创下 15 个月以来最大跌幅。

此后,德国等欧元区的龙头国开始感受到危机的影响。由于欧元大幅下跌,加上欧洲股市暴挫,整个欧元区面对成立 11 年以来最严峻的考验。2010 年 2 月 4 日,德国预计 2010 年预算赤字占 GDP 的 5.5%。2010 年 2 月 9 日,欧元空头头寸已增至 80 亿美元,创历史最高纪录。2010 年 2 月 10 日,巴克莱资本表示,美国银行业在希腊、爱尔兰、葡萄牙及西班牙的风险敞口达 1 760 亿美元。

深陷困境的希腊宣称在 2010 年 5 月 19 日之前需要约 90 亿欧元资金以渡过危机,但是欧洲各国在援助希腊问题上迟迟达不成一致意见。4 月 27 日,标准普尔将希腊主权评级降至"垃圾级",危机进一步升级。2010 年 3 月 3 日,希腊公布 48 亿欧元紧缩方案;2010 年 4 月 23 日,希腊正式向欧盟及 IMF 提出援助请求;2010 年 4 月 26 日,德国表示除非希腊出台更为严格的财政紧缩政策,否则不会"过早"伸出援手。欧债危机因此升级,欧美股市全线大跌。2010 年 5 月 10 日,欧盟和 IMF 决定斥资 7 500 亿欧元救助欧元区成员,欧债危机暂时得以缓解。

二、欧债危机的解决途径

欧债危机严重威胁金融体系的安全,加剧了全球金融市场的动荡。2011 年,受欧债危机的拖累,世界经济复苏的脚步放缓,经济的低迷使世界贸易受到影响,贸易保护主义有所抬头。为了避免欧债危机的进一步蔓延带来更为严重的后果,欧洲各国采取了以下措施:

1. 实施紧缩的财政政策

发生危机的各国实施了紧缩的财政政策。以希腊为例,2010 年 1 月 15 日,希腊向欧盟委员会提交削减赤字的计划,提出在 2010 年使赤字占 GDP 的比例降至 8.7%,2011 年降至 5.6%，2012 年降至 2.8%，2013 年降至 2%。为了达到计划的目标，希腊公布了一系列削减公共开支措施。

2. 组建技术性政府

遭遇欧债危机打击的爱尔兰、葡萄牙、希腊、意大利和西班牙五国都实现了政府更迭。平衡公共财政、推动经济增长、促进社会财富公平分配是这些国家政府首脑面临的严峻挑战。

3. 发展经济，提高竞争力

西班牙等国采取了多项措施发展经济，提高经济竞争力，由此增加财政收入，同时促进出口。它们把发展重点从房地产转到其他产业，注重技术创新，提高竞争力，并启动积极就业机制，出台新的劳动法，使就业市场更加灵活。

4. 实施一揽子政策

欧盟及欧元区成员领导人峰会曾就扩大欧洲金融稳定工具、银行资本重组、希腊债务减记以及加强金融监管银行增资等一揽子方案达成一致。第一，将现有救助机制——欧洲金融稳定基金的规模从 4 400 万欧元扩大到 10 000 亿欧元；第二，到 2012 年 6 月底，欧洲银行业的资本金比率提高到 9%；第三，欧洲领导人已与私营领域银行达成协议，私人投资者同意在"自愿"基础上将所持希腊债务减记 50%；第四，采取加强金融监管、建立跨境合作机制、明确破产救助规程，以及大银行需额外增加资本金等措施减少系统性金融机构风险。

5. 缔结政府间条约

2011 年 12 月 9 日，经过十几个小时的马拉松式谈判，欧盟峰会同意缔结政府间条约，强化财政纪律，欧盟 26 国（英国除外）均表示愿意加入新的政府间条约，以强化财政纪律。

三、欧债危机的成因

1. 外部原因

2007 年发端于美国的全球金融海啸是欧债危机的外部诱因。为了减轻金融危机对经济增长和就业的影响，各国政府纷纷推出刺激经济增长的宽松政策。金融危机中的经济刺激计划导致一些国家的财政状况明显恶化，高福利、低盈余的希腊等国无法通过公共财政盈余来支撑过度的举债消费。评级机构在危机中则起到了推波助澜的作用。评级机构不断调低希腊、意大利、葡萄牙、西班牙等国的主权债务评级，导致危机进一步发展和蔓延。

2. 内部原因

第一，希腊是通过创造条件加入欧元区的，这为欧元区的发展埋下了隐患。2000 年，希腊加入欧元区时，是达不到《马约》规定的要求的，关键的问题就在于其财政赤字占 GDP 的 5.2%（高于规定的 3% 上限）。为了符合欧元区成员的标准，希腊通过某金融机构量身定做出一套"货币掉期交易"方式，掩盖了一笔高达 10 亿欧元的公共债务，结果使得希腊的财政赤字降至 GDP 的 1.5%，并以"优等生"的身份进入了欧元区。

第二，希腊等欧元区国家在经济发展中存在诸多问题：一是产业结构不平衡，实体经济空心化,经济发展脆弱。二是人口结构不平衡,逐步进入老龄化。三是刚性的社会福利制度,如 2008—2010 年,爱尔兰和希腊等国 GDP 都出现了负增长,但这些国家的社会福利支出并没有因此减少,导致其财政赤字猛增。

第三,希腊等欧元区国家出现经济衰退。希腊等欧元区国家在内部经济已经出现问题的背景下,受全球金融海啸的冲击,出现了经济衰退、失业率上升、债务和财政赤字占 GDP 的比重上升等现象。

第四,法、德等国在救援上的分歧令危机处于胶着状态。法国坚决支持救援,而德国在救援问题上的左右摇摆在很大程度上影响了市场参与者的预期,使得欧债危机长期处于胶着状态。

3. 深层次原因

第一,货币制度与财政制度难以协调,是欧债危机爆发的根本原因,这也是货币区制度的最主要问题。欧元区一直以来都是世界上区域货币合作最成功的案例,然而 2008 年美国次贷危机的爆发使得欧元区长期被隐藏的问题凸显了。欧元区在实行统一货币后,欧元区国家无法动用货币政策和汇率政策进行经济调整。在这种情况下,这些国家不得不完全依靠财政手段对付经济衰退,从而加大了成员的财政负担。在货币合作的同时,欧元区经济缺乏财政协调和合作机制,这一状况也削弱了个别国家对付金融危机的能力。

第二,欧元区国家劳动生产率差异巨大,造成了各国发展的不平衡。德国和荷兰等国家的劳动生产率高于欧元区的平均水平,这一优势为这些国家实现出口拉动型经济增长提供了有利条件。但希腊等国的劳动生产率低于欧元区的平均水平,只能依靠政府财政支出维持高工资和高福利成本。欧元区的低利率政策,又使它们可大举借贷,结果导致债务和财政赤字高企。

第三,欧盟各国劳动力无法自由流动,不能进行有效的调整。蒙代尔的最优货币区理论是以生产要素完全自由流动为前提,并以要素的自由流动来代替汇率的浮动。欧元体系只是在制度上放松了人员流动的管制,由于语言、文化、生活习惯、社会保障等因素的存在,欧盟内部劳动力并不能完全自由流动。

第四,欧元区没有设计退出机制,出现问题后协商成本很高,这给以后欧元区的危机处理提出了难题。欧盟条约要求除丹麦和英国外的每一个欧盟成员具有在未来某一个时候成为欧元区成员的契约责任。强制的驱逐或自愿的退出从技术上来讲都是不合法的(或至少需要全部成员的批准)。成员在遇到问题后,就只能通过欧盟的内部开会讨论,来解决成员出现的问题,市场也随着一次次的讨论而跌宕起伏。

本章术语 》》

欧洲货币体系　欧洲货币联盟　货币一体化　欧洲货币单位　欧元
欧债危机

本章总结 》》

1. 区域性货币联盟具有三个基本特征:一是汇率的统一;二是货币的统一;三是货币管理机构和货币政策的统一。成立货币联盟有利有弊,在一个联盟中,有赢家也有输家。

2. 欧洲货币体系有几个主要的特征：欧洲汇率机制（ERM）；欧洲货币单位（ECU）和欧洲货币合作基金（EMCF）。

3. 欧洲货币联盟由欧洲货币体系演化而来，联盟具有单一的货币欧元和作为货币管理机构的中央银行。欧洲货币联盟运行情况良好，欧元在国际货币体系中也发挥着越来越重要的作用。欧洲货币一体化的成功为其他地区的货币合作提供了很好的借鉴作用。

4. 欧债危机是以主权债务危机的形式出现的，它的发生有其历史、体制和自身的原因。

思考和练习

1. 货币一体化可以给参与国带来什么好处？
2. 欧洲货币体系的主要特征是什么？
3. 结合欧洲货币联盟的历史演变，谈谈亚洲货币一体化的前景。
4. 结合欧债危机说明货币一体化可能产生的问题。

第十五章　　国际金融市场

▰本章概要▰

国际金融市场是各国间进行资金融通的场所,它是随着国际贸易和国际支付的发展及国际借贷关系的扩大而逐步产生并不断发展、演化的,同时它也在推动各国经济发展方面发挥着越来越重要的作用。20世纪70年代以来,国际金融市场发生了深刻的变革,呈现出许多新的发展特征。本章主要介绍国际金融市场的若干子市场,分析各个市场的特征和发展趋势,以期为读者描绘国际金融市场的主要框架。

▰学习目标▰

1. 了解国际金融市场的分类和发展趋势。
2. 掌握国际货币市场和国际资本市场的特点和构成。
3. 把握欧洲货币市场的成因和特点。
4. 掌握欧洲债券和外国债券的区别和联系。

国际金融市场是各国间进行资金融通的场所,是国际金融交易的载体。20世纪70年代实行浮动汇率制以来,伴随着政府管制的放松、经济全球化的日益深入以及信息技术的迅猛发展,国际金融市场发生了深刻的变革,呈现出许多新的发展特征。

按照不同的分类标准,国际金融市场可以划分为下述细分市场:按资金融通期限的长短可分为国际货币市场和国际资本市场;按进行市场交易的金融工具可分为资金市场、外汇市场、证券市场和黄金市场;按国际金融市场发展的历史可分为传统的国际金融市场和新兴的欧洲货币市场、欧洲债券市场。本章将对国际货币市场、国际资本市场、欧洲货币市场、欧洲债券市场进行重点论述。

第一节　国际金融市场概述

国际金融市场是随着国际贸易和国际支付的发展及国际借贷关系的扩大而逐步产生并不断发展、演化的。由于国际经济联系日趋紧密,越来越多的国家由双边经济关系发展成为多边经济关系。各国间的借贷关系也日益发展,从本国投资者与本国借款者之间的借贷关系发展为本国投资者或借款者与外国借款者或投资者的借贷关系,甚至是外国投资者与外国借款者之间的借贷关系。国际金融市场的规模不断扩大,在推动各国经济发展方面发挥着越来越重要的作用。

一、国际金融市场的发展历程

国际金融市场的发展与国际经济格局的演变密切相关。它经历了以下几个主要发展阶段：

1. 以伦敦为中心的国际金融市场

19世纪30年代，英国在全球率先完成了工业革命，成为"世界工厂"，同时还建立了当时世界上最完善的现代银行制度。由于英国是全球最大的工业品生产国和输出国，英镑逐渐成为当时国际上主要的结算货币。随着英国工业品对海外输出以及广大海外殖民地的建立，英国向外输出了大量的低息贷款，成为当时全球最大的资本输出国。这样，英国在国际贸易和国际金融领域中都扮演着举足轻重的角色，伦敦的国际金融业务逐渐占据主要地位。伦敦取代了荷兰的阿姆斯特丹，发展成为国际贸易中心和国际金融中心。

第一次世界大战之后，美国取代英国成为世界头号工业生产国和贸易输出国，英镑作为主要的国际结算货币和国际储备货币的地位大大削弱。但是，伦敦仍然拥有当时世界上最发达、最完善的银行设施，伦敦仍然发挥着国际借贷中心、国际投资中心的作用，也仍然是当时世界上最重要的国际金融中心。

1929年爆发了资本主义历史上最严重的经济危机，大批银行倒闭。当时世界上的货币体系是国际金本位制度，流通中的英镑和美元可以直接兑换黄金。各国在经济危机爆发后纷纷用国际储备中的英镑和美元到英国和美国的中央银行去挤兑黄金，致使英美两国大量黄金外流。在巨大压力之下，英国和美国相继于1931年和1933年宣布放弃金本位制。

国际金本位制崩溃后，世界各主要资本主义国家都不同程度地实行了外汇管制和资本流动管制，并相继建立了区域性货币集团。英国于1939年组成了英镑集团，包括英国的殖民地国家（加拿大除外）以及与英国有着密切经济往来的一些国家。美国组成了美元集团，包括加拿大、墨西哥和拉丁美洲的一些国家。其他还有法国法郎集团、比利时法郎集团、荷兰盾集团等。在各个集团内部，成员的货币都钉住中心货币，成员的外汇储备都存放在中心国的银行，如英镑集团各国的货币都钉住英镑，它们的外汇储备必须存放在伦敦的银行中。在各个集团内部没有外汇管制和资金流动的管制，一切结算业务都用该集团的中心国货币进行。当时各个集团货币，除美元外，不能与集团外的货币自由兑换，只有美国没有实行外汇管制，美元仍然可以自由兑换。

封闭的、排他的区域性货币集团阻碍了国际贸易和国际资本流动的正常进行。国际金融市场在一定程度上丧失了其国际性，许多国际金融中心实际上降格为区域性的金融中心。

2. 以纽约为中心的国际金融市场

第一次世界大战之后，美国的经济实力迅速上升，超过了英国的工业产值和贸易总额，美元在国际结算和国际储备中的地位日益加强。第一次世界大战之后美国还向欧洲提供了大量的重建资金，使美国的金融中心纽约迅速成为与伦敦并列的重要的国际金融中心。1914年，作为中央银行的美国联邦储备委员会成立，完善了美国的金融制度，改善了美国金融环境，巩固了纽约在国际金融市场中的地位。

第二次世界大战之后，美国成为资本主义世界的经济霸主。美国的工业生产总值当时占资本主义世界的1/2，出口贸易额占1/3，资本输出额占1/3，黄金储备占2/3。由于欧洲各国战后百废待兴，美国制订了"马歇尔计划"，向欧洲提供了大量的复兴资本。当时的国际货币制度——布雷顿森林体系规定美元可以按官价直接兑换黄金,使美元成为各国最重要的国际储备货币。以上因素提升了美元的国际地位,纽约也相应成为世界上最大的国际金融市场。20世纪60年代,伴随着西欧、日本等国经济的复苏和欧洲货币市场的发展,伦敦、巴黎、法兰克福、苏黎世在国际金融市场中的地位得到恢复和加强。

3. 新兴的欧洲货币市场和欧洲债券市场

20世纪60年代,美国出现了连年的国际收支逆差,大量美元流向海外。迫不得已,美国采取了一系列的管制措施来限制资本外流。但是事与愿违,美国的跨国公司为逃避这些限制,更是纷纷把美元资金转移到更安全和更有利可图的地区,于是形成了以伦敦为中心的境外美元市场,被称为"欧洲美元市场"。

在欧洲美元市场形成的同时,由于各国纷纷实行浮动汇率,并不同程度地对本国货币进行管制,使得各国货币相继越出国界,出现了境外马克、境外法国法郎、境外日元、境外荷兰盾等,在伦敦等国际金融中心进行交易,欧洲美元市场逐渐扩大成为能够交易众多境外货币的"欧洲货币市场"。

欧洲货币市场是国际金融市场发展的新阶段,至此,国际金融市场已涵盖国内市场交易、国际市场交易和离岸市场交易,而离岸市场交易是当今国际金融市场的核心。与传统的国际金融市场相比,欧洲货币市场经营的货币已不限于市场所在国的货币,包括所有可以自由兑换的货币。欧洲货币市场遍布世界各地,先进的通信工具已将各个金融中心的经营活动连接成为一个关系紧密的整体。

二、全球主要的国际金融中心

目前,全球主要的国际金融中心可以划分为下述五个区域:西欧区,包括伦敦、巴黎、苏黎世、法兰克福、卢森堡等金融中心;北美区,包括纽约以及美国所有设有国际银行设施的州和加拿大的多伦多、蒙特利尔等金融中心;亚洲区,包括中国香港、新加坡、东京、北京和上海等金融中心;中东区,包括迪拜、巴林、科威特等金融中心;中美洲与加勒比海区,包括开曼群岛和巴拿马。

西欧区是历史最悠久的国际金融中心,而伦敦是全球最重要的国际金融中心之一。在伦敦的外国银行的数量超过了英国本国银行的数量,有近500家外国银行在伦敦金融城营业,经营着全球20%的国际银行业务。在金融服务的各个领域,伦敦都居于世界领先地位。

北美区是全球非常重要的国际金融中心,纽约是该区最重要的国际金融中心。1981年12月,美联储批准美国境内的银行、储蓄机构设立"国际银行业务设施",在美国国内开展欧洲货币业务。国际银行业务设施的建立,实际上开辟了美国境内的离岸金融市场,从而将巨额欧洲美元吸引到美国国内,大大提高了纽约在国际金融市场中的地位。此后,美国各州的金融中心都日益国际化,加强了美国与其他国际金融中心之间的联系。

亚洲区是重要的新兴国际金融中心。20世纪80年代,日本政府逐渐放松金融管制,对外开放国内市场,使东京迅速崛起,成为继伦敦、纽约之后的重要金融中心。20世纪70年代,中国香港政府采取了一系列措施鼓励外国银行进入,促进国际金融业的发展。新加坡独立后积极推动金融市场国际化,鼓励在国内建立亚洲美元市场,并于1968年10月允许设立与国内金融市场完全分离的亚洲货币单位,迅速发展成为新兴的国际金融中心。进入 21 世纪之后,上海和北京发展势头迅猛,2024 年已成为世界排名前十的国际金融中心。

中美洲与加勒比海区,由于具有优越的地理位置和便利的交通、通信设施以及完善的金融服务条件,吸引了大量的跨国银行尤其是美国银行,在此注册设立分行。

回顾以上的发展历程,可知某地区成为国际金融中心的必要条件是:

(1) 政局稳定,经济环境和金融环境稳定。

(2) 金融制度完善。有较发达的银行业和其他非银行金融机构,能组织起相当规模的金融资产交易。有能熟练从事国际金融业务的专业人才。

(3) 外汇制度自由。不实行严格的外汇管制,资金可以自由出入境,同时在银行存款准备金、银行利率和税率等方面也有稳定的政策,使境内外的投资者有长期投资的设想和信心。

(4) 交通和通信条件便利。国际金融业务一般都由银行与金融机构通过电话、电报、电传、电脑等通信设施和邮政设施相互联系,同时还需要国际贸易、航运、保险等配套机构具有相应的水准。

传统的国际金融中心首先必须是国内金融中心,逐渐开始发展国际金融业务,然而必须仍然遵守本国或当地的金融法规。近几十年来,原有的传统国际金融中心的特征发生了变化,开始经营可自由兑换的外国货币,使这些货币能在其发行国以外进行交易。这些业务可以不受金融中心所在国的法规的约束,被称为"境外市场"(External Market),也被称为"离岸市场"(Off-shore Market)。

国内金融市场上是本国的投资者与本国的借款者发生借贷关系,当本国的投资者向外国借款者提供资金,或者本国借款者从外国投资者获得资金,就形成了国际借贷关系,产生了国际金融市场。离岸金融市场是新兴的国际金融市场,所有离岸货币市场结合成整体,就是通常所说的欧洲货币市场。

三、国际金融市场的作用

1. 促进国际贸易和国际投资的发展

国际金融市场的产生和发展都是国际贸易和国际投资发展的结果,而反过来,国际金融市场的发展又进一步促进了国际贸易和国际投资的发展。通过国际金融市场在世界范围内对资金的调拨,可以调节世界范围内的资金盈缺。将全球的闲置资本转化为盈利资本,资金不足的国家可以在国际金融市场上方便地获得资金,不再受制于国内的储蓄和资金的积累。事实证明,许多国家正是通过合理地利用国际金融市场上的资金,促进本国经济的迅速发展。

2. 调节国际收支的不平衡

国际金融市场上汇集了世界各国的盈余资金,出现国际收支逆差的国家可以从金融市场上借入所需资金弥补赤字,从而缓和赤字对国民经济的压力,有利于经济的稳定发展。国际金融市场的这一作用在 20 世纪 70 年代油价暴涨时期表现得尤为突出。当时,石油输出国组织两次提高原油价格,从而石油输入国出现了高达 4 000 亿美元的赤字,另外,石油输出国的盈余也高达 3 000 多亿美元。这笔国际收支盈余资金流向欧洲美元市场,形成庞大的信贷资金。而赤字国纷纷转向欧洲美元市场借入资金,以支付石油进口。

在这里,国际金融市场使石油美元顺利地回流,是缓和国际收支世界范围内严重失调的关键。至今,国际金融市场仍是赤字国解决资金问题的重要渠道。

3. 提高世界资源的分配效率

国际金融市场是一个高度竞争的市场,资金总是流向经济效益最好、资金收益率最高的国家或地区,这就使国际金融市场上的资金利用效率提高,从而促使经济资源在世界范围内配置效率提高。另外,国际金融市场的发展使国际上调拨资金的成本大大降低,也提高了世界经济效率。随着国际金融市场一体化的发展,各国之间的经济关系会越来越紧密,国家之间的分工也会越来越得到优化。

国际金融市场的影响和作用总的来说是积极的,但也应该看到,国际金融市场在缓和国际收支严重失衡的同时,向广大赤字国提供了大量贷款,埋下了国际债务危机的隐患。如拉丁美洲、墨西哥的债务危机给国际信贷带来了重大的震动。国际金融市场上巨额资金频繁而不规律的移动对小型开放国家的国内经济政策也产生了不可忽视的影响,使一国有目的的财政政策和货币政策难以发挥应有的作用。另外,国际金融市场上的投机行为也会使汇率和利率的波动加剧,增加国际投资、国际贸易的风险和成本。日益加强的国际金融市场的一体化趋势也使国际上不稳定性因素的国际传播更为方便和迅速,有加深世界经济动荡和危害的可能。这些都是在利用国际金融市场时值得重视的问题。

四、国际金融市场的发展趋势

随着世界经济的发展,国际金融领域也出现了长足的进展。20世纪60年代,国际金融市场上就出现了金融创新,到80年代中叶,国内和国际市场上都达到了创新的高潮。金融创新表面上显示为金融工具的创新,但伴随着新金融工具的出现,必然会有新金融市场的发展,需要新金融技术的推进,因此,新金融工具的背后实际蕴含着金融市场发展的新趋势。

(一) 金融工具的创新

1. 金融工具创新的原因

新金融工具为什么在20世纪70年代末和80年代得到极大的促进?这与当代世界经济的特点是密不可分的。

首先,二十世纪七八十年代爆发了猛烈的世界性通货膨胀,同时,利率和汇率的变动频繁,市场高度的易变性使那些资产负债期限结构不能保持严格对称的金融中介机构的风险暴露增大,于是金融中介(以及非金融机构)都需要发展有效的保值方法来消除因市场的易变性而产生的增大了的风险。这一需要刺激金融中介积极开发能够用以转移风险的新金融工具。

其次,近年来,金融市场和金融交易对新的计算机技术和通信技术广泛加以运用,大大增加了市场交易的深度和广度,有利于创造全球化的金融市场。计算机和信息处理技术的提高使市场制造者可能对结构较为复杂的新金融工具持续不断地报价,并能连续观察和预测市场走向。这些技术进步都使新金融工具的出现成为可能,并使交易成本大减,从而进一步促进了金融创新的发展。

最后,世界各国持续放松金融管制也是促进国际金融市场发展的一个重要因素。20

世纪 70 年代以来,各国对金融管制的放松一般都包括以下几点:① 放松对金融机构的控制,放宽或取消对各种金融机构业务范围的限制,允许各类金融机构之间的业务领域相互交叉;取消各类金融机构存放款利率的限制,允许各金融机构自由设立分支机构,可以持有或兼并其他种类的金融机构,从而组成混合经营的金融联合体等。② 放松对证券市场的控制,允许商业银行等金融机构拥有证券投资机构,从而可以自由进入证券市场进行交易。③ 开放国内金融市场,允许外国银行在本国建立分行或其他附属机构,允许外国金融机构进入本国证券市场,放宽外国银行的业务领域,取消外国居民在本国金融市场上筹资的限制。以上种种管制的放松,促进了国内金融市场的国际化,同时也加强了国与国之间金融机构的竞争,以及银行与非银行金融机构之间的竞争。日益激烈的金融市场上的竞争必然也构成对金融工具创新的压力。

在放松金融管制的同时,由于近年来银行及其他金融机构遭受信用质量恶化的冲击,金融监督当局又对之施加资本结构管理的要求,比如要求一定的资本/资产比率以满足资本充足的要求。这一要求无疑提高了银行的成本,迫使银行通过扩大表外业务活动来增加收益,这就推动了表外业务方面的金融创新的发展。

2. 新金融工具种类

各种新的金融工具实际是对原有金融工具的各种特性进行重新组合,使之能更好地满足新的要求。任何金融工具都可以看作若干特性的结合,这些特性主要有收益、价格风险、信用风险、国家风险、流动性、可买卖性、定价惯例、数量多少、期限长短等。对新金融工具的需求就来自对金融工具的职能与特性的需求,这使新金融工具可以大致划分为四大类:风险转移型创新、增加流动性型创新、信用创造型创新和股权创造型创新。

(1) 风险转移型创新。这种创新包括能在各种经济主体或金融机构之间转移金融工具内在风险,包括价格风险和信用风险的所有新工具和新技术。例如期权交易、期货交易、货币与利率互换交易等。

(2) 增加流动性型创新。这种创新能使原有的金融工具可转让性和买卖性增强,比如本身具有很强的流动性的可转让大额定期存单(CDs),或使流动性增强的长期贷款证券化的做法。

(3) 信用创造型创新。这种创新是使借款人的资金来源拓宽,使借款人的信用资金从传统来源转移到新来源上,或动员起原来休眠的资金来支持新借款。比如票据发行便利(Note Issuance Facilities, NIFs)实际就是使中期信用短期化,同时又分散了投资者的风险,由一家独自承担的风险变为多家分担风险,从而使筹资者的资金来源更加广泛,也更加稳定。

(4) 股权创造型创新。这种创新能使债权转变为股权的金融创新,比如可转换债券、附有股权认购书的债券等,它也使各类经济主体的资金来源更加广泛,同时又增强了金融工具的流动性。

(二) 国际金融市场的发展趋势

以上几种金融工具的创新包含了国际金融市场发展的几大趋势:

1. 证券化

所谓证券化(Securitization),就是信贷资金流动从银行贷款转向可买卖的债务工具,它意味着银行系统的非中介化(Disintermediation),商业银行既是新证券的发行安排者,又是证券的主要发行者和购买者。

证券化趋势主要表现为以下两种形式:第一,国际市场的拓展。尤其在20世纪80年代上半叶,这一趋势表现得十分明显。国际信贷从主要是银行辛迪加贷款转移为主要是证券化资产。第二,银行资产负债的可买卖性增强了。这表现为:① 银行直接参与国际证券市场,既作为代理人又作为投资者,主要是买进以票据发行便利等形式发行的短期票据和长期浮动利率票据。② 银行国内资产的可买卖性也增加了,银行以抵押贷款所产生的现金流为基础,发行抵押贷款支撑证券。③ 银行在长期证券市场上充当借款人的重要性增大。银行发行的浮动利率票据大幅增加,而此时的银行辛迪加贷款却同步减少,说明银行的负债也出现了证券化趋势。

2. 表外业务的重要性日益增加

表外业务(Off-Balance-sheet Activities)是指商业银行所从事的,按照通行的会计准则不列入资产负债表内、不影响其资产负债总额,但能影响银行当期损益、改变银行资产报酬率的经营活动。20世纪80年代以前,银行已广泛从事银行承兑、外汇期货交易以及各类保证、代理等业务,这些业务都不列在资产负债表上,所以被称为表外业务。80年代兴起了四种主要的表外业务:期权、票据发行便利、互换和远期利率协议。其中期权和互换已在前面介绍了,这里重点说明票据发行便利和远期利率协议的原理。

(1) 票据发行便利(NIFs)。这是一种中期周转性的金融工具,具有法律约束力。签订该种合约后,借款人(即短期票据的发行人)可以在一定时期内以自身名义发行一连串短期票据,承包银行(即安排票据发行便利的银行或银团)则依约承购借款人卖不出去的全部票据,或提供支持信用,保证对方获得一定的资金。

票据发行便利的约定期限一般是3—5年,期限内,短期票据以循环周转方式连续发行,票据的期限从7天到一年不等,但最常用的是3个月的和6个月的,因此,票据发行便利实际是以短期票据换取中期信贷。

票据发行便利的优越性在于分散了传统的欧洲银行信贷的风险。在普通情况下,承包银行无须贷出资金,只有当借款人需要资金时,才把它们发行的票据卖给其他投资者,以向其提供连续性的短期资金,也即提供期限转变便利,这样,票据持有人只承担短期风险,即短期票据到期无力偿还时的风险;而承包人则承担长期风险,即在投资者对借款人失去信任,不愿购买继续发行的短期票据时,银行必须履行提供贷款的责任。这一金融工具对借款人而言,能保证其获得连续稳定的资金,对承包银行来说,在正常时期无须增加投资即可获得佣金收益,因而对借贷双方都有较大的吸引力。

(2) 远期利率协议(Forward Rate Agreements, FRAs)。远期利率协议是双方同意按在某一未来时间对某一具体期限的名义上的存款支付利息的合同,目的是避免利率变动带来的损失。合同期限通常定义为几个月后开始的几个月期,如"3个月对6个月"合同中规定的是从3个月开始后3个月期的利率。

远期利率协议的"买方"是希望保护自己免受利率上升损失的一方,远期利率协议的"卖方"是希望保护自己免受利率下降损失的一方,因此,当清算日的利率高于协定利率时,卖方向买方支付差额利息;当清算日的利率低于协定利率时,买方向卖方支付差额利息。差额利息的计算如下:

$$\frac{\text{合同名义金额} \times (\text{清算日市场利率} - \text{协定利率}) \times \text{以天数表示的 FRAs 期限}/360}{1 + \text{以天数表示的 FRAs 期限}/360}$$

远期利率协议是银行和某些非银行金融机构为利率风险保值的工具,保值是交易者的主要目的。远期利率协议实际是在场外进行的、用现金清算的远期交易,它比传统的金融远期交易简单灵活,而且它只解决利率风险,不保证未来真正进行存款或贷款,因而不会扩大资产或负债,不必增大资本比率。

3. 金融市场全球一体化

金融市场的全球一体化(Global Integration),也称全球化(Globalization),指国内和国外金融市场之间日益紧密的联系,逐步走向一个统一的金融市场的状态和趋势。金融市场的全球一体化是在 20 世纪 70 年代末 80 年代初才得到迅速发展的,这是宏观经济发展、金融管制放松、技术进步和金融创新的结果。金融市场的全球一体化表现为银行业的全球一体化和证券市场的全球一体化。

(1)银行业的全球一体化。这表现为更多的本国银行向海外发展,同时更多的外国银行进入本国市场。外国银行的到来引进了新的金融工具和新的金融业务,也促进了跨国银行的迅速发展,促使全球范围的经营网络的形成,加速了全球范围的资本流动。

(2)证券市场的全球一体化。这表现在本国投资者和筹资者可以在外国证券市场上买卖本国的政府债券、公司债券和股票,也可以在那里发行新证券;本国投资者和筹资者也可以在本国证券市场上买卖外国证券。外国金融机构可以自由进入本国证券市场进行交易。

证券市场中最突出的是股票市场的发展。国际股票市场已形成以伦敦、纽约、东京为主轴,配以欧洲和亚洲其他金融中心的 24 小时连续运作的全球化市场。同时,各主要股票交易所之间的电子通信网络和自动报价系统日臻完善。

第二节 国际货币市场

一、货币市场概述

货币市场是指借贷期限为一年以内(含一年)的资金市场,是国际金融市场的重要组成部分。作为短期资金市场,货币市场的参与者众多,最重要的是商业银行,此外,还有政府、证券交易商以及大量的金融和非金融机构。货币市场为市场的参与者调剂资金余缺。暂时有资金盈余的人可将其多余的资金投资于货币市场的短期信用工具,而暂时缺乏资金的人可以在货币市场上借款或通过出售手中的短期信用工具获得资金。货币市场还使银行系统相互连为一体,在货币市场上聚集着各银行的资金而形成信贷金库,单个银行的存款实际上就成为整个信贷市场资金来源的一部分。

一个理想的货币市场应具备以下三个基本条件:第一,必须有一个完善的中央银行体系。中央银行能够而且愿意充当最后贷款人,当发生金融危机时,中央银行能够提供贷款,以保证市场的稳定。第二,货币市场上短期金融工具种类齐全、交易活跃。所谓种类齐全是指市场上提供足够数量的不同期限、不同收益、不同风险、不同流动性的各种短期金融工具;所谓交易活跃是指有足够的证券经纪人、中间商和其他金融和非金融机构,有效地调动起大规模的市场交易。第三,货币市场交易的有关法律制度或市场惯例健全完善。参加货币市场的各类交易者都能遵守法律或自觉按市场惯例行事,货币市场有专门的机构对金融交易的参与者,尤其是金融机构进行严格的监督和审查。

货币市场上的交易工具多种多样,虽然各国货币市场工具有所不同,但大致都可分为两大类:一类是与银行有关的市场信用工具,如可转让大额存款单、银行承兑票据;另一类是非银行的市场信用工具,即由非银行金融机构发行的票据,如国库券和商业票据等。

根据不同的交易行为,货币市场又可分为短期信贷市场、短期证券市场和贴现市场。信贷市场的主体是银行间同业拆借市场,英国伦敦的同业拆借市场在世界上占有重要地位,贴现市场也在英国货币市场表现得更为典型,而短期证券市场则以美国货币市场最具代表性。下面我们分别以英国和美国的货币市场为例来介绍货币市场的主要特征。

二、英国的货币市场

英国货币市场是高度发达和成熟的市场,其构成复杂,地位重要。伦敦作为最重要的国际金融中心之一,是主要外汇中心和经营欧洲货币业务的中心。外国银行业在伦敦十分发达,并发挥着主要作用。英国的货币市场不仅为本国金融服务,而且对国际货币市场的发展也发挥着举足轻重的作用。在英国的货币市场上,我们主要介绍银行同业拆借市场、贴现市场和平行市场。

(一) 银行间同业拆借市场

银行间同业拆借市场(Inter-Bank Market)是短期信贷市场的主体,是金融同业(包括银行和经营信用业务的非银行金融机构)之间相互借贷的市场。同业拆借市场上交易的是各金融机构的多余资金头寸。它具有同业性、短期性、无担保性、大额交易和不提交存款准备金的特性。所谓同业性,是指参与拆借的成员,都是经中央银行批准经营金融业务的银行和非银行金融机构,带有金融机构之间贷款的性质。所谓短期性,是指同业拆借的期限很短,大部分是按日计算的短期贷款,最短的为隔夜拆借,最多不超过1年,一般为1周、3个月或6个月。所谓无担保性,指同业拆借无须交易双方签订贷款协议,完全凭借款人的信用进行。借款人也不必向贷款人提供担保品。所谓大额交易,是指每笔交易的金额都较大,这是为适应银行间借贷的要求。例如,在伦敦市场上,每笔交易额的最低限额是25万英镑。所谓不提交存款准备金,是指同业拆借属于银行准备金头寸的相互调剂,按规定可免于提交存款准备金。

在银行间同业拆借市场上,利率的确定十分重要。1986—2021年,伦敦银行同业拆借利率(Libor)逐渐成为世界范围内银行间融资成本的标准,也被广泛作为浮动利率的基准利率。Libor有3、6、9、12个月的几种期限,都以年率表示,常用的是3个月或6个月为一个利息期。除Libor外,新加坡银行同业拆借利率(Sibor)、香港银行同业拆借利率(Hibor)、美国的主要市场优惠利率(Prime Rate)和日本的长期优惠利率等,也常被作为国际信贷的基准利率。

但是Libor有着与生俱来的缺陷:一是银行提供的Libor是无担保货币市场资金拆借的报价利率,而非实际成交利率。二是银行间的借贷是一个透明度不高的双边市场,报价银行的数据准确与否难以验证。三是Libor所选取的统计样本银行只有20家,如果银行合谋压低或抬高报价,会使 Libor 报价扭曲。2008 年以来,多家金融机构或外汇交易员被发现相互串通,操纵 Libor 的报价,严重影响了 Libor 的报价诚信。英国金融行为监管局(Financial Conduct Authority)决定,2021 年 12 月 31 日之后停止所有英镑、欧元、瑞士法郎、日元,以及 1 周和 2 个月期美元 Libor 报价,2023 年 6 月 30 日之后终止对剩余期限美元 Libor 报价。Libor 的基准利率地位将逐渐被取代。

(二) 贴现市场

贴现市场(Discount Market)又称一级市场,是英国最早的货币市场,产生于 19 世纪初,而且直到 20 世纪 50 年代中叶,一直是伦敦唯一的货币市场。贴现市场由伦敦贴现市场协会管理。该协会由 12 家贴现银行组成,主要向清算银行和其他金融机构提供短期资金。贴现行在英国货币市场中占有重要地位。英国的商业银行很少直接同英格兰银行进行交易,都是以贴现行为媒介。这一政策从 1825 年沿袭至今。只有国家出现紧急情况,如两次世界大战期间,英格兰银行才不通过贴现行,而直接对银行系统给予帮助。

英格兰银行是贴现市场上重要的参与者,发挥着独特的作用。它既对贴现行进行帮助,又对之进行监督控制,寓控制于帮助之中。例如,当英格兰银行想提高市场利率时,它就在贴现行迫不得已只能向它借款时提高贷款利率(即贴现率,后改为最低贷款利率),并要求以国库券或其他"合格"票据作为担保。这被称为对贴现行的间接帮助,平衡了贴现市场的资金短缺。同时,这也是英格兰银行用以贯彻货币政策的一种工具。如果英格兰银行不想提高利率水平,它对贴现行的帮助可以是直接从贴现行买入国库券,增加贴现行的资金,这种帮助被称为直接帮助。实际上,直接帮助属于公开市场业务,1980 年以后,英格兰银行更多地实行直接帮助。

贴现市场经营着多种金融工具,主要又形成以下几个市场:

1. 商业票据市场

商业票据(Commercial Bills)是享有很高信誉的著名厂商签发的票据。到期日在 1 个月至 6 个月,通常是 3 个月。伦敦贴现市场上的商业票据分为优良商业票据、银行承兑票据、一般商业票据、外国代理处票据和非英国银行承兑票据几种,占主要地位的是前两种票据,银行承兑票据保证性较好,流动性很强,易于在二级市场转让。

2. 国库券市场

国库券(Treasury Bills)是英国财政部委托英格兰银行发行的短期本票。发行国库券是政府筹集短期资金最方便的形式。通常到期日为 91 天,金额从 5 000 英镑到 100 万英镑不等。国库券的发行分为申请发行和投标发行。申请发行的部门主要有政府各部门、外汇平准账户、英格兰银行发行部等。投标发行是指由那些出标最高的机构购买国库券,这是竞争性的。国库券发行量要视政府的借债需求和货币当局对货币供给量增长的限制程度而定。

3. 地方政府公债和短期政府公债市场

地方政府公债(Local Authority Bills)通常期限为 1 年,有的可长达 5 年,发行时可直接由发行机构卖给贴现行或其他金融机构,也可通过证券经销商在证券市场上买卖。在流通市场中,上市和不上市的公债都可买卖。短期政府公债(Short Term Bonds)筹措 1—

5年的政府资金,这类公债的利率高于贴现行借入资金的利率,但流动性低于国库券和商业汇票。

(三) 平行市场

平行市场(Parallel Market)是相对于贴现市场而言的,20世纪50年代中叶,随着各种新型金融债权的形成,金融市场上出现了一个新兴的与贴现市场平行活动的货币市场,称为平行市场,到70年代,许多参与贴现市场活动的银行开始参加平行市场的活动,而进入贴现市场的要求也有所放松,使得贴现市场和平行市场之间的界限变得模糊起来。平行市场也不那么平行了。

平行市场主要调剂批发性资金,交易量一般都很大,多以5万英镑为单位,到期日在一年以下,在平行市场上交易的主要是无担保的金融债权,包括债券、票据等。平行市场上没有最终贷款人,英格兰银行基本不参加平行市场的活动,货币当局对这些市场的资金流动没有直接控制。另外,平行市场的利率主要取决于市场供求的变化和具体需要。

三、美国的货币市场

美国有世界上最发达的货币市场,美国的金融机构创造出复杂多样的新型金融工具,美国货币市场上的参与者除了美联储,还有联邦政府、大型商业银行、外国银行和大公司等。在货币市场上,美联储发挥着主导作用,对美国银行实行管理和监督。美国的货币市场,尤其是纽约金融市场等高度国际化的市场,对居民和非居民给予等同待遇,取消了外汇管制,使许多外国政府和外国银行、大公司也在其中筹集资金。因此,美国货币市场很大的一个特点就是,其国内和国际金融业务是交叉进行的。

美国货币市场证券化速度极快,各类金融工具流动性较强,种类繁多,这里简要介绍其中几种规模较大的金融工具:

1. 国库券

美国国库券(简称T-Bills)是美国财政部发行的短期债券,以应付季节性的财政需要。美国国库券期限在一年以下,以折价方式发行,折价多少取决于当时的市场利率水平。到期时,国库券的面额值与购买时支付的价格之差即为国库券购买者所获实际收益。国库券在短期货币市场上占有重要地位,许多国家货币市场形成之初,交易的对象主要是国库券,在目前的各类短期工具中,国库券的数量也是最大的。国库券是美国政府的直接债务,其信用最高,流动性最好,因而交易量非常大,美国的国库券是外国政府、跨国银行和公司以及个人投资的重点对象。

2. 商业票据

商业票据(Commercial Papers)是信誉良好的大公司、非银行机构为筹集资金发行的短期票据,是一种无抵押担保的借款。期限一般为30天到一年不等,其中以30—60天的为多。商业票据多数以折价发行,到期时按票面金额偿还,但也有的附有利率或息票。商业票据可以由商业公司直接发行,即由企业自己的推销员直接出售,这一般是信誉卓著的大公司;但大多数商业票据还是通过中介机构发行,如大型商业银行或证券投资商,这些机构可以仅为买卖双方牵线搭桥,也可以包销承购所有的票据,然后再安排销售。由于企业以发行商业票据形式筹集资金所花费的成本低于从银行借款的成本,商业票据越来越广泛地被用于资金融通。但是,一家公司若要发行商业票据,必须要在银行有信贷额度,以便在必要时偿付到期的票据,另外还必须具备优良的资信等级。

3. 大额可转让存款单

大额可转让存款单(Negotiable Certificates of Deposit, CDs)是银行筹集资金的一种主要工具。它是商业银行开出的不记名定期存单,具有转让性质,注明存款期限和利率,到期时持有人可以向银行提取本息;到期前,持有人如需现金,也可以转让存单。因此,这种存单的主要特点是面额大、期限固定、有记名、可自由转让。CDs 最早由美国花旗银行于 1961 年 2 月发行,迅速成为各商业银行的重要资金来源。CDs 的期限一般在 1—12 个月,最常见的是 3—6 个月。

4. 银行承兑票据

银行承兑票据(Banker's Acceptances)一般是由出口商或出口方银行开出,由进口商银行承兑,保证支付的票据,它与前面的商业票据一样,都是企业筹集资金的方式。商业票据通常需要企业拥有较高的信誉,这就使一些中小企业无缘涉足,而银行承兑票据通过由银行保证支付,为中小企业筹集资金打开了方便之门。银行承兑票据的面额一般没有限制,期限通常在 30—180 天,最长的可达 270 天,银行承兑票据在到期前可以到承兑银行贴现,也可以在二级市场转售,转售时价格按面值打一定折扣,买价与面额之间的差额是持票人的收益。

5. 联邦基金

在美国,政府为了防止商业银行过度贷款而造成信用膨胀,要求参加美联储的会员银行必须把每天吸收的存款按一定比率上交给联邦储备银行,作为"存款准备金"。由于银行每天存款活动变化很大,一个营业日结束时经常出现有的银行因存款增加而使准备金不足,另一些银行则因提款较多而使准备金有所剩余的情况。联邦储备银行要求各会员银行,准备金不足部分要当天补充,而剩余部分则不付利息。因此,有剩余准备金的银行希望把超额部分借给准备金不足的银行以收取利息,准备金不足的银行也愿意而且需要借款以补足法定准备金,于是产生了调节现金准备的市场,这就是联邦基金(Federal Funds)市场。联邦基金市场类似于银行间同业拆借市场,它不受最高利率和法定准备金的限制,交易者仅限于某些金融机构,如商业银行、储蓄贷款协会、某些联邦机构等。联邦基金互相融通的利率被称为联邦基金利率,它是美国货币市场乃至国际货币市场上重要的基准利率之一。

6. 回购协议

回购协议(Repurchase Agreements, RPs)是指银行等金融机构为获得短期流动资金而将手中持有的政府债券或其他债券售予中央银行或其他客户,同时达成协议,规定出售者在一定时间之后重新购回债券。回购协议的交易方式有两种:一是以相同金额购回债券,利息另付;二是以较高的价格购回债券,它与出售时价格之间的差额是出售债券者借款所付利息。回购协议的期限大多数是 1 天至 3 个月,也有长达 6 个月甚至 1 年的。一些规模较大的商业银行对交易商同时提供短期贷款和回购协议,近年来非金融公司通过回购协议提供贷款的数量也有上升趋势。其他活跃在回购协议市场上的贷款者还包括州和地方政府、保险公司和外国金融公司。

7. 联邦机构证券

美国联邦信贷机构专门为一些在货币市场和资本市场上筹资困难的部门提供贷款和贷款担保。这种机构被分为两类：政府支持的机构和真正的联邦机构。政府支持的机构(Government-Sponsored Agencies)是在联邦注册但为私人所有的机构，真正的联邦机构(True Federal Agencies)在法律上是政府机构的一个组成部分。联邦信贷机构通过发行富有吸引力的一揽子证单、中期和长期票据来筹集资金，并用这些资金为农场主、牧场主、小业主、金融机构和抵押贷款者提供贷款和贷款担保。联邦机构证券(Federal Agency Securities)的期限通常是短期到中期的(即10年以下)，在货币市场上的短期证券是1个月至1年的。

以上分别介绍了货币市场中最典型的英国和美国的货币市场。由于各国交易的传统习惯和融通资金的方式不同，货币市场上各参与机构的构成、地位和业务的侧重点均有所不同。例如，美国货币市场主要通过商业银行经营以银行信贷和短期债券为主要内容的业务，而英国货币市场则以贴现行为中心，经营政府国库券、短期债券的买卖，办理银行承兑票据和商业票据等信用票据的贴现业务。然而，随着国际金融市场国际化趋势的发展，这些原本属于各国所有的业务方式也日益渗透到其他金融市场中，成为具有国际性的业务工具。

第三节　国际资本市场

一、概述

资本市场是融通长期资本的场所，通常将期限在1年以上的中长期资本借贷或证券发行和交易的市场称为资本市场。国际资本市场则是国际长期资本借贷或证券发行与交易的市场，可分为广义和狭义两种。广义的国际资本市场包括国际银行中长期信贷市场和国际证券市场，狭义的国际资本市场仅包括国际证券市场。国际银行中长期信贷是指期限在1年以上的国际中长期信贷，主要包括欧洲货币中长期信贷、独家银行信贷和银团贷款。国际证券市场根据证券的种类可分为国际股票市场和国际债券市场，根据证券发行与交易的性质可分为一级市场(发行市场)和二级市场(交易市场)。

资本市场最重要、最基本的功能是使资本能迅速有效地从资本剩余单位转移到资本短缺单位，并为已发行的证券提供具有高流动性的二级市场。除此之外，由于国际证券市场的国际性特点，它又具有更广泛的功能：首先，它能更广泛地吸引国际资本，因此提供了更为广阔的市场范围。另外，国际资本市场还能够满足资金需求者对不同币种的需求，这是国内资本市场无法提供的服务。其次，国际资本市场可以以更低的成本吸收资本。国际资本市场上汇集了来自世界各国的资本，资金需求者总可以寻找到成本相对较低的资本来源，并通过发行适当的金融工具有效地筹集。最后，国际资本市场能够通过发行国际证券或创造新的金融工具，逃避各国的金融、外汇管制和税收，这一功能是一些国际性金融中心兴起的主要原因。

二、国际银行中长期信贷

国际银行中长期信贷是国际资本市场的一个重要组成部分，它是指银行为企业等长期资金需求者提供1年以上的中长期信贷,期限为2—10年,甚至10年以上。中长期信贷的贷款人有银行、公司企业、政府机构和国际机构等。由于中长期信贷期限长、金额大、风险大,借贷双方需签订严格的贷款协议,详细规定各有关事项的处理方式,同时还需要有借款人所属国政府提供的担保。因此,中长期信贷往往不能由一家银行独自承担,而一般采取辛迪加贷款的方式。

(一) 国际银行中长期信贷的特点

1. 可以由借款人自由使用,没有特别限制

银行信贷的用途由借款人自己安排,不与任何特别项目相连,也没有商品采购条款,借款人在资金用途上不受贷款银行的限制。因此国际银行中长期信贷被称为自由贷款。

2. 资金供应充足,可满足借款人的需要

在国际资本市场上,银行越来越多地利用证券方式融资,因而银行中长期信贷的资金来源比较充裕,尤其是欧洲货币市场,既可以筹集到大量可用的手续简便的银行信贷资金,又可以通过金融中介机构发行债券的方式来获得资金。中长期信贷每笔贷款的金额巨大,独家银行贷款一般在千万美元以上,辛迪加贷款可达上亿美元甚至更多。

3. 条件严格,利率较高

中长期信贷一般采取欧洲货币形式贷放,利率由国际资本市场资金供求关系,一般以基准利率再加上一个附加利率决定。

国际银行中长期信贷的借贷双方必须签订严格的借贷协议,规定借贷双方必须遵守的权利与义务,这就是信贷条件。所谓信贷条件,通常包括三个内容:一是贷款的利息与费用;二是币种选择;三是贷款期限与偿还。

(1) 利息与费用。利息与费用是国际银行中长期信贷的价格,其中利息是主要部分。国际银行中长期信贷的利率由基准利率再加上一个附加利率构成。附加利率要根据借款人的资信状况、贷款的风险程度、贷款的期限、市场资金供求、金额的大小等情况来确定。基准利率是经常波动的,它是资本市场供求关系的体现,并反映资本市场的发展动态。国际银行中长期信贷的利率通常要每隔3个或6个月按市场利率进行调整,实际是浮动利率。贷款利息一般在每一个计息期期末支付一次,计息期为3—6个月,一年按360天计,并按实际贷款天数计息。其公式为:

$$贷款利息 = 贷款额 \times 年利率 \times 实际贷款天数/360$$

中长期贷款的利息是分期支付的,虽然是一种单利计算方法,但由于计息期较短,支付次数多,实际上相当于复利。

国际银行中长期信贷还有各项费用支出。费用的支付在利息负担之外,是由借款人承担的附加费用。费用支出在辛迪加贷款中尤为突出。主要费用有:① 管理费或佣金。这是借款人支付给辛迪加贷款牵头银行的管理费和佣金,是对牵头银行成功地组织了这次辛迪加贷款的额外报偿。管理费一般按贷款总额的一定百分比(0.5%—1%)一次或分次提取。② 代理费。这是中长期辛迪加贷款方式下发生的费用。辛迪加贷款通常由整个银团中的一家银行,即代理行,来具体负责与借款人的直接联系。代理费包括在贷款期间发生的邮政、通信、公务等费用及支付给代理行的报酬,代理费在整个贷款期间按预先商定的固定金额每年支付一次。代理费是签订贷款协议后发生的费用。③ 实报实

销的费用。这是中长期辛迪加贷款方式下所发生的费用,是辛迪加贷款的牵头银行与贷款人在贷款协议签订之前发生的实际费用,包括牵头银行在联系、协商过程中所发生的差旅费、律师费、宴请费等支出。这些为借款人而支出的费用由借款人承担,按照牵头银行提供的账单一次性实报实销。④ 承担费。这是借款人未能按期使用银团或贷款银行已按贷款合约准备好的资金而支付的一种赔偿性费用。一般为未使用贷款额的5‰。这是为了促使借款人积极有效地使用贷款,同时也使贷款银行能有效地运筹资金。贷款合同中会规定一个承担期,即借款人必须提取支用全部贷款的期限。如果在承担期内没有用完全部贷款,则贷款余额自动取消,在承担期内未用完的款项要按一定比例缴纳承担费。为了更有效地使用资金,一般在承担期到期之前再确定一个缓冲期,如能在缓冲期内支用完全部贷款就不必支付承担费了。

(2) 币种选择。这是国际银行中长期信贷中涉及的关键因素,它牵涉借贷双方利益及如何避免外汇汇率波动的重要问题。在国际银行中长期信贷中,所选择的货币均为国际可兑换货币,计有贷款国货币、借款国货币、第三国货币及混合货币(包括一篮子货币、特别提款权、欧洲货币单位等)四种。

在选择币种时,借贷双方的利益正好相反,有利于借方必不利于贷方,有利于贷方必不利于借方。币种选择关键看所选择货币在未来到期时的升贬值趋势。对借方来说,应该选择到期时贬值的货币,这样在还本付息时负担较轻。对贷方而言,应选择到期升值的货币,这样可获最大利益。然而,一般而言以软货币计值的贷款合约的成本要高于以硬货币计值的贷款合约,因为货币风险必须由利率弥补。因而在国际银行业长期信贷中不能仅仅考虑币种选择的软硬问题,还要综合考虑利率成本与币种选择问题,即综合考虑利率和汇率问题。

(3) 贷款期限与偿还。贷款期限是指贷款人从借入到偿还完毕贷款的期限。在贷款期限内借款人必须按期(一般为每半年一次)分次偿还本金及利息,在贷款到期时本金和利息全部偿清。偿还方式大体有三种:

一是分期支付利息,到期一次支付本金。这种对贷款额不大的中期贷款较适用。

二是有宽限期的分次等额偿还本息。这种对贷款金额大、期限长的贷款较适用。在贷款偿还中还规定一个宽限期,在宽限期内,借款人只付息不用还本。宽限期满后需每半年等额还本付息一次。

三是无宽限期的分次等额偿还本息。这种贷款期限的规定对贷款人非常有利,贷款人可以在贷款初就对贷款期有明确的安排;对借款人而言,宽限期的长短和偿还方式也会直接影响贷款的实际使用期限和实际使用贷款额。

在贷款期内,如遇到其他情况,借款人可以提前偿还贷款,因为这样做可能对其较有利。一是贷款所采用的货币的汇率存在上升趋势,若不及时还款则会造成更大的损失;二是在浮动利率贷款条件下,贷款利率存在上升趋势,若提前还款可减少利息损失的程度;三是在贷款采取固定利率条件下,如果金融市场上的利率下降,借款人可以通过其他渠道获得低成本的新资金。借贷双方可在贷款合约中规定能否提前还款。

(二) 银行贷款与辛迪加贷款

就贷款方式而言,国际银行中长期信贷有两种基本方式:独家银行贷款与辛迪加贷款。

1. 独家银行贷款

独家银行贷款是一国贷款银行向另一国的政府、银行、公司提供的贷款。由于其只涉及两个国家的当事人,因而又称双边贷款。

在独家银行贷款中,借贷双方要签订贷款合约,规定贷款的货币币种、贷款金额、贷款期限、贷款利率及费用、货币转换选择条款、还款及提前还款与宽限期条款、违约条款、保证或担保条款、适用法律条款、资金交割地条款、贷款用途及其他专门条款。贷款合约的主要结构是贷款的基本条款、借贷双方的权利与义务、贷款的管理与执行程序、违约处理等内容。另外,在独家银行贷款中,贷款金额通常存在限制;贷款期限多为中期,即 5 年以内;贷款成本较低,只有基准利率、附加利率和承担费。

2. 辛迪加贷款

辛迪加贷款是由一家银行牵头、多家商业银行联合提供的贷款。它在 20 世纪 60 年代以前一直是国际中长期融资的重要途径。由于辛迪加贷款是通过银团组织来进行的,因而又被称为银团贷款。

辛迪加贷款的特点是:① 贷款规模大,可达几亿或几十亿美元。② 贷款期限长,一般在 7—10 年,甚至 10 年以上。③ 贷款由一家银行组织,较为方便。借款人只需将借款要求委托给牵头银行即可得到一大笔资金,而在整个借款期内,它只需与一家银团的代理行打交道。④ 风险分散,辛迪加贷款的风险由各成员银行依其所提供的贷款额的大小共同分担。⑤ 币种选择比较灵活。

辛迪加贷款涉及的有关银行有牵头行、代理行、参与行、担保行等。牵头行是整个银团的组织者,它在贷款协议签订前先与借款人联络洽谈,并准备有关文件;在贷款协议签订后,与各有关银行商谈组成银团,签订贷款合同。代理行作为整个银团的代理人在贷款期间与借款人联系,负责各项具体工作,在借款人和贷款人之间起桥梁作用。参与行是受到牵头行邀请而加入银团提供贷款的银行,参与行只与牵头行和代理行打交道,而不直接面对借款人。担保行是根据银团的要求对借款人还款进行担保的银行。

三、国际股票市场

股票是股份公司发给股东证明其入股并持有该公司股权的凭证。股票市场是指股票发行交易的市场,国际股票市场是指在国际范围内发行并交易股票的市场,它是在国际性的证券交易网络系统内进行的。

1. 股票的发行和交易

股票是股东在股份公司中拥有股权的凭证。相对于其他金融资产,股票具有高风险、高收益、高流动性和价格高波动性等特征。股票发行大体经过四个阶段:一是股票发行前的策划准备阶段;二是申请核准注册或审批阶段;三是股本募集阶段;四是股本划入公司账户及公司最终成立。从发行程序来看,在本国发行股票与在国际上发行股票的程序大体相同,只是国际股票的发行在程序上更复杂一些,涉及的当事人更多,审查也更严格。

股票交易市场是证券市场最活跃的部分。股票市场的核心是股票交易所。股票交易所是证券经纪人、自营商等投资机构有组织地建立的从事股票交易的公开场所。股票交易与通常的债券市场不同,它是有组织的、集体的、有固定地点的市场。当然,广义的股票市场不仅包括股票交易所,而且包括场外交易市场。场外交易是指证券投资机构之间不通过股票交易所,而是以电话、电传等方式相互进行的股票交易。它是场内交易的补充。美国的股票场外交易市场是世界上最大的交易市场。纳斯达克(National Association of Securities Dealers Automated Quotations,NASDAQ)曾是场外交易市场,通过其遍布全国各地的计算机终端网,可以迅速准确地报出所有从事场外交易的证券机构的股票价格。2006年1月,NASDAQ交易中心经美国证券交易委员会批准注册为全国性证券交易所,由场外市场转为独立的场内证券交易所市场。

目前世界上各主要股票市场都是高度国际化的。这一方面体现在各主要股票市场之间有现代的通信工具相联系,股票市场的行情可以迅速传递到其他股票市场;另一方面,世界上主要的西方股票交易所已不仅是国内公司的股票交易市场,它们都有大量外国公司的股票上市交易,在某些交易所,外国公司上市的数量甚至接近或超过本国公司的数量。股票交易所已成为国际金融市场的重要组成部分,它对投资者和筹集者都具有高度国际性的要求。

2. 世界几种重要的股价指数

世界各大证券交易所一般都有自己的股票价格指数(以下简称"股价指数"),一些证券公司、金融研究机构也编制股价指数。它们将一定时点上成千上万种股票此起彼落的价格表现为一个综合指标,用来衡量股票市场的行情变化。许多市场还有多种股价指数,如纽约证券市场就有道琼斯指数、标准普尔指数、纽约证券交易所股票价格指数和NASDAQ指数等。

道琼斯指数是所有股价指数中历史最悠久、最有影响力的股价指数。它以在纽约证券交易所挂牌上市的一部分有代表性的公司股票作为编制对象,主要有以下四种股价平均指数,分别是:以30家著名的大工商业公司股票为编制对象的道琼斯工业股票指数;以20家著名的交通运输业公司股票为编制对象的道琼斯运输业股票指数;以15家著名的公用事业公司股票为编制对象的道琼斯公用事业股票指数;以上述三种股票指数所涉及的65家公司股票为编制对象的道琼斯股价综合平均指数。在四种道琼斯指数中,以道琼斯工业股票指数最为著名,它被大众传媒广泛报道,并作为道琼斯指数的代表加以引用。道琼斯指数由美国报业集团道琼斯公司负责编制并发布。道琼斯指数是算术平均股价指数,历史上第一次公布道琼斯指数是在1884年7月3日,当时的指数样本包括11种股票。道琼斯指数自1884年道琼斯公司创始人查尔斯·道(Charles Dow)开始编制以来从未间断,具有很好的连续性、可比性和参考性。

日本股票市场上有代表性的股价指数是日本经济新闻社编制并公布的日经平均股价指数。它参照美国道琼斯平均数的计算方法于1950年9月开始编制,当时称为"东证修正平均股价"。1985年5月1日,日本经济新闻社和美国道琼斯公司最终将名称定为"日经平均股价指数"(以下简称"日经指数")。日经指数按其计算对象的采样数目不同分为两种:一是日经225种平均股价指数,它是1950年9月开始编制的,以东京交易所上市的225种股票为样本股(150家制造业,15家金融保险业,14家运输业,46家其他行业);二是日经500种平均股价指数,它是1982年1月开始编制的,这一指数的样本不是固定的,在每年4月份都要根据各股份公司及其股票交易的情况对样本进行更换,所以该指数反映的情况更为全面。但前一种指数因延续时间较长,具有很好的可比性,成为考察东京股票市场股价长期演变及最新变动最常用和最可靠的指标,传媒日常引用的日经指数仍是日经225平均股价指数。

金融时报指数是英国最具权威性的股价指数,它的全称是"《金融时报》工商业普通股票价格指数",由《金融时报》编制和公布,用以反映英国伦敦证券交易所的行情变动。这一指数包括三种:30种工商业普通股指数,100种股票交易指数和综合精算股票指数。通常所讲的英国金融时报指数指的是第一种,是从证券交易所全部上市股票中选出30种最有影响和代表性的工商业股票作为计算对象并采用加权算术平均法计算出来的价格指数。该指数以1935年7月1日为基期,基期值为100。该股票价格指数以能够及时显示伦敦证券市场情况而闻名于世,是国际上公认的重要股价指数之一。

中国香港证券市场上最具代表性的股价指数是恒生指数。恒生指数是由香港恒生银行全资附属的恒生指数有限公司编制和发布,以香港股票市场中有代表性的上市股票为成分股样本,以其发行量为权数的加权平均股价指数。该指数于1969年11月24日首次公开发布,基期为1964年7月31日,基期值为100。为了进一步反映市场上各类股票的价格走势,恒生指数于1985年开始公布四个分类指数,把成分股分别纳入工商业、金融、地产和公共事业四个分类指数中。

四、国际债券市场

国际债券是一国政府、金融机构、企业为筹集外币资金而在外国发行的以外国货币计值的债券。债券的发行者有国家政府、地方政府、银行和非银行金融机构、工商企业,以及国际金融机构等,它们利用资本市场发行债券是为了获得中长期资金,而不像在货币市场上是为了获得短期流动资金。债券的购买者主要是人寿保险公司、年金基金、信托公司、各种投资公司和其他储备机构。另外,有些国家政府机构和个人,也可能选择以债券方式进行长期投资,获取收益。

(一)债券的发行市场和二级市场

债券的新发行市场称为初级市场。在大多数国家,债券的发行都没有固定的场所,而是通过证券投资机构或大型商业银行和信托公司等金融机构进行的。这些机构承购新发行的债券,然后投向二级市场转售给一般投资者,这种承购和分销债券的业务也称为投资银行业务。如果是政府发行债券,一般由政府的财政代理机构如中央银行或财政部负责安排,包括事先向申请包销的金融机构宣布所要选择承购包销商或安排所有申请承购的金融机构相互竞购包销。如果是一般公司发行的债券,通常是投资银行机构和债券发行者之间,先对债券的种类、期限、利率等条件以及销售方法等问题互相磋商,达成初步协议后,再由投资银行机构安排发行工作。发行的方式可以有公募和私募两种。公募(Public Issue)由证券承销商和银行共同组成包销集团,承揽整个债券的发行工作,然后把债券发售给投资人。公募债券发行完毕后可以上市买卖。私募(Private Issue)是对特定范围内的投资人发售,一般不能上市,不超过一定时间不能转让。

通常所说的债券市场一般不是债券初级市场,而主要指的是二级市场,即已发行的债券在不同投资者之间转手交易的市场。一般情况下,债券的转售交易也要通过证券投资机构或商业银行等中介机构。经营证券交易的投资机构可以随时向想要出售债券的资金需求者及想要购买债券的投资者提供有关债券的买卖行情,以供选择。

(二) 债券的分类

债券按照不同的标准可以分为几大类:按国家界限分,有国内债券和国际债券;按债券是否由政府及其附属机构发行来分,有政府债券和非政府债券;按债券发行期限来分,有短期债券、中期债券和长期债券;按有无担保来分,有担保债券和无担保债券;按募集方式来分,有公募债券和私募债券;按债券是否附有权益来分,有普通债券、息票债券、贴现债券、可转换债券、附有认股权证的债券;按利率形式来分,有固定利率债券和浮动利率债券。

国际债券又可分为外国债券和欧洲债券。

1. 外国债券

外国债券是筹资者在外国发行的以当地货币为面值的债券,如日本人在美国发行的美元债券、英国人在日本发行的日元债券等。发行外国债券必须得到发行所在国家证券监管机构的同意,并受到该国金融法令的制约。在美国发行的国际债券要在美国证券交易委员会注册,在日本发行债券要经过日本大藏省的批准。

外国债券是一种传统意义上的国际债券,英国伦敦曾是最大的外国债券市场,目前美国、日本、英国、德国、瑞士等国是主要的外国债券发行地。由于这些国家的外国债券市场规模很大,筹资者很多,因而有了国际通称,如外国人在美国发行的美元债券称为"扬基债券"(Yankee Bond),美国的外国债券市场被称为"扬基债券市场";在日本发行的日元债券称为"武士债券"(Samurai Bond),日本的外国债券市场被称为"武士债券市场";在英国发行的英镑债券是"猛犬债券"(Bull-dog Bond),英国的外国债券市场被称为"猛犬债券市场"。

2. 欧洲债券

欧洲债券是在某货币发行国以外,以该国货币为面值发行的债券,如在伦敦金融市场上发行的美元债券称为欧洲美元债券。欧洲债券的发行人、货币单位、发行地点一般分别属于不同的国家。欧洲债券实际上是一种无国籍的债券,它的发行人通常是政府机构、大型公司和国际性金融机构。它不受任何一国法律的限制,是一种完全自由的债券。以特定货币计值的欧洲债券可以同时在几个国家发行,多数国家都不需要发行前的注册或信息披露,对发行期限和发行数量也没有限制。在欧洲债券市场上使用最多的货币是美元,其他货币单位有欧元、日元、英镑、加拿大元等。

欧洲债券最初产生于 1963 年。20 世纪 60 年代,由于美国政府对持有美元外国债券的美国居民征收利息平衡税,大大降低了美元外国债券对美国投资者的吸引力,促使外国的经济实体到美国之外的国家发行美元债券。另外,美国当局还对持有美元债券的外国居民征收预提税,而外国居民持有美元欧洲债券就无须向美国当局纳税,所以他们都愿意持有欧洲债券。尽管美国政府在 1974 年废除了利息平衡税,但欧洲债券市场的发展势头依旧强劲。目前,美元欧洲债券的未清偿余额已经远远超过了美国国内公司债券的发行量。

欧洲债券的种类很多,除传统的欧洲债券外,还不断有许多新的欧洲债券被创造出来。

(1) 固定利率债券,即普通债券。这是一种传统债券,直到到期日的利息是固定的。期限为 5—10 年,发行额一般在 500 万美元到 2 亿美元;票面利率根据发行时的市场利率决定,每年付息一次;利息免税。

(2) 浮动利率票据。债券的利率定期进行调整,一般为每 3—6 个月调整一次。利率在基准利率基础上加上一个附加利率,一般在 1%—2%。通常有最低利率下浮界限,但是上限不固定。发行价格通常按面值发行。由于采取浮动利率,因而可以在一定程度上避免利率风险,对投资人的吸引力较大。

(3) 下限锁住债券。这是浮动利率债券的一种,但是有一个固定的利率下限。当利率低于下限水平时,该种债券自动转为固定利率债券,并就此将利率锁住,直到到期还本为止。这种债券在 20 世纪 80 年代利率急剧波动时对潜在投资人的吸引力很大。

下限锁住债券的一个变种是上限锁住债券。它为利率上浮设定一个最高限,当利率上浮到上限时,就自动锁住转换为固定利率债券直到期满。这种债券对发行人提供了充分保障,却会降低对投资人的吸引力。

将下限锁住与上限锁住相结合,就构成了双重锁住债券。即上下限利率都被设定,达到上限或下限即转换为固定利率债券。

(4) 零息债券。这是一种不支付利息而以低于其面额折价发行的债券。在到期日债券持有人得到资本的增值收益。但在到期前持有人没有任何收益,因而投资人看中的不是利息而是资本增值。这对不把资本增值作为收入纳税的国家的投资者来说很有吸引力。

(5) 双重货币债券。这种债券的本金是一种货币,偿还时又是另一种货币,也就是说,债券的发行人可以以一种货币发行而以另一种货币偿还本息,这样可以更有效地筹集资金,但是这种债券的风险是两种货币间汇率的波动。由双重货币债券引申得到多重或复合货币债券。发行人通过提供多重或复合货币债券来使货币波动对债券的风险达到最低。复合货币价值的大小取决于复合货币的构成标准。

(6) 可转换债券。这种债券的形式多种多样。一些浮动利率债券给予投资者转换成另一种固定息票债券的权利。如果利率下降则增加了转换成另一种息票债券的吸引力,如果利率上升则投资者不会转换成固定息票债券。还有一种形式的可转换债券是可以转换成股权的债券。股权转换债券是公司发行的给予投资者在一定时期按照一定比率转换成发行公司一定数量股票的权利。这种债券的利率通常较低。是否执行这一权利取决于股权的收益率。

(7) 附有认购权证的债券。这种债券在发行时给予投资者在一定时期以前按照一定比例认购发行公司一定数量的证券的权利。这一权利是在债券到期前执行的。与可转换债券相比,这种债券给予了投资者更多的获利机会,既可获得债券收益又可获得购买新证券的权利,而可转换债券只是将一种证券简单地按照一定比率转换成另一种证券,认购权证可分为股票认购权证(认股权证)和债券认购权证(认债权证)。尽管在执行认股权证时须付出更多的货币,但是当股票价格上涨时认股权证的价值也在增加。影响认债权证执行时的重要因素是利率的变动,如果利率下降则债券的价格会上升,认债权证的价值随之增加,反之则降低,因为买进债券的价格是预先设立的。

由于债券市场的国际化程度越来越高,债券发行者的资信,或者说债券的风险程度对投资者来说越来越重要,对上市债券的风险等级评估也就十分必要了。债券评估尤其是对公司债券的评估是十分复杂的,在发达国家中出现了一些专门评定债券和股票信用等级的金融服务公司。在国际资本市场上,应用最广泛、最权威的是美国的标准普尔公司和穆迪投资服务公司。这两家公司对美国国内发行人和外国发行人的评判标准是一样的,但它们通常只评判其获得资金偿还债务的能力,而不评估汇率波动的风险。

第四节 欧洲货币市场

欧洲货币是指在货币发行国境外流通的货币,欧洲货币市场是指在货币发行国境外存储和贷放该国货币的市场。目前,欧洲货币市场是国际金融市场的核心。

一、欧洲货币市场的形成与发展

欧洲货币市场发端于欧洲美元市场。当非居民储户将美元资金存放在美国境外的其他国家商业银行或美国商业银行分行时,欧洲美元就形成了。吸收了境外美元的银行再将这些美元贷放出去,就形成了欧洲美元市场。最初的境外美元市场是以英国伦敦为中心的欧洲各国金融中心,所以这种美元市场称为欧洲美元市场。

欧洲美元并不是一种特殊的美元,它与美国国内流通的美元是一样的,具有同等的价值和购买力。所不同的是,欧洲美元不在美国境内的金融界经营。但是随着市场规模和经营范围的不断扩大,欧洲货币市场的含义也在变化。在区域概念上,市场范围先是由英国伦敦扩展到欧洲的其他国家金融中心,如巴黎、苏黎世、法兰克福,后来又扩展到欧洲以外的金融中心,如亚洲的新加坡、中国香港地区、东京,中美洲的巴哈马群岛、开曼群岛等。在货币种类上,也不局限于境外美元,任何可自由兑换的货币都能以欧洲货币或境外货币的形式存在,如欧洲日元、欧洲英镑等。这样,欧洲美元市场逐渐扩展成欧洲货币市场。而"欧洲"也不单纯指地理意义上的欧洲,更确切地说,它指的是"境外"的含义,它不仅包括欧洲,还包括亚洲、北美洲、大洋洲、拉丁美洲等各个经营境外货币存贷业务的国际金融中心。

欧洲货币市场产生和发展的根本原因是,第二次世界大战后世界经济和科学技术的迅速发展促进了国际分工、生产国际化和资本流动国际化。具体说来,以下因素直接促成了欧洲货币市场的产生和发展。

(1) 20世纪50年代,全球正处于冷战时期,苏联及东欧国家鉴于美国在朝鲜战争期间冻结了苏联在美国的美元资产,便将其在美国银行的美元资金转移至美国境外的其他银行,主要是伦敦的各大商业银行。而当时的英国政府正需要大量资金以恢复英镑的国际地位和支持国内经济的发展,所以准许伦敦的各大商业银行接受境外美元存款、办理美元信贷业务。于是,欧洲美元市场的雏形就出现了。

(2) 英镑危机是促成境外美元市场形成的重要条件。1957年,英镑发生危机,英国政府为维护英镑稳定,加强外汇管制,限制本国银行向英镑区以外的企业发放英镑贷款。为了逃避这一外汇管制,英国各大商业银行纷纷转向吸收美元存款,向海外客户贷放美元,从而在伦敦形成了美国境外存储和贷放美元的广阔市场。

（3）美国金融法令的管制推动了美元流出境外。20世纪60年代,美国联邦储备委员会为加强对银行业务的管理,出台了一系列限制资金流动的措施。60年代初曾颁布"Q条例"(Regulation Q),规定商业银行储蓄与定期存款利率的最高限。而这个最高限低于西欧各国美元的存款利率。于是,美国国内的金融机构与大公司纷纷将大量资金转存欧洲各国。此外,美国货币政策"M条例"规定商业银行要向联邦储备体系缴纳存款准备金。为逃避这项规定,跨国银行在外国吸收存款进行营运,而不再转回美国国内。为了缓和日益严重的国际收支赤字,1963年,美国政府对购买外国有价证券的美国居民征收利息平衡税,它规定美国人购买外国有价证券所获得的高于本国证券利息的差额,必须作为税收缴纳。1965年,美国政府又颁布了"对外贷款自愿限制计划",对美国的银行和跨国公司的海外贷款实行限制,并设立对外直接投资指导机构,管理美国直接投资。1968年,又颁布了"国外直接投资法规",使上述自愿限制变成了强制性限制,这些限制性措施使美国的银行和跨国公司只能到美国以外的市场上筹措资金。这对欧洲美元市场的发展起了很大的推动作用,并为欧洲美元市场注入了中长期信贷的资金来源。

（4）西欧国家为缓和通货膨胀而采取的货币政策,激起了境外欧洲货币的大量涌现。20世纪60年代,西方各国的通货膨胀日益严重,国际上短期资金充斥。有关当局为缓和通货膨胀,一般采取鼓励持有外币的金融措施,以减少本国的货币流通量。因此,瑞士和联邦德国货币当局曾规定对境外存户的瑞士法郎和德国马克存款不仅不付利息,有时甚至要倒收利息,即负利息政策,或强制把新增加的存款转至中央银行予以冻结。跨国公司和银行为逃避这一倒收利息政策带来的损失,并能获得瑞士法郎和德国马克升值所带来的好处,将手中的瑞士法郎和德国马克存储于瑞士和德国之外的市场,从而促成了欧洲美元之外的其他欧洲货币的境外市场的产生和发展。

（5）欧洲货币市场本身具有内在优势。在欧洲货币市场上经营境外货币的欧洲银行的存贷利差比国内银行小,即存款利率较高,贷款利率较低。通常欧洲美元市场存贷利率之差是0.25%左右,而美国银行并不能满足低于2%的利差。欧洲货币市场凭借其优惠的利率吸引了大量的境外货币流向该市场。另外,欧洲货币市场上的交易方便快捷,而在纽约市场上借款者需要经过缓慢的、烦琐的过程才能借到所需款项。在欧洲货币市场上,借款者很容易得到12个月期的贷款,可以展期多次,而在纽约市场上,通常只能借到3个月期、展期一次的借款。因此,银行总是愿意进入欧洲货币市场经营。

总之,欧洲货币市场形成的具体原因是多方面的,美国在20世纪60年代的信贷管制政策和英国等西欧国家为境外银行提供的方便和鼓励性措施为欧洲货币市场的形成创造了基础,而美国的大规模国际收支逆差使美元资金大量外流,又使欧洲货币市场的形成成为现实。

二、欧洲银行贷款

欧洲银行贷款在这里指贷向一般非银行客户的资金,是欧洲银行的一项重要业务。欧洲银行贷款的金额通常较大、期限较长,往往不是由一家银行单独承担,而是由多家银行组成银行集团共同提供,这就是银团贷款(Consortium Loan),也称辛迪加贷款(Syndicated Loan)。

辛迪加贷款的期限多为1—15年,其中以3—8年最为常见。每笔贷款金额从1 000万美元到10亿美元不等,有时金额会更大。辛迪加贷款的利率通常是在基准利率的基础上加上一个利差。利差是借贷双方谈判的主要贷款条件之一,是对借贷人市场信誉的判定。在欧洲货币市场上,由于管制较松,银行间拥有比较完全的竞争,资金供给与需求均富有弹性,市场利率变动频繁,银团贷款利率也随时需要调整。

辛迪加贷款是国际贷款业新发展的有效业务方式。辛迪加市场上,借款人只需要谈判一个借款条件,签订一个贷款协议,呈报一次金融条件和信用要求,就可一次筹集到以往需从几家银行才能得到的资金。这种集资方式对弥补国际收支赤字、财政赤字和支持大规模建设项目尤为重要。此外,对没有条件发行国际债券的众多发展中国家而言,获得辛迪加贷款是它们取得经济建设所需资金的十分有效的途径。

辛迪加贷款是由许多国家银行共同组成的贷款,这样,一来扩大了银行的信用规模,使银行贷款不再受制于单个银行的实力;二来分散了信用风险,避免单个银行对单个借款人承担过多的债权违约风险,同时也使许多无力单独从事国际贷款业务的较小银行加入辛迪加贷款,扩大了业务领域。

在辛迪加贷款发放过程中,贷款银行起着十分重要的作用。根据银行在贷款过程中所担负的责任的不同,可以将其分为牵头银行、代理银行和参加银行。组织辛迪加贷款的第一步是选定牵头银行。借款人会选择与自己关系密切或有着良好交易记录的大银行来承担。借款人有时也采取招标制,在国际金融市场上公开宣布借款意图等,于众多投标银行中择优选定牵头银行。对声誉好的借款人来说,不仅选择牵头银行的范围较大,而且还会有银行主动找上门充当牵头银行。牵头银行贷款负有组织这笔银团贷款的主要责任,是贷款成功发行的关键,它要与借款人谈判贷款的数额、利息率、期限、各项费用等贷款条件,分析融资市场现状,安排银团的其他成员行及各行贷款份额等。

牵头银行与借款人对贷款条件达成初步协议后,便立即着手准备一份备忘录,说明借款人的财务状况和其他有关情况。借款双方越熟悉,贷款条件确定和筹资备忘录推销安排就越快。安排一笔辛迪加贷款通常需要15天至3个月,多数是在6周左右。组成银团后,牵头银行就会同借款人商定贷款协议的具体条款并签订贷款协议,随后按规定贷款。

20世纪80年代,辛迪加贷款市场上二级市场交易发展迅速。某些充当牵头银行的大银行有时仅愿提供它在组织辛迪加贷款方面的技术优势,负责组建银团贷款,而不一定愿意自始至终参与贷款业务,再加上80年代以来,债务危机时有发生,国际清算银行明确规定其成员银行的贷款资本金比率必须保持在某一水平,以防银行面临呆账风险。这都使得某些贷款银行愿意出售自己已有的贷款债权。而与此同时,有一些原先并未参加银团的银行中途有兴趣加入该辛迪加贷款,愿意购买取得部分债权份额。于是,辛迪加贷款的二级市场迅速发展起来。

在辛迪加贷款中,利息和费用是借取国际商业银行贷款的成本。利息通常按固定利率或浮动利率计算。固定利率是指借贷双方一经商定就不再变更的利率,在整个贷款期限内都按这个利率计息;浮动利率指贷款利率随国际金融市场利率的变动而调整,一般每3个月或6个月变动一次。除利息外,辛迪加贷款中还有以下几种主要的费用:管理费、实报实销的杂费、代理费和承担费,这在银行中长期贷款中已有介绍,故不再赘述。

辛迪加贷款在20世纪80年代以前曾是主要的国际长期贷款形式,但是1982年爆发国际债务危机以后,国际银行贷款的风险大幅提高,贷款的成本迅速上升,于是在80年代初辛迪加贷款数额大大减少。但是自1986年以来又有所回升,辛迪加贷款仍是国际信贷中的重要组成部分。

三、欧洲债券

欧洲债券(Eurobond)是指借款人(债券发行人)以外国货币为票面标价货币并在该标价货币发行国以外国家金融市场上发行的债券。欧洲债券是无记名债券,在一家欧洲证券交易所注册,即可在二级市场流通交易。它在发行时虽然不受当地政府的金融法律管制,没有利息预扣税,但每一笔发行必须遵守它所在销售国的法律和规则。欧洲债券的借款人属于一个国家,投资者来自一国或多国,债券的标价货币对大多数投资者来说是外国货币,债券通过国际辛迪加发行,辛迪加成员来自世界多个国家。

欧洲债券的发行人近一半是资信较高级别(BBB级或更高级)的西方工业发达国家的公司和私人金融机构,其次是西方国家政府和一些超国家机构,如世界银行、欧洲投资银行、亚洲开发银行等。欧洲债券市场对债券发行人的资信级别要求较高,虽然不硬性规定要评级,但最好由一两家主要评级机构作一次评级,以有助于债券的推销。信誉优良的债券发行人可以发行金额大、期限长、利率低的债券。信誉不高的发行者或首次发行者,发行时金额不宜过大,利率应该较高,必要时要有发行担保人,以防止债券发行困难或在流通市场上价格下降。也正因为如此,长期以来,欧洲债券市场主要由西方发达国家占据,而发展中国家所占份额很小。

欧洲债券发行时有以下几个过程:

(1)发行人选定牵头经理行。这是债券发行成功至关重要的一步。牵头经理行应该具备一定的条件,如与发行人关系密切,有良好的专业技术、丰富的实践经验及出色的推销债券的能力,在同行中信誉和威信较高等。这样的牵头经理行才能正确分析和预测债券市场动向,组织精干的承购辛迪加和推销代理团,选定最佳时机,确定适宜的发行条件,在市场上发行欧洲债券。

牵头经理行选定后,发行人便与其商谈发行条件。牵头经理行同意承担发行后,双方就发行条件达成协议,由牵头经理行负责起草发行文件,内容主要是债券发行人财务状况、发行人所属国家情况、债券发行条件和销售条件等。

(2)组织承购辛迪加。由于欧洲债券的发行额较高,发行工作量较大,牵头银行需选定一些银行共同组成承购辛迪加,协同完成债券发行工作。有时为了争取有利时机、征得发行人的同意,还要组织参加者更为广泛的包销或推销集团。在此期间,牵头经理行与债券发行人应将债券发行条件最后确定下来。

(3)发行人与承购辛迪加签订债券包销总合同,牵头经理行代表承购辛迪加与各包销成员签订包销合同。最后,各推销成员根据自己的推销份额向与自己有业务联系的投资者推销欧洲债券。

从发行过程可以看出,牵头经理行作为发行人和承购辛迪加的中介,一方面要为发行人争取有利的发行条件,另一方面要满足承购辛迪加、包销或推销集团及各类投资人的获益目标,所以需谨慎选择牵头经理行,确保欧洲债券顺利进入发行市场。

欧洲债券在发行时要确定下列发行条件：

(1) 发行额。债券发行额度大小主要取决于发行人对资金的需求程度及债券市场行情,比如市场上与之类似的债券的发行额大小及其在二级市场的价格等。发行额过大或过小均不好。发行额过大有可能被迫压低发行价格,给债券发行带来困难,甚至影响债券今后在二级市场的价格;发行额过小则将不能满足发行人对资金的需求。发行时的法律费用和其他费用是固定的,所以发行额过小也会增加借款的分摊成本。典型的欧洲债券发行额在1亿美元左右,或相当于等值的其他货币。

(2) 选择币别。选择何种货币作为欧洲债券的标价货币是吸引投资者的一个重要因素。选择时要考虑货币汇率趋势、利率高低和借款人用途几个因素。选择强势货币时,债券吸引力较大,投资者较多,对发行人有利,此时债券利率可以低些,但存在货币升值增加未来偿还外汇成本的风险。选择弱势货币时,为了吸引投资者,需提高利率,结果加大了发行人的负担。一般而言,发行人应该选择汇率稳中有升的货币作为债券标价货币。

(3) 利率。债券的票面利率高低受市场影响较大,发行人在确定时要考虑到世界主要国家的货币政策、通货膨胀倾向、汇率稳定性和世界政局等因素,大多数欧洲债券的利息是每年支付的。

债券的利率也有名义利率和实际利率之分。名义利率根据债券的票面金额来计算,是固定的。实际利率是针对债券的市场价格与面值是否相同而言的。如果两者相同,实际利率与名义利率相一致,否则实际利率高于或低于名义利率。例如,票面为1 000瑞士法郎的10年期欧洲债券,票面年利率12%,如果该债券的市场售价与面额相同,那么债券的实际利率也是12%。如果市场售价是980瑞士法郎,那么实际利率会高于名义利率。计算方法如下：

$$实际利率 = \frac{票面金额 \times 票面利率 + (票面金额 - 市场价格) \div 偿还期限}{市场价格}$$

这样,上例的实际利率 $= \dfrac{1\,000 \times 12\% + (1\,000 - 980) \div 10}{980} = 12.4\%$

(4) 到期日。债券发行年限或称生命期主要取决于发行者的信用地位、发行条件和发行市场行情。当市场利率上升时,债券市场相对萎缩,债券发行期限就需缩短,反之就可以拉长。现在欧洲债券生命期一般是3—10年的居多,个别的能达到20年。

(5) 发行方式。可分为公开发行和私下发行,有的国家将公开发行称为"公募",指新债券由承购辛迪加承购,并在公认的债券交易所挂牌上市,公众均可按行市买卖或转让,不受特别限制。公开发行的债券发行人需向有关国家的相关机构提出申请,债券发行后还要按年度提交有关发行人的财务状况的报告,目的是保障投资者的利益。私下发行又可称为"私募",指新债券不在任何证券交易所挂牌上市,而是通过中间人出售给特定的投资者,如保险公司、养老基金等。私募可以不需要承购辛迪加承购,不受证券交易所有关规定限制,手续简便,发行速度快,但发行人需向投资者支付较高利息以弥补债权流动性不足的缺点。欧洲债券大多以公开发行方式来发行,由欧洲金融机构经销的债券主要在伦敦和卢森堡的证券交易所登记。

(6) 偿还方式。分到期偿还和期中偿还两大类。债券发行人在债券到期日一次付清本金的偿还方式为到期偿还。期中偿还又分为定期偿还、任意偿还和买入注销三种。

定期偿还是指债券发行一定时期后,每半年或一年偿还一定的金额,待债券期满时偿清全部余额。期限在七年以上的欧洲债券常采用这种偿还方式。任意偿还是指债券发行一定时期后,发行人能够任意偿还所借款项的一部分或全部。这种偿还方式有利于发行人,对投资者不是十分有利,因为投资者可能不太愿意脱手这种债券,所以发行人要求采用此方式偿还时,有时要补偿投资者的部分损失。买入注销是指发行人根据市场情况,择机直接从流通市场购回自己发行的债券,达到减轻发行人偿还资金负担的目的。

（7）发行价格。发行价格通常在债券发售日之前的定价会议上最后确定下来。在发售日,即使可能出现利率波动,定价不妥,承销人一般也要遵守事先确定的价格,除非市场出现突发急剧变化,发行价格才作调整。

四、欧洲货币市场的影响

欧洲货币市场自产生以来,在国际金融领域中发挥着十分显著的作用,其影响有积极的一面,同时也有消极的一面。从积极的方面看,欧洲货币市场的存在成为国际资本转移的重要渠道,最大限度地解决了国际资金的供需矛盾,进一步促进了经济、生产、市场和金融的国际化。1973年石油危机之后,欧洲货币市场的存在成功完成了石油美元的回流,避免了世界范围的国际收支失衡。随着欧洲货币市场的发展,西方各国政府和非产油发展中国家政府也开始在欧洲货币市场大量借款,或用于平衡国际收支,或用于支持本国长期建设项目。同时,跨国公司对欧洲货币市场的资金需求也急剧增加,借以扩大投资,促进国际生产与贸易的发展。

此外,欧洲货币市场的产生和发展打破了各国国际金融中心之间相互隔离的状态,使其间的联系不断加强,它体现着国际金融的真正一体化,从而进一步降低了国际资金流动的成本,使国际金融市场的有利因素得到最大限度的发挥。

然而,欧洲货币市场同时也对世界经济的许多方面产生了不利影响：第一,欧洲货币市场上资金的流动加剧了国际金融市场的动荡不安。欧洲货币市场由于金融管制松弛,对国际政治经济动态的反应异常敏感,每个主要储备货币国家的货币汇价发生升降变化,国际资金持有者即将贬值货币调成欧洲美元存储,并经常调动或借入欧洲美元来抢购即将升值的货币。巨额的欧洲货币到处流窜,加剧了各国汇价的不稳。在浮动汇率制度下,一体化的金融市场给跨国银行、企业以及证券投资者的经营活动增加了汇率波动的风险,巨额资金在不同金融中心之间、在不同储备货币之间频繁地进行套汇套利活动,而这又反过来进一步加剧了外汇市场上的投机性交易,以及外汇市场的动荡。

第二,欧洲货币市场增大了国际贷款的风险。欧洲货币市场国际信贷的主要方式是银行借短贷长,然而自20世纪70年代以来,国际上长期资金的需求增长很快,欧洲货币市场也随之增大了长期资金的贷放,这显然增加了金融市场的脆弱性。另外,欧洲货币市场上长期巨额信贷牵涉众多的辛迪加成员银行,而银行之间的借贷关系连锁网络又遍布全世界各个主要金融中心。这样,虽然国际银行贷款的风险分散了,但是影响却更广泛了,银行危机极易产生连锁反应。

第三,欧洲货币市场的存在影响了国内货币政策的有效执行。由于欧洲货币市场的存在,各主要西方国家的跨国银行、跨国公司及其他机构都可以很方便地在世界范围内取得贷款资金和投放场所,这使得一国针对国内经济目标所采取的货币政策很难如愿以偿。例如，当国内为抑制通货膨胀而采取紧缩的货币政策从而使国内金融市场利率提高时，国内的银行和企业可以很方便地从欧洲货币市场上获得低成本的资金。同时，欧洲货币市场上的国际游资也会因国内的高利率而大量涌入，使紧缩的货币政策无法顺利完成既定的调控目标。

五、对欧洲货币市场的监控

欧洲债券和外国债券不同，它不受发行地所在国的监管和限制，例如，它的发行不需要非常详细的募资说明书，投资者也无须缴纳预提税（对外国投资者征收的、由借款人代缴的税收）。但是，欧洲债券的发行和交易也要符合一定的监管要求，其中有关的规则和标准是由自律性团体——国际证券市场协会制定的。

从欧洲债券市场的定义可知，它在计值货币发行国的法律管辖区之外，但这并不意味着货币发行国不会对欧洲债券市场产生重要的影响。出于一系列的原因，一国政府会对国内资本市场进行管制，其中重要的原因不外乎以下几点：① 政府本身对资金有巨大的需求；② 国内资金比较稀缺，政府希望这部分资金能够投资于本国的债券市场；③ 政府不仅会考虑税收方面的因素，还会考虑资本外流对本币币值产生的影响。一国政府在控制以本币计值的欧洲债券发行量时，可以采用多种方法。首先，欧洲债券发行时筹集的资金要通过计值货币发行国的银行系统进行清算，因此中央银行可以阻止债券的发行；其次，一国政府可以对国内外的投资银行施加压力，使它们不能参加欧洲债券的发行，例如，政府可以警告投资银行，它们若参与欧洲债券的发行，就会失去本国业务和在本国经营的资格。瑞士政府要求所有以瑞士法郎计值的债券都要在本国发行，从而有效地阻止了瑞士法郎欧洲债券的发行。日本政府也对日元欧洲债券的发行施加了严格的限制。

美国当局对欧洲债券市场较为关注。由于欧洲债券一般是无记名债券，因此美国政府担心逃税现象严重。另外，美国政府对资金有着庞大的需求，它担心欧洲债券的低利率会带来较大的竞争压力。欧洲债券市场的监管和披露要求比较宽松，美国当局为了保护美国投资者，禁止美国的投资银行向美国居民出售欧洲债券，股票交易所委员会也要求美国的投资银行采取措施，"不将证券销售给美国的居民和侨民"。但是，美国目前的法律并不禁止美国居民自愿购买欧洲债券，美国政府只是希望他们在报税时申报所有的利息收入。资深的美国金融机构也可出于投资的目的持有欧洲债券。

六、欧洲货币市场的延伸——亚洲货币市场

亚洲货币市场是存储和流通在亚洲地区的境外货币的市场。它实际上是欧洲货币市场的一个重要分支。亚洲货币市场中以亚洲美元的经营为主。20世纪60年代，亚洲的许多国家和地区从第二次世界大战的破坏中恢复过来，开始了经济的迅速发展，从而产生了对美元及其他发达国家货币的大量需求，但出于经济上和政治上的原因，亚洲国家在欧洲货币市场上筹集资金的能力不强，因此，亚洲国家急需建立一个本地区的国际金融市场，把流散在亚洲各地的美元和其他货币集聚起来，以满足亚洲国家在经济发展和对外贸易中产生的需求。

最早发展起来的是新加坡亚洲美元市场。1968年10月，新加坡政府接受了美洲银

行的建议,允许美洲银行新加坡分行内部设立一个"亚洲货币单位"(Asian Currency Unit),以欧洲货币市场的方式吸收非居民存款,向非居民提供外汇交易和资金信贷的业务。此后,新加坡政府采取了一系列放松管制的措施,如废除非居民存款的利息预扣税和非居民持有亚洲美元债券的利息税,免除符合有关条件的亚洲货币单位银团贷款的所有收入的税收,实行利率自由化,鼓励竞争,取消外汇管制等,推动了新加坡亚洲美元市场的快速发展。

中国香港地区是亚洲货币市场的重要组成部分。作为离岸金融中心,中国香港地区和伦敦一样是随着经济的不断发展,采取传统的自由放任政策自然形成与发展起来的。中国香港地区没有中央银行,特区政府实行"积极的不干预"政策,使中国香港地区的金融业务保持最大限度的经营自由。居民和非居民从事境内、境外业务均不受限制,从而逐渐形成了内外一体的混合型离岸金融中心。作为离岸金融中心,中国香港地区主要从事非居民间的外币借贷,调节地区间的资金流向,并使银行之间互通有无。中国香港地区金融机构的对外负债主要来自西欧与中东,而对外债权则主要用于亚太地区。目前,中国香港地区是世界主要的离岸金融中心之一。

日本东京作为境外货币市场起步较晚。1984年起,日本政府逐步放松了金融管制。1985年,取消对日本公司债券持有者征收20%的利息预扣税。1986年12月1日,东京离岸金融中心正式成立。东京离岸金融中心发展迅速,目前已成为世界主要的离岸金融中心之一。在东京经营离岸金融业务的银行须获得日本大藏省批准,离岸金融业无须另立账户来处理,此账户免征利息预扣税,没有准备金和存款保证金的要求。总之,日本政府放松管制的措施对鼓励中小银行参与离岸金融业务、推行日元国际化,都发挥了重要作用。

亚洲货币市场的主要功能是集聚起银行同业存款、中央银行外汇储备、基金组织、各种政府机构、跨国公司以及私人暂时不用的闲置资金,将之转化为短期或中长期贷款,以满足亚太地区经济发展对资金的需求。当亚洲国家或地区遇到国际收支不平衡或面临本国(地区)无力承担的大规模建设时,都会向亚洲货币市场借款。亚洲货币市场的产生与发展为亚太地区的经济活动提供了融通资金的便利场所。

本章术语 》》

国际金融市场　欧洲美元　外国债券　欧洲债券　货币市场　资本市场
辛迪加贷款　金融创新　表外业务　证券化

本章总结 》》

1. 国际金融市场是各国间进行资金融通的场所,它在推动各国经济发展方面发挥着越来越重要的作用。20世纪70年代以来,国际金融市场发生了深刻的变革,呈现出全球一体化、证券化等发展趋势。

2. 国际货币市场是指借贷期限为一年以内(含一年)的资金市场,是国际金融市场的重要组成部分。根据不同的交易行为,货币市场又可分为短期信贷市场、短期证券市场和贴现市场。

3. 国际资本市场是国际长期资本借贷或证券发行与交易的市场。广义的国际资本市场包括国际银行中长期信贷市场和国际证券市场。根据证券的种类不同,国际证券市场可分为国际股票市场和国际债券市场。

4. 欧洲货币市场是指在货币发行国境外存储和贷放该国货币的市场,可分为欧洲信贷市场和欧洲债券市场。欧洲货币市场形成和发展的原因包括美国的信贷管制政策、西欧国家为境外银行业提供的鼓励性措施等多方面的因素。

思考和练习

1. 新兴的离岸金融市场与传统的国际金融市场相比,有哪些主要的特征?
2. 20世纪80年代以来银行业务出现了表外化的趋势。谈谈你对几种主要的表外业务的理解和认识。
3. 说明辛迪加贷款的主要特点和业务流程。
4. 国际金融市场的证券化趋势对银行产生了哪些方面的影响?
5. 试说明欧洲货币市场的产生背景及发展原因。
6. 如何评价欧洲货币市场的积极作用和消极影响?

第十六章　　国际银行业与国际金融机构

▍本章概要▍

国际银行业与国际金融机构是全球金融体系的重要组成部分。国际银行业的兴起推动了国际贸易和国际投资的发展。国际金融机构则保证了国际货币体系的正常运行,它们不仅积极协调国家之间的经济关系,促进了国际经济合作,还通过短期和长期贷款,帮助成员解决因国际收支失衡产生的流动性困难,促进成员的长期经济增长。

▍学习目标▍

1. 理解国际银行业的发展动因及其组织形式。
2. 了解各国际金融机构的职能和运作模式。

第一节　国际银行业

国际银行业(International Banking)可被定义为包括商业银行买卖外汇到与其他银行组成放款银团向外国政府发放项目贷款的一系列范围广泛的金融活动。通过提供信贷、金融咨询服务以及参与证券市场交易,国际银行业成为全球资本流动的重要载体。

国际银行业的出现意味着银行将业务的触角伸出国界寻找客户和利润,它们必须重新考虑国际银行竞争方式,主动寻求应对新挑战的途径,如在多元化的外国市场上销售服务和产品,发展安全的电子银行服务系统等。

一、银行从事国际业务的原因

银行从事国际业务有三个主要原因:一是进入并占有东道国的地方市场;二是为跨国经营的本国客户提供服务;三是参与离岸金融市场交易。就业务的种类来说,国际商业银行与国内银行业有很多相同之处,但国际银行业更加复杂多变。因为它涉及更多的货币,以及不同的法规体系、政治风险和外债清偿中断的可能性。

正如任何企业会对获利机会做出反应一样,商业银行从事国际业务活动也是对经济刺激的反应。但是,想在国际金融市场上盈利并不那么容易。例如,由于外来者地位和对当地政治、社会、经济情况并不熟悉,银行在外国市场上并不处于有利地位。交叉放款活动——资金同时双向流动的动力是什么?对这一问题的解释主要有以下几种:

(1) 面对熟悉当地情况的当地银行的竞争,国际银行首先需发现设立一家境外银行的比较利益所在。银行主要有三种业务——零售、服务和批发。如果银行把本国市场的管理知识和技术以较低的边际成本运用到国际市场,在零售业务就可能获得比较利益。可是,由于知识与经验的积累和对当地市场的充分了解,当地银行也能够与外来者竞争,因此,银行的零售业务利润不可能持久。

与国际直接投资相联系的业务是银行服务性业务。在这种情况下,银行把客户在国内和母行原有的联系延伸到外国。并且,外国银行可以向当地的公司提供母国的有关信息。

批发业务通常是银行同业往来交易——银行间的放款和借款。有利利差条件存在的原因——解释国际银行业务的基础,包括某些内在服务价值(例如,传统上国际贸易中以美元作为通货)、政府管制(例如,要缴纳法定存款准备金)和产品差异(例如,与大宗客户的交易)。

(2) 银行业对外投资的多样化能够降低风险。各国的经济状况并不会同方向、同时或同等程度地改变,在多国间分散投资能够减轻总利润率的波动。

(3) 银行之间竞争的升级也可能引起银行管理部门之间的竞争。一方面,银行管理部门会加强管理,降低银行风险;另一方面,银行管理部门也力图减轻对银行的管制,以吸引银行业在本国发展。尽管这个假定的着重点是银行的管理部门,但是,它为各种银行布局理论提供了依据。它与产业组织理论是一致的。银行在非竞争性优势的基础上选址和营业,这种优势不是来自规模和其他某些垄断力量,而是来自法律或管制方面的优惠。这样,外来银行在陌生的经济环境中经营的能力就会因国家不同而有所差异。但是,大型银行所拥有的一些优势和多样化投资的愿望以及各国对银行管制的方式与程度的不同是国际银行业发展的重要因素。

(4) 银行的行为在很大程度上受政治发展的影响,国际银行不可避免地和国际政治交织在一起。尽管银行家与政治家日益相互依赖,但是,他们可能带有不同的动机和目的。此外,尽管银行不一定对经济做出直接的反应,但是,当从事业务活动时,它们会考虑政府已经或者将要采取什么行动,而这些行动的最终目的是影响经济。例如,美国银行可能愿意冒更大的风险,把大笔贷款投入墨西哥而不是某一非洲国家,墨西哥在地理上靠近美国,是美国的大贸易伙伴。因此,如果墨西哥需要的话,美国政府更可能援助墨西哥以改善其国际收支状况。

进入外国市场的银行在某些方面可能处于劣势,因为它不熟悉当地的法律、社会和经济状况,而当地银行则很熟悉这些方面。但是,外来银行通常能够进行有效的竞争。这种竞争能力以法律、管制措施或一些垄断优势为基础。

二、国际银行的组织形式

国际银行通常拥有海外分支机构或联系网络,主要形式包括:

1. 往来银行业务

往来银行业务(Correspondent Banking)是在互惠的基础上,本国银行为非本国银行提供的代理服务。这种业务是为进出口贸易提供便利而发展起来的。

2. 代表处

代表处(Representative Office)的设立主要是为母行及其联属行招揽生意。它是在外国市场上设立的业务有限的分支机构。代表处不吸收存款或发放贷款,而仅为母行发挥联络作用。

3. 代理行

代理行(Agency)的设立主要是适应国际业务需要,代理行通常是母行的一个组成部分,比代表处发挥更多的功能。代理行和代表处的主要区别是,代理行可以吸收外国活期存款。与其他存款机构不同,代理行无权吸收国内活期存款,代理行也不必持有存款准备金。

4. 海外分行

海外分行(Foreign Branch)是根据所在国法律设立的境外机构,外国分行是母行的一个组成部分,不是一个独立的实体,它执行所在国允许的所有传统银行业务功能,其中包括吸收存款和发放贷款。对许多银行而言,分行是最重要的海外分支机构。

5. 附属行

附属行(Subsidiary)是母行直接或间接拥有一定比例股权或是能受母行控制的一个机构。法律上,附属行脱离分行,按照所在国法律设立,可以从事所有的银行业务。它可以是新设立的机构,也可以是对现存银行兼并而成立的机构。

6. 联属行

联属行(Affiliate)可被定义为母公司拥有20%—50%股权的外国机构。联属行一般不受某一公司的绝对控制。

7. 合资银行

合资银行(Joint Ventures)是由一家或几家外国银行与当地有关部门或单位联合出资在当地建立的股份银行,但外方通常不一定占控股权。合资银行可以是新建的,也可以是由外国银行购买了原本地银行的部分股权后重组而成的。

8. 财团银行

财团银行(Consortium Bank)有时被定义为由多家银行组建的、在特定地区经营或执行某一特定职能的实体。财团银行也可以是联合执行某一特定职能如共同提供贷款业务的银行团。

9. 辛迪加

辛迪加(Syndicate)是依据法律设立的组织,可以从事国际和批发性质的商业银行业务,但不能吸收存款。

银行传统上以代理行或代表处的形式打入境外市场,因为这两种形式的机构的建立相对容易一些。在外国经营了一段时间后,大多数银行通过创立或购买股权而拥有海外分行、附属行或联属行。

海外分支机构类型是由法律、规章、税收和其他因素决定的。影响类型选择最重要的因素是所在国的态度,这种态度具体体现在法律、规章和政策上。一些国家禁止外国银行在本国设立分行,另外一些国家禁止外国银行设立附属行(或联属行)。当然,也有一些国家的政府既排斥外国分行也排斥外国附属行。在有些情况下,政府禁止新银行进入本国市场,有十几个国家仅允许建立代表处。当然,这些国家的业务量很少。

海外分支机构的类型还取决于业务类型。在通常情况下,商业银行业务包括零售、批发或服务性银行业务。零售业务包括从非银行客户吸收存款。从事此类银行业务通常需要建立分行或附属行。商业银行在海外一般首先发展批发或服务性业务。批发银行业务主要包括与大公司客户、银行、其他金融机构和政府进行的大宗交易,如巨额贷款、存款和其他相关的业务。附属行、分行、代理行都可以从事批发银行业务,应指出的是,大型国际银行是批发银行业务的主要从事者。

总之,国际商业银行业务和组织结构比国内银行更复杂,很多银行已经认识到国际业务是非常有利可图的,尤其是批发业务。这诱导了包括代理行、分行和附属行在内的海外分支机构组成的银行网络,促进了全球金融体系的发展。

三、国际银行业务

国际银行作为国际金融中介执行一些重要的职能,以促进国际贸易和投资。

1. 外汇市场业务是最重要的业务之一

在这个市场上,国际银行发挥了几种不同的作用。它们促使购买力从买者向卖者,从贷者向借者转移。借助各种专门的金融工具,它们也向商品服务进口商提供贷款。最后,它们也通过远期市场(Forward Market)和其他套期保值(Hedging)技巧降低汇率变动的风险。

银行既充当了外汇的买者又充当了外汇的卖者。但是,通过轧平外汇头寸使外汇的购买合同与相应的出售合同匹配,它们就能避免汇率波动的风险。轧平头寸大多是通过与其他银行的交易来完成的,这就形成了广阔的银行间同业拆借市场。银行外汇交易还包括掉期交易(Swaps)——买卖外币在两个不同的到期日同时进行。这种交易目的是轧平头寸或者充分利用闲置资金。

2. 通过其国内业务机构和海外分行与联属行积极参与国际放款业务

历史上,美国银行在国际市场上的放款活动主要是传统的贸易融资。就其业务的性质而言,这种信贷具有期限短、自我清偿、风险较低等特点。但是,在二十世纪六七十年代,随着跨国公司的扩大,其业务活动范围也增加了,因此它们求助于商业银行为其海外活动提供融资。与此同时,很多发展中国家也出于各种目的向商业银行寻求资金。鉴于借款者不同类型的需要,国际银行业发展了两种不同的业务,其一是以本国货币放款,如一家在美国的银行向一家德国公司发放一笔美元贷款,其二是以外币放款,如一家伦敦银行向一家德国公司发放一笔美元贷款。近年来,外币放款在贷款业务的增长中占据了相当比重。

国际放款种类比国内放款种类更多。除向个人、公司或政府发放直接的或传统的贷款外,贸易融资(含银行承兑)也是国际银行活动的一部分。银行承兑票据是由公司或个人向银行签发的,通知银行在指定时间向记名的个人(或持票人)支付一定金额的汇票。放款的另一种主要形式是银行同业往来存款——通常是在其他银行的短期存款。事实上,银行未清偿债权的最大部分是银行的同业放款。银行同业放款使银行能保持流动性,促使债权债务期限的匹配。它使银行最大限度地利用存款来获取利益。银行同业往来存款为往来银行关系奠定了基础。

很多大型银行已越来越多地通过它们的信托部门参与机构基金的管理和国际投资。这些基金包括养老金、赈济金、基金会基金和各种免税组织基金。银行也以购买公司证券——商业汇票、期票和其他债券与证券的形式放款。辛迪加贷款是银团信贷,它是一种重要的放款形式。

3. 通过为大公司或政府部门等大宗借款者承销债券而参与国际资本市场

承销由一组银行或辛迪加来完成,它们先以自己的名义认购证券,然后,再把这些证券卖给自己的客户和其他感兴趣的买主。

4. 作为第三者参与补偿贸易(或易货贸易)①

商业银行建立了补偿贸易部,以帮助融资和向客户提供指示与信息资料。

总之,国际商业银行业务包括金融性质的各种服务——吸收和创造存款,买卖外汇,向各种借款者发放各种期限的贷款,参与放款承诺和担保,就外贸和投资机会向客户提供咨询。据调查,国际银行家将从事外汇交易和满足国内客户海外需要视为最重要的业务活动,其次是直接向跨国公司发放贷款和参与辛迪加的欧洲货币放款。其他业务还包括投资银行业务和海外市场的本国货币放款。这些职能通过国内银行业务机构或设在外国的几种类型的银行分支机构来完成。

四、国际银行业的监管和巴塞尔协议

世界性金融自由化的浪潮发生以后,国际银行业金融风险的加大引起了金融界(尤其是各国中央银行和国际清算银行等国际金融组织)的高度关注。许多国家为加强对银行的管理,制定了监管措施。1988年,国际清算银行下的巴塞尔银行监管委员会公布了以规范信用风险为主的跨国规范——《关于统一国际银行资本衡量和资本标准的协议》(以下简称《巴塞尔协议》)。《巴塞尔协议》主要有四部分内容:一是资本的分类,二是风险权重的计算标准,三是资本与资产的标准比例和过渡期的实施安排,四是各国监管当局自由决定的范围。协议将银行的资本分为核心资本和附属资本,并根据资产类别、性质以及债务主体的不同,将银行资产负债表的表内项目和表外项目划分为0、20%、50%和100%四个风险档次。协议规定的资本充足率标准(资本对风险资产的比率)为8%,其中核心资本对风险资产的比率不低于4%。

20世纪90年代,金融自由化速度加快,衍生金融品种及其交易规模迅猛增长,银行业越来越深地介入了衍生品品种的交易。巴塞尔银行监管委员会也认识到,尽管《巴塞尔协议》的执行在一定程度上降低了银行的信用风险,但以金融衍生工具为主的市场风险却经常发生。1995年4月,巴塞尔银行监管委员会对银行某些表外业务的风险权重进行了调整,并在1996年1月推出《资本协议关于市场风险的补充规定》,将市场风险纳入资本需求的计算。1997年9月,巴塞尔银行监管委员会发布了《有效银行监管的核心原则》。该文件适应国际银行业的变化和银行监管的新趋势,突破《巴塞尔协议》单纯依靠资本充足率规定防范金融风险的局限性,将风险管理领域扩展到银行业的各个方面,从先决条件、发照程序和对机构变化的审批、持续性银行监管、监管者的正式权力到跨国银行业务,制定了全面的指导性原则,以建立有效的监管方式和风险控制机制。

巴塞尔银行监管委员会彻底修改资本协议的工作是从1998年开始的。1999年6月,巴塞尔银行监管委员会提出了以三大支柱——资本充足率、监管部门监督检查和市场约束为主要特点的新资本监管框架草案第一稿(A New Capital Adequacy Framework),

---

① 无须使用货币,直接进行货物或商品交易。

并广泛征求有关方面的意见。2001年1月,新巴塞尔资本协议草案公布,新资本协议延续了1988年《巴塞尔协议》中以资本充足率为核心、以信用风险控制为重点的风险监管思路,吸收了《有效银行监管的核心原则》中提出的银行风险监管的最低资本金要求、外部监管、市场约束等三大支柱的原则,并进一步强化了监管的标准和手段,力图更加全面而敏感地反映银行风险,将信用、市场和操作风险纳入银行资本计提考量,提供了更加全面的风险处理方案,促进银行业公平竞争。2004年6月,《巴塞尔协议Ⅱ》正式定案,并希望在2006年年底以前大多数的国家都能采用此协议。2007年2月28日,中国银监会发布了《中国银行业实施新资本协议指导意见》,标志着我国正式启动了实施《巴塞尔协议Ⅱ》的工程。

在2007年次贷危机发生之后,为避免全球信贷危机重演,全球银行业监管者于2010年在瑞士巴塞尔达成协议,即《巴塞尔协议Ⅲ》。截至2015年1月,全球各商业银行的一级资本(协议规定只包括普通股和永久优先股)充足率下限将从4%上调至6%,总资本充足率要求仍维持在8%不变。各家银行应建立2.5%的资本防护缓冲和0—2.5%的逆周期资本缓冲,在2016年1月至2019年1月之间该规定分阶段执行,这样核心资本充足率的要求可达到8.5%—11%,此外,协议还引入杠杆比率、流动杠杆比率和净稳定资金来源比率的要求,以降低银行系统的流动性风险,加强抵御金融风险的能力。2012年6月,中国银监会发布《商业银行资本管理办法(试行)》,并于2013年1月1日起实施。

2017年12月,《巴塞尔协议Ⅲ:后危机时代监管改革最终版》(以下简称"2017年版《巴塞尔协议Ⅲ》")的发布标志着自2008年金融危机爆发以后历时近十年的国际银行监管架构改革最终告一段落。相较于2010年版的《巴塞尔协议Ⅲ》,2017年版《巴塞尔协议Ⅲ》致力于提升风险计量框架的可信度,以及可比性、简单性和风险敏感性三者之间的平衡,此外,2017年版《巴塞尔协议Ⅲ》对全球系统重要性银行提出了更高的杠杆率监管要求。2023年10月,我国发布《商业银行资本管理办法》,明确银行业应自2024年1月1日起实施这一监管框架。

第二节 国际金融机构

目前的国际金融机构可以大致分为三种类型:一是全球性的,如IMF和世界银行;二是区域性的,如欧洲投资银行、阿拉伯货币基金组织、西非开发银行,它们完全由地区内的成员组成,是真正的区域性国际金融机构;三是半区域性的,如国际清算银行、亚洲开发银行、亚洲基础设施投资银行等,它们的成员主要在区域内,但也有区域外的成员参加。

IMF和世界银行是联合国17个专门机构中独立经营国际金融业务的机构。这两个全球性的国际金融机构是所有国际金融组织中规模最大、成员最多、影响最广泛的,它们对加强国际经济和货币合作、稳定国际金融秩序,发挥着极为重要的作用。

一、国际货币基金组织

国际货币基金组织(International Monetary Fund,IMF)由理事会(Board of Governors)、执行董事会(Board of Executive Directors)、总裁和众多业务机构组成。

IMF最高决策机构理事会,是由各会员选派一名理事和一名副理事组成,任期5年,其任免由会员自己决定。理事会的主要职权是批准接纳新会员、修订基金条款与份额、决定会员退出IMF、讨论决定有关国际货币制度等重大问题。理事会每年召开一次常会,必要时可以召开特别会议。由于理事会规模过于庞大,IMF在1974年设立了临时委员会,由22个部长级成员组成,一年举行3—4次会议。临时委员会实际上是重要的决策机构,具有管理和修改国际货币制度和修改基金条款的决定权。

理事会下设执行董事会,是IMF总部的常设机构,一般行政和政策事务均由执行董事会行使权力。执行董事会向理事会提供年度报告,与会员进行讨论,并随时对会员重大经济问题以及国际金融方面的重大问题进行研究。执行董事会由24名执行董事组成,IMF总裁任执行董事会主席。

会员要向IMF认缴一定的份额,各会员在IMF的份额,决定其在IMF的投票权、借款的数额以及分配特别提款权(SDRs)的份额。各会员的份额大小由理事会决定,要综合考虑会员的国民收入、平均进出口额和变化率以及出口额占GNP的比例等多方面的因素。份额的单位原为美元,后改为SDRs。在1975年以前,会员的份额的25%以黄金缴纳,其余部分以本国货币缴纳,在1976年牙买加会议以后,IMF废除了黄金条款,份额的25%改为以SDRs或自由兑换货币缴纳。会员缴纳的份额是IMF的主要资金来源,此外IMF还可以通过借款来组织资金来源。2015年12月,IMF通过份额和治理改革方案,新兴市场在IMF中的话语权大幅上升,中国成为继美国和日本后的第三大份额会员,份额为6.41%,投票权为6.09%。

创建IMF的初衷是维持布雷顿森林体系的运行,其业务活动主要是汇率监督与政策协调、储备资产的创造以及对国际收支赤字会员提供资金融通。目前IMF的业务活动,仍然围绕这三个方面展开。

1. 汇率监督与政策协调

为了使国际货币制度能够顺利运行,IMF要监督各会员以保证它们与IMF和其他会员进行合作,以维持有秩序的汇率安排和建立稳定的汇率制度。在布雷顿森林体系条件下,会员要改变汇率平价时,必须与IMF进行磋商并得到它的批准。在目前的浮动汇率制条件下,会员调整汇率无须再征求IMF的同意。但是IMF仍然要对会员的汇率政策进行全面评估,这种评估要考虑其国内和对外政策对国际收支调整以及实现持续经济增长、财政稳定和维持就业水平的作用。IMF的汇率监督不仅运用于那些经济上较弱的会员和国际收支失衡从而要求得到IMF贷款支持的会员,而且更重要的是运用于那些经济实力强大的会员。这些会员的内部经济政策和国际收支状况会对世界经济产生重大影响。

IMF在多边基础上和个别基础上对会员的汇率政策实行监督。在多边基础上,IMF主要分析工业化国家国际收支和汇率政策的相互作用,并评估这些政策在何种程度上能促进一个健康的世界经济环境。多边监督强调对国际货币制度有重要影响的会员的政策协调和发展。对个别会员的监督主要是检查会员的汇率政策是否与上述基本协定所规定的义务相一致,IMF要求其所有会员将汇率安排的变化通知IMF,从而使IMF能够及时进行监督和协调。

除了对汇率政策进行监督,IMF在原则上还应每年与各会员进行一次磋商,以对会员经济和金融形势以及经济政策做出评价。这种磋商的目的是使 IMF 能够履行监督会员汇率政策的责任，并且有助于了解会员的经济发展状况和采取的政策措施，从而能够迅速满足会员申请贷款的要求。

2. 储备资产的创造

IMF 在 1969 年的年会上正式通过了"十国集团"提出的特别提款权(SDRs)方案，决定创设 SDRs 以补充国际储备的不足。SDRs 于 1970 年 1 月开始正式发行。会员可以自愿参加 SDRs 的分配，也可以不参加，目前除了个别会员，其余会员都是 SDRs 账户的参与者。SDRs 由 IMF 按会员缴纳的份额给各参与者分配后即成为会员的储备资产，当一个会员发生国际收支赤字时，可以动用 SDRs，将其划给另一个会员，偿付收支逆差，或用于偿还 IMF 的贷款。

3. IMF 的贷款业务

根据 IMF 协定，当会员发生国际收支暂时性不平衡时，IMF 向会员提供短期信贷。IMF 的贷款提供给各会员的财政部、中央银行，贷款的提供方式采取由会员用本国货币向 IMF 申请换购外汇的方法，一般称为购买(Purchase)，即用本国货币购买外汇，会员还款的方式是以外汇或 SDRs 购回本国货币，贷款无论以什么货币提供，都以 SDRs 计值，利息也用 SDRs 缴付。

IMF 主要设有以下几种贷款：

(1) 普通贷款。普通贷款是 IMF 最基本的贷款，也称为基本信用设施(Basic Credit Facility)。它是 IMF 利用各会员认缴的份额形式的基金对会员提供的短期信贷。会员借取普通贷款的累计数不得超过其份额的 125%，普通贷款划分为储备部分贷款和信用部分贷款。

(2) 补偿与应急贷款(Compensatory & Contingencing Facility, CCF)。补偿与应急贷款前身是出口波动补偿贷款(Compensatory Financing Facility, CFF)。当一国出口收入下降或谷物进口支出增大而发生临时性国际收支困难时，可向 IMF 申请普通贷款以外的这项贷款。CFF 用于出口收入减少或谷物进口支出增加的贷款各为其份额的 83%，两者同时借取则不得超过份额的 105%。1989 年 1 月，IMF 以 CCF 取代 CFF，贷款最高额度为份额的 122%，其中应急贷款和补偿贷款各为 40%，谷物进口成本补偿贷款为 17%，其余 25% 由会员任意选择。

(3) 缓冲库存贷款(Buffer Stock Financing Facility, BSFF)。缓冲库存贷款的目的是帮助初级产品出口国建立缓冲库存以便稳定价格。会员可以使用这项贷款占其份额的 45%，贷款期限为 3—5 年。

(4) 中期贷款(又称扩展贷款，Extended Fund Facility, EFF)。中期贷款专门解决会员较长期的结构性国际收支赤字，而且其资金需要量比普通贷款所能借取的贷款额度要大。此项贷款的最高借款额可达借款国份额的 140%，期限为 4—10 年，备用安排期限为 3 年。此项贷款与普通贷款两项总额不得超过借款国份额的 165%。

(5) 补充贷款(Supplementary Financing Facility, SFF)。补充贷款设立于 1977 年 4 月，总计 100 亿美元，其中石油输出国提供 48 亿美元，有顺差的 7 个工业化国家提供 52 亿美元，主要用于补充普通贷款的不足，帮助会员解决持续的巨额国际收支逆差问题。在会员遇到严重国际收支不平衡，需要比普通贷款所能提供的更大数额和更长期限的资金时，可以申请补充贷款。1981年5月,IMF又实行了扩大借款政策(Enlarged Access Policy)。

(6) 信托基金(Trust Fund)。信托基金用于援助发展中国家。IMF将其持有黄金的1/6(2 500盎司)在1976年7月至1980年6月的4年内按市价拍卖,以所获利润(市价超过35美元官价的部分)建立一笔"信托基金",按优惠条件向较穷的发展中国家提供贷款。这种贷款都具有以下特点:① 贷款对象只限于政府;② 贷款的用途仅限于解决借款国的国际收支逆差;③ 贷款期限短;④ 贷款数额受份额限制。

(7) 结构调整贷款(Structural Adjustment Facility,SAF)。资金来自信托基金贷款偿还的本息,贷款利率为1.5%,期限为5—10年。1987年年底,IMF设立了"扩大结构调整贷款",贷款最高额度为份额的250%。

(8) 临时性信用设施(Temporary Credit Facility,TCF)。IMF除设立固定的贷款项目外,还可以根据需要设置特别临时性的贷款项目,其资金来源由IMF临时借入。比如1974—1976年,IMF设置的石油贷款(Oil Facility),用于解决石油价格上涨引起的国际收支失衡。石油贷款的资金来源由IMF向盈余国家(主要是石油输出国)借入,再转贷给赤字国家。贷款的最高额度,1974年规定为份额的75%,1975年提高到125%。贷款期限规定为3—7年。

IMF提供贷款时附加的限制条件是指IMF会员在使用IMF贷款时必须采取一定经济调整措施,以便在IMF贷款项目结束或即将结束时能够恢复对外收支的平衡。

二、世界银行集团

世界银行即国际复兴开发银行(International Bank for Reconstruction and Development,IBRD)也是布雷顿森林会议的产物,它与IMF是紧密联系、互相配合的国际金融机构。世界银行有两个附属机构,即国际开发协会(International Development Association,IDA)和国际金融公司(International Finance Corporation,IFC),统称为世界银行集团。

(一) 世界银行

根据布雷顿森林会议通过的有关协议,世界银行于1945年12月宣告成立,并于1946年6月开始营业活动。作为一个全球性的金融机构,世界银行的宗旨是:① 对用于生产目的的投资提供便利,以协助会员的复兴与开发,并鼓励不发达国家生产与资源的开发。② 通过保证或参与私人贷款和私人投资的方式,促进私人对外投资。③ 用鼓励国际投资以开发会员生产资源的方法,促进国际贸易的长期平衡发展,维持国际收支平衡。④ 在提供贷款保证时,应同其他方面的国际贷款配合。世界银行对会员提供的是中长期贷款,以促进各会员经济的恢复与重建。目前世界银行的主要目的是向发展中国家提供开发性贷款,资助其兴办长期建设项目,以促进其经济增长与资源开发。

1. 世界银行的组织结构

世界银行设在美国首都华盛顿,根据布雷顿森林协议,只有IMF的会员才能够申请加入世界银行。世界银行的组织结构与IMF差不多,也是由理事会下设执行董事会作为决策机构。执行董事会选举一人为行长和执行董事会主席,主持日常事务,行长任期五年,并可以连任。

2. 世界银行的资金来源

世界银行的资金主要来自三个方面：会员缴纳的股金、在国际金融市场上发行债券、出让银行债权。

目前，世界银行是世界各主要资本市场上的最大非居民借款人。除了在国际资本市场上发行债券，世界银行也直接向会员的政府、中央银行等机构发行中短期债券筹集资金。

世界银行的主要资金来源还有将贷出款项的债权转售给私人投资者，主要是国际商业银行等金融机构，这样可以迅速收回一部分资金，以扩大世界银行贷款资金的周转能力。

3. 世界银行的贷款活动

世界银行贷款的重点一直是各种基础设施，如公路、铁路、港口、电信和动力设备等，后来又逐渐增加了能源开发、农业、公用事业和文教卫生等福利事业的项目贷款。另外，20世纪80年代以来，世界银行也设立了结构调整贷款，协助发展中国家解决因国际收支失衡而引起的经济调整问题。这种贷款是与政策相联系的，贷款的目的是促进宏观或部门经济政策的调整和机构的改革，这对满足发展中国家重大经济结构调整而形成的资金需求有很大帮助。

世界银行贷款的条件是非常严格的，主要表现在以下几个方面：

（1）世界银行的贷款对象只限于会员的政府、政府机构或国营和私营企业。除了借款人是会员政府本身，会员国内的公、私机构向世界银行借款时，都必须由会员政府或会员的中央银行提供担保。

（2）世界银行的贷款只能用于特定的开发或建设项目，并且贷款项目在经济上和技术上都必须是可行的，但是在特殊情况下，世界银行也发放非项目贷款，以解决借款国进口物资设备的外汇需要和克服自然灾害的资金需要。世界银行有时也可以发放贷款以使借款人能够实施某项总的发展计划。

（3）申请世界银行贷款的国家和项目，只有当世界银行确认它不能按合理的条件从其他渠道获得资金时，才有可能得到贷款。

（4）世界银行贷款一般只提供为实施某个项目所必须进口的商品和服务所需要的外汇开支，一般不提供与该项目配套的本国货币资金。世界银行提供的都是中长期贷款，期限在5年以上，最长的可达30年。

申请世界银行贷款要遵循严格的程序，并接受世界银行的严格审查和监督。一般说来，世界银行首先要对申请借款国的经济结构现状和前景进行调查，以便确定贷款项目。其次还要派出专家小组对已确定的项目进行项目评估。最后才举行贷款谈判，并签署借款协议、担保协议等有关法律文件。

贷款发放以后，世界银行还要求借款人在使用其贷款时，必须注意经济效益。使用世界银行贷款采购商品和服务必须使用国际公开招标的形式。为了保证贷款的合理使用，世界银行按工程进度发放贷款，并对贷款的使用进行监督。世界银行的贷款必须专款专用，只有当约定建设项目所需的商品和服务已同供应人或承包商签订合同，并将有关文件送交世界银行审查后，贷款才直接付给供应人或承包商。世界银行还检查所供应的货物的规格和质量，并对项目施工进行监督。一旦发现问题，贷款随时可能被中止。

20世纪70年代以来,世界银行为满足发展中国家会员不断增长的资金需求发展了一种新的贷款——联合贷款,所谓联合贷款是指世界银行与其他贷款者结合起来,共同为某借款的项目提供融资。

(二) 国际开发协会

国际开发协会是世界银行的一个附属机构,是专门向低收入发展中国家发放长期优惠贷款的金融组织。国际开发协会成立于1960年9月,同年11月开始营业,会址设在美国首都华盛顿。国际开发协会的宗旨是帮助世界上欠发达地区的会员促进经济发展,提高生产力和生活水平。作为世界银行活动的补充,协会向欠发达地区的会员提供条件较宽、期限较长、负担较轻并可用部分本国货币偿还的贷款资金,以解决它在重要发展方面的需要。

国际开发协会的贷款只提供给低收入的发展中国家,国际开发协会的贷款称为信贷(Credit),以区别于世界银行提供的贷款(Loan),两者的区别在于国际开发协会提供的是最优惠贷款,也称为软贷款,软贷款的优惠条件体现在长期和无息两个方面。贷款期限平均为38.3年,宽限期为10年,不用还本。第二个10年每年还本1%,其余各年每年还本3%。还款时可以全部或一部分使用本国货币。软贷款不收利息,只收取0.75%的手续费,目前国际开发协会是向低收入国家提供优惠贷款的最大的多边国际金融机构,差不多占各类机构提供的优惠贷款总额的50%。

(三) 国际金融公司

1956年7月,国际金融公司正式宣布成立。其宗旨是对发展中国家会员的私人企业的新建、改建和扩建提供贷款资金,促进发展中国家中私营经济的增长和国内资本市场的发展。国际金融公司从法律地位和财务制度上看是独立的经营实体,但实际上它也是世界银行的附属机构。

国际金融公司提供的贷款与世界银行和国际开发协会相比,具有以下特点:第一,国际金融公司主要是对会员的生产性私营企业进行贷款,并且也不要求会员政府为贷款的偿还提供担保;第二,贷款数额一般在200万—400万美元,最高也不会超过3 000万美元,而世界银行提供的一般都是大型项目投资;第三,国际金融公司在提供资金时,往往采取贷款与资本投资(即购买借款方的公司股票)结合的方式,但是国际金融公司并不参与其投资企业的经营管理活动;第四,国际金融公司通常与私人投资者共同对会员的私营生产性企业进行联合投资,从而发挥促进私人资本在国际范围流动的作用。

国际金融公司在进行投资以前,对投资项目的可行性研究也十分严格,国际金融公司在进行投资的同时,还向项目主办企业提供必要的技术援助,并且还向会员政府提供政策咨询服务,以协助创造良好的投资环境,从而达到促进私人投资的目的。

(四) 多边投资担保机构

多边投资担保机构(Multilateral Investment Guarantee Agency, MIGA)成立于1988年4月,是世界银行集团中最新的成员。它的主要功能是为跨国投资在东道国可能遇到的非商业性风险提供担保。多边投资担保机构的宗旨在于鼓励生产性的外国私人直接投资向发展中国家流动,促进东道国的经济增长,以此协助世界银行其他机构的活动。

20世纪60年代以来,亚洲、非洲、美洲和欧洲地区的一些国家,通过互相合作的方式,建立本地区的多边性金融机构,以适应本地区经济发展和国际投资及技术援助的需要。这些区域性的国际金融机构发展都很迅速,它们与联合国及其所属的IMF和世界银行相互配合,对促进本地区的国际贸易与投资,以及成员经济的发展,发挥着极为重要的作用。

三、国际清算银行

国际清算银行(Bank for International Settlements, BIS)于1930年成立,行址设在瑞士的巴塞尔。国际清算银行的宗旨是促进各国中央银行的合作,为国际金融活动提供更多的便利,在国际金融清算中充当受托人或代理人。从某种意义上,它履行着"中央银行的银行"的职能。

1. 国际清算银行的组织结构

国际清算银行的最高权力机构是股东大会,股东大会每年举行一次,由认购该行股票的各国中央银行派代表参加。董事会是国际清算银行的实际领导机构。国际清算银行创立时的股本全部由参加创建的各国中央银行和美国银行集团认购。后来随着银行规模的扩大,其股票也在市场上交易,持股者包括与该行有业务关系的其他国家中央银行或金融机构,以及在市场上购进该行股份的私人投资者。

2. 国际清算银行的职能与业务

国际清算银行的职能是"中央银行的银行",办理多种国际清算业务。目前全世界约有近百家中央银行在国际清算银行拥有存款账户,各国约10%的外汇储备和3 000多吨黄金存于该行,作为提供贷款的资金保障之一。该行还办理各国政府国库券和其他债券贴现和买卖业务,买卖黄金、外汇,或代理各国中央银行买卖。国际清算银行资金力量雄厚,积极参与国际金融市场活动,是国际黄金市场和欧洲货币市场的重要参与者。

国际清算银行还是各国中央银行进行合作的理想场所。很多国家的中央银行行长每年在巴塞尔国际清算银行年会上会面,讨论世界经济与金融形势,探讨如何协调宏观政策和维持国际金融市场的稳定。国际清算银行还尽力使其全部金融活动与IMF的活动协调一致,并与其联手解决国际金融领域的一些棘手问题。例如在缓和20世纪80年代初发展中国家国际债务危机的过程中,国际清算银行也提供了大量的贷款,起到了重要的作用。

四、亚洲开发银行

亚洲开发银行(Asian Development Bank,以下简称"亚行")是面向亚洲和太平洋地区的政府间多边开发银行机构。它根据联合国亚洲及太平洋经济社会委员会的决议,于1966年11月成立,并于同年12月开始营业,总部设在菲律宾首都马尼拉。

亚行的宗旨是向会员发放贷款、进行投资和技术援助,并同联合国及其专门机构进行合作,以协调会员在经济、贸易和发展方向方面的政策,进而促进亚太地区的经济繁荣。亚行规定,凡属于联合国亚洲及太平洋经济社会委员会的会员和准会员,以及参加联合国或联合国专门机构的非本地区经济发达国家,均可加入亚行。亚行的会员除亚洲和太平洋地区的发达国家和发展中国家和地区以外，还有英国、德国、意大利、荷兰等十几个欧洲发达国家。

理事会是亚行的最高决策机构，由亚行每个会员指派理事和副理事一名组成，理事会下设董事会负责亚行的日常经营活动。亚行的行长由理事会选举产生，并担任董事会主席。行长必须是本地区会员的公民，自亚行成立以来一直都由日本人担任。行长是亚行的最高行政负责人，负责亚行的日常业务和亚行其他行政官员和工作人员的聘任与辞退。

亚行的资金来源分为普通资金和特别基金：

（1）普通资金。普通资金是亚行贷款业务活动最主要的资金来源，主要由会员认缴的股金和来自国际金融市场及国家政府的借款组成。

（2）特别基金。其中亚洲开发基金设立于1974年6月，用于对亚太地区的贫困会员发放优惠贷款。资金主要由发达国家捐赠，提供资金最多的是日本、美国、德国、英国等。为了提高亚行欠发达会员的人力资源素质和亚行贷款的使用效率，1967年亚行建立了技术援助特别基金，为低收入的会员提供长期低息贷款。该基金也是由各会员自愿捐赠和从股本中的拨款组成。

亚行的主要业务活动是向会员提供贷款。亚行的贷款也有软贷款和硬贷款之分。软贷款即优惠贷款，仅提供给人均GNP按1983年美元计算低于670美元的贫困会员，贷款期限为40年，不收利息，仅仅收取1%的手续费。硬贷款的利率是浮动的。亚行的贷款方式与世界银行相似，主要有项目贷款和规划性贷款。项目贷款是为会员的具体建设项目提供的贷款，是亚行的主要贷款方式。贷款程序也要经过项目确定、可行性研究、实地考察评估、签署借贷协议、贷款生效、项目的执行与监督、项目完成后的评价等一系列环节。规划性贷款是对会员某个需要优先发展的部门提供的贷款，目的是促进会员产业结构的调整和扩大生产能力。亚行也组织联合贷款，即与其他官方或私人投资者一道为会员的开发项目或规划提供融资。

为发展中国家会员提供技术援助也是亚行的重要业务。技术援助有多种形式：项目准备技术援助是为了帮助会员确定贷款项目，以便亚行或其他官方和私人投资者进行贷款或投资；项目执行技术援助是为了帮助贷款的使用机构（包括当地的金融机构）提高金融管理能力，以便保证贷款的使用效率；咨询性技术援助是为了帮助会员进行有关部门的人员培训，以便正确地制定国家总体和部门发展规划及政策等。此外，亚行对涉及区域性发展的重大问题，还提供资金举办人员培训班和区域经济发展规划研讨会等。

总之，亚行的业务形式非常灵活。为适应本地区经济发展特点，除了各种形式的贷款，有时还以赠款或对私营企业进行股本投资的方式对本地区发展中国家会员提供资金，对推动亚洲经济的发展做出了一定的贡献。

本章术语 》》

国际银行　国际货币基金组织　世界银行　国际清算银行　国际开发协会　国际金融公司　亚洲开发银行

本章总结

1. 国际银行业在业务种类上与国内银行业有很多相同之处,但国际银行业面临更大的风险。国际银行业是国际经济发展到一定阶段的产物,它反过来也促进了国际贸易和国际金融的发展。

2. 国际金融机构是保证国际货币体系正常运作的国际组织,其设立的宗旨是协调国家之间的经济关系,促进国际经济合作。

3. 全球性的国际金融机构有国际货币基金组织和世界银行集团。国际清算银行是半区域性的国际金融机构,其宗旨是促进各会员中央银行之间的合作,被称为"中央银行的银行"。

思考和练习

1. 谈谈国际银行业发展的动因和趋势。
2. 国际货币基金组织的宗旨和主要职能是什么?
3. 你认为在当前的货币体系下,国际货币基金组织是否起到了有效稳定汇率和监督会员的作用?
4. 国际货币基金组织的贷款条件对借款国会产生哪些方面的影响?
5. 国际货币基金组织和世界银行在功能和地位上有哪些主要区别?

第十七章　国际资本流动

┃本章概要┃

国际资本流动是指资本从一个国家或地区转移到另一个国家或地区。资本的自由流动可以提高资源的配置效率,促进国际贸易的增长和全球经济效益的提高。但各国在享受国际资本流动带来的便利的同时,也面临资本流动带来的各种风险。大规模的、突发性的资本流动可能造成金融市场的动荡,并给各国经济带来危害,20世纪80年代爆发的债务危机,90年代发生的欧洲货币危机、亚洲金融危机等都说明了这一点。2007年爆发的美国次贷危机,则呈现出不同的特点。如何对国际资本流动进行有效的监控和管理,如何成功防范和化解金融危机,成为经济学家们重点研究的课题。

┃学习目标┃

1. 理解国际资本流动的主要类型和动因。
2. 了解发展中国家债务危机的成因和解决方案。
3. 了解金融危机的发生过程,并掌握货币危机理论模型。
4. 了解次贷危机的发生过程及其特点。

第一节　国际资本流动概述

国际资本流动是指资本从一个国家或地区转移到另一个国家或地区,它与一国的国际收支有着直接的关系,主要反映在一个国家或地区国际收支平衡表的资本和金融账户中。国际资本流动既可以是资金的国际转移,也可以是生产要素(或实物资本如设备、技术、劳动力等)的国际转移,统计上一般将实物资本折成货币价值来计量。

第二次世界大战以后,国际资本流动的发展十分迅速,对全球经济产生了重要影响。目前,国际资本流动的规模大大超过了国际贸易的规模。导致国际资本流动迅速增长的主要原因是:

1. 资本输入国对资金的需求

对于大多数发展中国家,资本不足是困扰经济发展的一个重要因素。而发达国家却存在大量相对过剩的资本。为了缓解国内资金短缺的困难,发展中国家一般都以优惠政策鼓励外商到国内投资办厂,或以其他途径吸引外资流入。发展中国家对国际资本的大量需求,成为国际资本流动的重要原动力。

2. 资金供给方对高回报率的追求

国际资本流动是为了获得比在国内投资更高的利润。不同国家的经济发展水平不同,投资利润率也不同。出于追逐利润的原因,资本从投资回报率低的地区流动到投资回报率高的地区。

3. 资金供给方风险防范和分散的要求

政治、经济风险的存在,对国际资本流动有很大的影响。如果一国国内政治动荡,经济状况恶化,本币币值持续下跌,就会导致资本外逃到币值相对稳定的国家寻求保值,形成保值性资本流动。此外,有些资本投资于外国,主要目的是寻求风险的国际分散,降低投资组合的整体风险。

4. 资金供给方降低生产成本的要求

随着科学技术的进步和生产国际化的进程,国际分工体系也发生了深刻变革。为了降低生产成本、发挥综合优势,许多产品的生产已经不是由一个国家或地区单独完成,而是由多个国家和地区共同完成,实行分散生产、集中装配。生产的国际化大大降低了产品的生产成本,促进了国际资本的流动。

国际资本流动根据流动期限的不同,可划分为两种类型:长期资本流动和短期资本流动。

一、长期资本流动

期限在一年以上的资本流动是长期资本流动,它包括直接投资、证券投资和国际贷款。

1. 直接投资

国际直接投资是指一国企业或个人对另一国的企业等机构进行的投资,直接投资可以取得对方或东道国企业的全部或者部分管理和控制权。直接投资主要有四种类型:

(1) 创办新企业,如在外国设立子公司、附属机构,或者与多国资本共同在投资东道国设立合资企业等。这类直接投资往往不局限于货币形态资本的投资,特别是创办合资企业时,机器设备、存货,甚至技术专利、商标权等都可以折价入股。

(2) 收购外国企业的股权达到一定比例以上。比如美国有关法律规定,拥有外国企业股权达到10%以上,就属于直接投资。德国、英国等国的最低限度为20%。

(3) 利润再投资。投资者在外国企业投资所获利润并不汇回国内,而是作为保留利润对该企业进行再投资,虽然这种投资实际并不引起一国资本的流入或流出,但这也是直接投资的一种形式。

(4) 企业内贷款。这是指直接投资者(母公司)与分支企业间的短期或中长期资金借贷。直接投资实际并不仅限于国际资本流动,它还包括企业的管理权限和方法、生产技术、市场营销渠道、专利专买权和商标等多种无形要素的转移。比如投资者可以在东道国筹集资金或者用子公司的保留利润进行再投资,或用专利、商标等无形要素入股等。特别是20世纪80年代以来,在某些政治风险比较高的国家,这种类型的直接投资非常普遍,已经成为一种很重要的直接投资形态。

2. 证券投资

证券投资也称为间接投资,指通过在国际债券市场购买中长期债券,或者在国际股票市场上购买外国公司股票来实现的投资。各国政府、商业银行、工商企业和个人都可以购买国际债券或股票进行投资。同样,这些机构也可以发行国际债券或股票来筹集资金。对于购买有价证券的国家来说是资本流出,对发行证券的国家来说则是资本流入。

证券投资与直接投资的区别在于证券投资者对于投资对象企业并无实际控制和管理权,即使是购买股票的投资也没有达到能够控股的比重,所以证券投资者只能收取债券或股票的利息或红利,而直接投资者则持有足够的股权来管理经营投资对象企业,并承担企业的经营风险和享受企业的经营利润。另外,有些证券投资者购买债券、股票的目的并不在于收取利息或红利,而是出于投机的动机,企图从有价证券的买卖差价中获得利润。

证券投资在国际资本流动中的作用有加强的趋势。如前所述,20世纪70年代后特别是80年代以来,国际金融市场上出现了融资手段证券化的趋势。

3. 国际贷款

国际贷款主要有政府贷款、国际金融机构贷款、国际银行贷款和出口信贷。

(1) 政府贷款,是一个国家政府向另一个国家政府提供的贷款,其目的是促进本国商品服务的出口、企业对外投资等。政府贷款的利率低,期限长,其资金来自国家预算资金,但是政府贷款的数额一般不大。政府贷款一般是有条件,或者是指定用途的,比如规定必须用于购买贷款国企业的出口商品,或者用于指定开发援助项目。政府贷款必须由政府机构出面洽谈,签订借贷协议并承担还款责任。虽然法律上政府贷款是国家政府之间的借贷行为,但是在一般实施过程中,也需要有具体接受贷款项目的企业参加。除指定贷款用途外,政府贷款也往往附有一定政治条件,它显然不会提供给政治关系紧张的国家。另外,有的低息援助性贷款还附加要求借款国必须采取特定的经济政策,或者必须具备一定财政能力的限制条件。

政府贷款一般是由发达国家向发展中国家提供,而且大多是双边的贷款,即两国政府机构之间的资金借贷,但也有少数是多边的,或者是政府机构与民间金融机构共同提供的混合贷款。混合贷款可以包括政府贷款、商业银行贷款和出口信贷等。一般是由借贷双方政府签订一项总协议,然后依政府贷款、银行贷款和普通出口信贷各自不同的贷款条件分别签署具体的贷款协议。

(2) 国际金融机构贷款,是国际金融机构向其成员政府提供的贷款。国际金融机构贷款不以直接盈利为目的,具有援助的性质。贷款利率视其资金来源以及贷款接受国的国民收入水平而定,通常要比私人金融机构的贷款利率低,期限也相对较长。国际金融机构贷款也是专项贷款,即与特定的建设项目相联系,手续非常严格。贷款要按规定逐步提取,而且在提取和具体使用的过程中,都有国际金融机构派出的专门人员监督。

(3) 国际银行贷款,是国际资本流动的重要组成部分。国际银行贷款不限定用途,借款人可以自由运用资金,而且贷款资金的数额也不受限制。数额较大的国际银行贷款通常采取辛迪加银团贷款的形式,由一家银行牵头,多家银行参加,共同对一个借款人提供贷款资金,共同分担贷款风险。国际银行贷款不仅数额大,而且期限也可以很长,但与其他类型的国际贷款相比,国际银行贷款的利率高,不带有任何援助性质,它以直接盈利为目的。此外,国际银行贷款除了按国际金融市场利率向借款人收取利息,还要求借款人承担与借贷协议的签署、贷款资金的调拨和提取等有关的一系列杂项费用,能否借到国际银行贷款全凭借款人自身的信誉,或者有高信誉政府机构的担保,因此,一般低收入发展中国家难以大规模利用国际商业银行贷款资金。

(4) 出口信贷，是与国际贸易直接相关的中长期信贷。它是商业银行对本国出口商，或者外国进口商及其银行提供的贷款，其目的是解决本国出口商的资金周转困难，或者是满足外国进口商对本国出口商支付贷款的需要。出口信贷的一般特点是：贷款指定用途，必须用于购买贷款提供国的出口商品；贷款利率低，低于国际金融市场的差额通常由出口国政府金融机构予以补贴，因为其目的是促进本国商品的出口；有偿还担保，一般由出口国的官方或半官方的信贷保险机构承担，如英国的"出口信贷担保署"(Export Credit Guarantee Department, ECGD)、美国的"外国信贷保险协会"(Foreign Credit Insurance Association, FCIA)等，都为本国商业银行提供的出口信贷承担还款保险。

出口信贷还可以分为卖方信贷(Seller's Credit)和买方信贷(Buyer's Credit)。卖方信贷是出口商的联系银行向出口商(卖方)提供的信贷，出口商可以利用这笔资金向外国进口商提供延期分期付款的信贷。贷款程序一般是进出口商签订商品买卖合同后，买方先支付一部分定金，通常为10%—15%，其余货款在出口商全部交货后的一段时间内陆续偿还，比如每半年或一年支付一次，包括延付期间的利息。出口商将从进口商手中分期收取的货款，陆续归还银行贷款。

买方信贷是目前国际上更为通用的出口信贷形式，是由出口方的银行直接将贷款提供给进口商或者进口商的联系银行，贷款用于向出口商支付货款，由于贷款直接提供给买方，因此称为买方信贷。一般的做法是在与出口商签署贸易合同后，进口商先以现金形式支付10%—15%的货款定金，然后进出口双方的开户银行也签订一项买方信贷协议，规定由出口方银行向进口方银行提供一笔信贷资金。根据协议，资金必须转贷给指定的进口商，待商品交货后，进口商将利用贷款资金支付全部进口商品货款，然后进口方银行将根据买方信贷协议的规定，分期向出口方银行偿还贷款本息。进口商与其开户银行之间的债务偿还问题，由双方商定在国内解决。

二、短期资本流动

短期资本是一年或一年以下期限的各种金融资产，包括现金、活期存款以及上一章所论及的所有货币市场金融工具。短期资本流动可以迅速和直接地影响一国的货币供给量，现金、活期存款是货币供给量的组成部分，其他短期金融工具，如国库券、CDs、商业票据、银行承兑票据等，也都有很强的流动性，这一点与长期资本流动有所不同。

1. 短期证券投资与贷款

各国货币之间的利息率差别可以引起资金在各个金融市场之间流动，这种追逐高利率的短期资本流动现象，一般可以用利息率平价理论加以说明。如果利率平价不是处于均衡状态，国际上则发生短期资本流动，追求国内外利差。

2. 保值性资本流动

这是金融资产的持有者为了资金的安全或保持其价值进行资金调拨转移而形成的短期资本流动。某些国家或地区政治局势不稳，可能引起其国内资本或国内的外国资本外逃。一国经济情况不好，国际收支状况恶化，其货币将趋于贬值，其国内资金将会流向币值稳定的国家。另外，如果某国宣布实行外汇管制，限制资金外流或增加某些征税，也可能引起大量资本外逃，形成突发性的大规模短期资本流动。

3. 投机性资本流动

投机性资本流动是投资者在不采取抛补性交易的情况下,利用汇率、金融资产或商品价格的波动,伺机买卖,谋求高利润而引起的短期资本流动。投机者能否盈利全凭对形势的预期或判断是否正确,若预期错误,则将遭受损失。国际市场上引发投机性资本流动的因素很多,除贵金属及证券价格的剧烈波动能引起投机者极大兴趣外,国际市场上某些重要商品的大幅涨落也能诱使投机者不断买进卖出,这些都会形成短期资金市场上投机性的资本流动。

4. 贸易资金融通

大多数国际贸易都与资金融通有联系,贸易资金融通可以说是最传统的短期国际资本流动方式。在国际贸易中出口商通常不是要求进口商立即支付全部货款,而是允许进口商延期支付,当出口商或其开户银行向进口商提供短期延期支付的信贷时,进口商的对外债务增加或债权减少,就形成了贸易融通性的短期资本流动。

第二节 债务危机

20世纪60年代以来,越来越多的发展中国家走上了利用外资发展国民经济的道路。外资的流入促进了这些国家的经济发展,但也带来了债务危机等负面作用。20世纪80年代初,许多发展中国家陷入了无力偿还到期外债的困境。1982年8月13日,墨西哥停止继续为其债务还本付息,从而拉开了波及广泛、影响深远的第三世界债务危机的序幕。在墨西哥政府宣布这个消息后不久,其他一些国家也宣布,它们在债务偿付上面临严重困难。债务危机爆发后,国际社会采取了一系列措施,以缓和危机、减轻损失。

债务危机从1982年爆发,到1995年基本结束。危机的解决涉及银行债务减免、债务国经济改革,以及债务期限结构的调整。以债务融资、股票投资和直接投资为主要形式的资本流动,在布雷迪计划之后得到恢复。

一、债务危机的原因

任何一国的经济发展都需要大量的资金支持,一国的资金来源可以有以下三个方面:① 国内私人储蓄;② 向外国政府和国际金融组织(如世界银行)借款;③ 向国际商业银行借款。当国内私人储蓄不足以维持国内投资时(很多发展中国家恰恰处于这种状况,它们的国内储蓄率低,并且很大一部分储蓄被国内的高通货膨胀率侵蚀),就需要求助于国际金融市场,并且绝大多数资金来自国际商业银行。利用国际金融市场筹资以发展国内经济,并不必然导致债务危机。那么,是哪些因素造成某些发展中国家被债务问题困扰呢?

1. 外部因素

20世纪70年代初,石油价格大幅上涨以后,许多非石油输出国组织国家(发展中国家)出现了严重的贸易赤字。与此同时,石油输出国组织国家在欧洲银行积累了巨额的储蓄资金。急于放贷的商业银行又将这些资金贷放给了急需资金的发展中国家。此外,某些石油输出国,如墨西哥,也以石油为抵押引进了大量的投资贷款,到70年代末,一些人已经开始认为发展中国家积累了过多的债务,但对这种担忧并未引起足够的重视。

20世纪80年代初,工业国家为反通货膨胀而采取了紧缩性货币政策,这使国际市场利率急剧上升,伦敦银行同业拆借利率(Libor)从70年代中期的7%上升到1981—1982年的17%,由于大多数商业银行贷款利率根据Libor浮动,Libor上升加重了70年代获得贷款的发展中国家的利息负担。1982年,一场严重的经济衰退爆发,主要工业国家总需求下降,债务国的出口变得更加困难;此外,当时的美元升值又使许多以美元借入债务而出口收入为其他币种的发展中国家的境况雪上加霜。

2. 内部因素

(1)发展中国家缺乏谨慎的债务管理措施。20世纪70年代,许多发展中国家大量举借外债而不考虑本国是否有足够的还本付息能力,并且未形成合理的债务结构。短期债务和商业银行债务的比重过大,这类债务利息高,又往往以浮动利率计息。

(2)政府财政赤字严重。例如,墨西哥政府在20世纪70年代发起了多项大规模的公共工程,到1981年,其财政赤字占GDP的比重上升到了14%。巨额预算赤字使中央政府和国有企业大量举借外债。并且,外债资金利用效率极低,收益率低于债务成本,不可避免地造成了越来越重的债务负担。

(3)金融扭曲导致国内资本外逃。例如,20世纪70年代末80年代初,委内瑞拉政府人为地使国内利率低于国内通货膨胀率,也低于世界市场利率,但却维持了固定汇率。在这种制度安排下,人们就存在很强的激励将资金转移到境外以赚取较高的利息,由此带来了严重的资本外逃。资本外逃中转移出委内瑞拉的外汇无法再被用来购买进口品和偿还外债。

(4)不恰当的发展战略影响金融稳定。20世纪60年代以来,墨西哥、巴西等主要的拉丁美洲国家采取进口替代的工业化发展战略,试图在贸易保护的帮助下迅速实现工业化。这一发展战略推动了国民经济的快速发展,但也不可避免地导致了生产的低效率和国内市场垄断。拉丁美洲国家的企业在国内市场上可以按国际市场价格加高额进口关税的价格出售商品,但在国际市场上却只能按国际市场价格出售商品,导致产品缺乏国际竞争力,严重妨碍了出口增长。

1982年夏季,墨西哥经历了一次银行挤兑风潮,同时石油价格下跌,短期贷款人不愿与墨西哥续签信贷合同。1982年8月中旬,墨西哥政府不得不宣布延期支付债券本息,爆发了债务危机。受墨西哥债务危机的影响,1982年秋季,银行取消了对多数拉丁美洲国家的新增贷款。

二、解决债务危机的三个阶段

1. 紧急融资和共同贷款(1982—1984)

对墨西哥延期支付的反应措施为此后三年的债务政策制定了一个基本模式,即由工业国政府、国际金融机构和商业银行协调制订一揽子贷款计划,使债务国能恢复支付。标准的安排是,重新安排本金偿付的时限,提供新的贷款以弥补到期利息的部分支付。本金偿付的重新安排通常只是使债务国能够推迟2—3年偿还本金。在这一阶段,尽管IMF只能向债务国贷放数量非常有限的贷款,但获得IMF贷款等于为债务国获得新的商业银行贷款开了绿灯。

采取共同贷款策略的思想基础是：① 大多数债务国只是面临临时性的流动性问题，而不是持续的偿债能力不足，一旦世界经济走出衰退，则债务国出口将增加，世界市场利率将下降，债务国境况将得到改善；② 如果在共同贷款（受 IMF 和各国政府的压力）的帮助下，债务国可以履行其债务，则今后它们将享有偿债信誉，这将使它们重新进入国际金融市场获得自愿贷款。

2. 贝克计划（1985—1988）

1984 年，世界经济迅速恢复。拉丁美洲国家在经历两年的经济衰退后也出现了经济增长，这使第一阶段的政策显得很有效。然而，到了 1985 年，这种政策受到了很大的挑战。主要拉美国家政府发现，尽管它们采取了货币贬值政策，削减了贸易赤字，仍难以从国际金融市场上重新获得自愿贷款。由于采取货币贬值政策等措施，国内面临着严重的通货膨胀压力。

1985 年 9 月，美国财政部长詹姆斯·贝克（James Baker）提出了一项解决债务问题的新方案，即贝克计划。贝克计划要求将债务问题看作一个长期的发展问题而不是一个暂时的流动性困难，它建议债务国进行财政政策调整，并且在贸易自由化、外国的直接投资政策自由化、国有企业私有化三个方面采取结构性改革。贝克计划为银行和国际机构贷款量制定了一个目标：银行在三年内对 15 个大的被债务所困扰的国家的新增贷款须达到 200 亿美元，由于银行对这些国家的总债权达 2500 亿美元，这一计划意味着每年新增贷款为原有债务的 3%，或足以弥补 1/3 的到期应付利息。由于债务问题被视为长期发展问题，新增贷款的时限更长，债务重新安排的时限也更长了，并且债务条件放松，利率与 Libor 之间的差价有所缩小（如从 2% 降到 1%）。

在实际执行中，贝克计划采用了一些重要的金融创新手段，这将在下面的"菜单方案"部分加以介绍。

贝克计划出台后不久就遭受严重的打击：1986 年石油价格下降了 50%，而贝克计划所涉及的 15 国所欠总债务的 40% 严重依赖于石油出口收入。统计数据表明，如果不是油价暴跌，很可能不需要第三阶段布雷迪计划的债务减免。油价暴跌使墨西哥每年石油出口收入下降了 60 亿美元，而它在布雷迪计划中每年被减免的利息和债务只有 15 亿美元。

1988—1989 年形成的市场条件为自愿的、以市场为导向的债务减免方案的制定创造了有利的时机，其中的关键因素是，当时许多银行已对不良债务失去了信心，它们已准备好大量削减债务以换取即期的现金流或有保证的长期债券。

3. 布雷迪计划（1989 年以后）

1989 年，美国财政部长尼古拉斯·布雷迪（Nicholas Brady）制定了新的债务对策，其核心是债务减免，这种减免应建立在自愿的、以市场为导向的基础上，这表现为债务削减的幅度与担保的程度和二级市场的初始折扣程度紧密相关。如果不能提供即期偿付或完全的担保，债务谈判不可能使债务下降到二级市场的价格。

例如，1989 年年中，银行与墨西哥达成了一个尝试性的布雷迪债务减免协议，银行有三种基本选择：一是将贷款转换为 30 年债券，债务本金不变但支付低于原利率大约 1/3 的固定利率；二是转换为折扣债券，削减本金 35%，利率为 LIBOR+13/16%；三是提供新贷款，即保留全部原有债权，但在其后四年内每年提供原来风险债权 25% 的新贷款。债权转换有担保,但提供的新贷款没有担保。最终,只有10%的银行选择了新增贷款方案(后来的事实表明这种选择颇有先见之明),41%的银行同意削减债务本金,49%的银行选择了降低利率,这使银行实际削减了对墨西哥500亿美元债权中的150亿美元。IMF、世界银行、日本进出口银行向墨西哥提供贷款50亿美元以购买抵押资产,即美国财政部专为此项协议发行的30年零息票债券。1990年年底,委内瑞拉也与银行达成了类似协议,将债务削减了30%。

到1992年,国际债务危机基本结束,银行资产恢复,并对9家大的美国银行建立了贷款损失储备,贝克计划使15国所欠债务由1982年占资产的194%下降到1992年仅占63%。债务国的负债指数改善,经济增长恢复,通货膨胀率下降。

三、菜单方案

菜单方案始于贝克计划时期,它所包含的许多金融创新方式在布雷迪计划中成为削减债务的重要手段。在国际金融市场上,不同类型的银行有不同的目标,大银行希望继续留在拉丁美洲的市场上,从而愿意提供新的长期贷款;而小的地区性银行则希望尽快摆脱拉丁美洲债务的风险。金融创新给了银行一定的选择权,在一定程度上有助于布雷迪计划的成功。

1. 债权-股权互换(债务资本化)

债权-股权互换是一种思路简单但效果显著的方案,指债权银行按官方汇率将现有债务折合成债务国货币,并在债务国购买等值的股票取得当地企业的股权,最著名的例子是1985年智利与其债权人协商的债权-股权互换,在这一互换中,由于作为债权人的一家加拿大银行并不想继续冒在南美洲投资的风险,因此它将债权卖给一家加拿大公司,后者希望能在智利北部开采铝土矿。后者在付清债务款项后自动获准在智利投资。

从债务国的角度来看,债权-股权互换既有助于减少债务负担,又可提高本国的生产率,当然,后者只有在外国直接投资可以带来新的技术设备和生产工艺的进口时才能实现。

2. 债权-自然互换

免除债务的方法之一是要求债务国采取积极行动改善国内经济、社会、环境等状况,为此,工业国已经设计出债权-平衡增长、债权-教育等各种互换计划,其中最著名的是债权-自然互换。债权-自然互换的机制比较简单:环保组织通常利用私人资金以债务面值的一定折扣买下债务国的债务,然后赦免债务国的部分或全部债务,条件是,后者须将这笔意外收入用于环保项目。

第一个这种类型的互换是在1987年,环保国际向花旗集团支付10万美元购入玻利维亚所欠65万美元债务,然后要求玻利维亚承诺保护400万公顷的热带雨林,以换取这笔债务的全部赦免,从那时起,价值1亿美元、涉及6个国家的债务已经通过这种互换被赦免。

3. 债权交换

债权交换是指债权人按一定的折扣将所持债务交换为附有担保品的其他债券,后者必须具有流动性,可以交易,而且债务人偿还的可能性要比偿还旧债的可能性更大,即更安全。上面提到的银行与墨西哥达成的债务减免方案即属此类。

4. 债务回购

债务回购是指债务国以一定的折扣用现金购回所欠的债务。例如,1988年11月,智利中央银行根据债务回购协议条款,以1.68亿美元外汇储备购回了智利欠外国银行债务中的2.99亿美元(折扣率达44%);另一回购行为是,1989年11月,智利中央银行以8 000万美元回购1.4亿美元债务(折扣率达43%)。

5. 二级市场债务交易

除上述协议外,债权银行还可以同其他银行、非银行金融机构及投机性投资者在二级市场上交易欠发达国家债务,对前者而言,交易的目的是重组银行的资产结构以减少风险或带来某些税收上的好处,交易价格通常是债务面值的一定比例。交易价格受供求状况,尤其是预期的债务未来履行状况影响。20世纪90年代以来,许多债务国经济政策的改善对债务市场价格发挥了很大的支撑作用。

四、解决债务问题的长期发展计划

债务危机的实质是一国债务负担超过了它的偿债能力,以上所讨论的各种新的金融安排,实际上是旨在降低一国的债务负担,但从长期看,更好的解决办法是提高一国的负债能力,即提高一国的投资收益率。一种建议是,发达国家减少对发展中国家出口商品的贸易壁垒。但事实表明,问题的根源仍在于不恰当的国内政策,例如规模庞大而又不切实际的长期建设项目、盲目的进口替代战略等,即使外部环境非常有利,这些计划也难以长期维持,更不用说持续的经济增长了。今天,在金融市场安排逐渐完善的同时,许多国家政府也采取了稳健和强劲的国内经济政策,世界银行的研究报告提出,下述四点政策是支持发展中国家长期经济增长的核心政策:

(1) 人力资源投资。经济发展的必要条件是,对基础教育、基本的保健条件和家庭的足够支出。在许多国家,人力资源投资要求大量削减不必要的军费开支。

(2) 改善企业经营环境。如果政府减少对工农业产品定价和市场进入的干预,而将政策重点集中于改善基础设施与制度安排(如法律制度),那么,经济增长率将会提高。

(3) 开放的国际贸易和国际投资。发展中国家应大幅降低关税并消除其他非关税的贸易壁垒,积极吸引外国直接投资。

(4) 强有力的宏观经济政策。政府须保证低的通货膨胀率和财政赤字,并将汇率维持在一个合理的水平上。以市场为基础的对国内储蓄和投资的激励是保证国内资源用于支持经济发展的重要条件。

对60个发展中国家的宏观分析研究表明,大量投资于教育并消除了经济扭曲的国家,GDP年均增长率达5.5%,而未采取这两项措施的国家,GDP增长率只有3%。对1 200个银行融资项目的微观分析表明,投资收益率在外汇市场扭曲程度非常低的国家为18%,而在外汇市场扭曲程度高的国家只有8%。

总体来看,对国际债务危机的解决,需要良好的外部融资环境与恰当的国内经济发展政策相结合,需要债务国、债权国和国际组织的共同努力。

第三节 东南亚金融危机

20世纪90年代,与80年代债务危机同样引人注目的是金融危机。1994年12月,墨西哥爆发金融危机,本国货币大幅贬值,短期资本急剧外逃,引起全球金融市场的剧烈动荡。无独有偶,1997年7月2日,泰国政府宣布放弃泰铢与美元挂钩的汇率制,实行浮动汇率制,泰铢当日贬值达20%,一场金融风暴终于爆发。受多米诺骨牌效应影响,菲律宾、马来西亚、印度尼西亚、新加坡等国的货币均大幅贬值,外汇市场和股票市场双双暴跌。

一、爆发金融危机的原因

1. 金融自由化和汇率制度之间的矛盾

墨西哥和泰国都实现了其货币在经常项目和资本项目下的可兑换。墨西哥和泰国的金融改革和自由化几乎解除了对资本流动的限制,并且将国内资本市场向国际投资者开放。墨西哥和泰国都实行相似的钉住美元的汇率制度,政府将本币对美元的汇率保持在一个较窄的幅度内。钉住美元的汇率制度和缺乏资本市场的控制产生了内在的矛盾。钉住的汇率政策意味着政府有义务将名义汇率控制在给定的范围内。如果存在外部冲击,政府必须动用外汇储备来维持汇率。而缺乏对资本市场的控制意味着私人投资者可以自由转移资本。在这样的制度安排下,大量的资本流出会对政府的外汇储备造成巨大压力。当大的冲击发生时,政府只能或者控制资本流动,或者放弃钉住汇率。

2. 经常项目赤字,国际收支恶化

墨西哥和泰国又一个明显的共同特征是它们在危机爆发前几年有着持续大量的经常项目赤字。墨西哥1989年经常项目赤字是60亿美元,1991年是150亿美元,1992年和1993年都超过了200亿美元,分别占GDP的8%和7%。进入90年代以后,泰国经常项目赤字平均为GDP的7%,1995年为GDP的8.1%,1996年为GDP的7.9%。本来这种赤字意味着本币应贬值,但墨西哥政府和泰国政府都坚持与美元挂钩的相对固定汇率制度,未能及时调整汇率。特别是泰国采取高利率政策来捍卫虚弱的固定汇率,造成经济困难和股票市场下跌,并引发了国际投机资金对泰铢汇率的攻击。

不仅如此,两国货币对美元实际汇率在升值。以墨西哥为例,危机前,墨西哥比索实际汇率连续四年升值。实际汇率定义为 $R=P/(de)$;P 代表墨西哥国内价格水平,d 代表美国价格水平,e 为1美元合多少比索的市场汇价。R 上升意味着比索实际汇率升值。实际汇率的升值率可以通过下式计算而得:

$$DR = DP - Dd - De$$

每个变量前的 D 代表其变量的增量。比如,墨西哥通货膨胀率为18%(DP),美国的通货膨胀率为3%(Dd),市场汇率贬值率为15%(De),那么汇率贬值率正好和通货膨胀率之差相等,实际汇率没有发生变化,即 $DR=0$。1988—1994年比索实际价值大约上升了40%。加上美元本身不断升值,这两国的货币实际价值被大大高估了。

3. 资本流入使外债急剧增加,投机风险增大

墨西哥和泰国都有大量的资本流入。然而,外资结构不甚合理。1990—1994年,墨

西哥私人资本流入总额为950亿美元,可分为以下三类:第一类是外国直接投资,总额为240亿美元,仅占资本流入的25%;第二类是投资进入墨西哥股票市场的资金,总额为280亿美元,在股票市场的外国资本流动对股票价格和政府外汇储备都有显著的影响;第三类是购买墨西哥政府债券(大多数为短期债券),总额为430亿美元,超过总资本流入的45%,在股票市场和债券市场上的投资都具有较高的流动性。

泰国为了吸引外资,1993年开始在开放资本账户上采取了两项重要政策:一是开放离岸金融业务,推出了曼谷国际金融安排(Bangkok International Banking Facilities,BIBF)。二是允许外国居民在泰国商业银行开立泰铢账户并可以借入泰铢。这两项政策的实质是基本放开了泰国的资本账户。1997年夏,投机者们正是利用这一便利条件,从泰国银行借入大量泰铢,然后在新加坡等市场上对泰铢发起进攻。泰国的资本流入结构与墨西哥相似。这样,大量套利短期资金受泰国高利率引诱而流入,加剧了国内通货膨胀,最终对币值的稳定产生了负面影响。

4. 过度借贷,银行呆账、坏账增加

著名金融学家罗纳德·麦金农(Ronald Mckinnon)把标志着周期性经济危机达到顶点的金融危机称为"过度借贷综合征"。他认为金融危机是由对易受经济周期影响的投机性部门的过度信贷引起的,而信贷的过度扩张在很大程度上是由外资的流入形成的。他认为金融危机一般经历几个发展阶段:在经济过热中,由于人们对经济前景看好,企业和个人纷纷从银行大量借款进行投资和消费,从而形成投资和消费的"过度",而在金融体制方面,受政府保护而无倒闭之虞的银行任意扩张信贷,无视宏观经济面临的危机,致使金融体系内市场失效。这种失效使得过度投资和消费得以发生和发展。在金融市场已经明显失效的情况下,企业和个人不仅不收缩信贷,反而去进行更大规模的投机性借款,必然导致金融体系乃至整个经济体系发生危机。

在泰国,金融机构实际贷给房地产业的资金约占其贷款总额的50%,新加坡、马来西亚和印度尼西亚分别占33%、30%和20%。由于金融危机爆发前的几年这些国家经济发展速度放慢,商业建筑严重供过于求,造成大量住宅、办公楼闲置。受此影响,东南亚各国银行呆账、坏账大幅增加,严重影响了东南亚金融体系的稳定,使一些金融机构濒临破产。

金融体系内的市场失效根源于金融体系本身的制度缺陷,即从制度上不能解决由存款保险制度产生的"道德风险"问题。在存款保险制度下,在银行的存款会得到中央银行的担保,即一旦出现金融危机,中央银行不会袖手旁观,而会设法挽救整个金融体系,因为中央银行不会坐视国内支付系统的崩溃。在这种政府保护和中央银行担保行为的预期下,银行及借款人就会无视风险的存在,为谋求高利润,肆意扩大信贷和投资活动。

麦金农认为,"过度借贷综合征"产生和发展的原因是国内金融体系的不健全、不完善和外资流出流入的失控。因此,要实现稳定宏观经济、推进结构改革、推行金融自由化的目标,强化金融监管和控制是非常重要的。推行金融自由化是经济向高层次发展的必由之路。但在缺乏完善的金融监管结构和健全的金融运行机制的情况下推行金融自由化,是行不通的。麦金农认为建立制度体系应是比金融改革更为优先的任务。

二、货币危机的理论模型

货币危机是与狭义的金融危机并列的一个概念,它通常表现为固定汇率制度的崩溃或被迫调整,国际储备的急剧减少以及本币利率的大幅上升等。近期货币危机的一个重要特征是它常常与银行危机相伴而行。20世纪70年代末以来,理论界出现了三代"货币危机模型"。在此我们对这些货币危机模型作简要介绍。

1. 第一代模型——宏观经济失衡与投机攻击模型

克鲁格曼在1979年提出的国际收支危机模型是关于货币危机的最早的理论模型,它解释了投机攻击的原因和时间选择。模型假定,政府为了解决赤字问题,可以无限制地发行货币,同时中央银行为了维持固定汇率制度会无限制地抛出外汇。由于财政赤字的货币化,国内信贷以固定的速度增加,政府通过抛售外汇储备的方式抵消由此带来的货币供给增加,因此,固定汇率最终将因外汇储备耗尽而崩溃。外汇储备耗尽并不是一个平稳的渐进过程,而是有一个临界点。投机者会在这个临界点上买入政府的全部外汇储备,以期在固定汇率制度崩溃之后获得丰厚的利润,这就导致了固定汇率制度提前崩溃。由此可以看出,一国经济的基本面决定了货币危机何时爆发;与固定汇率制度相矛盾的宏观经济政策,主要是扩张性的财政政策,是导致爆发货币危机的重要原因。因此,执行固定汇率制度的国家必须严守财政、货币纪律,避免宏观经济的失衡。

克鲁格曼的理论模型很好地解释了20世纪80年代之前大多数发展中国家所发生的货币危机,它对1998年的俄罗斯货币危机也有较强的解释能力。这些危机的共同特征是危机的发生都伴随着巨额财政赤字的货币化。但是80年代之后发生的金融危机如1992年的英镑危机和1994年的墨西哥比索危机,具有第一代模型所无法解释的特征,如财政赤字问题并不突出。在此背景下,学者们对货币危机的成因又提出了新的解释。

2. 第二代模型——多重均衡模型和自我实现的货币危机

莫里德·奥布斯特菲尔德(Maurice Obstfeld)在1994年提出了自我实现的货币危机模型,该模型不是强调经济的基本面因素,而是强调预期在货币危机中起到的关键作用。不同的预期会带来不同的结果,固定汇率制度可能会因人们一致预期它将崩溃而崩溃。该模型假定,政府并不会机械地坚持固定汇率,而是会根据维持固定汇率的成本和收益进行相机抉择。坚持固定汇率的成本是与公众的预期密切相关的:当人们普遍预期固定汇率将延续时,坚持固定汇率的成本就小,政府就会选择保持固定汇率制度;当人们普遍预期本币将贬值时,将导致国内利率上升,给本国的就业、政府预算和银行部门带来巨大的压力,此时,政府坚持固定汇率的成本大于收益,就会选择放弃固定汇率。因此货币危机预期具有自我实现的特征。

第二代模型表明,货币危机的发生并不以过度扩张的宏观经济政策为前提,即使在一国经济基本面较好的情况下,只要一国的失业或政府债务压力达到一定限度,固定汇率就可能进入多重均衡区间,公众信心的不足也可能会导致危机的自我实现。这一模型在一定程度上解释了1992年和1993年英国、意大利、西班牙、法国等国发生的货币危机,这些国家在危机发生时的失业率都高达两位数,意大利还有沉重的政府债务。

3. 第三代模型——道德风险模型

第三代模型包括多个模型,这些模型的共同特点是从企业、银行、外国债权人等微观主体的行为来探讨危机爆发的原因,因此它们被统称为第三代模型。

克鲁格曼在1998年提出的道德风险模型是第三代模型的代表,它关注的是亚洲国家经济体制方面的内在缺陷。预算软约束导致的道德风险问题,亚洲国家的企业和金融机构普遍有强烈的过度投资、过度冒险和过度借债倾向。外国金融机构过于轻率地迎合了它们的贷款愿望,从而导致了严重的资产泡沫和大量的无效投资。显然,这种情况最终会导致金融危机。根据这一模型,危机是危机发生国制度扭曲的必然结果,危机的预防只能通过取消政府担保和加强金融监管来实现。

道德风险模型遭到了部分经济学家的抨击。他们用银行挤兑模型来解释亚洲金融危机,认为这次金融危机实际上是投资者的恐慌所导致的流动性危机。由于恐慌性的资本流出,大量长期投资项目被迫中途变现,从而使企业陷入资不抵债的境地。因此亚洲金融危机在一定程度上证明了国际金融体系的内在不稳定性。模型说明,英国通过对短期资本流入的适当限制、建立国际层面的最后贷款人机制和债务协商机制来实现危机的防范。

在这些货币危机模型之后,有关金融危机的新研究成果仍层出不穷。如克鲁格曼在1999年发表的论文中提出了一个新的多重均衡模型。有的经济学家还将一些新的理论模型归纳为"第四代模型"。但是,由于金融危机的爆发存在复杂性,我们对其成因的认识还远不够充分,因此尚需在前人成果基础上进行更为深入的研究。

第四节 美国次贷危机

2007年8月开始,美国次级抵押贷款市场上的违约事件造成了金融市场的剧烈震荡,引发了美国自大萧条以来最为严重的金融危机。在国会听证会上,原美联储主席艾伦·格林斯潘(Alan Greenspan)认为次贷危机是一场"百年不遇的金融海啸"。华尔街的公司和商业银行遭受了数千亿美元的损失。世界各地的股票市场都出现巨幅震荡,美国股票市场自峰顶下跌了40%,包括商业银行、投资银行和保险公司在内的许多金融企业都陷入了破产泥潭。

一、次级抵押贷款的发展和证券化

1. 次级抵押贷款

2000年之前,美国只有信誉非常好的优质借款人才能申请到住房抵押贷款。然而,计算机技术的进步与新的统计工具出现后,银行可以对风险较大的住房抵押贷款进行较好的定量评估,信用差的借款人也可以获得贷款机会。根据借款主体的信用评级的好坏,住房抵押贷款分为三类:一是优质抵押贷款(Prime Loan),二是次优级"Alt-A"抵押贷款,三是次级抵押贷款(Subprime Loan)。美国住房抵押贷款一级市场上的金融机构依照FICO(Fair Isaac & Company)个人信用评分系统将借款人信用等级分为三个档次:借款人FICO信用分在660及以上的为优质抵押贷款,借款人FICO信用分在620—660的为次优级抵押贷款,而借款人FICO信用分在500—620的为次级抵押贷款。

对于优质抵押贷款,一般来说借款人的债务收入比(DTI)低于55%,贷款价值比(LTV)低于85%,而次级抵押贷款借款人的DTI超过55%,LTV超过85%。介于两者之间的为"Alt-A"抵押贷款,一般来说借款人符合优质抵押贷款标准,但没有提供所有收入证明等法律文件。2005年是美国次级抵押贷款发展较快的一年,发放额度占所有贷款的

21.3%。

次级抵押贷款的服务对象为债务与收入比例较高、信用低、发生违约概率较高的贷款购房者,因此贷款利率通常比优惠级抵押贷款高2%—3%,是一项高风险、高回报的业务。美国抵押贷款银行家协会(Mortgage Banker Association, MBA)分析多年积累的行业数据指出,2001—2006年次级抵押贷款业务的平均利润率为5.83%,而优质和次优级抵押贷款业务的利润率分别为2.56%和2.82%。

在审贷程序上,优质抵押贷款具有较统一的标准,所以借款人的借款利率差别不大。而次级抵押贷款则是发放机构根据自己内部制定的政策,参照风险评级、信用得分、贷款价值比、申请文件的完整性和收入等指标来决定利率,因此,借款人的借款利率差别很大。次级抵押贷款以浮动利率贷款为主。2006年,被用于证券化的次级抵押贷款中,浮动利率占40%。次级抵押贷款尤其是浮动利率的次级抵押贷款的信用风险高于优质抵押贷款,对利率和房价的变动相当敏感。

次级抵押贷款市场基于所谓的发起—分销模式(Originate-to-Distribute Model),这一模式中存在委托代理问题。具体来看,分散的个体(通常为抵押贷款经纪人)是抵押贷款的发起人,之后抵押贷款作为证券的标的资产被分销给投资者。抵押贷款发起人没有动力去确保抵押贷款拥有较低的信用风险,他们只关心贷款的数量。经纪人发起的贷款越多,他所赚取的佣金就越多,佣金到手之后,经纪人不再关心本金和利息是否获得偿付。不仅如此,委托代理问题的存在还使抵押经纪人积极地游说潜在客户申请超出其偿付能力的抵押贷款,或者为了满足抵押贷款的条件铤而走险,篡改借款申请人的资料。这些现象加大了次级抵押贷款的风险。

2. 房地产泡沫

2001年开始,为刺激经济发展,缓解互联网泡沫对美国经济的冲击,美国长期实施宽松的低利率货币政策。大量无法获得优质贷款的低收入人群或信用等级不高的购房者通过次级抵押贷款购买住房,部分中等收入群体和信用等级较高的购房者也利用次级贷款融资。2001年,美国经济走出衰退,与此同时,次级抵押贷款市场在不断流入美国的资本推动下得以迅速发展。2007年,次级抵押贷款市场的规模已达上万亿美元。

经济学家与政客对次级抵押贷款市场的迅速发展推崇备至,他们声称这一市场意味着"信用民主化",有力地将美国的自有住房率推升至历史最高水平。2000—2001年经济衰退结束后,房地产价格开始飙升,也起到了推动次级抵押贷款市场发展的作用。高房价意味着次级抵押贷款借款人可以将升值的房产进行再融资,申请到金额更高的贷款。次级抵押贷款借款人可以随时将其房产出售以偿付贷款,因而不会发生违约。并且,以次级抵押贷款的现金流为标的的证券的收益率很高,因而投资者十分满意。反过来,次级抵押贷款市场的发展刺激了住房需求,进一步推升了房地产价格上涨。

3. 次级抵押贷款的发展和证券化

2001—2003年,新增次级抵押贷款占新增个人住房抵押贷款的比例维持在7.4%—8.4%,2004年该比例一跃达到13.5%,2005年和2006年则都超过了20.0%(见表17.1)。而2003年至2007年上半年,所发放的30年期优先留置次级抵押贷款也达到了630余万笔,其中2005年的发放量几乎是2003年的两倍。

表 17.1　2001—2006 年新增次级抵押贷款占新增贷款的比例　（单位:%）

年份	2001	2002	2003	2004	2005	2006
比例	7.8	7.4	8.4	13.5	21.3	20.1

资料来源:美联储根据 First Amercian Loan Performance 的数据库计算而得。

由于次级抵押贷款发放机构通常无法通过吸收存款来获得资金,为了获得流动性和降低融资成本,很多机构把次级抵押贷款组成"资产池",出售信贷资产组合,发行住房抵押支持证券(Mortgage-Backed Securities, MBS)。由于传统的证券化产品无法满足不同风险收益偏好的投资者需要,分档技术被引进证券化产品设计,从而产生了抵押担保债券(Collateralized Mortgage Obligation, CMO)等产品。美国金融机构还将次级债支撑的证券再次组合成新的资产池,出售给境内外的投资者,进一步发展新的金融衍生品,从而衍生出担保债务凭证(Collateralized Debt Obligation, CDO)、CDO 平方和 CDO 立方等。CDO 平方和 CDO 立方等结构化产品十分复杂,不仅很难评估证券标的资产的现金流,而且很难确定资产的实际所有人。美联储主席本·伯南克(Ben Bernanke)曾在 2007 年 10 月的一次演讲中调侃道:"想知道这些可恶的东西有什么价值。"结构性产品越来越复杂,加剧了金融体系的信息不对称问题,逆向选择与道德风险问题的严重程度进一步提升。

由于以次级抵押贷款为基础资产的金融衍生品收益率很高,又满足了不同投资者的风险偏好,各种养老基金、政府托管基金、教育基金、保险基金、外国机构投资者也都纷纷买入这些产品,次级抵押贷款的风险也随之转移和扩散。一旦作为基础资产的次级抵押贷款发生偿付问题,上述金融衍生产品很难幸免于难。

二、次级抵押贷款违约和次贷危机

抵押贷款的证券化和衍生工具的快速发展,加大了与次贷有关的金融资产价格下跌风险的传染性与冲击力,而金融市场国际一体化程度的不断深化又加快了金融动荡从一国向另一国传递的速度。在信贷市场发生流动性紧缩的情况下,次贷危机最终演变成了一场席卷全球的金融风险。

1. 房地产市场泡沫破裂

随着房地产价格上升,抵押贷款的发起人和贷款人赚取的利润越来越高,次级抵押贷款的审核和发放标准却越来越低,高风险借款人也可以申请到贷款。抵押贷款相对于房产价值的比率,即贷款抵押率持续上升。借款人最初的贷款抵押率达到 80% 以后,通常还能申请到二次与三次抵押贷款,于是,借款人购买房产甚至不用投入任何资金。然而,如果房地产价格上升的程度过度脱离其基本价值,价格必然要下跌,最终房地产市场泡沫破裂。2004 年,美联储为了抑制通货膨胀,货币政策转向紧缩,利率开始攀升。房地产价格也在上升至峰顶后开始下跌,金融体系的问题随之暴露。很多次级抵押贷款借款人发现房地产价格下跌到抵押贷款金额以下,部分房产所有人选择放弃房产,抵押贷款违约率急剧上升。美国次级抵押贷款违约率从 2005 年的 5.6% 上升到 2008 年 7 月份的 21%。而丧失抵押品赎回权的比例从 2005 年下半年低于 1% 的水平上升到 2007 年第一季度的 1.3%。

2. 银行的资产负债表恶化

随着美国房地产价格迅速下跌和抵押贷款的违约率持续攀升,MBS 与 CDO 市场也开始崩溃,引发了银行和其他金融机构越来越严重的资产减记事件。2007年2月,汇丰控股为在美国发放的次级抵押贷款增加了18亿美元的坏账拨备。2007年4月,新世纪金融公司破产。这些机构资产负债表之所以恶化,是因为它们所持有的次级抵押贷款支撑证券出现了损失。为了应对这一局面,这些银行和其他金融机构启动了去杠杆化的进程,卖出部分资产如结构化投资工具(Structured Investment Vehicles,SIVs)①,并限制居民和企业贷款的可得性,这一调整过程进一步恶化了资产负债表,降低了信贷数量。这阻碍了美国经济的发展,引起了失业率的上升。

此后,危机进一步扩大到信用衍生品市场。2007年7—8月,不少与次贷相关的金融机构破产;2008年年初,美国主要金融机构出现严重亏损,并导致实体经济下滑;2008年3月,美国第五大投行贝尔斯登由于投资了巨额次贷相关证券,资金面临挤提,不得不按不到一年前公司价值5%的价格将自己出售给J.P.摩根,美联储为J.P.摩根接管贝尔斯登提供了近300亿美元融资;2008年7月,"房利美"和"房地美"因所持有的次贷证券出现了严重亏损而陷入困境,美国财政部和美联储不得不出手相助,2008年9月初,两家公司被接管。

3. 危机的蔓延

虽然次贷问题出现在美国,但欧洲最先响起了警报。惠誉与标准普尔宣布调低总额超过100亿美元的MBS与CDO的信用评级之后,资产支持票据市场陷入困境。2008年8月7日,法国投资公司巴黎银行宣布暂停赎回旗下几个货币市场基金。虽然欧洲中央银行与美联储向金融体系注入大量流动性资金,银行依然不愿意相互发放贷款,信贷市场枯竭,导致英国北岩银行也于2008年9月破产。

情况愈演愈烈,2008年9月15日,由于在次贷市场上遭受严重损失,资产超过6 000亿美元、雇员达2.5万人的美国第四大投资银行雷曼兄弟申请破产,这是美国历史上最大的破产案。就在前一天,美国第三大投资银行美林证券,同样由于持有的次贷证券出现严重损失,被美国银行收购,收购价格是一年前的60%。9月16日,资产超过1万亿美元的保险业巨头——美国国际集团(American International Group,AIG)由于需要偿付超过4 000亿美元的信用违约掉期的保险合约,信用评级被下调,遭遇了严重的流动性危机。美联储随后介入,向AIG提供贷款以维持其生存。9月25日,拥有超过3 000亿美元资产的华盛顿互助银行(Washington Mutual,WAMU)被联邦存款保险公司接管,并出售给J.P.摩根,从而成为美国历史上最大的银行破产个案。

2008年9月29日,众议院担心选民对救助华尔街不满,否决了布什政府提出的7 000亿美元的一揽子救助方案,金融危机随后进一步升级。10月3日,《2008年经济稳定紧急法案》最终得以通过。但股票市场震荡加剧,股票市场从峰顶暴跌超过40%。之后危机向全球蔓延,一系列金融机构受此影响,部分机构先后破产。受金融危机的影响,2008年年底,美国失业率上升到了7%以上,整体经济受到严重影响。

三、次级贷款危机产生的原因

在经济全球化和金融自由化的背景下,经济主体之间的关系和金融运作的规律变得

---

① 结构化投资工具与CDO十分相似,它们所支付的现金流都来自抵押贷款等组成的资产池;但CDO发行的是长期债务,结构化投资工具发行的则是资产支持商业票据。

更加复杂,引发金融危机不断出现新因素,从而使有效预测和预防金融危机非常困难。法国经济学家让·梯若尔(Jean Tirole)曾说过,没有哪两次金融危机是完全相同的。次贷危机呈现出诸多不同于以往的特征,现有的金融危机理论无法深刻而全面地解释次贷危机产生的原因,学者们从各个层面、各个角度出发,对危机的成因进行了分析,并对金融危机理论进行了发展和完善。

从次贷危机产生的原因来看,危机的爆发乃至形成一种全球性的金融危机并非偶然,造成危机爆发的原因是多方面的。

1. 直接原因

房价的下跌和利率的升高是美国次级贷款危机产生并蔓延的直接原因。美联储出台的宽松货币政策带来了过剩的流动性,推动房地产等资产价格迅速上涨。美国高度繁荣的房地产市场、低利率政策和资产证券化市场的发展扩大了次级贷款的供给。由于贷款机构对未来收益充满良好预期,也就忽略了次级贷款潜在的巨大风险。而2004年开始,货币政策开始紧缩,房价的下跌和利率的升高导致次级贷款借款人大量违约,使风险由房地产金融机构依次转移到资本市场上的机构投资者。

2. 深层次原因

次贷危机产生的深层次原因在于金融监管与金融创新的发展不同步。主要体现在以下几点:

(1) 金融机构存在道德风险行为,过度利用金融创新,滥用金融杠杆。美国金融业高度发达,超越甚至脱离了实体经济的发展,呈现虚拟化态势。美国金融创新中过度虚拟的经济鼓励了大量投机行为的产生,不可避免地滋生了经济泡沫。

在贷款市场上,金融机构面对低利率和高房价,不顾系统性风险大量发放次级贷款,信贷市场上劣质客户的比例增大,信贷风险增加。在债券发行过程中信息不够透明,发行债券的金融机构故意隐瞒一些对发行不利的信息,并采取各种措施,使自己所要出售的债券被评为较高的信用等级,导致债券投资者无法确切了解次级贷款申请人的真实还贷能力。这些衍生证券与基础资产的对应关系日益模糊,投资者对于所投资的证券进行风险评估的难度加大。风险的不断累积,为危机的爆发埋下了隐患。此外,资产证券化把原本集中于金融机构的信用风险分散到整个资本市场。

(2) 美国的金融监管体制存在严重缺陷。金融创新是当代金融和经济发展的重要动力。但美国金融监管跟不上金融创新的步伐。美国的金融监管体制缺陷主要表现在:第一,1999年美国金融业就已经进入混业经营时代,但美国金融监管机构众多,各监管机构监管标准不一,监管行为不规范或监管缺位,造成监管混乱的局面。第二,美国金融监管体制重点仍是机构监管。美国金融市场发展迅速,从而要求功能监管成为金融监管的主体,但美国功能监管较弱。第三,监管具有滞后性和局限性。监管只局限于交易所内交易的衍生产品,然而,次贷相关衍生产品大多不在交易所内交易,根本不在监管范围内。美国的金融监管也跟不上次贷相关衍生产品发展的速度,具有滞后性。

(3) 次级按揭贷款利益链条上各主体收益激励结构的扭曲。美国次级按揭贷款的关联方除了借款者和贷款者双方,还包括投资银行、评级机构等金融中介机构。在这些参与者中,只有最终投资者直接与次贷本息偿付进程相关,其他方(如贷款人、评级机构和部分投资银行)的运作模式都只是建立在收取服务费用基础上的。因此,这些机构在担保债务凭证中承担的后续义务比较松散,对风险跟踪和监控不足。这种运行模式还造成了金融机构的道德风险行为,加大了金融系统的风险。

本章术语 》

国际资本流动　直接投资　证券投资　债务危机　货币危机　债权-股权互换　次贷危机

本章总结 》

1. 国际资本流动通常被划分为长期资本流动和短期资本流动。长期资本流动的形式有直接投资、证券投资和国际贷款。短期资本流动则包括短期证券投资与贷款、保值性资本流动、投机性资本流动和贸易资金融通。

2. 资本的流入促进了很多国家经济的发展,也加重了这些国家的债务负担。20世纪80年代初,部分发展中国家出现了偿债困难,墨西哥等国还爆发了债务危机。国际债务危机的解决,需要良好的外部融资环境与恰当的国内经济发展政策相结合。

3. 比债务危机更加引人注目的是金融危机。1992年英镑危机、1994年墨西哥金融危机和1998年亚洲金融危机的爆发给世界经济带来了巨大损失。三代货币理论危机模型就是在此背景下提出的。

4. 2007—2008年金融危机具有和以往金融危机不同的特点,这场危机之所以爆发,其驱动力主要来自两个方面:次级住房抵押贷款市场上对金融创新的不当管理以及房地产市场泡沫的崩溃。

思考和练习 》

1. 试析国际资本流动的动因。
2. 说明国际资本流动的主要类型及其特征。
3. 简述发展中国家债务危机的形成原因。
4. 分析最近20年来历次货币危机的成因。
5. 试分析2007年次贷危机发生的原因及启示。

参考书目

1. Frederic S. Mishkin, *The Economics of Money, Banking and Financial Markets*(12th edition), Pearson Education, 2019.
2. Hazel J. Johnson, *Financial Institutions and Markets: A Global Perspective*, McGraw-Hill, 1993.
3. Jeff madura, *International Financial Management*(13th edition), Cengage Learning, 2018.
4. Michael Melvin, Stefan C. Norrbin, *International Money and Finance*(9th edition), Academic Press, 2017.
5. 艾伦·C.夏皮罗,《跨国公司财务管理基础(第五版)》,蒋屏、浦军译,中国人民大学出版社,2006年。
6. 安德瑞·史莱佛,《并非有效的市场:行为金融学导论》,赵英军译,中国人民大学出版社,2003年。
7. 保罗·R.克鲁格曼、茅瑞斯·奥伯斯法尔德、马克·J.梅里兹,《国际金融(第十一版)》,丁凯等译,中国人民大学出版社,2002年。
8. 本杰明·M.弗里德曼、弗兰克·H.哈恩,《货币经济学手册(第1卷)》,陈雨露等译,经济科学出版社,2002年。
9. 查尔斯·W.史密森,《管理金融风险:衍生产品、金融工程和价值最大化管理(第三版)》,应惟伟等译,中国人民大学出版社,2003年。
10. 陈彪如,《国际金融概论(第三版)》,华东师范大学出版社,1996年。
11. 陈雨露,《国际金融(第六版)》,中国人民大学出版社,2019年。
12. 蒂米奇·威塔斯,《金融规管:变化中的游戏规则》,曹国琪译,上海财经大学出版社,2000年。
13. 菲利普·莫利纽克斯、尼达尔·沙姆洛克,《金融创新》,冯健等译,中国人民大学出版社,2003年。
14. 姜波克,《国际金融新编(第六版)》,复旦大学出版社,2018年。
15. 理查德·M.莱维奇,《国际金融市场:价格与政策》,施华强等译,中国人民大学出版社,2002年。
16. 刘舒年、温晓芳,《国际金融(第三版)》,中国人民大学出版社,2011年。
17. 刘宇飞,《国际金融监管的新发展》,经济科学出版社,1999年。
18. 吕进中,《中国外汇制度变迁》,中国金融出版社,2006年。
19. 吕随启,《金融期货原理及操作》,中国城市出版社,1995年。
20. 吕随启、王曙光、宋芳秀,《国际金融教程(第三版)》,北京大学出版社,2013年。
21. 罗伯特·J.希勒,《金融新秩序》,郭艳、胡波译,中国人民大学出版社,2004年。
22. 洛伦兹·格利茨,《金融工程学》,唐旭等译,经济科学出版社,2003年。
23. 马克·格林布莱特、施瑞丹·蒂特曼,《金融市场与公司战略(上册)》,贺书婕等译,中国人民大学出版社,2003年。
24. 迈克尔·梅尔文、斯蒂芬·C.诺尔宾,《国际货币与金融(第八版)》,何青译,中国人民大学出版社,2016年。
25. 莫瑞斯·奥伯斯菲尔德、肯尼斯·若戈夫,《高级国际金融学教程》,刘红忠等译,中国金融出版社,2002年。
26. 钱荣堃、陈平、马君潞,《国际金融》,南开大学出版社,2002年。
27. 陶涛,《国际经济学(第二版)》,北京大学出版社,2014年。
28. 托马斯·H.麦克艾内希,《全球资本市场》,吕随启、王曙光、刘宇飞译,江西人民出版社,2002年。
29. 托马斯·梅耶、詹姆斯·S.杜森贝里、罗伯特·Z.阿利伯,《货币、银行与经济(第六版)》,上海人民出版社,2007年。
30. 王大伟、朱苏臻,《彼岸的借鉴:西方经济金融理论与政策》,中国金融出版社,1987年。
31. 威廉·E.夏普,《投资组合理论与资本市场》,胡坚译,机械工业出版社,2001年。
32. 吴丛生、郭振游,《国际财务管理》,对外贸易教育出版社,1993年。
33. 姚长辉、吕随启,《货币银行学(第五版)》,北京大学出版社,2018年。
34. 张亦春、郑振龙、林海,《金融市场学(第六版)》,高等教育出版社,2020年。
35. 兹维·博迪、罗伯特·C.莫顿、戴维·L.克利顿,《金融学(第二版)》,曹辉、曹音译,中国人民大学出版社,2018年。
36. 兹维·博迪、亚历克斯·凯恩、艾伦·J.马库斯,《投资学》,汪昌云等译,机械工业出版社,2017年。

教辅申请说明

北京大学出版社本着"教材优先、学术为本"的出版宗旨，竭诚为广大高等院校师生服务。为更有针对性地提供服务，请您按照以下步骤通过**微信**提交教辅申请，我们会在 1~2 个工作日内将配套教辅资料发送到您的邮箱。

◎扫描下方二维码，或直接微信搜索公众号"北京大学经管书苑"，进行关注；

◎点击菜单栏"在线申请"—"教辅申请"，出现如右下界面：

◎将表格上的信息填写准确、完整后，点击提交；

◎信息核对无误后，教辅资源会及时发送给您；如果填写有问题，工作人员会同您联系。

温馨提示：如果您不使用微信，则可以通过以下联系方式（任选其一），将您的姓名、院校、邮箱及教材使用信息反馈给我们，工作人员会同您进一步联系。

联系方式：

北京大学出版社经济与管理图书事业部

通信地址：北京市海淀区成府路 205 号，100871

电子邮箱：em@pup.cn

电　　话：010-62767312 /62757146

微　　信：北京大学经管书苑（pupembook）

网　　址：www.pup.cn